교장의 리더십과 장학

교장의 리더십과 장학

충남대학교 교수

주 삼 환 저

한국학술정보(주)

책 머리에

앎과 삶이 일치하는 교육

"공든 탑이 무너지랴"라는 말 자체가 무너지고 깨어지는 것 같은 허탈감에 빠진다. 사반세기 동안, 그리고 지금까지 산 내 인생의 절반 동안 교육을 위해서 열심히 살아왔는데 모든 것이 헛수고로 끝나는 것 같다. 그렇게 열정을 쏟던 교직에 회의를 느낀다.

나는 지난 25년간 정말 열심히 청결도 가르쳤고 정직과 질서, 근면과 검소, 절약, 그리고 예의와 윤리, 도덕, 협동과 공중도덕을 가르치고 민주교육을 한다고 해 왔는데 요즈음 세상은 내가 가르친 것과는 반대로 나에게 다가오고 있다.

산과 들, 강과 바다, 거리에는 쓰레기가 쌓였다 하고 내 집 앞 쓸기는 눈 씻고 찾아보기 어렵게 되고, 거짓이 판을 치고, 거리는 무법이 난무하고 있다. 미친 사람들, 쥐약 먹은 사람들이 마치 하루만 살고 말 사람들처럼 자동차를 몰고 다닌다. 떼로 몰려다니며 마약에 중독되고 성폭행과 칼부림을 하고 있어도 속수무책이다. 먹자판과 사치·향락 산업이 극에 달하고 있다.

그동안 내가 열심히 해온 교육은 다 어디 갔는가? 그렇게 열심히 새마을 운동, 자연보호운동, 올림픽 준비를 하던 사람들은 다 어디 갔는가? 어른이 버린 담배꽁초를 줍고 다니며 거리 청소를 하던 학생들이 커서 어른이 되어 다시 담배꽁초를 버리고, 다시 그 어른의 동생, 조카, 아들, 딸들이 새마을 청소한다고 담배꽁초를 줍고 다니더니 이제는 그런 아이들마저도 사라졌다. 아이들도 단단히 화가 난 모양이다. 겉 바퀴 도는 교육이다.

지금 여기서 내가 해온 교육에 대하여 회의에 빠져 있으니 내가 정년퇴임을 하고 인생의 황혼을 정리할 때는 얼마나 더 큰 후회와 실망에 빠질 것인지 두렵기까지 하다. 어른을 공경하라고 열심히 가르치고도 만원버스에서 비실거리고 있을 내 늙은 모습이 선하다.

왜 이렇게 1, 2년 사이에 모든 것이 허물어져 내리는가? 그렇게 멋있게 올림픽을 치러 내고도……그동안 우리는 위에서 시키는 대로 강제에 의하여 마음에 없이 피동적으로 움직였던 것 아닌가? 아니면 남에게 보여 주기 위해서, 손님을 위해서 나를 제쳐놓고 살았던 것이 아닌가? 아니면 정치적 해방과 함께 몸도 마음도 사회규범도 모두 해체되는 현상인가?

내가 언제까지 이러한 회의의 나날을 보내고 있어야 할 것인가? 어떻게 기운을 차리고 다시 시작해 봐야 할 것이 아닌가? 아까 "공든 탑"이라고 했지만 사실 공을 제대로 드리지 못한 것 같다. "열심히" 뭔가 했다고 했지만 무엇 하나 철저하지 못했던 것 같다. 뭔가 하나라도 끝장을 보고 뿌리 내리는 교육을 했어야 했다. 급하다 보니 이것저것 건드리다 말았던 것 같다. 내 학생, 내 자식 하나하나에 공을 들이지 못하고 정성을 들이지 못했던 것 같다. 해방 후 내 손으로 내 교육을 하면서 끝까지 붙들고 늘어지는 교육을 했어야 했다. 교육이야말로 정성산업이다.

나는 지난 25년 간 내 입으로 온갖 아름다운 말들을 내뱉어 놓았다. 제자들 잘되라고 입으로만 하는 교육, 그 결과 이 세상에는 말 못하는 정치인, 경제인, 교육자, 지도자는 없는 것 같다. 말로는 모두가 민주고 봉사고 사랑인데 국민과 학생에게 와 닿는 것은 그렇지 못하다.

내가 내 입으로 쏟아 놓은 온갖 아름다운 말들의 몇 십 분의 일만이라도 몸으로 실천했더라면 나는 지금의 나보다 더 훌륭한 내가 되고, 또 이러한 허탈감에 빠지지도 않았을 것이다. 이제는 입으로 하는 강의가 아니라 온몸으로 하는 교육을 해야겠다. "앎과 삶"이 일치하는 교육을 해야겠다(「새이웃」, 1990년 10월, 한국지역사회교육후원회).

새로운 세기의 교육 지도력

이렇게 열심히 가르쳐 놓고도 잘 살지 못하고 혼란된 사회가 계속되어 우리나라가 주저앉고 만다면 너무나 억울한 노릇이다. 지금 이 시간에도 전국의 많은 학생들이 열심히 책상 앞에서 공부하고 있을 것이다. 그렇게 열심히 하는 공부가 다 어디로 가는가? 무엇 때문에 그렇게 놀지도 못하고 열심히 공부를 하는가? 자식을 둔 모든 부모가 한날한시도 마음 편할 시간 없이 자식 공부 걱정을 해야 한다. 이렇게 선생님들이 열심히 가르치고, 학생들도 나름대로 그야말로 사력을 다해 배우고, 부모들도 한시도 잊을 새 없이 자식 공부 걱정을 하는데 세상은 왜 이와는 정반대로 삐뚜로만 가고 있는가?

방향이 잘못되었기 때문이다. 필요한 곳에 필요한 때에 알맞은 방법으로 열심히 해야 하는데 엉뚱한 곳에 우리의 귀중한 시간자원과 정력자원을 쓸어 넣고 있기 때문이다. 지금과 같이 우리의 교육적 에너지를 쓸데없는 곳에 탕진시켜 놓고는 선진국을 따라잡고 노벨상에 도전하기는 어림도 없는 노릇이다. 지금과 같은 교육적 노력을 필요한 곳에 집중 투자하면 분명히 우리는 승산이 있다고 본다. 이것이 바로 교육적 방향감이다. 우리의 교육지도자들이 교사와 학생, 학부모, 국민들에게 방향만 잘 잡아 주어 교육적 열기·광기를 필요한 곳에 집중시킬 수만 있다면 우리 민족은 분명 난맥상의 갈피를 잡고 두 동강 난 조국을 맞추어 다시 일어설 수 있다고 믿는다. 세상에 이렇게 우리의 어린이와 젊은이들을 교육으로 들볶아 놓고도 무질서의 불안한 나라, 못사는 나라가 되어서야 되겠는가? 새로운 세기의 교육지도자들의 과제가 막중하다.

교육지도자들이 우선 민주적 지도력을 길러야겠다. 말로만의 민주가 아니라 행동으로, 생활로서의 민주가 되어야 한다. 삶의 방식으로서의 민주가 되어야 지도자가 될 수 있고 남을 교육·지도할 수 있는 것이다.

다음으로는 전문적 지도력이 요구된다. 자기가 맡은 일, 맡은 분야에서만은 일인자가 되는 전문성을 가질 때 지도력이 먹혀들 수 있다.

지금 지도자들이 도전받고 있다. 민주성과 전문성이 약하기 때문이다. 방향을 제대로 잡아 주지 못하기 때문이다. 그렇게 해 놓고는 아랫사람들만 잘못한다고 나무랄 수 있는가? 새로운 세기를 위해서 교육지도자 양성을 제대로 해야 된다고 본다. 교장과 장학자는 우리 교육의 주요인물이고 전략적 인물이라고 본다. 이들의 민주성, 전문성을 제대로 기르지 못하고 사기마저 떨어뜨려 놓고는 희망을 걸 수 없다. 임기제로 적당히 얼버무려 놓고 무슨 지도력을 요구하려는가?

학생들에게 무엇을 그리 많이 가르치려 하는가? 인간을 만드는 데 그렇게 많은 문제집과 사지가 필요한 것인가? 인간적 접촉을 통한 인간적 교육을 팽개친 입시를 위한 암기교육으로는 새로운 세기를 편안하게 살 수 없게 된다. 우리가 지금까지 다인수 학급·학교에다 기계적, 형식적, 거친 교육을 해 왔기 때문에 그렇게 공부를 많이 시키고도 윤리·도덕이 없는 사회를 만들어 놓았는지도 모른다. 교사와의 인간적 접촉과 손때가 묻어야 사람이 될 것 아닌가?

입시문제를 이대로 놓아둔 상태로는 우리 교육의 방향을 제대로 잡아 줄수 없다. 이것은 시험과목을 몇 개 바꾸고 테크니컬하게 잔재주부리는 변화를 가지고는 해결 못한다. 근본적으로 입시준비를 필요 없게 하거나 대학으로 몰리는 것을 필요 없게 하지 않으면 안 될 것이다. 입시문화, 입시사회적 접근을 해야 할 것이다. 교육부 장관으로 안 되면 입시전담 장관을 두든가 총리를 두어서라도 해결해야 할 우리 사회의 근본 문제의 하나이다.

앞으로는 인간으로서 살아가는 데 있어서 가장 기본적인 것만은 철저하게 정확하게 교육해야겠다. 예를 들면 정직성 하나만이라도 어려서부터 철저하게 몸에 배게 교육시켜야 한다. 철저한 교육, 끝내 주는 교육을 그동안 해오지 못한 결과 무엇 하나 우리 사회에 뿌리 내린 것이 없고 과거의 윤리·가치가 허물어져만 가고 있다. 말로만의 교육, 시험답안지에 표시하기 위한 교육으로 그친 결과 겉도는 교육이 되고 말았다. 교육이 겉돌지 않으려면 가르칠 내용을 줄이고 대신 철저한 교육을 해야 한다. 특히 정의적 영역은 더욱 그렇다.

철저한 교육과 연결되는 것이지만 교육의 질을 높이는 방향에 초점을 맞춰야겠다. 양을 줄이고 질을 높이는 교육이 새로운 세기의 과제가 되어야 할 것이다.

체제유지와 눈에 보이는 겉치레에 매달리고 어린이와 젊은이 교육에 등한시한 대가를 우리는 벌써부터 받기 시작하고 있다. 그 어린이와 젊은이들이 항상 어린 상태로 학교에만 머물러 있는 것이 아니다. 이들이 밖에, 사회에 나와서 말썽부리기 시작한 지 오래되었다. 콩나물 교실, 입시지옥에 가두어 두었다 나온 사람들이 말썽을 안 부린다는 것이 오히려 이상할 것이다. 아이들이 있는 학교를 돌보지 않고 방치해 놓은 채 돈 벌어 무엇에 쓰겠다는 것인가? 사람 기르는 일을 거칠게 해 놓으면 끝도 없는 범죄와의 전쟁비용은 더 들어가고 공해문제, 교통문제 등 사회·정치문제를 처방하는 비용은 더 들어갈 것이다. 아마 궁극적으로는 "교육과의 전쟁"을 선포하지 않으면 안 될 것이다. 전쟁 좋아하는 사람들이 왜 이 전쟁을 생각 못하는지 모르겠다. 이 전쟁선포는 빠를수록 좋다. 늦으면 비용은 더 들어간다.

우수한 인력이 편중되는 상태로 새로운 세기를 맞을 수는 없다. 우수한 사람이 교직에 매력을 갖지 않고, 교사양성 교육마저도 제대로 못한 상태에서 교사들한테만 열심히 가르치라 하고 학생들한테만 열심히 공부하라고 해봐야 모든 것이 허사로 끝난다. 근본적인 것부터 해결해야 한다.

우선 국가 지도자들이 교육에 더 관심을 돌려야 한다. 그 다음에 교육지도자들이 방향을 잘 잡아 주면 우리의 교사들은 아직 신뢰할 수 있고 우리의 학생들과 학부모는 너무 교육에 열심이라고 할 정도이기 때문에 우리는 새로운 세기에 도약할 수 있다고 본다.

교육행정가 지도자에게 이 책이 조금이라도 도움이 되었으면 한다.

새롭게 책을 꾸며주고 좋은 책을 만들려고 애써 주신 한국학술정보(주) 편집부 여러분께 감사한다.

2006. 1. **주삼환 지**

차 례

2. 새 시대 교장의 지도력 / 103

3. 장학의 실제와 방향 / 179

1.
새로운 세기의 교육행정

제 1 장
교육 구국*

1. 교육동요의 진단

그렇게 고분고분하고 헌신적이기만 하던 우리나라 교사들이 왜 동요하고 마침내 극단의 행동으로까지 치닫게 되었는가? 여러 원인이 있겠지만 우선 세 가지를 지적할 수 있다.

첫째, 교육계에 대한 경제적 외면을 들 수 있다. 학교 밖은 국민소득 4천 불 수준 이상으로 향락과 과소비로 흥청대는데 이 나라의 장래를 짊어질 어린이와 젊은이가 생활하는 교실은 돈이 비켜 지나가 낡고 어둡고 춥다. 엊그제 졸업시켜 내보낸 제자보다 적은 봉급을 받는 교사보고 사명감만 가지라니 분통이 터지지 않을 수 없다. 월급을 올려 주려고 해도 너무 숫자가 많아서 못한다니 숫자 많은 축에 낀 것이 무슨 평생의 죄란 말인가? 교육계는 경제적으로 이렇게 팽개쳐져도 되는 것인가?

둘째, 교육현장, 그리고 교사들과 유리된 전문성 없는 관료적, 획일적, 권위주의적 교육행정과 정책에도 문제가 있다. 전문성 없는 교육행정가와 지도

---

* 이 원고는 1989년도 교육계가 혼란에 빠져 있을 때 신문에 기고하려고 썼던 것이다. 그러나 신문에 내지는 않았다.

자들이 현실과 교사를 무시하고 정권유지를 위한 지시 전달만 하다 보니 존경 대신에 불신을 받고 교사의 불만은 발화점에 이르렀다.

셋째, 이때 교육계에 대한 정치적 바람이 불어 닥친 것이다. 감옥 문이 열리고 민주화와 자율화는 무질서로 변하고, 사색당은 무책임하게 교육에 관한 선거공약을 남발하고, 마침내 일부 교사들도 정치와 손을 잡기 시작하였다.

결국 경제적 소외지대에서 교원의 사기는 저하되고 지시일변도의 관료적 교육행정에 불만으로 가득 차 있을 때 정치적 변혁이 성냥불이 되어 교육계의 동요로 불붙게 된 것이다.

전교조는 소외되었던 교육에 이목을 집중시키는 효과를 가져오기도 했으나 어린이와 학생, 국민들에게 엄청난 충격을 주고 분열을 가져왔으며 교육의 질 저하와 황폐화를 초래하였다.

그러나 전교조 지도자들이 조금만 더 현명했더라면 학부모와 국민으로부터 많은 호응을 받아 냈으리라 본다. 즉 정치적, 이념적 슬로건을 내걸지 말고 과격행동을 삼가며 교육계의 경제적 소외와 교육본질을 벗어난 행정만을 내세워 온건한 행동으로 설득력 있게 호소했어도 학부모와 국민들은 쉽게 박수를 보냈으리라고 본다. 학부모와 국민들도 열악한 교육환경과 대우 못 받는 교사들에게 자녀 교육과 국민교육을 맡기고 싶어 하지 않을 것이기 때문이다.

전교조의 불씨는 아직 남아 있다. 앞에서 제시한 중요한 세 원인이 그대로 남아 있기 때문이다. 이제 정부는 교사들과 교육계에 무언가 보여 줄 차례이다. 공은 정부쪽에 넘겨졌다.

2. 교육 정상화의 길

교육의 물꼬를 제 길로 돌리기 위해서는 우선 동요의 원인을 제거하고 입시문제를 해결해야 한다.

첫째, 교육을 더 이상 정치적으로 이용하려 들지 못하도록 하고 당리당략을 떠나서 초당적, 구국적 차원에서 교육관계법을 개정하고 제도적 장치를 해야 한다.

둘째, 교육에 대한 획기적인 재정투자를 하고 적은 재정이라도 효율적, 효과적으로 사용할 수 있도록 해야 한다. 우리나라의 교육여건은 초·중·고등교육을 막론하고 세계수준에 비추어 볼 때 창피할 정도로 황폐화되어 있다. 주택은 10년이 멀다 하고 개량되고 집안과 사무실의 가구와 집기는 바뀌는데 학교의 시설과 교구는 낡고 헐었으며 학교재정은 빈사상태이고 교원의 처우는 밑바닥을 기고 있다. 그리고 적은 문교예산마저도 허투루 새는 것이 많아 정작 학생과 교사가 있는 교실로 떨어지는 돈은 얼마 되지 않고 있다.

교원노조의 확산을 막아 논 교육부장관에게도 명분을 줘야 한다. 교육여건과 처우를 개선해 줄 테니 참아달라고 호소한 교육부장관에게 정부는 돈을 대줘야 교육부장관의 체면이 설 것 아닌가? 정부가 교육투자에 인색하게 되면 장관은 교사들을 더 이상 설득할 힘을 잃게 된다.

셋째, 교직의 전문성을 존중하여 전문가로 하여금 교육행정을 담당하게 해야 한다. 학생시절에 학교생활을 해본 경험밖에 없는 일반직 공무원들에게 어떻게 한 나라의 중앙교육행정을 모두 맡길 수 있는가? 이번에 교육부의 실·국·과장, 담당관을 전문직으로 보할 수 있게 한 것은 늦었지만 좋은 시정이라 할 수 있다. 이제는 전문직을 임용해야 하는 일이 남아 있다.

넷째, 대학입시를 그대로 놔두고는 정상적인 교육이 이루어질 수 없다. 고1, 고2 때 두 차례에 걸쳐 대학 갈 사람을 구분해 내고 다른 학생은 직업교육을 시켜 일자리를 확보해 주어야 한다. 기업체로 하여금 일정 비율의 고졸자를 채용하도록 의무화하는 방안을 강구할 수도 있다. 그리고 직업을 갖고 대학 공부를 할 수 있도록 하고 고졸자로서도 인생의 정상에 오를 수 있는 길은 터 줘야 한다.

다섯째, 학교에서는 밑바탕을 다지는 교육을 철저히 해야 한다. 우선 인간의 생명과 인권을 존중하는 교육부터 하고, 국어, 수학, 과학, 외국어, 컴퓨터 등 기초를 튼튼히 하고, 초보적 문화·예술의 바탕과 도덕적 바탕을 다지는 철저한 교육을 해야 한다. 그리고 통일을 준비하는 교육이 절실하다.

3. 교육을 구국적 차원에서

이제 교육을 교육만으로 떼어서 생각할 수 없다. 그동안은 수적으로 교육받은 인구를 가지고 경제도 국방도 뒷받침해 줄 수 있었는데 교육에 대한 경제적 투자와 정치적 지지의 미비로 질을 더 이상 높이지 못해 심각한 국제경쟁에서 살아남을 수 없게 되었다. 이제 교육이 계속 떠받쳐 주지 못하면 훌륭한 경제·기업·산업인도, 정치인도, 군인도 길러낼 수 없게 된다.

교육은 교육자만의 노력으로 성공할 수 없다. 교육 내부에서 지도자를 중심으로 뭉치고 정치인, 경제인, 언론인 등 전국민이 교육이라는 하나의 곡을 연주하는 오케스트라 단원으로 합심할 때 비로소 발전할 수 있다.

피히테는 나라가 망한 것이 교육을 소홀히 했기 때문이라 했고 몰트케는 전쟁에서 이긴 것이 군인이 잘 싸워서가 아니라 선생님들이 잘 가르쳤기 때문이라고 했다. 교육을 경제와 국방에 못지않은 중요한 요소로 구국적 차원에서 심각하게 다뤄 주길 기대한다.

제 2 장
1990년대 학교교육의 방향*

1. 시간의 분수령

대망의 1990년대가 시작되었다. 그렇다고 원래부터 1990년대라는 것이 따로 있는 것은 아니다.

흔적도 없는 시간 위에 괜히 인간들이 흠집과 토막을 내놓고 거기에다 어떤 의미를 부여하고 나름대로 자신들에게 유리하게 활용하고 이용할 뿐이다. 교육에서도 1990년대의 교육, 어제의 교육과 오늘의 교육이 크게 다를 바는 없다. 다만 토막 낸 시간의 눈금을 지나면서 새로운 의미를 부여해 볼 따름이다.

우선 1990년대는 시간적으로도 21세기로 넘어가는 중요한 시기이지만 우리 민족으로서도 중요한 분수령이 될 것으로 생각된다. 1980년대의 정치적 혼란 속에서도 경이적인 경제적 성장과 국제적 지위 향상을 가져 왔는데 1990년대에도 이를 지속적으로 밀고 나가 앞서 달려가는 선진국과 거리를 좁히느냐 아니면 남미 여러 나라들처럼 3류 국가로 주저앉고 마느냐의 분수령이 될 것으로 보아 중요한 시기로 본다.

---

* 「수도교육」, 1990년 1월, 서울특별시 교육연구원.

다음은 1980년대 말에 시베리아의 꽁꽁 얼어붙었던 얼음장과 공산주의가 개방으로 녹고 민주화·자유화의 마파람이 베를린 장벽을 헐게 하고 헝가리, 폴란드, 체코, 유고 등이 가슴을 열게 되었다. 바라건대 1990년대에는 우리의 차례가 되었으면 한다. 휴전선 철조망과 지뢰를 제거하고 통일의 기반을 다지는 연대가 되었으면 한다.

이러한 도약이냐 아니면 좌초냐, 개방과 통일이냐, 아니면 폐쇄와 갈등이냐의 판가름도 장기적으로는 우리가 그동안 교육을 어떻게 해 왔고 또 특히 1990년대에 어떻게 교육을 하느냐에 달려 있다고 본다. 우리가 교육을 중시하여 거국적으로 투자를 하고 제대로 교육을 하면 절벽 앞에서도 살아남을 수 있을 것이고 단기적 안목에서 생각도 투자도 없이 임시방편식, OX식, 정·오답 찾기식, 찬반투표식 교육이나 하고 있으면 우리 민족은 그 대가를 치르지 않을 수 없을 것이다.

이런 의미에서 1990년대의 상황을 전망해 보고 학교교육의 지향점을 생각해 보는 일도 가치 있다고 본다.

2. 1990년대의 변화와 전망

필자는 미래학자도 아니고 솔직히 말하여 한 치 자신의 앞도 내다보지 못하는 주제에 10년간의 미래를 점친다는 것은 극히 어려운 일이며 엉터리 점일 확률이 높다. 점이란 희망을 주기 때문에 없는 것보다는 있는 것이 나을 것 같고 엉터리일 바에는 대담한 점을 치는 게 좋을 것이다.

1) 민주화와 정치적 영향

민주화는 인류의 영원한 도전이기 때문에 1990년대에도 그 노력은 계속

될 것이다. 그러나 떠들어 대는 외침의 민주화는 가라앉은 차분한 상태에서 질서 있게 이행되는 민주화로 다져져야 할 것이다.

교육에 대한 정치적 영향은 계속되고 교육 내부에서도 이익집단간에 정치적 흥정과 타협에 의하여 결정되는 일이 얼마간은 지속될 것이다. 그리고 언젠가는 교육이 중요한 정치적 쟁점으로 대두되지 않을 수 없을 것이다. 교육을 이렇게 외면하고 팽개쳐 놓고는 도저히 정치도 할 수 없게 되기 때문이다. 현재는 눈에 보이는 돈과 경제에만 우선적 가치를 두고 있는데 부를 생산해 주는 교육이 표면으로 떠오를 때가 올 것이다.

당장 지방자치제가 부활, 실천되어야 할 입장에 있다. 교육자치제가 되면 교육자들이 자치적으로 교육을 하게 될 것으로 착각해서는 안 된다. 지방 주민의 교육에 대한 자치가 우선이기 때문이다. 그래서 지역사회, 주민의 교육에 대한 영향력이 커질 것이고 그럴수록 교육에 대한 이해집단간의 목소리도 높아질 수밖에 없고 또 당연히 높아져야 한다. 그래서 지금까지의 온상 속에서의 교육행정이나 학교 행정은 비바람 치는 들판에서의 야생적 행정이 될 것으로 전망된다.

2) 다양한 가치공존과 윤리 · 도덕의 중요성

지금까지는 전통적 가치에 의하여 사회가 지배되고 어떤 의미에서는 전통적 가치의 획일과 질서에 의하여 사회라는 거대한 수레바퀴가 돌아갔으나 앞으로는 다양한 가치가 공존하면서 때로는 갈등을 일으키고 때로는 조화를 이루게 될 것이다. 근면과 검소, 절약과 저축을 강조하는 전통적 가치와 1980년대에 새로이 출현한 현실 추구적 가치가 대립 · 갈등했지만 1990년대에는 서로 상대를 인정하고 수용하지 않으면 안 될 것이다.

혁신과 보수, 능률과 실제, 형식과 이론들이 공존하고 조화를 이루어야 할 것이다. 1990년대 초반에는 새로운 가치의 출현으로 혼란과 갈등이 예상되지만 마침내는 서로가 상대가치를 인정하고 오히려 필요로 하게 되며 절충하게 되어 절충적 가치, 절충주의가 나타날 것으로 본다.

또한 산업화가 되면 될수록 윤리·도덕의 필요성과 그 중요성이 절실해질 것으로 본다. 우리보다 앞서간 선진국들도 윤리·도덕의 기반이 약한 데다 산업화의 무거운 짐을 얹어 놓음으로써 사회전체가 근본적으로 흔들리고 있다. 이혼과 가정생활의 문란으로 사회 전체가 흔들리고, 중심을 잃은 에너지들이 폭력으로 분출되어 춤을 추고 산업부산물의 공해와 상 윤리의 부재는 마침내 인간의 생명까지를 위협하게 되었다.

가치중립, 윤리배제의 과학은 인간을 행복하게도 하지만 불행하게 만들기도 한다. 윤리·도덕의 기반을 닦지 못한 인간은 배를 채운 다음 남아돌아가는 시간을 주체하지 못하고 있다. 1990년대에는 더욱 윤리·도덕에 향수를 느낄 것이다.

3) 통일기반과 발전의 도약대

우리는 1990년대가 여러 면에서 분수령이 된다고 했지만 비관적으로 전망할 필요는 없다고 본다. 기왕이면 미래를 밝게 낙관적으로 보면서 비관적인 면을 경계하는 것이 좋다.

1990년대에는 어쨌든 우리나라가 통일에 대한 논의를 활발하게 해야 한다. 1990년대에 통일을 이루기는 어렵더라도 통일의 기반은 닦아야 하고, 또 상대가 있어 어려운 일이기는 하지만 노력하기에 따라서 어느 정도 기반을 닦을 수 있으리라 본다.

또 2000년대를 위한 도약의 기반도 1990년대에 다져 놓아야 하고 또 다질 수 있으리라 본다. 산업구조도 단단히 다져야 하고, 학문적으로도 기초과학을 튼튼히 하고, 정신적으로도 도덕적 무장을 단단히 해야 21세기에 웅비의 나래를 펼 수 있으리라 본다. 최근에 우리의 윤리·도덕이 약간 흔들리고는 있으나 동양의 유불사상에 의한 튼튼한 정신적 바탕을 가지고 있기 때문에 각계의 지도자들이 방향만 잘 잡으면 1990년대는 분명히 21세기의 비상을 위한 도약대가 될 것으로 전망한다. 그렇다고 1990년대를 21세기를 대비하고 준비하는 기간만으로 생각하지 말고 1990년대 본래의 몫을 살아야 하는 것도 잊지 말아야 한다.

3. 1990년대 학교교육의 방향

1990년대 학교교육의 지향점이 근본적으로 달라질 수는 없다. 우리의 교육이 지향할 점은 우리나라 교육목적이기 때문이다. 개인의 인격 완성과 자주적 생활능력신장, 공민으로서의 자질 구유로 민주국가발전에 봉사하고 인류공영의 이상실현에 기여하여 궁극적으로는 홍익인간의 이념을 지향해야 한다. 그런데 지금까지 우리의 교육이 이러한 목표에 대한 지향의식이 미약했던 것 같다. 한 방울 한 방울의 물방울이 모여 마침내 바다에 이르듯이 한 시간 한 시간의 수업도 궁극적으로는 우리나라 교육 목적을 지향해야 한다.

다시 시대상황과 여건에 따라 중간 목표와 지향점, 강조점을 달리할 뿐이다. 여기서 필자가 제시하려는 것도 1990년대를 전망하면서 우리나라 학교교육이 강조할 점으로 생각하는 것으로서 일종의 필자의 개인적 편견이라고 할 수 있다.

1) 바탕을 다지는 교육

1990년대 우리나라 보통교육에서 바탕을 다지는 교육이 필요하다고 본다. 바탕 없이 잔재주만 부리고 입시준비 연습만 시키는 교육으로는 나라가 튼튼하게 발전할 수 없다. 이와 관련하여 몇 가지 생각나는 대로 바탕이라고 생각되는 점을 제시하고자 한다.

첫째, 윤리·도덕적 바탕을 다져야 한다.

앞에서도 언급한 것처럼 이 바탕 없이는 과학, 기술, 직업 등 모든 것이 허사로 끝난다. 예를 들면 인간의 생명 중시교육이 시급하다고 본다. 사람이 살자고 하는 일인데 우리나라에서 사람들이 너무나 쉽게 병들고 죽고 있다. 허술한 교통표지판·규칙·차량 때문에 그렇게 많은 사람이 죽고, 다쳐도 대수롭지 않게 여기고 있다. 산업현장에서의 안전사고도 엄청나게 많다. 폭력과 칼부림에 의하여 잃는 생명도 통계를 잡을 수 없을 정도로 많다. 부정식품과 부정약품에 의한 생명 손실과 위험성도 높다. 입시에 시달리던 학생들이 자살을 해도 무감각해졌다. 어떻게 하다가 인간의 생명을 이렇게 아무렇게나 다루게 되었는가? 어떤 형태의 교육이 되었든 갓난아기 때부터 철저한 생명존중교육을 해야 할 것 같다. 사람은 말할 것도 없고 개미새끼 한 마리, 풀 한 포기라도 천번 만번 생각하고 생각하여 해치지 않을 수 없는 불가피 할 때에만 어쩔 수 없이 건드리게 하는, 철저한 생명 존중교육을 먼저 해야 하겠다. 자연보호도 좋지만 인명보호운동·교육부터 해야 할 절박한 시점에 와 있다.

이와 관련된 것이지만 인권존중교육을 처음부터 다시 해야 할 판이다. 함부로 교도소에 집어넣고 여자라고 해서, 장애자라고 해서 불리한 처우를 받는 경우가 너무나 많다. 대학입시로 학생들을 혹사시키는 것도 일종의 학생 어린이들의 인권 무시에서 나온 것이 아닌가 생각된다.

둘째, 기초교육을 철저히 해야 한다.

자기 나라의 보통교육을 마쳤다면 국어를 불편 없이 읽고, 쓰고, 말할 수 있어야 하고 그 나라 국민으로서의 언어생활에 불편이 없어야 한다. 최소한도 한글은 초등학교 1학년 때 무슨 수를 써서라도 전원이 익히고 통과해야 한다. 한자가 우리 생활에 필요하다면 기본적인 것을 반드시 습득하게 해야 할 것이다. 고등학교를 졸업하고도 자기 나라 신문을 못 읽는다면 무엇인가 잘못된 것이다. 수학도 각 학년과 단계별로 최소한도 습득하고 통과해야 하는 것을 놓쳐 버리면 학년이 올라갈수록 학생은 재미를 잃고 시간낭비만 하게 된다. 고차적인 수학은 학문을 할 사람이나 수학과 과학, 공학을 전공할 사람에게 요구하더라도 다른 학생들은 최소한 국민생활에 필요한 기초수학은 확실히 해서 졸업시켜야 한다는 주장이다.

물리, 화학, 생물, 지구과학 등 기초과학을 단단히 다져 놓지 않고 노벨상에 도전한다는 허세를 부려서는 안 된다. 상을 타기 위해서 공부한다는 사람은 얄미워서라도 제외시켜야 할지 모른다. 기초학문에 물과 거름을 주지 않고 응용의 꽃봉오리만을 갖고 싶어 한 것이 우리의 과거이다.

외국어와 컴퓨터의 기초도 튼튼히 해야 할 것이다. 소수의 몇 사람만 급하게 임시 양성하는 식의 땜질 교육이 되어서는 생명이 길지 못하다. 체육도 손 기술이나 발 기술보다 기초체력과 머리 기술부터 다져 나가는 교육이 되어야 할 것이다. 올림픽 금메달을 따기 위해 선수를 급조하기보다는 국민 전체의 기초체력을 다지는 쪽으로 나아가야 할 것이다.

이러한 기초교육을 다지는 데 걸림돌이 되는 것이 입시지옥이다. 교육용어로 "지옥"이라는 말을 써도 이제 우리는 무감각해졌다. 저승이 아닌 이승에서 이렇게 지옥을 앞당겨 경험해야만 하는 것인가? 어떻게든 1990년대에는 이 지옥을 없애고 정상 교육이 이루어질 수 있도록 해주어야 한다. 대학으로 가는 길 이외의 다른 등산로를 많이 개척하여 이런 길을 통해서 인생의 정상에 오를 수 있도록 해주어야 한다. 고졸자 취업의 자리를 의무적으로 확보하도록 하고, 이들이 차별대우를 받지 않도록 법으로 보장해 주는 것이다. 그리고 고1, 고2 때 몇 번에 걸쳐 대학으로 갈 사람과 직업으로 갈 사람을 구별해 주어 직업교육을 시키는 방안을 강구하여 입시지옥을 완화시키는 방안도 생각할 수 있다. 그래서 고3 때는 이미 걸러진 소수만 가지고 진학 희망 대학만 결정하는 시험을 치르게 한다. 그리고 직업을 갖고도 대학 졸업장을 딸 수 있는 길도 많이 열어 주어야 한다.

셋째, 기초적 문화 · 예술활동의 바탕을 다져야 한다.

선진국은 밥과 고기를 많이 먹고 좋은 옷을 많이 입어서 선진이 아니다. 선진국일수록 문화예술을 즐기는 데서 차이가 난다. 1990년대 바탕을 다지는 교육에서 문화예술의 감각을 길러 주는 교육을 빼놓을 수 없다. 이러한 예술 감각과 기능은 시기를 놓치면 어렵다. 어릴수록 유리하다. 21세기 문화예술의 시대에 아름다운 소리를 듣고도 아름다운 줄 모르고, 아름다운 색이나 조형물을 보고도 아름다운 줄 모른다면 듣고도 듣지 못하고 보고도 보지 못하는 미에 관한 귀머거리와 장님으로 생활하게 된다. 학생들을 모두 예술가로 만들자는 이야기는 아니다. 그 바탕을 다져 주자는 말이다.

이에 대한 중요한 장애물도 역시 입시이다. 우리 학생들을 불구자로 만들지 않기 위해서라도 1990년대에는 입시문제를 해결해 주어야 한다.

2) 우수성 지향의 교육

우리가 교육을 위해서 열심인 것은 사실이지만 상당히 거친 교육을 하고 있다. 학급당 학생 수도 많고 학교당 학급수도 많다. 학생 수가 많으면 한 사람 한 사람을 매만지고 다듬는 정성어린 인간교육을 하기 어렵다. 대충하는 평균교육을 하여 평균인간을 만들어 내보내고 있다. 교육이야말로 정성 산업이어야 한다.

첫째, 학업의 능력을 최대한 끄집어내어야 한다.

어린아이와 학생은 본래부터 가지고 있지 못한 능력은 발휘할 수 없다. 그러나 가지고 있는 능력을 최고도로 끄집어내어 발휘할 수 있도록 하는 교육을 해야 한다. 이것이 바로 교육의 우수성 추구이다. 학교는 학생이 가지고 있는 능력을 실컷 발휘할 수 있는 여건과 기회를 마련해 주어야 한다. 그래서 학생도 행복하게 해주고 국가·사회도 발전할 수 있게 해야 한다.

둘째, 학교의 효과성을 높여야 한다.

학교는 이제 그 효과성에 대하여 더 심각하게 생각해야 한다. 우리의 교육에서 동원할 수 있는 자원을 최대한 동원하여 최대의 효과를 거두고 있는 가? 자원을 많이 퍼붓는 것도 중요하지만 있는 자원을 효과적으로 사용하는 것은 더욱 중요하다. 지식, 기술, 권한, 물질, 인력, 시간, 재정자원의 효과적 사용으로 학교경영의 효과를 거두기 위해 더 노력해야 할 것이다.

셋째, 교수효과성도 따져보아야 한다.

교수효과성을 위해서도 더 노력할 여지가 많다. 우리가 열심히 가르치는 것만큼 효과를 거두고 있는지 의문이다. 특히 시간자원의 효과성에 대하여 재고할 가치가 있다. 다른 데서도 그렇지만 교육에 있어서 특히 젊은이들에게 있어서 시간은 가장 귀중한 자원이다. 필요하고 가치 있는 곳에 우리 어린이와 젊은이 선생님들의 귀중한 시간을 투자할 수 있도록 해주어야 한다. 학교에서 낭비하고 있는 시간이 너무나 많다. 무슨 행사로 낭비하는 시간, 개학식, 졸업식, 각종 회의, 청소 등으로 낭비하는 시간이 후진국일수록 많다. 같은 40분, 50분의 수업 속에서도 밀도 높게 집중하는 시간은 몇 퍼센트 안 된다. 앞으로 학교교육에서 이 점에 대하여 더 철저했으면 한다.

넷째, 교육의 우수성 보장을 위한 투자가 요구된다.

교육의 효과성 추구를 위해서 국가가 재정적 투자를 획기적으로 늘리고 자율적으로 사용할 수 있도록 하는 제도적 장치를 해주어야 할 것이다. 이것이 학교의 자율화, 민주화를 보장해 주는 길이다. 교사와 교장에게 국가가 보증하는 자격증을 주고 일을 시켰으면 일단 모든 것을 믿고 맡겨야 할 것이다.

다섯째, 교원의 인적자원 개발을 위해 노력해야 한다.

교육의 우수성을 추구하는 데 인적자원만큼 중요한 것은 없다. 우수교원을 확보하고 계속 개발하지 못하면 교육의 질 향상은 구호에 그치고 만다. 학생들의 능력을 최대한 발휘하게 하려면 먼저 교사와 교육행정가의 인적자원을 최고도로 발휘하여 신나게 일할 수 있도록 해주어야 한다. 교사는 가르치는 데서 교육행정가는 지도력을 발휘하는 데서, 자아실현을 할 수 있고 보람과 행복을 느낄 수 있어야 할 것이다.

4. 바탕에서 최고에까지

1990년대에는 교육에서뿐만 아니라 우리나라 국가 운명의 갈림길이 되는 중요한 시기로 ① 민주화를 위한 계속적인 도전과 정치적 영향이 있을 것이고, ② 다양한 가치의 출현으로 갈등과 조화가 공존하며 더욱 윤리·도덕에의 그리움을 느끼고, ③ 통일기반과 발전의 도약대가 될 것으로 전망하면서, ① 바탕을 다지는 교육과 ② 우수성을 지향하는 교육을 제안하였다. 바탕을 다지는 교육으로는 ① 윤리·도덕의 바탕과 ② 국어, 수학, 물리, 화학, 생물, 지구과학 등의 기초과학과 외국어, 컴퓨터 등의 기초교육의 바탕을 다져야 한다고 했다.

또한 우수성 추구를 위해서는 ① 학생의 능력을 최대한 개발하고, ② 학교경영의 효과성을 높이고, ③ 교수효과성을 따져보고, ④ 우수성 추구를 위한 국가적 투자가 요구되며, ⑤ 교원의 인적개발이 필요하다고 하였다.

한마디로 말하면 1990년대의 10년간만이라도 교육의 밑바닥을 철저히 다지고 최저가 아닌 최고 수준으로 교육의 질을 지향할 것을 제안하였다.

해방 후 우리 손으로 우리의 교육을 하면서 한 가지라도 제대로 끝까지 붙들고 철저히 밑바닥을 다지고 최고 수준을 좇으려고 했더라면 그 부분만큼은 세계 최고가 되었을 것이다. 그동안 우리가 교육에서 많은 구호와 슬로건을 내걸고 이것을 너무나 자주 액자에 바꾸어 갈아 끼웠다.

예를 들면 정직성 하나만 철저히 가르쳤더라면 우리 손으로 하는 교육을 받은 사람 중에서는 적어도 생명을 위협하는 부정식품과 약품을 만들어 기업을 하거나 그러한 식으로 돈을 벌려고 하지는 않았을 것이다.

민주시민 교육도 그렇고, 과학기술과 일인일기 교육도 그렇고, 자연보호운동도 무엇 하나 철저히 다지고 최고 수준을 잡은 것이 없다. 유행처럼 그때그때 피동적 형식적으로 마지못해서 하는 척하는 교육을 했던 것 같다.

그러나 여러 가지 어려운 여건 속에서도 짧은 기간 내에 문맹퇴치를 하고 보통교육을 보편화시키고, 고등교육을 대중화시킨 교육의 기회확대와 양적 팽창은 세계에 드문 성공적 사례이다. 이것이 바로 세계 여러 나라들이 경제적으로 밑바닥을 기고 있던, 1970, 1980년대에도 우리는 반대로 경이적인 성장을 이룩하는 저력을 발휘하도록 뒷받침해 주었던 것이다.

이제 교육에 대한 획기적인 투자를 받아 교육자와 국민들의 합의에 의하여 한 가지라도 철저히 함으로써 최고 수준을 유지하는 교육을 지향하여 21세기에는 반드시 통일을 이루어 선진국이 더 못되더라도 우리 나름대로 우리끼리 행복하게 살 수 있었으면 한다. 너무나 선진을 내세우다 보니 터무니없이 마음만 부풀어 앞서 가게 하여 이상과 현실 사이에 불만만 키워 주고 있는지도 모른다.

경제에 의한 물질의 선진도 중요하지만 교육에 의한 마음의 선진, 생각의 선진부터 이루고 마침내는 물질과 생각의 조화로운 선진을 이룩했으면 한다.

난장판 구경, 잔칫집 흥분을 조용히 가라앉히고 각자 맡은 바 제자리로 돌아가 자기 고유의 악기를 손질하고 조율하고, 정확한 음을 골라 1990년대에는 21세기 우리 민족의 교육 등대라는 대합주곡을 멋지게 연주하여 보았으면 한다. 이 연주단을 지휘할 민족의 지도자, 교육지도자를 구하고 있다.

제 3 장
학교교육계획의 방향

1. 여는 말

　해가 바뀌고, 연대가 바뀌고, 세기가 바뀐다고 야단법석들이다. 소란스럽게 떠드는 사람치고 일 제대로 하는 사람 별로 못 보았다. 특히 교육은 떠들어대 가지고는 될 일도 안 된다. 이러한 중요한 시기일수록 마음을 차분히 가라앉히고 깊이 생각한 다음 묵묵히 실천에 옮기는 일이 중요하다.

　원래 편집자가 필자에게 요구한 제목은 "학교경영평가와 교육계획 수립"(제목을 바꾸어도 좋다는 조건과 함께)이었으나 좀 딱딱하고 전문적인 내용이 담길 것 같아 좀 소박한 제목으로 바꾼 것이다. 으레 새 학년도가 되면 지난 학년도의 교육계획의 목표달성을 평가하여 그 자료를 바탕으로 새 학년도의 교육계획을 세운다는 틀에 박힌 글을 쓰기가 싫어 새 학년도를 준비하면서 학교경영자나 교사가 생각해 주었으면 하고 필자가 평소에 생각해 오던 소박한 바람을 진술하여 교육자들로 하여금 생각할 자료를 제시해 주기로 결심한 것이다.

2. 1990년대에 대한 기대

1990년대에도 여러 가지 변화가 예상된다. 첫째, 모든 면에서의 민주화가 이루어지고 나름대로 안정과 정착이 기대된다. 시베리아의 얼음판이 녹고 베를린 장벽이 무너지고 동구의 국가 이름이 바뀌는 판이니 이 거대한 바람을 거역할 수는 없을 것이다. 북한에게 문을 열고 민주화하라고 재촉하기 전에 우리가 먼저 안정과 민주화로 다져 놓아야 기회를 포착할 수 있다. 준비 없는 교육자치제로 혼란이 야기될 수도 있음을 경계해야 하며 학교의 구석구석까지 진정한 민주화가 뿌리내려야 한다.

둘째, 다양한 가치를 서로 인정하고 또 공존해야 할 것으로 본다. 내 것만 주장해서는 서로가 파멸이라는 것을 과거의 학습을 통해서 알게 되었을 것이다.

셋째, 도약이냐 좌초냐의 갈림길에서 살아날 것으로 기대한다. 우리가 여기서 주저앉고 만다면 그동안 억척같이 일하고 공부한 것이 허사로 돌아가고, 자기 몫을 찾겠다고 머리끈을 매고 손을 흔들어 댔던 것도 수포로 돌아간다.

넷째, 통일 기반을 다지는 계기가 올 것으로 기대한다. 우리 민족이 조금만 현명하다면 외세에 놀아나 남을 이롭게 하고 우리 민족을 모두 파멸로 이끄는 길을 택하지는 않을 것이다. 더 늦기 전에 민족의 동질성을 회복하고 끊어진 허리를 치유하는 길을 모색할 것으로 전망한다.

이러한 교육 외적 상황을 전망하면서 새 학년도 계획을 하는 것도 의미가 있을 것이다.

3. 새 학년도 계획에의 바람

이제 필자가 보통교육의 현장에서 피부로 느끼는 점을 제시하려고 하는데

동의하는 점이 있다면 새 학년도 계획에 반영·실천하였으면 한다.

첫째, 밑바탕을 다지는 교육을 해주길 바란다. 밑바탕이 다져지지 않은데다 입시교육만 하고 있으니 무엇 하나 제대로 잡히는 것이 없다. 해방 후 우리 손으로 교육을 하면서 작은 것 하나만 붙들고 늘어졌더라면 그것만은 세계 제일이 아니었겠는가?

(1) 그중에서 우선 생명을 존중하는 밑바탕 교육부터 다시 시작해야겠다. 사람이 같이 살자고 공부도 시키는 것인데 인간의 생명을 너무 가볍게 다루고 있다. 청소년의 칼부림이 예사이고, 자살하는 학생이 1년에 수백 명이어도 눈 하나 꿈쩍 안 하고, 돈을 위해서 부정식품, 부정약품을 만들어 내고 있다. 동·식물이 됐건 인간이 됐건 간에 생명을 귀하게 여기도록 하는 근본적인 교육부터 시작하길 권고한다.

(2) 다음은 인권이 존중되는 교육도 같은 맥락이다. 인신매매라는 말이 어떻게 우리 사회에 존재하게 되었는가? 아무리 코흘리개 학생이라도 인권을 무시해 가면서 100점 맞는 교육을 시켜도 그 선생님은 이미 선생님이 아니다.

(3) 국어, 수학, 과학, 외국어, 컴퓨터 등의 기초과목의 교육을 철저히 다져 놓기를 권고한다. 한글은 비록 주입식 교육방법을 쓰더라도 초등학교 1학년에서 자유자재로 쓸 수 있도록 지도되어야 한다. 여기에는 어떤 이유도 있을 수 없다. 학생 수가 많다거나 농촌, 빈민지역이라는 이유도 성립될 수 없다. 1학년 교사로 안 되면 교장, 교감까지 동원돼서라도 초등학교 1학년에서 해결해 주어야 한다.

(4) 우리나라 의무교육을 마쳤다면 최소한 우리나라 신문·잡지는 읽을 줄 알아야 한다. 자기 나라 신문도 못 읽고 세상 돌아가는 것도 모르는 국민을 만들어 낸다고 생각하면 우리 교육이 얼마나 허점투성이의 교육인가를 알 수 있을 것이다.

(5) 초보적 문화·예술활동을 할 수 있도록 교육해야 한다. 앞으로의 사회는 "아름다움"을 알고 또 추구하게 될 것이다. 그 기초를 보통교육에서 다져 두지 않으면 이들은 평생 "미에 관한 한 병신생활"을 하게 된다. 최소한

병신을 만드는 교육을 해서는 큰 죄를 짓게 된다.

(6) 도덕적 바탕을 다져야 하는 것은 더 말할 나위 없다. 그렇게 많이 바른생활·도덕·윤리교육을 했는데도 모두 헛바퀴 돌고 말았다. 당장 거리의 무질서, 자연의 훼손, 오염을 보면 알 수 있다. 앞으로는 더 이상 무력을 동원해서 대통령 하겠다는 사람, 부정을 해서 돈 벌겠다는 제자를 길러내지 않도록 해야겠다.

이러한 밑바탕을 다지는 철저한 교육을 계획하고 이에 대하여 선생님들의 지혜를 모아 보기를 제안한다.

둘째, 수월성과 효과성을 심각하게 따져 보길 바란다. 양만 따지지 말고 질을 높이는 교육을 위하여 최선의 노력을 기울여야 한다. 인생에서 가장 중요한 시간과 정력을 정말 필요한 곳에 효과적으로 바칠 수 있도록 계획되어야 한다. 어린이와 젊은이의 한 시간은 늙은이의 한 시간과 질적으로 다르다. 고급인력인 선생님들의 한 시간은 할 일 없는 사람들의 한 시간과 다르다. 학생과 교사로 하여금 그들의 귀중한 시간과 정력을 가장 가치 있는 곳에 아낌없이 바칠 수 있도록 새 학년도 계획에 반영되었으면 한다.

적은 돈이라도 가장 효과적, 효율적으로 사용되어 교육의 질을 높일 수 있도록 계획되었으면 한다. 없는 돈은 어쩔 수 없겠지만 있는 것만이라도 어떻게 쓰는 것이 가장 효과적으로 쓰는 것인가를 이마를 맞대고 지혜를 짜내야 한다.

셋째, 통일에 대비하는 교육이 절실하다. 우리나라에서도 한때 논의된 적이 있었으나 뿌리내리지 못했다. 이제 절실히 필요한 때가 왔다고 본다. 거짓말로, 공포감을 불러일으키는 반공교육으로는 생명이 길지 못하다. 영원히 안 볼 듯 가르쳤던 "중공 오랑캐"가 어느 날 갑자기 국빈으로 뒤바뀔 것을 누가 예측했겠는가? 옛날 옛적에 "중공 오랑캐"라고 가르쳤던 나는 결과적으로 어느새 거짓말쟁이 선생이 되고 말았다. 지금 북한에 대하여 가르치고 있는 것이 먼 훗날 이렇게 되지 말라는 보장은 없다. 통일도 결국은 올바른 교육을 함으로써 앞당겨질 수 있다고 본다.

4. 맺는 말

새 학년을 앞두고 무엇인가 전교직원이 붙들고 늘어질 목표를 설정하고 방향을 잡는 일이 중요하다. 이때 학교 나름대로, 학급 나름대로 작은 것 하나라도 붙들고 철저히 다루어 주길 기대한다. 이에 포함될 것으로 ① 생명과 인권을 존중하고 기초과목을 철저히 하고, 기초적 예술 감각을 기르고 도덕적 바탕을 철저히 다지는 교육과, ② 수월성과 효과성을 따지고, ③ 통일을 앞당기는 교육을 생각해 보았다.

어떤 사람은 1990년대는 21세기를 준비하는 기간으로 설정한다. 물론 미래를 위해 준비하는 것도 중요하지만 1990년대 그 자체를 위해서 중요한 것이다. 그 해 그 연대를 철저하게 사는 일이 더 중요한 것이다. 미래를 준비한다고 현재에 걸 바퀴 도는 교육을 해서는 안 되기 때문이다.

1970, 1980년대에는 돈에 높은 가치를 부여하여 졸지에 부자가 된 사람에게도 굽실거렸지만 앞으로는 어쩔 수 없이 교육에 높은 가치를 부여하고 올바른 교육을 받아 좋은 생각을 하고 아름다운 마음을 갖고 이를 실천하는 사람에게 고개를 숙이게 될 것이다. 그때에 교육을 담당하는 선생님들도 제대로 존경을 받게 될 것으로 생각된다. 그러나 국민총생산량 2만 불의 국가에서도 교사가 존경받지 못한다는 사실을 생각하여 우리는 무턱대고 선진국만 따라갈 것이 아니라 다른 길을 택하여 지름길이면서도 바른 길을 찾아가야 한다는 것을 알아야 한다.

제 4 장
인간화교육을 위한 교육행정*

1. 인간교육을 하고 있는가?

인간화교육, 인간중심교육이라는 말을 쓰니까, 그러면 동물화교육 또는 기계화교육, 동물중심교육 또는 기계중심교육이라는 말도 있느냐고 반문하는 사람이 있더니, 드디어 우리 교육현장은 정말 인간교육을 하고 있는지에 대하여 의심하게까지 되었다.

중·고등학교에서 새벽부터 밤늦게까지 그렇게 수많은 내용과 교과목을 공부시키고도 무엇이 부족하고 아쉬워서 금년같이 무더운 여름에 또 보충수업을 해야 하는가? 강요된 자율학습을 밤 10시까지 하고, 또다시 소형 버스에 실려 학원으로, 독서실로 가야 하는 학생들의 신세가 과연 인간교육을 받고 있는 것인가? 극심한 입시경쟁에서 시달리다 삶의 희망마저 잃고 자살하는 제자나 자식이 대략 하루 평균 한 명꼴로 나오고 있어도 눈 하나 끔벅하지 않는 교육이 과연 인간교육을 하는 것인가 아니면 동물훈련을 하고 있는 것인가?

교육을 담당하고 있는 바로 그 교사의 자녀들도 그리고 교육행정가와 장

---
* 「문교행정」, 1990년 9월, 교육인적자원부.

관, 대통령의 자녀들도 이러한 비참한 교육을 받아왔을 텐데, 이러한 교육이 개선될 기미는 보이지 않고 계속되고 있으며, 오히려 더욱 심각해지고 있다. 이렇게 해 놓고도 아이들만 나무라고 애들이 나약하다고만 할 것인가? 어린이와 젊은이들이 재미를 가지고 살고 공부하고, 희망을 가지고 노력할 의욕을 줘야 할 것이 아닌가?

비교적 정상으로 이루어지는 교육이 초등교육인데도 인간화(humanize, humanistic)라는 말을 붙이기에는 너무나 인간성이 무시되고 있고, 또 초등학교에서 돋아나던 싹도 중학교에 올라가자 무참히 잘려 버리고 만다.

더구나 한국의 대학교육은 교수 1인당 학생 수로 보나, 시설로 보나, 교육의 내용이나 질로 보나 세계적으로 제일 거친 교육을 하고 있으니, 인간화를 찾는다는 것은 가당치도 않은 일일 것이다.

그 결과 총장실이 부서지고 붉은 글씨, 검은 글씨가 벽이란 벽을 모두 뒤덮고, 요란한 꽹과리와 북소리, 최루탄 가스가 끊일 사이 없는 대학 캠퍼스에서 어떻게 인간적인 것을 찾을 것인가? 거리의 무질서와 칼부림, 경제와 정치의 무질서가 원인 없이 저절로 생겨났다고는 할 수 없다. 그동안 가정에서, 학교에서, 사회에서, 인간적인 교육과 대접을 못 받았던 데에도 원인이 아주 없다고는 할 수 없다. 거칠게 대접받았던 사람들이 거친 행동을 할 것은 분명한 사실이다.

이러한 교육을 가지고는 분명히 선진사회, 복지사회로 진입하기는 어렵다는 판단이다. 인간성 회복을 위한 노력을 하면서 동시에 밑바닥에서부터 착실히 인간화교육을 하고, 또 이를 뒷받침해 주는 교육행정을 해야 한다. 여기에서 인간화교육이라는 말은 상당히 포괄적이고 추상적이지만, 우선 학생들의 인간성이 존중되고, 또 그들이 가지고 있는 능력을 최대한 발휘하여 자아실현을 하게 하는 교육이라고 할 수 있다.

이러한 인간화교육에 역행하는 현상을 좀 더 살펴보고, 인간화교육을 할 수 있도록 지원해 주는 교육행정의 방향을 제시하기로 한다.

2. 비인간화교육을 촉진하는 요인들

앞에서 몇 줄 적어 놓은 글을 보고 너무 다듬지 않고 거칠게 표현했다고 필자를 책망할 사람들이 있겠지만, 정말 학생들의 생활을 옆에서 지켜보노라면 비참하고 측은함을 느끼지 않을 수 없다. 정말 유연성이 많은 아이들이고 학생들이니까 용하게도 참고 견디지, 굳어진 우리 같은 성인이라면 숨이 막혀 한 달도 견디지 못할 것 같다. 이런 느낌을 좀 직선적으로 표현했을 뿐이다.

그러나 우리의 교육이 온통 부정적인 측면만 가지고 있는 것은 아니다. 일제 탄압에서 겨우 벗어나자 곧 이어 발생한 6·25 잿더미 위에서 갑자기 불어난 국민들의 교육적 욕구와 수요를 모두 충족시켜 주고, 현재 대학교육에 대한 욕구만 완전히 충족시켜 주지는 못하고 있는데, 우리나라의 대학인구도 미국, 소련 등 몇 나라를 제외해 놓고는 세계적 수준이다. 이러한 양적인 교육적 소화력은 우리 교육의 강점이다.

해방 당시 우리와 비슷했던 나라들이 아직도 많은 문맹률로 고민하고 있는 형편인데, 우리는 짧은 기간 내에 이 문제를 해결하고, 이제 질을 따지고 인간화 이야기를 하고 있다는 것은 경이로운 발전이다. 국가발전과 산업화, 경제개발에 조바심하는 나라들이 고등교육에 대한 우선순위의 투자 유혹을 받기 쉬운데, 우리는 이런 유혹을 물리치고 초등교육에서부터 다져 오기 시작했다는 것은 올바른 정책방향이었다고 본다.

과거에 비교적 우수한 사람들이 교직에 들어와서 그들이 받는 사회 경제적 대우 이상으로 헌신적으로 일했었다는 것도 과거 우리 교육의 강점이었다.

결국 너무나 빠른 속도로 교육이 팽창하고 양적으로 발전하다 보니 질적인 측면, 인간화의 측면에서 음지가 생겨나지 않을 수 없었다.

우리나라 교육에서 비인간화를 촉진하는 주범은 첫째로, 입시의 문제라고 본다. 중학교입시에서, 고등학교입시의 문제로, 대학입시의 문제로 이동하면서 우리의 교육은 인간적인 교육이 아니라 기계적인 교육으로 점철되어 왔다. 극심한 대학입학시험 하나로 우리나라의 모든 교육이 멍들고 있다. 그 여파는 대학교육에까지 계속되고 있다. 마치 대학입시를 위해서 이 세상에 태어난 사람들처럼 절박하게 생각하니 우리의 교육이 정상적일 수 없다.

금년에도 많은 수험생이 한날한시에 경쟁을 벌여야 할 형편이며, 그 결과에 의하여 개인의 인생행로가 결정지어지게 된다.

정상으로 오르는 모든 등산로를 다 폐쇄시켜 놓고, 오직 한 길만 남겨 놓은 것처럼, 대학으로 가는 좁은 길 하나만 열어 놓고 그 좁은 길목에서 살아남기 위해 경쟁하지 않으면 안 되게 되어 있는 절박한 상황에서 비인간화 현상이 일어나지 않을 수 없다. 이런 상황 속에서 너무 많은 수험생이 한 길로 몰린다고만 하는 그런 교육행정을 만들어서는 안 되는 것이다. 이렇게 지엽적인 기술적인 문제에 매달리고 있는 동안 수많은 학생들의 인간성은 메말라지고 그 병폐는 사회로까지 번지고 있다.

이와 연결되는 문제이지만 획일화교육이 비인간화를 부채질하고 있다. 모든 학교교육이 규격화, 획일화되고 있다. 학교나 학급에 따라 특색도 있을 수 없고 예외도 없다.

어떤 자유나 자율도 용납되지 않고 선택의 여지도 없다. 모든 학생을 하나의 잣대(척)로 재고, 하나의 틀에 의하여 만들어지고 있는 형편이다. 이러한 굳어진 틀을 가지고 생각하기 때문에 지방교육자치도 하기 어렵고 또 설사 교육자치를 한다 해도 유명무실한 획일적인, 형식적인 자치를 하게 될 것이다.

획일적인 사고방식 속에서 개성 있는 학생이 존중되기보다는 무시를 당하고, 능력을 발휘하기보다는 멸시 당하여 낙오되기 쉽다. 도시나 농촌의 구별도 없이 똑같은 목표 아래, 똑같은 내용을 가지고, 똑같은 방법으로 교육이 이루어지고 있다. 교육을 받는 입장에서 교육을 보는 것이 아니라 교육을 시키는 입장에서 교육을 하고 있다. 그렇기 때문에 95만 내지 100만 명이 일시에 똑같이 시험을 치러야 한다. 갑자기 병이 난 사람도 양호실에서 시험을 봐야 하고, 외국에 선수로 나가 뛰고 있는 사람도 비행기로 시험지를 날라다 똑같은 시간에 시험을 봐야 한다. 개인이라는 것은 있을 수 없고 오로지 95만 명 수험생이 있을 뿐이다.

철수와 순이가 있는 것이 아니라 50명 몇 학년 몇 반만이 존재한다.

겉과 속이 다른 교육 속에서 비인간화는 다져지고 있다. 겉에서 간판으로 걸어 놓은 것과 그 안에서 이루어지는 내용과 행동이 다른 현상이 공공연히 이루어지고 있다. 초등학교, 중학교, 고등학교, 대학은 각각 다른 고유한 교육목표를 가지고 있을 텐데, 중·고등학교가 대학입시 준비학교화 하고 있다. 교육과정과 시간표로 내걸어 놓은 것과 학생들이 받은 교육은 다르다.

건강한 사람, 자주적인 사람, 창조적인 사람, 도덕적인 사람은 인쇄물을 만들기 위해서 존재하는 사람들이고 실지로는 이와 반대되는 교육만 골라 하고 있는 것으로 착각하기 쉽다. 거짓말과 약속 위반, 계약파기를 행동으로 가르치고 있는 셈이다.

이렇게 어려서부터 행동으로 거짓을 배운 사람들은 스스로 거짓을 저지를 뿐만 아니라 모든 것을 믿지 않으려 한다. 아무리 훌륭한 사람이 아무리 훌륭한 이야기를 해도 믿으려 하지 않는 사람들에게 무슨 교육을 할 수 있는가? 믿을 수 없는 교육, 믿지 못하게 하는 교육에서 교육의 인간화는 어려워진다. 아무리 보충학습, 자율학습을 해도 선생님과 학교를 못 믿고 학원 선생님을 붙잡는다. 아무리 선생님 말씀을 잘 듣는다 해도 한 반에서 20명은 원하는 대학에 갈지 몰라도 나머지는 대학에 진학할 수 없다는 것은 이미 계산해 놓고 있다.

너무 급하다 보니 인간의 밑바탕을 다지지 못한 채 잔재주를 부리는 인간을 기르는 가운데 인간교육은 뿌리째 흔들리고 있다. 근본적으로 인간의 생명을 존중하고, 인권을 존중하는 교육부터 다시 시작해야 할 판이다. 인간의 생명이 경시되고 있다. 학교 안에서도 폭력과 칼부림이 일어나고, 죽고 다치는 일이 발생한다. 공부 못하는 사람을 아무렇게나 살도록 교육제도가 강요해 온 것이다. 공부 못하는 학생들이 인간 취급을 못 받고, 갈 곳도 없고, 나쁜 친구 이외에는 반기는 사람도 없고, 희망도 있을 수 없다. 근본적인 바탕을 다지는 교육을 제쳐놓은 채 사지선다형, 객관식, 점수, 합격, 출세에 매달리다 보니 사람됨을 잃어버리게 된다.

그러다 보니 우리 교육은 방향과 중심을 잃고 표류하게 되었다. 사람다움을 가르쳐 기르는 것이 아니라, 기계처럼 능률을 올리기를 요구받고 있다. 이것이 우리가·바라는 바와 다르다는 것을 잘 알면서도 이러한 교육을 반복하고 있다. 이를 바로잡아 인간답게 살고 학생답게 자라게 하기 위해서는 국민적인 어떤 합의가 이루어지고 획기적인 생각의 바뀜이 있어야겠지만, 우선 교육행정적인 측면에서도 몇 가지 뒷받침과 변화가 있어야 한다.

3. 인간화교육을 위한 교육행정

인간화교육을 뒷받침하는 교육행정을 제도적인 면, 환경적인 면, 행정원리적인 면 등 몇 가지로 나누어 볼 수 있다.

1) 제도적인 개혁

제도적인 개혁 중에서도 첫째로 대학입시의 문제를 근본적, 원초적으로 개혁하여 차분히 인간교육을 할 수 있게 해야 한다. 이 문제는 많은 사람들이 머리를 써서 해결하려고 애썼으나 그 해결적 접근이 미봉적이다. 대학에 가고자 하는 사람이 많고 그 자리가 제한되어 있다면 경쟁은 필연적이고 또 경쟁이 전연 없는 것이 바람직하지도 않다. 입시사회학, 입시사회문화를 근본적으로 바꾸는 접근을 해야 할 것으로 본다. 대학에 진학하지 않는 사람들에게도 계속적으로 배울 수 있는 길을 열어 주고, 대학에 안 가도 손해를 보지 않게 해주는 것이다.

임금격차를 없애고 승진의 차별을 없애는 것은 말할 것도 없고, 일정 비율의 고졸자의 자리를 의무적으로 확보하게 하고 일하면서도 배울 수 있는 기회와 돌아서 가더라도 인생의 정상에 오를 수 있는 기회를 제공해 주는 근본적인 대책이 필요하다. 대학을 졸업해도 취직이 잘 안되고 오히려 고졸자 취업이 잘 되는 현 상황이 좋은 방향으로 발전되면 좋을 것이다.

중·고등학교가 대학입시를 위해서 존재하지 않도록 해야 한다.

또한 대학으로 하여금 자기 식구는 자기가 선택하게 해야 한다. 각자 다양한 방법으로 자기들이 원하는 대학생을 뽑게 해야 한다. 고등학교도 과잉봉사할 필요 없고 교육부도 대학생 뽑아 주는 친절한 일까지 맡아서 할 필요가 없다.

입시문제를 이대로 놓아둔 채 인간화교육은 불가능하고, 선진국 운운, 노벨상 도전 같은 말은 일찍이 포기하는 게 좋다. 입시문제야말로 중앙의 전부서, 전 국민이 협동하여 해결해야 할 문제이다.

둘째, 교육관료제에 개혁이 필요하다. 개개의 특성을 가진 1천만 학생을 교육하고 또 그러기 위해서 고도의 전문성을 요구하는 교육을 뒷받침하고 지원하는 교육행정을 군대나 경찰, 공장이나 회사, 통계 숫자를 다루는 행정과 똑같은 방식으로 행정을 하려는 데 문제가 있다. 다시 말하면 인간교육과 전문직과 전문조직을 다루는 교육부가 내무부나, 국방부, 상공부 등과 같은 행정조직을 갖고 있는 방식의 관료제로 운영하려는 데 문제가 있다. 이런 관료제로 운영하려는 데 문제가 있다. 이런 관료제 속에서 1천만 속에 들어 있는 한 사람 한 사람의 인간성이 상실되고 있다.

어쩔 수 없이 관료제를 채택할 수밖에 없다 하더라도 교육관료제는 다른 관료제와는 다른 구조를 가지고 달리 기능을 발휘하도록 개혁되어야 한다.

셋째, 교사교육을 이대로 둔 채로 인간화교육을 하기는 어렵다. 옛날 사범학교 시절 비교적 우수한 학생들이 우선 선발되어 들어와 지금 교장을 하고 있는데도 후배교사들로부터 일부 비난의 소리를 듣고 있는데, 근래에는 우수한 학생들을 다른 분야로 다 빼앗기거나 빼돌리고 난 다음 교직에 들어온 학생들로서 장래에 후배교사들로부터 또 어떤 더 심한 비난을 받을지 모른다. 우수한 교사를 확보하는 데 실패해 가지고는 인간교육 전체가 근본적으로 실패하게 된다.

인간교육을 받지 못한 교사들이 자기 제자들에게 인간적인 교육을 하기는 어렵다. 일제시대 때 칼을 차고 교실에 들어온 교사들에게서 배운 학생들이 교사가 되어 인간화교육을 하기는 어렵다. 이처럼 교사교육을 거칠게 해놓고는 아무리 국·사립을 섞어 수많은 사람 중에서 공개경쟁시험을 거친다 해도 인간화교육을 잘하기는 어려울 것으로 본다. 정성들여 교사를 기르지 못하는 상황에서 양질의 교육을 기대하기는 어려운 것이다.

넷째, 교육과정, 교과서 편찬 정책과 제도도 개혁되어야 한다. 획일적인 중앙통제는 규격품을 만들어 내는 것이 최상의 목표일 수밖에 없다. 이 문제는 다른 곳에서 다루므로 줄인다.

다섯째, 교육자치제도 인간화교육과 연결시켜 개혁되어야 한다. 현재 돌아가는 기운으로 봐서는 이름만의 형식적인 자치를 하기 쉽다. 자치제를 채택할 의도가 있거든 국가적인 대강만 정해 주고 나머지는 모든 것을 지방과 지역, 주민과 교직자에게 맡겨야 한다. 밑바닥에서부터 자치를 하게 한다는 것은 인간화교육에 접근한다.

2) 교육환경 개선

인간적인 교육환경 속에서만 인간적인 교육은 가능해진다. 아무리 인간화의 교육을 하려고 해도 환경적인 뒷받침이 없으면 어렵다. 환경 중에서도 첫째, 교실환경, 학교환경이 포근하고 정성 어린 인간교육을 하기에 알맞아야 한다.

교사와 학생이 밀도 높은 인간적인 접촉을 할 수 있도록 소규모 학급·학교이어야 한다. 지금의 도시학교처럼 적은 수의 교사에 많은 수의 학생을 수용하는 교실환경 속에서는 학생들을 아무리 많은 시간을 학교에서 보내도록 해도 인간적인 교육은 이루어지기 어렵다. 과거에 다인수 학생을 가지고 인간적인 접촉 없이 거친 교육을 한 결과 요즈음 사람들이 거칠어졌는지도 모른다.

삭막한 교실환경, 학교환경이 문제이다. 그동안 교육부 예산이 정부 예산의 15~20%를 차지했어도 교실환경 개선을 위해 쓰인 돈은 얼마 되지 않았다. 교육부예산을 교실로 끌어들여, 교육자료·시설·환경은 최소한 우리나라 GNP 수준, 가정환경 수준으로 되어야 한다.

먹고 마시는 향락산업으로 빠지는 돈이 어린이와 젊은이들이 많이 머무르고 있는 교실에 투자될 수 있어야 한다. 어른들이 생활하는 곳보다 어린이와 젊은이가 오랜 시간 생활하고 또 인구밀도가 가장 높은 교실에 냉·난방시설이 먼저 이루어질 수 있도록 어른들은 양보할 줄 알아야 한다.

둘째, 사회환경이 인간화의 교육을 할 수 있도록 되어야 한다. 인간교육을 받아 주고 포용할 수 있는 어른환경, 성인환경, 정치환경, 경제환경이 되어야 한다. 이것은 돈만 가지고는 안 되는 정신적·심리적 환경이다.

교육투자, 재정·행정과 함께 인간적, 교육적인 어른환경이 성숙되어야겠다.

3) 인간화를 위한 민주적 교육행정

교육관료제와 연결되는 것으로 인간적인 교육을 뒷받침하는 행정도 이에 걸맞게 인간적이고 민주적이어야 한다. 학생들과 부딪치는 교육일선은 인간적·민주적·전문적인 것이 요구되는데 이를 지원하는 행정이 중간과 중앙에서 비인간적, 비민주적이어서는 안 될 것이라는 사실은 쉽게 짐작할 수 있다.

우선 교육행정에서 자주성·자율성이 존중되어야겠다. 분권화되어 학생과 만나는 곳이 민주적·자율적 분위기여야 한다.

그래서 신축성, 융통성이 인정되어야 한다. 인간교육을 하는 교육행정이 동·식물이나 기계·물건, 숫자를 다루는 부서의 행정보다 더 경직되어서야 되겠는가?

그래서 자연히 다양성이 존중되는 교육행정을 해야 한다. 각각 다른 얼굴을 가진 1천만 명의 학생과 37만 명의 교직원을 지원하는 교육행정을 하려면 다양성으로 처방해야 할 것은 당연지사다.

자율성, 신축성, 다양성은 인간화를 위한 민주교육행정의 기본이다. 없는 것 같으면서도 할 것을 하는 행정이 필요할지도 모른다. 지금의 교육은 잘 안 보이고 행정만 눈에 띈다.

인간화교육을 위해서 모든 것을 풀어 놓고 포기하자는 것은 아니다. 오히려 철저해야 할 것은 좀더 철저해야 한다. 끝까지 붙들고 늘어져야 할 것들이 많다. 윤리·도덕의 바탕을 다지는 교육과 교육행정은 철저할수록 좋다. 처음과 끝이 없을수록 좋다. 일시적 유행으로 그쳐서는 안 될 교육이다. 같이 살아가기 위해서라도 생명존중교육, 인간존중교육은 집요하게 붙들고 늘어져야 할 교육과 교육행정의 영역이라고 본다.

춤을 출 바에는 내 신명으로 춰야 한다. 우리의 교육이 정치장단에 춤추고, 대학입시에 덩달아 춤추고, 교육적이 아닌 것까지 학생·학부모의 기분과 눈치, 바람에 맞추어 억지 춤을 출 수는 없다.

교육이 본질이라는 제 신명에 춤출 수 있으면 여북 좋겠는가?

제 5 장
교직의 보람*

교직은 가치 있고 중요한 일을 하면서도 그에 상응하는 대우를 받지 못하고 있는 직업인지도 모른다. 그러나 우리가 생각을 어떻게 하느냐에 따라서는 "보람"을 찾을 수 있는 직업이라고 본다. 배우고자 하는 학생을 가르쳐서 기쁨을 주고 또 그들이 자라고 성장하는 모습을 곁에서 바라보면서 즐거움을 가질 수 있다. 이들이 자라서 국가와 사회에 기여하는 것을 보면서 가치 있는 일을 하고 있다는 보람을 느낄 수 있다. 세상에 수많은 직업이 있지만 이런 보람을 느끼면서 사는 사람들이 얼마나 되겠는가?

여기서는 성직이니 천직이니, 사명감이니 하는 이야기를 반복하고 싶지 않다. 그저 산책하는 기분으로 이 이야기 저 이야기하면서 교사라는 직업에 대하여 네 시간 동안 같이 생각해 보기로 한다.

---

* 이 원고는 중등 일급 정교사 강습의 "교직자의 생애"라는 제목의 강의 내용임.

1. 교직의 중요성

유대인들은 국가는 멸망해도 교육은 계속되어야 한다는 믿음을 갖고 민족 대대로 노력한 결과 2000년 동안 지구의 곳곳에서 갖은 고난과 학대를 받으면서 떠돌아다니다가도 다시 모여 이스라엘이라는 나라를 다시 세웠다. 이것은 바로 교육의 힘에서 나온 것이다.

우리나라가 일제의 식민지, 6·25의 잿더미로부터 이만큼 일어설 수 있었던 것도 바로 교육의 힘이라고 평가하고 있다. 우리의 선배 교사들이 어려운 역경 속에서도 희생적으로 열심히 가르쳤고, 국민들도 교육에 열을 올렸고, 학생들도 이에 잘 따라 주었기 때문이다(교육애, 교육열, 향학열). 그래도 그동안에 교육받은 인구가 많이 있었기 때문에 이 정도의 국가 수준으로 올려놓을 수 있었던 것이다.

이렇게 해서 올려 세워 놓은 경제성장과 국가발전이 교육에 재투자하지 않고는 한 단계 더 높은 수준으로 끌어올리기 어렵게 되어 있다. 교사를 대우해 주지 않고는 국가의 장래를 보장하기 어렵다.

우리가 하고 있는 일에 대한 올바른 평가와 대우를 끌어내기 위해서는 우리가 단결하고 더욱 우리가 하고 있는 일에 대해 열심히 노력하여 전문성을 확보하는 길밖에 다른 방법이 없다고 본다. 우리의 할 일을 열심히 하면서 우리의 요구는 요구대로 지속적으로 해야 한다고 본다. 몇 가지 우리의 할 일을 생각해 본다.

2. 교육의 철학과 인간관의 정립

무슨 일을 하든지 올바른 철학과 방향감이 있어야 한다. 철학은 행동의 방항을 제시해 주고 행동의 중심을 잡아 주기 때문에 중요하다(고속버스 손님 이야기, 바이런의 시 이야기).

또 인간을 어떻게 보느냐 하는 인간관과 학생관이 바르게 정립되어 있어야 한다. 학생들에게 인간의 존엄성을 가르치기 위해서는 교사가 먼저 학생들을 존엄한 존재로 대할 수 있어야 한다(생명을 중시하는 교육).

올바른 교사가 되기 위해서는 기본적으로 첫째는 인간을 사랑할 줄 알아야 한다고 본다. 인간을 가르치는 사람이 인간을 사랑하지 않고 사람을 싫어해서는 근본적으로 교사가 되기 어렵다.

둘째는 가르치는 일을 사랑해야 할 것이다. 가르치는 일이 재미없어 가지고는 훌륭한 교사가 되기 어려울 뿐만 아니라 인생 자체를 재미없게 살게 된다.

셋째는 지식을 사랑하고 진리를 추구하는 데 재미를 느껴야 한다. 특히 가르치는 교과목을 좋아해야 할 것이다.

이제는 입으로만 교육하는 것이 아니라 온몸으로 하는 교육을 해야 할 때이다. "삶과 앎"이 일치하는 교육을 해야 한다. 민주주의도 입으로 하는 민주주의가 아니라 행동으로 실천으로의 민주주의를 해야 할 때이다. 공부해라 하기 전에 내가 먼저 공부하는 모습을 보여 주어야 한다. 입으로만 할 때에는 겉바퀴 도는 교육이 되고 만다. 아버지가 버린 담배꽁초를 자식이 줍고 다니는 식의 교육이 더 이상 반복되어서는 안 되겠다.

3. 교직의 전문성 확립

교직이 전문직이어야 한다는 데(ought to be)에는 이의가 있을 수 없다. 그러나 의사, 변호사, 성직자, 교수와 같은 완전한 전문직이냐(is)에는 논란의 여지가 있다. 우리가 완전한 전문직으로 인정받을 때 누구도 도전하거나 침범할 수 없는 권위와 자율을 누릴 수 있을 것이다. 그러기 위해서는 그들 이상으로 피나는 노력을 해야 한다.

자기가 하고 있는 일에 대하여는 세계의 제1인자가 된다는 신념으로 노력해야 한다(세계 제일 가는 교사). 그리고 내가 맡은 실무 면에서는 누구와도 비교할 수 없는 존재가 되어야 한다. 이론을 학자에게 맡긴다면 가르치는 실제는 교사에게 맡긴다는 분위기가 형성되어야 한다.

세상에 사람이 많은 것처럼 보이지만 실제 꼭 필요한 사람을 찾으면 별로 없다고 한다. 우리가 하고 있는 일에 10년만 집중투자하면 웬만한 부분은 통달할 수 있다(해인사 노스님, 10년 후의 얼굴). 먼눈으로 보고 부단한 노력을 하면 반드시 그 열매가 열릴 것으로 믿는다(무쇠를 갈아 바늘 만들겠다는 신령).

우리는 능력을 발휘하고 그 능력을 인정받을 때 행복하다. 보통 인간은 자기가 가지고 있는 능력의 겨우 15~20%밖에 발휘하지 못하고 흙으로 변한다고 한다. 나머지 능력을 언제 발휘하려고 묻혀 두고 젊은 날을 불평불만 속에서 하루하루를 보내려 합니까? 우리는 "포도주 반병"에도 행복할 수 있다. 우리가 행복해야 학생들도 행복해질 수 있다.

멋있게 가르친다는 것은 우리가 평생을 건 도전이다. 정년까지 수업을 해도 멋있는 수업을 한 시간 하기가 어렵다(good-bye lecture).

이를 위해서 동료교사들끼리 서로 코치(coaching)하는 일이 번져 나가고 있다. 전문가들은 동료들끼리 전문성 확립을 위해서 협동한다. 또 교사들이 갖춰야 할 능력(competencies)을 정해 놓고(예를 들면 2,700개 항목) 이들 하나하나를 체크하고 확인하여 교사자격증을 주고 있다. 또 한편에서는 마이크로 티칭(microteaching)이라고 하여 소규모수업을 녹화하여 계속 반복하면서 되돌려 보면서 교수기술 개선에 노력하고 있다.

가르치는 데 싫증을 느끼지 않고, 평생을 바쳐 배우는 데 권태를 느끼지 말아야 남으로부터 존경받는 교사가 된다. 우리는 존경이라는 이슬을 먹고 산다.

4. 올바른 자아개념과 긍지

우리는 학생들에게 올바른 자아개념을 심어 주어야 하는데 그러기 위해서는 우리가 먼저 자기 자신에 대한 올바른 자아개념과 교직에 대한 긍지를 가져야겠다. 나를 올바로 보고, 할 수 있다는 긍정적 자아개념과 우리가 하는 일에 대한 자부심을 갖고 학생들 앞에 떳떳하게 설 때 학생들을 제대로 가르칠 수 있다. 헨리 칼슨과 쥐 이야기, 비둘기와 소년 이야기, 오크학교 이야기, 버나드 쇼의 꽃 파는 소녀 이야기, 토정비결·사주팔자 이야기는 모두 자성예언과 성취동기와 관련된 좋은 이야기들이다.

남이 나를 어떻게 보느냐도 중요하지만 내가 나를 어떻게 보느냐는 더 중요하다. 천하를 얻고도 "나"를 잃으면 모든 것이 허사이다. 가장 가까운 나를 찾고 나를 사랑하고, 나를 먼저 귀중하게 여기십시오. 그러면 그때부터 학생들을 보는 눈이 달라지고 대하는 태도가 달라질 것이다.

5. 스승의 보람

우리는 가진 것이 없다. 가진 것이 있다면 나보다 훌륭한 제자를 길러 내는 일이다. 나보다 훌륭한 제자를 길러 낸 스승은 교사로서 또 인간으로 성공적인 삶을 산 사람이다. 소크라테스-아리스토텔레스-플라톤의 만남은 멋있는 만남이다. 발전하는 자는 떠난다. 스승의 젖을, 스승이 파 놓은 물을 흠뻑 퍼먹고 마시고는 어디론가 떠나서 스승과 쌍벽을 이루는 또 하나의 대가가 되는 것이다. 경허와 만공의 만남도 멋있는 만남이다. 스승을 위해서 기꺼이 죽겠다고 하고 또 잡아먹을 수 있는 사제관계라고 한다.

제자 없는 스승은 실패자다. 제자를 얻으려거든 제자를 두려워할 줄 알아야 한다. 그러한 스승의 인품이라는 향내를 맡고 벌과 나비라는 제자들이 몰려드는 것이다. 그러한 스승에게 제자들이 매달린다. 신은 나에게 무슨 힘을 주셨기에 나의 팔에 매달리게 하는가?

교직은 국가를 지키는 최후의 보루이다. 교사를 믿지 못하면 국민은 더 이상 희망을 가질 수 없다. 우리는 이 최후의 요새를 굳건히 지킨다는 믿음을 줘야겠다.

우리도 언젠가는 늙음이 찾아와 황혼을 맞게 될 것이다. 그때를 우리는 어떻게 맞이할 것인가? 하늘을 우러러 한점 부끄러움 없이 스승의 길을 걸었다고 자부할 수 있어야 할 것이다. 관 뚜껑을 덮었을 때 올바른 평가를 받을 수 있을 것이다. 이것이 행복한 "교직자의 생애"가 될 것으로 믿는다.

제 6 장
교육의 우수성과 교육행정 구조[*]

1. 서 론

외국에서는 1960년대와 1970년대에 걸쳐 교육정책의 목표를 사회정의의 실현에 두고 이를 추구하기 위한 중요한 가치는 평등 또는 형평(equity)과 기회균등(equality)에 두었었다. 특히 불리한 입장에 있는 사람들에 대한 공평한 교육에의 접근, 과정, 그리고 결과를 제공해 주려는 것으로 아마도 이것은 콜만(Coleman) 보고서로부터 발동이 걸린 것으로 보아야 할 것이다.

우리나라에서도 이 시기는 경이적인 경제성장과 산업화의 시기로 교육에 있어서도 많은 성장과 팽창을 가져왔다. 1969년부터 중학교 무시험제 시행으로 중학교 교육을 받을 기회가 확대되고 이어서 1974년부터 고교평준화 정책으로 고등학교교육이 보편화되어 중등교육의 기회가 확대되었다. 이러한 기회의 확대와 팽창은 1980년 7월 30일 교육개혁으로 고등교육의 기회가 확대되고 팽창되기에 이르렀다. 또 1972년 한국방송통신대학 설립,

---

* 1990년 12월, 한국교육행정학연구회 연차학술발표회 주제발표원고.

1974년의 방송통신고등학교 설립, 특수교육진흥법 제정, 산업체부설학교·
학급 설치, 유아교육법·사회교육법 제정과 실시로 불리한 입장에 있는 사
람과, 교육의 기회를 잃은 사람들에 대한 기회제공으로 평등과 형평, 기회
균등의 가치를 실현하려고 노력하였고 또 어느 정도는 이를 달성하였다.

우리가 막 기회균등의 가치를 실현하려고 노력하는 1980년대 초 미국교
육의 위기(A Nation at Risk, 1983)라는 보고서의 출현과 함께 교육의
수월성(우월성, excellence)[1] 추구의 활화산이 전세계로 퍼져나가게 되었
다. 그래서 1980년대 교육이 추구하는 중요한 가치는 평등성으로부터 수월
성 추구로 옮겨 가게 되었다(Timar & Kirp, 1988, p.4). 그래서 수월
성 추구를 위한 교육개혁운동이 전세계에서 일어나고 우리나라에서도 1985
년 3월부터 3년간 교육개혁심의회를 설치 운영하였다.

그래서 "수월성(excellence)"이라는 말은 곧 "개혁(reform)"이라는 말과
동의어가 되다시피 하였다. 수월성이라는 말의 의미는 광범하고 또 질의 우
수한 정도를 말하기 때문에 어느 정도 달성되었는지 평가하기 어렵다. 그래
서 수월성 성취(achievement)라는 말보다는 오히려 수월성 추구(persuit)
라는 말이 알맞다는 것이다(Duke, 1985). 이 수월성이라는 말도 ① 개별
학생 수준, ② 학교 수준, ③ 지역사회 수준에서 정의할 수 있는데 어느 수
준에서나 가지고 있는 능력(ability)의 경계선상(boundary)에서 수행이
나 업적(performance)을 보여 주고 있을 때 수월성을 나타낸다고 할 수
있다(Duke, 1985). 교육의 질 관리 또는 질 보장이라는 말이나, 학교 효
과성(effectiveness) 운동도 이와 같은 맥락으로 비슷한 내용에 다른 이름
을 붙인 것이라고 할 수 있다.

이러한 수월성 추구를 위한 개혁은 다른 나라에서는 실행으로 옮겨져 이
제는 그 효과를 보기 시작하는데 우리나라에서는 말로만 떠들다 그치고 만
셈이며, 교육개혁심의회도 수월성 추구에 초점을 맞추기보다는 개혁 그 자

---

1) 발표자는 "**excellence**"를 사전에도 없는 "수월성"보다는 "우수성" 또는 "탁월성"으로 번역하
기를 선호해 왔으나 여기서는 학회가 정한 대로 잠정적으로 "수월성"이라는 말을 사용한다.

체에 목적을 두었고 또 너무 광범하게 다루다 보니까 수월성은 수월성대로 남아 있고 개혁은 개혁대로 따로 나가고 있는 느낌이다. 이제는 오히려 수월성이나 개혁이라는 말도 잘 나타나지 않고 있는 이때에 다시 학회에서 이를 집고 넘어가려는 태도는 의미가 있다고 본다. 남의 나라에서는 1980년대에 유행했던 철 지난 이야기로 들릴지 모르나 우리에게는 1990년대에 계속 붙들고 늘어져야 할 문제라고 본다.

사실 우리나라 교육에서는 수월성보다 더 급한 것이 교육의 정상화, 교육 본질로의 복귀인 것이다. 사실 질이 떨어지고 있는지, 올라가고 있는지, 우리의 교육이 어느 방향으로 어떻게 가고 있는지조차도 알아보거나 확인해 보려 하지도 않은 채 교육의 비정상화의 진창 속에 모든 교육적 에너지를 쑤셔 넣고 있으며, 그 속에서 서로 살아남겠다고 쓸데없는 경쟁을 하다가 인간성은 메마르고 젊은이들은 지치고 삐뚤어지고 있는지 모른다. 그래서 어떤 의미에서 우리나라에서의 교육의 수월성은 능력의 한계선 가까이에서 업적을 나타내게 하는 일보다 오히려 교육이란 물꼬를 정상으로 돌려놓는 일로 보아야 할지도 모른다.

다른 나라에서의 수월성 추구를 위한 노력을 보면 질을 높이려다 보니 모두 교육의 내용과 방법 등 질적인 것에 초점이 맞춰져 있다. 즉 ① 교사자격증의 기준을 엄격히 적용하고 우수교사를 교실에 머무르도록 유인가를 확보하고, 능력이 부족한 교사를 골라내기 쉽게 하고, 유능한 사람을 교직으로 유인하여 교직(teaching profession)을 개선하는 일과, ② 수업시간 활용의 극대화, 수업시간의 연장, 엄격한 학생 기강의 유지, 과외활동의 참여 제한 등 학습환경(learning environment) 개선, ③ 능력과 기본 기술 검사, 중핵교육과정, 특수프로그램, 대학입학 기준 강화 등의 교육과정과 학생 숙달 정도의 강화, ④ 학교 행정가의 능력 신장 등의 지도력(leadership) 분야에 노력을 쏟고 있다(Timar & Kirp, 1988, pp.7~8). 발표자가 맡은 행정구조, 조직구조, 권력과 통제의 구조를 바꾸어서 보면 행정조직 수준의 어디에서 이를 주도하느냐에 따라 통제구조가 바뀌는 수는 있다. 예를 들면 미국의 텍사스 주는 하향식이고 사우스캐롤라이나 주는 상향식이며 캘리포니아 주는 자유방임식 수월성 추구 형태이다(Timar & Kirp, 1988). 미국에서는 대체로 주가 주도하여 여러 가지 입법을 통하여 수월성 추구 운동을 하다 보니 집권화하는 경향을 보였다. 그래서 여기서 발표자가 중등교육의 수월성과 관련하여 행정구조를 다루는 것은 일종의 검증되지 않은 가세, 주장에 불과하다는 점을 밝히지 않을 수 없다. 행정구조를 바꾸어서 중등교육의 수월성을 추구할 수 있다는 확실한 보장이 없다. 다만 중등교육의 수월성 대신에 정상화와 본질로의 복귀를 먼저 생각한다. 행정구조도 원래 그랬어야 할 제자리로의 복귀를 위한 주장에 불과한 것이라고 수준을 낮추어 가볍게 봐주어야 할 것이다. 이러한 가설과 주장을 검증하는 보다 높은 수준의 연구가 이루어져야 한다. 여기서 말하는 행정구조란 행정을 위한 조직구조, 권한과 통제구조(structure)를 포괄적으로 말한다.

이 발표에서는 ① 우리나라 중등교육의 문제점과 수월성 추구에 대하여 살펴보고 나서, ② 중등교육의 수월성 추구와 교육행정구조에 대하여 논의해 보기로 한다. 행정구조는 주로 교육자치제와 학교단위자율경영제를 염두에 두고 다루기로 한다.

2. 교육의 문제와 수월성

우리나라 교육의 가장 큰 문제점은 대학입시 준비교육에 있다고 본다. 입시를 위하여 교육과정이 정상적으로 운영되지 못하고, 학습방식이 주입식, 암기식이 되고, 나아가서는 학생으로서의 삶과 인간으로서의 삶을 포기한 채 오로지 수험생으로서 기계적인 삶을 살고 있는 것이다. 이 입시준비 교육에 있어서는 모든 아름다운 교육학 이론도 적용될 수 없으며 오로지 생존을 위한 경쟁의 법칙과 수단과 요령만이 최선의 방책이 된다. 이러한 입시위주의 교육은 고등학교뿐만 아니라 중학교에서도 정도의 차이는 있으나 거의 마찬가지 실정이다. 학생들이 마치 대학입시를 위해서 이 세상에 태어나고 학교에 들어 온 것 같은 착각을 일으킬 정도이다. 입시 때문에 교육과정 시간배당기준령을 어기고 또 보충학습과 자율학습으로 방학도 없어지고 학교시간이 밤 10시로 연장되고, 또 어떤 학교에서는 아예 학교 내에서 합숙을 해도 모든 것이 정당화되고 있다. 미국에서 수월성 추구를 위한 권고의 하나도 학생들로 하여금 학교에 나오게 하는 날짜를 늘리든가 아니면 자리에 붙들어 놓는 시간을 늘리라고 하고 있는데 아마 학교에 나오는 날짜와 시간수로 치면 우리나라가 세계에서 제일 선진국일 것이다.

이러한 입시제도를 그대로 놔둔 채 아무리 교육의 본질을 외쳐대도 의미가 없다. 입시준비교육은 교육의 수월성 추구와는 너무나 거리가 멀다. 일부 원하는 대학에 합격하는 학생들에게는 수월성을 발휘하고 있는 것으로 생각될지 모르나 나머지 많은 학생들은 교육을 통해서 패배자로 만들어지는 것이다.

둘째는 중등교육이 제 기능을 하지 못하는 것이 문제이다. 이것도 근본적으로는 입시준비교육에 원인을 두고 있다. 각 수준의 학교는 원래의 교육목적을 가지고 있다. 초등학교 교육목적, 중학교 교육목적, 인문고등학교 교육목적, 실업고등학교 교육목적을 따로따로 갖고 있는 것이다. 나름대로 완성교육이 되어야 하는 것이다. 우리나라의 의무교육기간인 중학교까지를 마치고 나면 우리나라 국민으로서 생활하고 살아가는 데 불편이 없어야 한다. 중학교가 고등학교를 위한 다리 역할을 하는 준비기관이 되어서는 안 된다. 실업고등학교는 말할 것도 없고 인문고등학교도 완성교육을 해야 한다. 인문고등학생이라고 해서 전원이 대학에 진학하는 것도 아니고 또 다 진학할 수도 없는 것이다. 고등학교는 고등학교교육의 목표를 달성하여 고등학교교육으로 끝내 주어야 한다. 고등학교가 법을 어기면서까지 제 할 일은 안 하고 대학입시준비를 위하여 비정상적 교육과정을 운영하고 과외시간에 보충학습과 자율학습으로 과잉 충성하는 것은 지극히 잘못된 일이다. 각 학교수준에서 제 할 일을 안 하거나 못하고 또 상급학교를 위한 하급기관으로 생각하여 뒤로 미룬 결과 중학생이 한글을 못 읽고, 엊그제 영어공부를 시작한 중학교 1학년 학생이 일찌감치 영어시간을 포기하고 앉아 있게 된다. 이들에게 수월성이 아니라 최저수준검사(통과)가 필요한 것이다. 대학으로 진학 못하는 사람도 수월성을 나타낼 수 있도록 학생들을 분류해 줄 필요가 있다. 대학 이외의 다른 길로 가서 성공할 수 있는 길을 터주고 또 걸러 내는 장치를 중간 중간 설치하고, 또 직선 코스가 아닌 우회 코스를 통해서 대학에 갈 수 있는 길도 많이 터 주어야 한다.

셋째는, 교육여건과 환경이 수월성을 추구하기에는 너무나 빈약하고 악조건이다. 우선 학급당 학생 수, 교사 1인당 학생 수가 너무 많아 개별화 학습이 어려워 개개학생의 능력에 맞는 수업을 하여 개인 학생의 능력을 최대한 발휘하게 하기 어렵다. 교육시설, 설비, 실험기구, 도서 등도 충분하지 못하고 우리나라의 경제수준에 버금가는 교육여건과 환경을 갖추지 못하고 있다. 교육여건과 시설개선에 계속 노력은 해 왔겠지만 학생 인구의 팽창은 따라가지 못했던 것이다. 기본적인 교육 여건도 갖추지 못한 상태에서 교육의 수월성을 추구하기란 그리 쉽지 않을 것으로 본다.

넷째, 우수교사 확보에 실패하고 있다. 교사의 물질적 보수가 낮고 동시에 정신적 대우도 떨어지기 시작하여 결국 교사들은 정신도 잃고 물질도 잃고 있다. 그리고 전문직에 상응하는 근무조건과 자율성이 뒷받침되지 못함으로써 우수 교사지망생을 끌어들이지 못하고 있다. 거기다 거친 싸구려 교사양성교육을 하고 있으며, 교사로 취임한 후에도 계속적인 전문적 발전 의욕을 불러일으키지 못하여 교사들의 전문성은 침체되어 있는 실정이다. 우수한 교사나 우수하지 못한 교사를 구별해 내지도 못하고 또 똑같이 대우해 주고 있다. 우수교사를 교감이나 교육전문직으로 승진시켜 학생들로부터 일찍이 멀리 떼놓는 것도 어떤 점에서는 문제이다. 이러한 우수하지 못하고 의욕과 동기를 잃은 교사에 의하여 교육의 수월성을 추구하기는 어렵다.

다섯째, 중학교까지 의무교육을 하고 또 고등학교 교육이 보편화(1988년

고등학교취학률 83%) 되는 현실에서 중등교육에 사립학교가 많은 비중을 차지하고, 또 사립학교를 준공립화하여 설립 목적도 없이 획일적으로 운영하는 것은 문제가 아닐 수 없다. 공교육의 대부분(중학교 약 30%, 고등학교 약 60%)을 사립에 맡기고 또 설립자가 학생을 선택할 수도 없고 학생과 학부모가 공·사립학교를 선택할 수도 없고, 사립의 설립자가 설립 목적에 맞게 특색 있게 학교를 운영할 수도 없는 실정은 일종의 비극이 아닐 수 없다. 이런 실정에서 수월성을 추구한다고 할 때에는 더욱 문제이다. 의무교육이나 많은 사람이 참여하는 보편화된 교육은 국가가 맡아서 해야겠지만 특별한 경우 사립에 믿고 맡겼다면 사립재단으로 하여금 최대한의 자율적인 운영을 할 수 있도록 해주어야 한다. 그래야 사립학교의 목적대로 수월성을 추구할 수 있다. 국가가 해야 할 일을 개인이 맡아서 대신 해낸다면 국가는 마땅히 이들 사립학교에 대하여도 지원해 주어야 한다. 말할 것도 없이 학교는 학생을 선택할 수 있고 또 학생도 사립학교만큼은 스스로 선택할 수 있어야 한다. 호주는 전 학령아의 1 / 3이 사립학교에 다니고 중등에서는 반 이상이 사립학교에 다니는데 사립학교가 수월성을 나타내고 있다(Swanson, 1989, p.285).

마지막으로 여섯 번째는 교육행정의 중앙집권식 관료화와 획일화, 경직화와 교육행정가의 지도력 부족이 문제이다. 이러한 교육행정구조를 가지고는 학생 개인의 수월성, 학교 기관의 수월성, 지역사회에서의 수월성을 보장하기는 어렵다. 행정은 중앙에서 이루어지는 반면 수월성은 중앙과 멀리 떨어진 현장, 나뭇가지의 끝에서 꽃을 피워야 하기 때문이다. 이럴 경우 학교 현장의 교장, 교감, 장학지도자의 전문적이고 민주적인 강력한 지도력이 있어야 하는데 현실은 이와는 정반대이다. 특히 중등교육에서는 교사와 학교행정가, 장학지도자 간에 전공과목이 다르다는 이유로 지도력이 스며들지 못하고 있는 실정이다. 그런데 효과적인 학교의 공통적인 특성의 하나는 강력한 행정적 지도력이 있다(Tursman, 1981; Wynne, 1980; Edmonds, 1979)는 것이다. 현장에 밀착될 수 있는 행정구조와 지도력이 수월성 보장을 위해서 절실히 요구된다. 앞의 여러 문제는 다른 발표자들이 다룰 문제이고 이 마지막 부분이 이 주제와 좀 관련될 것이므로 다음 절에서 좀 더 자세히 다루게 된다.

즉 우리나라 중등교육에서는 ① 지나친 입시준비 교육, ② 각 수준의 학교교육 목적과 기능의 상실, ③ 교육여건과 환경의 미비, ④ 우수교사의 확보 실패, ⑤ 과도한 사립학교 의존과 준공립화, ⑥ 행정의 집권화와 지도력 부족으로 수월성을 추구하기 어려운 실정이다. 그래서 수월성 추구보다도 오히려 중등교육의 정상화와 본질로의 복귀가 더 급한 일인지도 모른다. 수월성으로 가기 위한 전 단계를 위해서라도 우리나라 중등교육을 위한 행정구조에 대하여는 한번 생각을 집중해 볼 필요는 있다고 본다.

거꾸로 뒤집어 생각을 해보면 행정구조의 중앙집권적 관료화와 지도력 부족으로 입시문제가 생기고, 각 학교교육이 비정상이 되고, 우수교사를 확보하지 못하고, 그래서 결국 교육의 수월성도 붙잡지 못하고 있는지도 모른다.

3. 중등교육의 수월성 추구와 교육행정구조

여기서는 수월성과 행정구조 개혁과의 관계에 대하여 잠깐 언급하고 나서 행정구조 개선을 염두에 두고 교육자치제와 관련하여 기초단위 교위와 학교단위자율경영제에 대하여 살펴보기로 한다.

1) 수월성과 행정구조 개혁

(1) 갈등하는 가치들

우리가 지금 중등교육의 수월성 추구에 관하여 논의하고 있지만 수월성만이 교육을 통해서 추구해야 할 가치의 전부는 아니다. 미국에서는 학자에 따라

약간 다르지만 수월성 이외에도 ① 평등성(equality) 또는 형평성(equity),
② 효율성(efficiency), ③ 자율(liberty or freedom) 또는 선택(choice),
④ 경제적 성장(economic growth), ⑤ 일체감(fraternity)을 추구해야 한
다는 것이다. 그런데 이들 가치는 서로 경쟁하고 갈등을 일으키는 요인이 된
다. 어느 하나를 강조하다 보면 다른 가치를 잃게 되는데 이들 가치 간에 어떻
게 균형을 유지하느냐가 문제이다. 참고로 서양 민주사회 또는 미국에서 추구
하는 가치라고 내세우는 것을 학자별로 정리해 보면 〈표 6-1〉과 같다.

　형평성(equity)은 학교교육에 이용 가능한 자원을 어떻게 공평하게(fairness)
나누느냐의 문제로 정치적·경제적·사회적 권리(rights)를 누릴 수 있는
모든 사람들의 역량(capability)을 의미한다. 이와 비슷하게 평등성(equality)
은 흔히 교육기회(educational opportunity)라는 말과 같이 따라다녀
교육의 기회균등, 평등이 된다. 이것도 단계에 따라 ① 교육에의 접근 평등
(equal acess to education), ② 동등한 교육적 처치(equal educational
treatment), ③ 교육 결과의 동등(equality of educational outcome)
으로 나누어진다. 형평성이나 평등성 둘 다 민주사회의 기본권에 속한다.
이 가치를 강조하다 보면 나머지 다른 가치와 갈등, 특히 우리가 논의하고
있는 수월성과 갈등을 많이 일으키게 된다.

〈표 6-1〉 경쟁하는 가치

저 자 ＼ 가 치	평등성 (equality)	효율성 (efficiency)	자유 (liberty, freedom)	수월성 (excellence)	일체감 (fraternity)	경제적 성장 (economic growth)
Guthrie, Garms Pierce(1988)	○	○	○			
Wirt(1987)	○ (equity)	○	○ (choice)	○ (quality)		
Boyd(1987)		○	○	○		
Swanson(1989)	○	○	○		○	○
Sergiovanni (1987)	○ (equity)	○	○	○		

효율성(efficiency)은 자원의 가치를 높이는 것이라고 할 수 있다. 같은 결과에 적은 비용이나, 같은 비용에 많은 결과라면 효율성은 높아진다. 효율성의 저류로 흐르는 것이 책무성(accountability)의 개념이다. 효율성에 과도한 관심을 기울이다 보면 선택의 자유가 떨어져 자유의 가치와 갈등을 일으키고, 효율성을 높이기 위해 우수 학생에 투자하다 보면 또 자유와 그리고 형평성과 갈등을 일으키고, 또 효율성을 올리기 위해 지출과 투자를 줄이다 보면 수월성과 또 갈등을 일으키게 된다.

자유(liberty)도 민주사회에 있어서 기본적이고 윤리적인 권리이다. 다양성 속에서 선택의 자유를 누리고 집권적이고 획일적인 틀에서 벗어나 원하는 것을 결정할 수 있어야 하는 것이다. 이것도 과도한 선택과 결정의 폭을 강조하다 보면 특히 효율성이라는 가치와 갈등을 일으키고, 또 결정의 폭을 넓히기 위해 분권화하고 분산시키다 보면 어디에선가 불평등이 일어날지 모른다. 그래서 자유는 평등성과 갈등을 일으킬 수 있다.

수월성(excellence)은 질의 정도를 나타내는 것으로 개인 수준에서는 능력을 최고로 발휘하는 것이고, 학교수준에서는 질 좋은 방법으로 목표를 달성할 수 있는 학교의 능력을 말한다. 수월성을 추구하다 보면 형평성이 줄어들거나, 효율성이 떨어지고 또 선택의 폭이 줄어들 수 있어서 다른 가치들과 갈등을 일으킬 수 있다.

일체감과 경제적 성장은 Swanson(1988)만이 내세우고 있는 가치인데 일체감(fraternity)은 공동체의식(community), 공동적 유대감, 통일성, 선린감을 말한다. 우리가 교육을 통해서 일체감과 공동체의식을 길러 주려고 하는 것은 사실이다. 이 가치도 지나치게 강조하다 보면 자유나 평등성의 가치와 갈등을 일으킬 수 있을 것이다.

경제적 성장(economic growth)은 교육에서 최근에 더욱 관심을 갖는 것으로 직업적 책임을 생각하면 쉽게 이해된다. 교육이 직업교육의 측면에서 국제경쟁력을 갖고 있으며, 노동시장에서 요구되는 기술 수준을 갖고 있느냐와 관련지어 보면 이해가 쉬울 것이다. Swanson은 이를 본질적 가치로 보기보다는 효율성과 함께 수단적 가치로 보고 있다.

여기서 우리가 쉽게 알 수 있는 것은 이렇게 경쟁하고 갈등을 일으키는 다른 가치들이 있기 때문에 수월성만을 추구할 수 없을 것이라는 점이다. 더구나 수월성의 가치만을 위해서 행정구조를 바꾸면 다른 가치들이 희생되지 않겠느냐 하는 문제이다. 더구나 자유나 평등성이 어떤 면에서는 수월성보다 더 기본적인 것이 아니냐 하는 점이다. 기본적인 자유와 평등이 이루어지지 않은 상태에서는 수월성을 내세우기 어렵다는 점이다. 다시 말하면 자유나 평등의 가치가 어느 정도는 선행되어야겠다는 점이다.

다음으로는 한국에서도 여기에 제시된 가치들이 경쟁하는 주요 가치들이냐 하는 문제이다. 교육 목적에 명시적으로 나타난 것은 없고 헌법에는 부분적으로 나타나 있다. 여기에 제시된 가치들이 우리나라에서도 공통적으로 중요시되는 가치들인지, 또 우리나라의 역사와 전통문화에 바탕을 둔 다른 중요한 가치들이 더 있는지 연구해 보아야 할 것이다.

수월성은 특히 형평성 또는 평등성과 갈등을 많이 일으키는데 다음 〈표 6-2〉에서 더욱 분명히 대조를 이룬다.

〈표 6-2〉 수월성과 형평성의 접근 차(Odden, 1984, p.316)

	교육의 수월성	교육재정의 형평성
목 표	교육의 질	재정지원의 형평
초 점	교육의 과정 재정의 사용 천재, 수재아, 평균아 수학과 과학	교육 프로그램 금전의 수준 반항아, 장애아, 낮은 성취자
방 법	경쟁에 의한 보조 질의 차 학교개선에 보상	공식에 의한 보조 부의 차 비용에 대한 상환
영향과 형태	교육개선을 위한 통합적인 경향 목표에 의한 지원: 어떤 교육 구는 보조 무 저비용	재정 저해요소에 나누어지는 경향 일반적 지원: 모든 교육구에 지 원 더 높은 비용

다행히 접근법이 다르기 때문에 갈등을 비켜 나갈 수 있는 방안도 가능하다고 본다. 그러나 Sergiovanni 외(1987)는 다음 〈그림 6-1〉과 같이 수월성과 형평성, 효율성과 자유 사이에 각각 더 갈등하는 것으로 보고 있다. 그리고 학교개혁에 있어서 어떤 한 가치만 가지고는 충분치 못하고 두 개의 가치가 결합할 때 개혁이 가능하다고 하면서 그 예시를 다음과 같이 하고 있다(〈그림 6-1〉에서 화살표는 발표자가 한 것임).

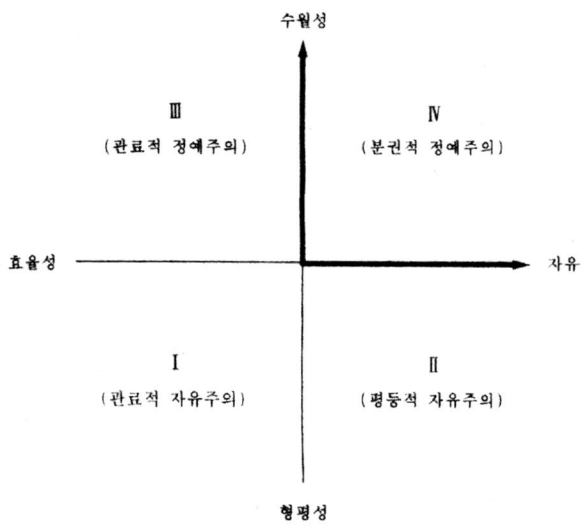

〈그림 6-1〉 경쟁하는 가치와 학교의 이상

① 형평성-효율성(Ⅰ)
   미국 존슨 대통령의 "Great Society Program"이 그 예로써 규제의 끈과 함께 돈을 지방교육구에 배분해서 자유로이 쓰게 하였는데 이때에 연방정부가 크게 부각되어 "관료적 중앙집권이면서 자유주의(bureaucratic centralized liberalism)"가 된다. 여기서 수월성은 종속적이다.
② 형평성-자유(Ⅱ)
   이것은 평등주의 이상(egalitarian ideal)으로써 가능한 한 많은 사람에게

가능한 한 오랜 동안 모든 사람에게 각각 맞는 다양한 교육을 제공해야 한다는 것이다. 이것은 미국 문화유산의 한 부분인데 여기서도 수월성은 덜 강조된다. 그래서 평등주의적 자유주의(egalitarian-liberalism)가 된다.

③ 수월성 - 효율성(Ⅲ)

이것은 1983년 "미국교육의 위기"라는 보고서 이후의 수월성 추구 운동이 그 대표적인 보기인데 학교는 더 엄격하고, 학생을 더 엄격한 표준에 의하여 측정하고, 국가적 경쟁력을 유지하고, 우수학생을 구별하여 육성하고, 주정부가 기준과 규제를 제공하고 지방교육구는 주의기준과 규제에 책임을 져야 한다는 것이다. 그래서 관료적 정예주의(bureaucratic-elitism)가 되고 형평성은 종속이 된다.

④ 수월성 - 자유(Ⅳ)

이것도 정예주의 이미지를 주지만 개개인의 선택권을 포기하지 않는 것이다. 가르칠 내용, 가르칠 사람, 재정을 학생·학부모가 선택하게 하려는 것으로 사립을 선택하여 사립으로 옮기느냐 아니면 공립을 사립학교처럼 바꾸느냐의 문제이다. 그래서 분권화된 정예주의(decentralized elitism)가 되는데 여기서도 역시 형평성은 하위가치가 된다.

우리가 수월성을 추구한다면 Ⅲ 아니면 Ⅳ의 개혁 방안을 선택해야 할 것이다. 그러나 지금까지 우리가 지속시켜 온 극단적인 중앙 집권주의를 바꾸고자 한다면 분권으로 나가야 할 텐데 미국식의 극단적인 분권주의를 채택하기는 어려울 것이다. 즉 개인과 학부모로 하여금, 공·사립을 불문하고 학구를 떠나서 원하는 학교에 등록만 하면 세금으로 내었던 돈이 자동적으로 등록한 학교로 넘어가게 하는 제도를 우리나라에서 채택하기는 어렵다. "Education by Choice", "Family Choice" 등의 용어를 아직 우리나라에서 적용하기는 어려울 것이다. 여기서 잠정적으로 우리나라에서는 수월성에 관한 중앙 관리나 시·도 관리의 부서를 두고 시·군 교육청 또는 학교 수준으로의 분권화에 의한 정예주의를 생각해 볼 수 있다. 정책은 정부에, 행정과 실제는 전문가에게 맡기는 방안이다. 장기적으로는 Ⅳ의 방향이다. 그래서 그림에서 수월성과 자유에 화살표를 하였다. 이에 대하여는 다음에 다루기로 한다.

(2) 수월성 관리기구

수월성을 질이라고 한다면 행정조직은 이 질을 담는 외곽적 틀이라고 할 수 있다. 수월성을 내용이라고 한다면 행정조직은 내용물을 담는 그릇이라고 할 수 있다. 여기서는 수월성은 목적이 되고 행정구조는 수단이 된다. 그런데 문제는 목적과 수단 사이에 얼마나 밀접한 관련이 있느냐 하는 점이다. 내용물을 갈아 담아야지 그릇만 바꿔서 무슨 소용이 있느냐는 점이다. 내용물과 그릇이 조화를 이루는 정도의 효과를 가져 올 수도 있을 것이다. 그러나 그릇이 깨진 그릇이어서는 안 될 것은 틀림없는 사실이다.

미국에서의 수월성 추구 운동이 앞에서 잠깐 언급된 것처럼 ① 교직 전문화의 강화, ② 학습환경 개선, ③ 교육과정 강화, ④ 학생의 숙달 기준과 기대의 상향조정, ⑤ 행정과 지도력, 재정 등 우리가 보기에는 비교적 질과 내용에 집중했다고 보는데도 그들은 수월성 추구 운동이 지나치게 숫자 놀음과 계량화에 집중했다는 비판을 받고 있다.

즉 학점, 코스, 또 학생의 흥미나 동기를 불러일으키기보다는 높은 점수 등 질보다 양에 집중했다는 것이다. 그리고 수월성을 추구하기보다는 교육의 적절성에 그치고 말아 수월성의 새시대가 탄생하기보다는 오히려 "back-to-ba-sics"운동의 사망신고에 그치고 말았다는 사실로 기록될 것이라고 비판한다(Duke, 1985, p.673). 나아가서 수월성을 표준화하려는 오류를 범하고 다양성을 조장하지 못했다는 지적도 있다. 또 수월성 운동으로 주의 집권화 경향이 나타났다는 점이다. 예를 들면 테네시 주지사 Alexander는 1985년에 자기 근무시간의 80%를 교육개혁 증진에 사용할 것으로 예상했다니(Ti-mar & Kirp, 1988, p.11) 주정부가 얼마나 주도적이었는가 알 수 있다.

이러한 노력에 비하면 우리의 교육개혁심의회는 수월성 추구에 초점을 맞추지 못했던 것 같다. 교육개혁심의회의 최종보고서(1987년) 10대 교육개혁 과제를 봐도 수월성 추구는 대학교육에서나 한마디 나오고 있다. 물론 간접적으로는 관련되는 항목들이 있을 것으로 본다. 그리고 수월성 추구를 위한 개혁을 하기에는 그 존속 기간이 너무 짧았다고 본다. 그리고 교육개혁심의에서 제안된 사항들이 입법조치가 되어 실행에 옮겨질 때까지 확실하게 지켜봤어야 했다.

그래서 지금이라도 우리나라 전체 교육에서의 수월성 추구를 위한 지속적인 중앙기구가 설치되었으면 한다. 여기서는 방향을 제시하고 현장을 확인하며 수월성 추구에 대하여 계속적으로 평가하여 다음 계획에 반영되도록 하는 노력이 따라야 한다. 기구는 작더라도 계속적으로 수월성 추구 운동을 계획하고 평가하는 기구를 두고, 나머지의 모든 행정·실천은 교육청, 학교수준에 맡기도록 해야 할 것이다.

중앙교육심의회나 대통령교육정책자문회의도 일반적·포괄적인 자문기구이지 교육의 수월성 추구에 집중된 기구라고 보기는 어렵다. 대통령교육행정자문위원회의 같은 기구를 수월성 추구를 위한 중앙관리기구로 활용해도 좋을 것이다.

이 장에서는 ① 여러 갈등하는 가치 때문에 수월성만 추구하고 또 이것만을 위해서 행정구조까지 바꾸기는 어려움이 있지만, ② 소규모의 수월성을 관리하는 중앙관리기구를 두고 나머지의 일은 분권화에 의하여 지방교위(기초단위)와 학교수준에 맡겨야 한다는 말로 정리해 놓고 이에 관한 논의로 넘어가고자 한다.

2) 기초단위교위의 강화와 학교단위자율경영제

여기서는 다시 한 번 ① 행정구조 변화의 요구와 이러한 변화 요구에 의한 ② 기초단위교위의 강화와, ③ 학교단위자율경영제에 대하여 논의해 보는 순서로 전개하고자 한다.

(1) 행정구조의 변화 요구

변화의 요구는 한국이나 교육계에만 해당되는 것은 아니다. Toffler나 Naisbitt 가 제시한 미래사회의 상황들이 우리에게 현실로 다가오고 있다. 산업화 이후의 사회나 정보화 사회에 맞는 행정구조로 바뀌지 않으면 안 되게 되었다.

짧은 시간 내에 산업화하기 위해서는 산업사회의 원리인 표준화, 전문화 (특수화), 동시화, 집중화, 극대화, 집권화를 하지 않을 수 없었다. 그래서 산업화는 곧 현대화이고 현대화의 정도와 중앙집권화와 관료화의 정도는 비 례해 왔다. 그러나 정보화 사회의 특성은 오히려 농경사회처럼 분권화의 경 향을 갖는다. Naisbitt(1984)의 "Megatrends"에서도 산업화의 퇴조는 분권화의 성장과 병행한다고 하고 있다. 우리 사회는 어쩔 수 없이 분권화되 지 않을 수 없다. 또 Peters와 Waterman(1982)의 연구에 의하면 미국 의 10대 우수기업의 공통적인 특징은 작은 규모로 "토막 내기(chunking)" 에 의하여 분권화되었다는 것이다. 이제 더 이상 집권화된 관료제로는 의사 소통, 조정, 결정을 제대로 해낼 수 없게 된다.

해군 부대나 강철공장, 고속도로 관리과는 아직도 중앙집권제가 좋겠지만 효과적인 학교를 위해서는 교장, 교사, 학생, 학부모가 공유하는 것이 더 중 요하다(Kirt, 1984, p.191). 그래서 교육에 있어서도 많은 변화가 일고 있다. 교육도 더 이상 원격조정에 의하여 효과를 볼 수 없다는 것이다. 교육 세금을 내고 교육혜택을 받는 사람들이 교육을 결정하고 선택할 수 있어야 한다는 주장이다. 즉 앞에서 언급한 가치 중 자유(liberty, freedom of choice)를 위해서도 분권화하지 않을 수 없다. 개인과 가정이 학교를 선 택하게 하자고 하기까지 한다. 심지어는 자유시장체제의 교육체제를 요구 하기까지 한다. 미국에서는 20개 이상의 주에서 선택에 관한 법률을 통과시 켰거나 고려 중에 있다(Association for Supervision and Curriculum Development, 1990).

그리고 미국에서 수월성 추구 운동으로 집권화 경향이 있다고 하였는데 이 에 대한 반성으로 Alexander 주지사(1985년도에 교육개혁에 자기 시간 80%를 사용한다고 했던) 자신도 진실한 수월성은 원거리에서 부과할 수 없다는 것을 발견했다고 한다. 그러면서 "주지사는 학교를 만들어 낼 수 없고 지역사회 즉 지방학교 지도자, 교사, 학부모, 주민들만이 해낼 수 있다"(1986, p.203)고 실토했다. 인간의 재능과 전문성, 에너지를 효율적으로 사용할 수 있는 구조를 만들어 내기 위해서는 관리운영구조(governance structure, 교육정책 결정과 실행을 위한 공식적 배치)를 재설계해야 하는데 이러한 새로운 구조는 곧 교육에 관한 분권적 결정과 전문적 결정이라는 것이다(Darling-Hammond & Berry, 1988). 그렇다면 교육현장과 가까이 있는 주민들(기초단위교육위원회)과 교육자들이 주요결정을 할 수 있어야 한다는 결론이 나온다. 이것이 미국 교육의 제2의 개혁 물결이다.

Swanson(1989)은 주요 의사 결정권자를 사회(정부), 교직자, 가정(개인)으로 보았는데, 여기서 분권적 결정은 주민 가까이 있는 지방 교위(때로는 학교자율경영제에서는 학교운영위원회)가 될 것이며 전문적 결정은 교직자가 된다. 그리고 교육개혁의 정책결정과 행정, 실제를 각각 다른 수준에서 이루어야 하는데 높은 추상수준의 정책이나 이 정책을 규칙과 규정을 만들어 해석하는 행정수준에서는 변화가 있을지 모른다. 그러나 이 규칙과 규정을 교실에서 실제로 옮기는 교사(전문가) 수준에서까지 개혁이 일어나지 못하는 경우가 많다.

결국 상황과 시대변화로 보나 자유의 가치나 수월성의 가치를 위해서라도 분권화도 교육에 관한 권한이 주민 사회와 전문 교직자에게 옮겨가지 않을 수 없다.

(2) 기초단위교위의 강화

앞에서 Darling-Hammond와 Berry(1988)가 제시한 분권적 결정과 전문적 결정의 원리를 적용한 구조가 바로 지방교육자치제이다. 중앙으로부터의 분권을 의미하는 지방자치와 일반행정으로부터 분리하여 전문적 결정을 강조한 교육자치를 합친 것이 지방교육자치라고 본다.

우리나라의 교육행정의 조직과 통제 관계를 압축하여 나타내면〈그림 6-2〉와 같다.

교육에 관한 통제는 중앙—시·도—시·군·자치구—학교의 4층 구조에서 이루어지고 있다. 민주국가에서 모든 권한은 국민으로부터 나오기 때문에 교육에 관한 권한도 국민에게 있고 공교육은 국민의 것(belong to people)이다. 국민이 정한 헌법에 의하여 대통령이 교육부 장관을 임명하여 교육을 중앙에서 통제한다. 그러나 국민의 대표자들이 모인 국회는 교육관계법을 제정함으로써 또 교육을 통제한다. 최근에는 국회의원들이 교육과 관련하여 선거 공약으로 내걸었던 것을 관철시키려고 정치적으로 활발하게 활동하게 됨에 따라 교육이 보다 더 정치적 영향을 받게 되었다. 법원은 교육에 관한 판결을 내리고, 또 이 판결에 의하여 판례를 남김으로써, 또 유권해석을 함으로써 교육을 통제하고 있다. 국회가 정한 법이나 국무회의에서 정한 대통령령이나 교육부령까지도 판결과 유권해석에 의하여 판례를 남김으로써, 또 유권해석을 함으로써 교육을 통제하고 있다. 국회가 정한 법이나 국무회의에서 정한 대통령령이나 교육인적자원부령까지도 판결과 유권해석에 의하여 영향을 주기 때문에 어떤 의미에서는 교육에 관한 최종결정기관이 될지도 모른다. 앞으로 교육문제를 법원에 호소하는 사례가 많아질 것으로 예측되는데 그렇게 되면 법원의 교육에 대한 영향과 통제는 증가될 것으로 전망된다. 중앙에서도 이제 교육이 교육(문교)부만의 것이 되기는 어려워진다.

지방교육자치와 관련하여 중요한 몇 가지 이슈 또는 쟁점을 해결해야 한다.

첫째, 시·도단위 광역자치냐 시·군·구 기초단위자치냐의 문제이다. 가능한 한 주민 가까이, 학생과 교사가 만나는 현장 가까이로 분권화되어야 한다는 의미에서 기초단위자치가 강화되어야 한다고 본다. 이럴 경우 국가수준에서의 효율성의 가치와 평등성의 가치가 떨어질 것이라는 문제가 있다. 즉 재정이 많이 들어 낭비가 따르고(효율성), 또 지방간 불균형·불평등이 야기된다는 점이다. 이것은 비단 교육자치에만 해당되는 것은 아니다. 지방자치 자체의 문제이다. 이 점을 염려한다면 지방자치 자체를 할 필요가 없다는 이야기가 나온다. 그렇다고 해서 광역자치를 한다면 역시 형식적이고 현재와 별로 달라질 것이 없게 된다. 이런 불균형의 문제를 해결하기 위해서 중앙의 조정기능이 필요한 것이다. 기초단위교육위원회에 보통교육(고등학교까지)에 관한 실질적인 권한(학교설립, 교육과정, 인사까지)을 주어야 한다.

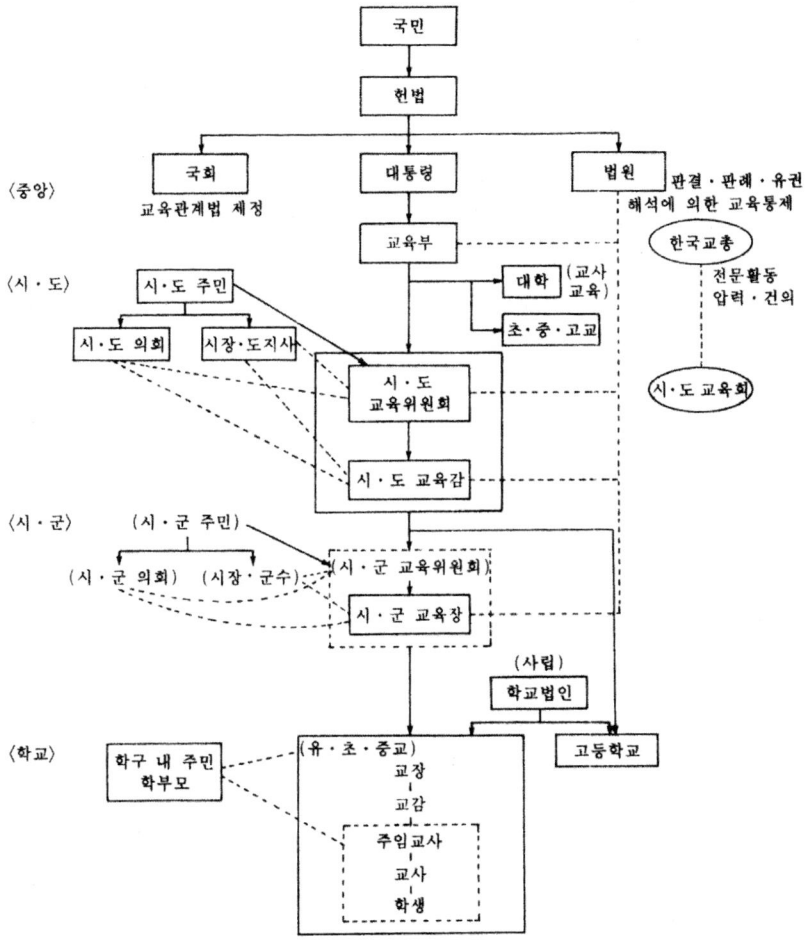

〈그림 6-2〉 한국교육행정 조직과 통제

둘째는 지방정부, 지방의회와 교육위원회, 교육감과의 관계 즉 일반행정
과 교육행정과의 관계를 어떻게 할 것이냐의 문제이다. 1988년 4월 6일자
법률 제 4009호로 개정 공포된 교육법에서처럼 교육위원회를 지방의회의

하나의 특별위원회 정도로 하여 위임형 의결기관으로 할 것이냐 아니면 하나의 독립된 의결기관, 또 하나의 교육에 관한 지방자치 정부처럼 할 것이냐의 문제이다. 즉 〈그림 6-2〉에서 지방의회를 교육위원회의 한 단계 위에 둘 것이냐 아니면 수평으로 놓을 것이냐의 문제이다. 현행법으로는 교육위원회가 조례제정권, 재정권 즉 예산, 결산권을 갖지 못하고, 위원도 지방의회에서 뽑게 되어 지방정부에 인사 면에서도 예속되어 한 단계 상층부에 있다. 이것은 곧 교육위원을 주민직선에 의할 것인가와 결부되고, 지방정부와 어느 정도 관계를 맺을 것인가와 관련된 중요한 문제이다. 교육정부가 충분한 독립된 재정만 확보할 수 있다면 관계를 차단하는 것이 차라리 좋을 것이나 그렇지 않으면 지방정부의 협조 없이 교육이 발전하기는 어려울 것으로 본다. 이 문제에 대하여는 발표자의 판단을 유보하고 보다 깊은 연구와 논의를 요하는 것으로 넘긴다.

셋째는 지방교육자치를 주민통제에 맡길 것이냐 전문가통제에 맡길 것이냐의 문제이다. 이는 곧 교육위원회를 의결기관, 교육감을 집행기관으로 할 것이냐 아니면 합의제 집행기관으로 할 것이냐와도 결부되는 문제이다. 다시 말하면 〈그림 6-2〉에서처럼 교육위원회 밑에 교육감을 놓을 것이냐 아니면 양자를 수평으로 놓을 것이냐 하는 문제이고, 또 하나는 교육위원의 반 이상을 교육전문가로 구성하게 할 것이냐(교육전문가 통제를 위해서) 아니면 그런 제한을 없애 비전문가통제로 할 것이냐 하는 문제와도 연결된다. 앞에서 언급한 분권적 결정이 우선이냐, 전문적 결정이 우선이냐의 문제이다.

민주주의의 정신에 의하면 주민통제가 우선이고 전문적 통제가 다음이다. 그래서 주민통제-전문적 관리가 되어 교육위원회가 의결기관이 되고 교육감은 전문가의 입장에서 결정된 정책을 집행하는 집행기관이 되어야 한다. 그리고 교육위원회가 의결기관이 되고 교육감은 전문가의 입장에서 결정된 정책을 집행하는 집행기관이 되어야 한다. 그리고 교육위원회 구성도 주민 또는 주민의 대표인 의회에 맡겨야 할 것이다.

넷째는 시·군·구교위-시·도교위-교육부의 관계를 어떻게 설정할 것이냐의 문제이다. 지방·지역교위가 누구의 지휘·감독·감사·승인·재정 지원을 받을 것이냐의 문제는 분권화의 정도를 어느 정도로 설정할 것이냐의 문제이다. 이것은 중앙과 지방의 관계설정을 말하는 것으로 위의 두 번째 문제, 세 번째 문제와도 관련된다. 민주정신에 입각하여 지방자치를 제대로 하려면 지방·지역교위는 교육부의 하부기관이 아니기 때문에 그 관계는 느슨해져야 하고 대신 지방의회나 주민들의 감독과 통제를 받도록 하여야 할 것이다. 중앙은 지방에 대하여 지원·조정·권고를 하는 정도가 되어야 할 것이다. 만일 중앙정부의 기능을 살린다면 교육에 관한 한 시·도교위를 없애고 기초 단위교위를 교육인적자원부가 직접 관할하게 하는 방안도 고려해 볼 수 있다.

다섯째는 다양성과 특수성의 문제이다. 이것도 집권화와 분권화 정도의 문제로 지방교육자치를 어느 정도 교육법으로 획일화시켜 묶어 놓을 것이냐 하는 문제이다. 현재의 교육법대로 모든 것을 일일이 규제해 놓으면 지방자치를 할 것이 별로 없다는 것이다. 효율성과 평등성, 또 초기에는 수월성까지 떨어질지 모르나 기왕에 지방자치에 맡기려 한다면 앞에서 열거한 대강의 구도만 교육법으로 정해 주고 나머지는 각 지방, 지역교위의 조례에 구체화하게 하여 다양성과 특수성을 보장하게 해야 할 것이다.

이러한 지방교육자치와 교육의 수월성 가치와의 관계를 검토할 필요가 있다. 지방교육자치는 근본적으로 분권화에 의한 주민자치제와 교육전문가 관리의 원리에 의한 것이라고 했는데 분권화에 의한 주민통제가 강조되면 처음에는 전국적 의미의 효율성과 평등성이 떨어지고 어쩌면 수월성까지 떨어질지 모르나 그 대신 자유의 가치는 높아질 것이다. 그러나 전문적 관리가 첨가하여 강조되고 기능을 제대로 발휘하면 수월성도 증가될 것으로 기대된다. 주민통제와 전문적 관리가 조화를 이루어 지방교육자치가 정착하면 장기적으로는 앞에서 말한 자유, 수월성은 물론 효율성도 증대될 것이다. 그러나 지방 내(기초단위)에서의 평등성은 높아지더라도 전국적 의미에서 평등성이 문제가 되는데 이를 위해서는 중앙정부가 조절 기능을 잘해야 한다.

(3) 학교단위자율경영제

앞에서 말한 대로 분권화에 의하여 기초단위교육위원회가 강화되고 실질적 권한을 갖는다고 해도 학교에서 가르치는 교육전문가들이 움직이지 않는다면 수월성 추구와 행정구조 개혁의 의미는 상실된다. 기초단위교육자치가 활발한 미국에서도 이런 점을 깨닫고 교장, 교사, 학생, 학부모의 협동에 의한 수월성 추구와 학교 개선을 강조하고 있다. 결국 수월성이란 전쟁은 개개 학교에 의해서만 이길 수 있다(Sergiovanni and others, 1987, p.20)고 하여 학교단위경영제(school-site-based-management)운동이 일어나고 있다. 이것이 곧 미국교육의 제2의 개혁물결이 된다. 미국 주지사들의 모임인 National Governors' Association의 10개의 Action agenda 중 여섯 번째가 바로 기초교육구로 하여금 학교단위경영과 개선을 증진하기 위해 유인가와 기술적 지원을 해주도록 하는 것이었다(Clinton, 1986, p.210).

이 학교단위경영제는 ① 학교장이 최고집행관으로서 기능하고(지금까지는 교육감), ② 학부모대표, 지역사회인대표, 교장·교사대표, 학생대표로 구성하는 학교자문위원회(영국, 호주 등은 학교운영위원회회)를 구성하여 결정을 하고, ③ 학교단위의 독립적 예산·결산·회계처리를 하고, ④ 연간 계획과 성과 보고서를 제출하도록 하는 제도이다. 즉 과거에 기초단위교위에서 하던 일을 학교가 하고 학교가 책임지게 하자는 것이다. 미국에서는 캘리포니아 주와 플로리다 주 일부에서 퍼져나가고 있는 것으로 알려졌다.

호주에서는 1983년 호주노동당이 집권하면서 분권화 정책이 급진되었는데 학교운영회로 하여금 실질적인 자율적 학교운영을 하게 하는 것이다. 이를 위한 장관의 다섯 개 지침은 ① 학교의 순수한 권위와 책임을 발전시키고, ② 협동적 의사결정과정을 거치고, ③ 학교를 위하여 봉사하고 지원하는 일이 주기능인 관료는 주민에게 민감하게 대응적이어야 하고, ④ 교육산출의 효과성을 가져오고, ⑤ 불리와 차별을 극복한다는 것이었다.

이들의 협동적 학교경영의 주기를 요약하면 〈그림 6-3〉과 같다. 학교 내에 정책결정단과 프로그램 팀이 협동하여 학교경영을 해 나가도록 하는 것을 나타내고 있다.

호주에서 노동당이 이런 학교단위자율경영제를 주도한 데 비하여 영국에서는 보수당의 Thatcher 수상이 지방교육당국을 약화(해체)시키고 개개 공립학교로 하여금 중앙정부로부터 모든 재정을 교부받으면서 학교 자체의 운영회(board of governors)에 의하여 독립적으로 운영하게 하여(Cooper, 1988) 공립학교의 사립화를 촉진하고 있다. 1988년 교육개혁법에 의하면 5년 내에 모든 초·중등학교에 학교운영회를 조직하도록 하고 있다.

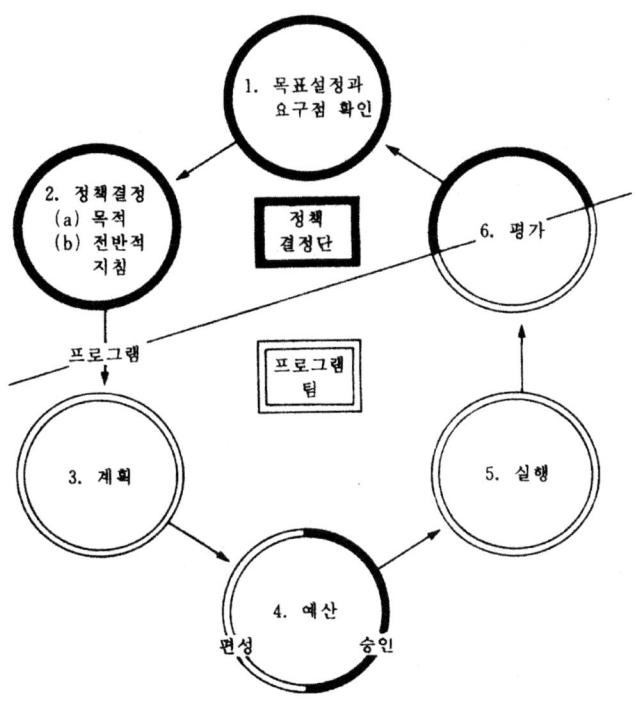

〈그림 6-3〉협동적 학교경영의 주기

〈표 6-3〉학교운영회의 구성(Mahoney, 1988, p.30)

학교규모(학생)	학부모선출	LEA임명	교장	교사선출	선출위원 재단	선출위	계
100명 이하	2	2	1	1	3		9
					2	1	
100~299명	3	3	1	1	4		12
					3	1	
300~599명	4	4	1	2	5		16
					4	1	
600명 이상	5	5	1	2	6		19
					4	2	

학교운영위원회 구성은 학교 규모에 따라 다른데 〈표 6-3〉과 같다.

영국의 학교운영회의 책임은 ① 일반적 학교운영, ② 교육과정, ③ 성교육(을 학교 내에서 실시할 것인가의 여부 결정), ④ 교장에게 일반원리 제시, ⑤ LEA에서 내려온 돈 통제, ⑥ 교직원 선발 참여, ⑦ 학부모에게 학교에 관한 정보제공, ⑧ 학부모에게 연간보고서 제출과 연간보고회 개최(DES, 1988) 등으로 일상적인 것은 교장에게 맡기지만 기본적이고 전반적인 것은 운영회의 일에 포함시킨다.

이러한 학교단위경영제는 캐나다, 스칸디나비아 등 여러 나라에서도 받아들여져 차차 번져 나가고 있다.

이러한 학교단위경영제가 권장되는 이유는 다음 네 가지로 요약될 수 있다. 첫째, 이제 더 이상 획일성과 집권성으로는 평등성, 효율성, 자유, 수월성 등을 보장할 수 없으므로 학교 수준에 분권화시키고, 일괄보조금을 주고 의사결정에 지역사회를 참여시키고, 다양성을 조장시킴으로써 위의 네 가지 가치를 보장한다는 생각으로 정치적, 경제적 상황이 바뀌었다는 것이다.

둘째, 조직이론에 의하면 공통점이 많을수록 집권화하고 다양성이 요구될수록 분권화해야 하는데 교육에서도 광범한 교육목적과 목표에 의한 방향은 집권적으로 하더라도 구체적인 수단과 방법에 관한 결정은 분권화시키는 것이 효과적이라는 것이다.

셋째, 여러 학교 효과성 연구에 의하면 교직원에게 교육과정, 수입, 재원배분에 관한 보다 많은 자율과 권위를 부여해 주는 것이 효과적이라는 것이다.

넷째, 교사들이 잘 가르치고 학생들이 잘 배우기 위해서는 교사에게 관료성을 줄이는 대신 더 많은 전문적 자율성을 주고 지도성을 인정해 주는 전문주의가 적용되어야 한다는 것이다.

어쨌든 교육은 더 이상 원격조정에 의하여 효과를 볼 수 없다. 앞에서 언급된 4층 구조로는 수월성은 물론 그 외에 교육에서 추구하는 여러 다른 가치를 보장할 수 없다.

그러면 지방교육자치제도 제대로 안 되고 있는 우리나라에서 학교단위자율경영을 채택할 수 있다고 보는가? 부분적으로는 할 수 있다고 본다. 다만 여기에 전제조건이 필요하다. 첫째, 교장과 교사의 전문적 능력이 확보되어야 한다고 본다. 그래서 교장이 능력이 있고 지도력이 있으며 우수한 교사를 뽑아 쓸 수 있는 조건이라면 현재와 같은 똑같은 재정조건과 여건 속에서도 자율권만 주면 더 효과적으로 학교를 운영하고 수월성 추구에도 도움이 될 수 있다고 본다.

둘째의 전제조건은 학부모와 주민의 참여가 활발해야 한다고 본다. 이것도 자율권이 주어지고 동기유발이 되면 교육열이 강한 우리나라 풍토에서 가능하다고 본다.

셋째, 공립학교의 자율경영제보다도 사립학교에 먼저 자율권을 주는 일이 중요하다고 본다. 이 자율경영제는 공립학교의 사립화이기 때문에 이미 많은 비중을 차지하는 사립학교를 사립학교답게 지원 육성하고 이어서 공립도 점차적으로 이런 제도를 시험 적용하면서 성과를 보아 확대해 나갈 수 있을 것으로 본다. 이름만 사립으로 해 놓고 준공립으로 하여 국가교육을 과도하게 사립에 의존하고 있는 점은 문제라고 앞에서 지적한 바 있다. 사립학교부터 자유시장체제로 개방할 필요가 있다.

넷째, 학교단위에 대폭 재량권을 주되 부정이나 비리에 대하여는 엄격하게 감독하고 관리해야 성공할 수 있으리라 본다.

이 학교단위자율경영제는 "새로운 권리(new right)"라고 하며 "선택(choice)", "경쟁(competition)", "시장의 원리(marketplace)"라는 용어를 교육에 적용하는 것으로 교육의 근본적인 구조적 개혁이라고 할 수 있다. 시장의 원리는 자원의 배분과 인간 동기유발의 유용한 도구로써 교육에서만 이런 원리가 배제되어야 한다고는 볼 수 없다.

4. 결 론

평등의 시대로부터 수월성 추구의 시대로 전환하고 있는 이때에 우리는 수월성보다 급한 것이 교육과 교육행정의 정상화와 본질로의 복귀라고 본다. 또 수월성과 행정구조의 변화와 얼마나 직접적인 관련이 있는지는 연구되지 않았지만 교육의 제자리 찾기를 위해서라도 또 시대변화에 부응하기 위해서라도 행정구조는 변하지 않을 수 없다.

우리나라 중등교육은 과도한 입시준비교육, 각 학교 본래의 기능 상실, 교육여건과 환경의 미비, 우수교사확보의 실패, 교육행정의 집권화 등의 문제점으로 수월성은 고사하고 제자리를 잃고 있다. 이러한 문제점들이 어떤 면에서는 행정구조의 잘못에 근본적인 원인이 있는지도 모른다. 수월성 추구뿐만 아니라 이러한 문제점 해결을 위해서라도 행정구조에 대해서는 검토해볼 필요가 있다.

교육에서도 수월성뿐만 아니라 이와 갈등을 일으키거나 경쟁하는 평등성, 효율성, 자유 등의 가치도 동시에 추구해야 하는 어려움이 있는데 평등의 시대에서 수월성의 시대로 전환해야 하고 또 수월성과 결합하는 자유(선택의 자유)의 가치까지 추구하려면 분권적 정예주의를 채택하지 않을 수 없다. 그러면서도 이들 가치 간에 균형을 잃지 않도록 하는 데도 계속 주의를 기울여야겠다.

우선 우리 교개심의 경험으로 보아 지속적인 수월성 관리를 위하여 중앙에 소규모의 수월성 관리기구를 상설하는 것이 좋겠다는 제안을 하였다. 그리고 수월성 추구만을 위해서가 아니더라도 미래사회에 대비하기 위하여 어차피 행정구조를 변화시켜야 하는데 그 방향은 분권화와 전문화(전문적 결정)로 가지 않을 수 없다.

분권화와 전문화의 방향은 지방교육자치제를 채택하는 길인데 거기서도 특히 주민과 교육현장에 가까이 있는 (수월성은 그곳에서 꽃피울 것이므로) 기초단위교위가 강화되어야 하고, 일반 지방정부와 교육정부와의 협력관계를 어떻게 할 것인가에 대하여는 좀더 심도 있는 연구를 해야 할 것이며(발표자의 성급한 판단을 유보하고), 주민이 교육을 통제하고 교육전문가가 집행·관리하는 형식이 되어야 할 것이며, 종래의 상급기관감독보다는 주민의 감독이 우선해야 할 것이며, 획일적인 교육자치제보다는 지방과 지역의 자치에 맡겨 다양성과 특수성을 보장하도록 해야 할 것이다. 기초단위교위의 강화가 초기에는 전국적 의미에서 효율성과 평등성, 수월성까지도 떨어지게 할지 모르나 장기적으로는 이들 세 가치뿐만 아니라 효율성도 올라가게 할 것으로 기대된다. 평등성을 위해서는 중앙이나 지역(시·도)이 계속적인 지원·조정기능을 해야 할 것이다.

분권화와 전문화를 한 단계 더 내려 학교단위에서의 자율경영제의 채택도 조심스럽게 제안하였다. 어차피 상급기관들은 아무리 자치를 한다 해도 지원의 역할에 그칠 수밖에 없고 교육과 교육의 수월성은 학교단위에서 이루어진다고 보기 때문이다. 이것은 선택과 경쟁(개인 간의 경쟁보다 기관간의 경쟁), 자유시장의 원리, 공립의 사립화라는 말들과 함께 외국 여러 나라에서도 성공을 거두고 있다. 지방자치제가 시작도 안 된 나라에서 학교자치가 가능하냐고 반문할 수도 있으나 지방자치를 한다고 형식만 갖추는 꼴이 되고 우왕좌왕할 바에는 차라리 학교에 맡기는 방안도 과감하게 고려해 볼 수도 있다고 본다. 원래가 그랬어야 했지만 학교단위자율경영제의 적용을 위해서는 무엇보다도 교직자의 전문성 신장, 주민과 학부모의 참여 유도, 사립을 사립답게 지원·육성하는 일, 최대한의 재량권과 책임을 부여하되, 부정·비리 등에 대해서는 엄격히 감독하는 일 등의 조건이 선행되거나 병행되어야 한다.

결론적으로 중등교육의 수월성 추구를 위해서도, 교육의 본질 추구를 위해서도, 행정의 본래의 기능을 위해서도, 변화하는 미래사회를 위해서도 교육행정은 구조적으로 변화해야 한다. 그 방향은 분권화와 전문화이며 구체적으로는 기초단위교위의 강화와 학교단위자율경영제이고, 교육행정의 4층 구조를 줄여 2, 3층으로 구조화하는 일을 생각해 볼 수도 있다. 다시 강조하지만 수월성 추구 전쟁은 일선에 있는 학교인들의 협동적 노력에 의해서만 이길 수 있다.

참고문헌

교육개혁심의회, 교육개혁종합구상(최종보고서 Ⅱ), 1987. 12.

Alexander, L., "Time for results: An overview" Phi Delta Kappan, 68, 1986.

Association for Supervision and Curriculum Development, Public Schools of Choice, Alexandria, VA: ASCD, 1990.

Bacharach, Samuel B. and Conley, Sharon C. "Education Reform: A Managerial Agenda," Phi Delta Kappan(May, 1986).

Boyd, W. L., & Kerchner, C. T. (Eds.), The Politics of Excellence and Choice in Education. N. Y.: Falmer, 1988.

Caldwell, Brian & Spinks, Jim M., The Self-Managing School. London: The Falmer Press, 1988.

Clinton, Bill, "Who will Manage The Schools? " Phi Delta Kappan(Nov. 1986).

Cooper, Bruce S., "School Reform in the 1980: The New Right's Legacy," E. A. Q. Vol.24, No.3(August 1988), 282~298.

D. E. S., School Governors: A New Roles, 1988.

Daring-Hammond, L., & Berry, B., The Evaluation of Teacher Policy(Report NO.JRE-01), Santa Monica, CA: RAND Corporation, 1988.

Edmonds, Ronald, "Effective Schools for the Urban Poor." Educational Leadership 37, October, 1979.

Gardner, John W. Excellence, New York: Harper Cloloxphon, 1961.

Goodchild, Stanley and Holly Peter, Management For Change: The Garth Hill Experience, London: The Falmer Press, 1989.

Guthrie, James W. and Reed, Ronney J. Educational Administration and

Policy, Englewood Cliffs, New Jersey: Prentice-Hall Inc., 1986.

Guthrie, James W. and Reed, Ronney J. "School-Based Management: The Next Need Education Reform" PDK(Dec., 1986).

Guthrie, James W. and Reed, Ronney J. Garms, Walter I. and Pierce, Lawrence C. School Finance and Education Policy, 2nd ed., Englewood Cliffs: Prentice Hall, 1988.

Hannaway, Jane and Crowson, Robert The Politics of Reforming School Administration, N. Y.: The Falmer Press, 1989.

Honig, Bill, "The Educational Excellence Movement: Now Comes the Hart Part" Phi Delta Kappan(June 1985).

Hopkins, David(ed), Improving the Quality of Schooling, London: The Falmer Press, 1987.

Kirt, Michael W., "The Changing Balance in State and Local Power to Control Education" Phi Delta Kappan(Nov. 1984).

Langlo, Jon and McLean, Martin(eds), The Control of Education, London: Heinimann Educational Books, 1985.

Maclure, Stuart(ed), Education Reformed, 2nd ed., London: Hodder & Stoughton, 1989.

Mahoney, Terry Governing Schools: Powers, Issues and Practice, London: Macmillan Education, 1988.

Naisbitt, John, Megatrends, N. Y.: Warner Communication Co., 1984.

Odden, Allan, "Financing Educational Excellence" Phi Delta Kappan(Jan 1984).

Patterson, Jerry L., Purkey, Stewart C. and Porker, Jackson, Productive School Systems for A National World, Alexandria, A: ASCD, 1986.

Peters, T. J. and Waterman. R. H. Jr., In Search of Execllence: Lessons from America's Best-Run Companies, N. Y.: Warner, 1982.

Plank, D. N., "Why School Reform Doesn't Change Schools?: Political and

Organizational Perspectives," In W. L. Boy & C. T. Kerchner(Eds.), The Politics of Excellence and Choice in Education(pp.143~152). New York: Falmer, 1985.

Presseisen, B. Z., Unlearned Lessons: Current and Past Reforms for School Improvement. Philadelphia: Falmer, 1985.

Reese, William, Power and the Promise of School Reform, Boston: Routledge & Kegan Paul, 1986.

Reynolds, David(ed), Studying School Effectiveness, London: The Falmer Press, 1985.

Sergiovanni, Thomas J. and others, Educational Governance and Administration, 2nd ed. Englewood Cliffs, New Jersey: Prentice-Hall, Inc, 1987.

Stoops, Emery. Rafferty, Max and Johnson, Russell. Handbook of Educational Administration: A Guide for the Practitioner 2nd. ed., Boston: Ally & Bacon, 1981.

Swanson, Austin D. "Restructuring Educational Governance: A Challenge of the 1990s" E. A. Q. Vol.25, No.3(August 1989).

Timar, Thomas B. & Kirp, David L. Managing Educational Excellence, New York: The Falmer Press, 1988.

Tursman, Cindy, Good School: What Makes Their Work, Arlington, VA: National School Public Relation Association, 1981.

Wirt, F. M., "National Australia-United States Education: A Commentary." In W. L. Boyd & D. Smart(Eds.), Educational Policy in Australia and America: A Comparative Perspectives(pp.129~137), N. Y.: Falmer, 1987.

Wynne, Edward A. Looking at Schools: Good, Bad and Indifferent, Lexington, Mass.: D. C. Heaxth & Co., 1980.

제 7 장
교육자치제와 교육의 자율화문제*

1. 교육자치의 근거

최근 지방자치와 교육자치에 관한 논의가 활발해지고 있다. 그러나 그 논의의 수준은 항상 답보상태에서 비슷한 내용이 되풀이되고 있는 실정이다. 아무리 논의가 무성해도 정치권에서 어떻게 결정하느냐에 따라 지방자치제와 교육자치제의 모습이 결정되기 때문이다.

현재 교육자치제는 지방자치제에 종속되어 있다고 할 수 있다. 지방자치단체별로 지방의회가 구성되는 때부터 1개월 이내에 교육위원회가 구성되고, 또 교육위원회 구성 1개월 내에 교육감을 선출하여 새 교육자치제를 시행하게 되어 있지만 지방자치를 할 수 없기 때문에 이를 실시하지 못하고 있는 실정이다. 그리고 교육자치를 할 수 있도록 교육법이 마련되어 있지만 지방자치가 어떤 모습으로 나타나느냐에 따라 실시해 보지도 않은 채 교육자치제법(교육법)을 고쳐야 할 실정이다. 이러한 교육자치의 지방자치에 대한 종속 내지 의존 자체가 교육자치를 제대로 할 수 없다는 단적인 증거가 되고 있다.

---

* 「새교육」, 1990년 4월 1일, 한국교총(1991. 2. 지방교육자치에관한법률로 개정 이전의 것이므로 최근의 것을 원하는 독자는 최근의 것으로 확인 요함.)

진정 교육자치를 하려면 지방자치와 상관없이 실시할 수 있어야 할 것이 아닌가? 오히려 전면적인 지방자치를 실시하기 전에 비교적 정치성이 약한 교육분야에서부터 지방자치를 실시하는 것이 더 바람직했을 것이다.

그러면 왜 교육자치를 해야 하나? 첫째는, 교육이 정치나 일반행정의 영향을 받아서는 교육의 목적을 제대로 달성할 수 없기 때문에 "교육의 자주성·전문성, 정치적 중립성은 법률이 정하는 바에 의하여 보장(헌법 31조)"되어야 한다. 이는 교육이 정치와 일반행정으로부터 분리·독립하여 자치해야만 교육 본래의 목적을 잘 달성할 수 있다는 의미이다.

〈그림 7-1〉에서 왼쪽 세로축을 정치와 일반행정이라고 한다면 이로부터 분리·독립한 오른쪽 축이 교육행정이 된다. 이것이 바로 교육자치의 ① 자주성의 원리와 ② 전문성의 원리가 된다.

둘째는, 공정한 민의에 따라 각기 실정에 맞고(교육법 14조) 지방교육의 특수성을 살려야(교육법 15조) 교육목표를 효율적으로 달성할 수 있기 때문에 교육자치를 해야 한다는 것이다. 전자를 수평적 분리·독립이라고 한다면 후자는 수직적 분리·독립이라고 할 수 있다. 즉 중앙행정으로부터 어느 정도 분리·독립하여 주민 가까이서 민의에 따라 각 지방의 특수성을 살려 교육을 할 수 있도록 하자는 것이다. 이를 그림으로 나타내면 〈그림 7-2〉와 같다.

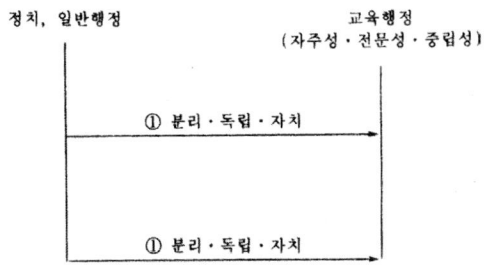

〈그림 7-1〉 교육행정의 정치, 일반행정으로의 분리·독립·자치

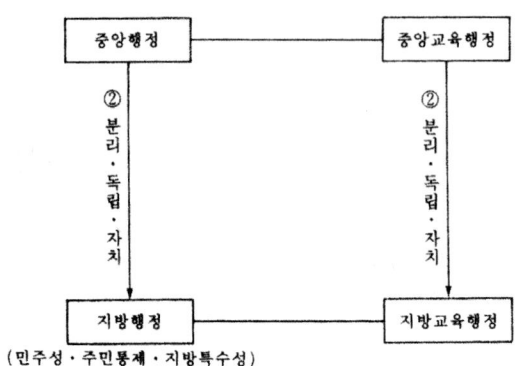

〈그림 7-2〉 중앙행정으로부터의 지방행정의 분리 · 독립 · 자치

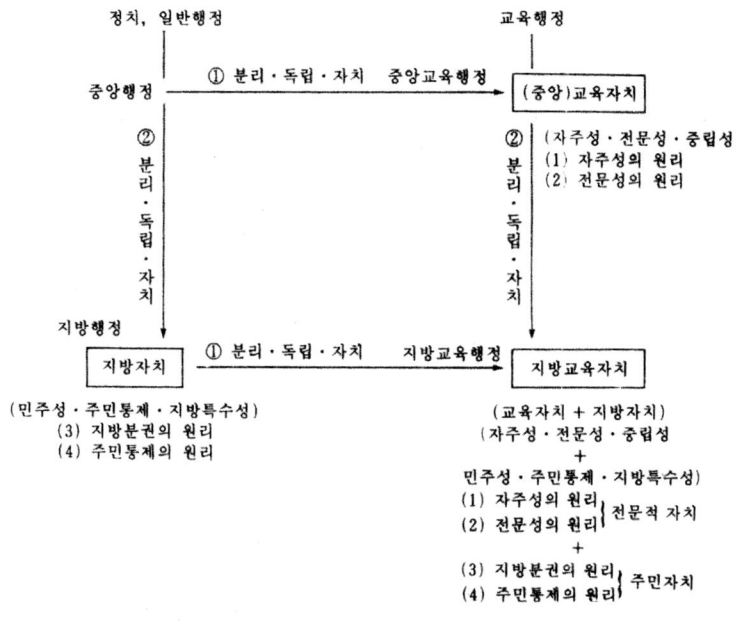

〈그림 7-3〉 지방자치제의 근거와 원리

이것은 ① 지방분권의 원리와 ② 주민통제의 원리라고 할 수 있다. 교육행정이 되었든 일반행정이 되었든 중앙집권으로부터 주민과 국민 가까이 있는 곳으로 권한이 위임되는 분권화는 하나의 세계적인 추세이다. 〈그림 7-1〉에서 세로축의 분리를 ① 자주성과 ② 전문성에 의한 "교육자치"의 출발에 근거하고 있다면 가로축의 상하 분리는 ③ 지방분권과 ④ 주민통제에 의한 "교육자치의 근거이며, 이를 교육에 적용할 때 "지방교육자치"의 근거가 되는 것이다.

〈그림 7-1〉과 〈그림 7-2〉를 합치면 흔히 말하는 교육자치제, 실지로는 지방교육자치제의 필요성을 정당화시켜 준다(〈그림 7-3〉 참조).

결국 교육자치제는 "지방자치"와 "교육자치"를 합친 "지방교육자치"를 의미하는 것으로 교육의 자주성과 전문성에 바탕을 둔 교육전문가에 의한 전문적 관리를 해야 하는 동시에, 비전문가이지만 주민과 국민을 대표하는 주민이 교육을 통제해야 된다는 약간 모순되는 원칙과 원리로부터 출발한 것이다.

그러면 교육의 전문적 관리와 교육에 대한 주민통제 중 무엇이 우선인가? 그것은 말할 것도 없이 주민통제가 우선이고 다음이 전문적 관리이다. 다시 말하면, 주민통제의 원리에 의해 주민을 대표하는 비전문가인 교육위원회가 정책결정, 최고 의사결정을 하면 전문적 관리의 원리에 의해 교육전문가인 교육감이 집행하고 관리하게 되어 있는 것이다. 이를 그림으로 나타내면 〈그림 7-4〉와 같이 된다.

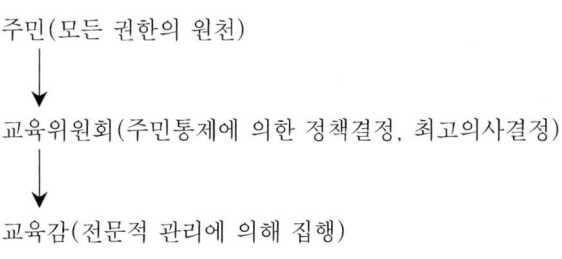

주민(모든 권한의 원천)

교육위원회(주민통제에 의한 정책결정, 최고의사결정)

교육감(전문적 관리에 의해 집행)

〈그림 7-4〉 교육자치제의 기본구조

그런데 이러한 교육자치제의 정신을 모르고 교육자들 중에는 교육자치를 "교육자의 자치"로 착각하고 있는 사람들이 많다.

교육자치는 교육자의 자치가 우선하는 것이 아니라 주민자치가 우선한다는 사실을 잊어서는 안 된다. 민주주의 국가에서 교육에 관한 권한도 국민으로부터 나온다는 것을 이해하면 교육에 관한 주민자치가 우선이라는 것도 쉽게 납득이 갈 것이다.

주민들이 정책과 방침으로 정해준 범위 안에서 교육전문가들은 전문적 관리를 하고 운영을 하는 것이다. 그런 줄도 모르고 지금까지 주민과 국민들은 교육에 관한 권한의 많은 부분들을 쉽게 포기하고 교육을 교육전문가라는 사람들에게 쉽게 내맡겼고, 또 교육자들도 이 맡겨진 거의 절대적인 권한을 올바르고 정당하게 사용하지 못하고 횡포와 독단으로 교육의 주인인 국민을 존중하지 못하는 교육을 해왔던 것이다.

앞으로는 국민들의 교육에 관한 목소리가 높아질 것이며, 설사 국민들이 목청을 높이지 않는다 하더라도 교육권을 국민들에게 돌려주고 교육자들은 정해진 범위 내에서 국민이 주문하는 교육상품을 제공하는 서비스에 충실해야 할 것이다.

그러면 교육자치제가 반드시 효과적인 것인가? 교육자치제가 앞에서 언급한 원리에 의하여 필요한 것이기는 하지만 반드시 효과적일 것이라고 단정적으로 대답하기는 어렵다.

나라의 땅이 그렇게 넓은 것도 아니고, 재정도 분권을 할 만큼 넉넉한 것도 아니며, 분권을 해야만 교육목표를 가장 효과적으로 달성하고 또 학생들이 잘 배울 수 있다는 연구근거는 아직 없다.

우리는 아직 이러한 연구증거 없이 원론에 의해 교육자치제의 실시를 주장해 왔다는 사실을 간과해서는 안 된다. 원론도 물론 중요하지만 교육자치제에 대한 정확한 효과성평가로부터 출발할 것을 우리는 잊고 있다.

그리고 교육자치제가 실시되면 앞에서도 시사한 것처럼 기본적인 정책적 측면에서는 교육자의 자율의 범위는 오히려 지금보다 제한을 받게 될 것이라는 사실을 쉽게 예측할 수 있다. 주민의 대표인 교육위원들의 기능과 역할·활동이 활발해지면 지금까지의 교육감의 독단은 제한을 받고 이어서 교장과 교사의 지나친 전횡은 자연 오히려 통제를 받게 된다.

교육자치제의 내용에 대하여는 이미 잘 알고 있는 것으로 알고 ① 지방자치와 교육자치, ② 중앙과 지방교육자치와의 관계, ③ 교육자치제와 교육의 자율화의 문제에 대해 논의하고자 한다.

2. 지방자치와 교육자치

지방자치와 교육자치의 관계에 있어서 교육자치의 종속, 예속 또는 의존성을 지적할 수 있다.

첫째, 앞에서도 지적한 것처럼 지방자치제와 상관없이 독립적으로 교육자치제를 실시할 수 없게 되었다는 것 자체가 자치와는 거리가 멀다는 증거이다.

둘째, 주민이 지방의회 의원을 뽑고 지방의회가 교육위원을 뽑고, 교육위원이 교육감을 뽑는다는 사실이 교육위원회의 지방의회에 대한 종속 또는 예속을 의미한다.

이렇게 볼 때 교육위원회는 지방의회의 하나의 하부 특별위원회에 불과하다. 이래가지고는 교육이 원래의 의도대로 정치, 일반행정으로부터 분리·독립·자치를 하기 어렵다. 교육위원회는 교육·학예에 관한 최고 의결기관이어야 하는데, 그렇지 못하고 최고 의결기관의 자리는 지방의회가 차지하게 된다.

실지로 교육위원회는 조례제정권, 예산 및 결산 등 재정권도 갖지 못하고 이를 지방의회에 제출하여 지방의회의 결정을 기다려야 한다. 그리고 특별부과금, 사용료, 수수료, 부담금 및 가입금의 부과와 징수도 지방의회의 최종 결정에 달려 있다.

이렇게 볼 때 교육위원을 선출하는 인사권도 지방의회에 매달려 있고, 조례제정권과 재정권도 없는 기구를 자치기구라고 할 수 없으며, 독립형 의결기관은 고사하고 위임형 의결기관도 못되고 있다.

교육・학예에 관한 결정을 교육위원회에 맡겨야 위임형 의결기관이라고 할 수 있을 것이 아닌가? 교육감이 교육위원회에 의안을 제출할 때에도 지방자치단체의 장과 협의해야 하고(① 주민의 재정적 부담이나 의무 부과에 관한 ② 지방자치단체의 일반회계와 관련되는 사항), 교육위원회 의장이 의안을 발의할 때에도 이를 의결하기 전에 미리 지방자치단체의 장의 의견을 듣게 되어 있다.

다만 지방의회가 예산안을 수정・의결하고자 할 때에는 미리 교육감의 의견을 듣게 하는 장치는 있으나 이것만으로는 충분한 자치를 보장할 수 없다. 이런 관계를 요약하면 〈그림 7-5〉와 같다.

그래서 분명히 교육위원회는 지방의회와 대등한 교육・학예에 관한 위임형 의결기관도 못되고, 교육감도 지방자치단체의 장과 동등한 위치에 있지 못하다.

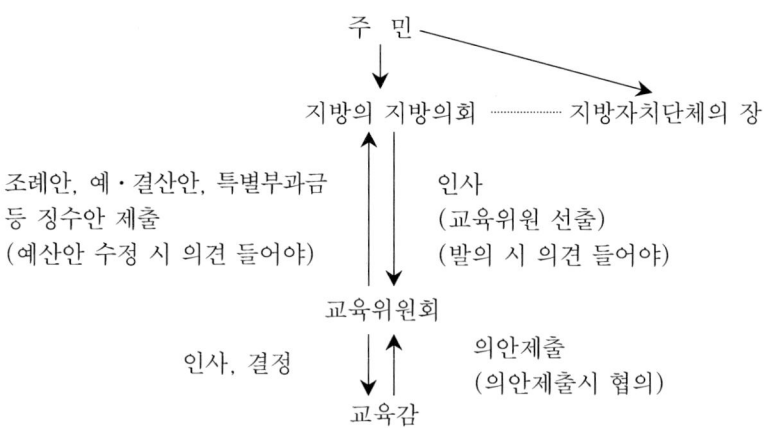

〈그림 7-5〉지방자치기구와 교육자치기구의 관계

일반행정을 하는 사람들은 한 자치지역 안에 두 개의 자치단체가 동시에 존재할 수 있느냐고 하면서 이런 교육자치 제도를 만들어 놓았다. 그러나 "교육·학예"에 관한 사항만 떼어서 자치할 수 있다고 보면, 그에 관한 결정은 주민들이 할 수 있다고 본다. 주민의 재정부담, 의무 부과에 관한 결정도 지방의회가 아닌 주민의 의사를 직접 들어 결정할 수 있을 것이다.

우리는 여기서 심각하고 중요한 결정에 대해 진지하게 생각해야 한다. 교육자들은 교육·학예에 관한 완전한 자치를 원한다. 그러나 실지로 도지사나 군수 등 지방자치단체의 협조 없이 그것이 가능한가? 물론 지방자치단체와 상관없이 충분한 재정만 별도로 확보할 수 있다면 어느 정도 가능할지 모른다.

그런데 지금까지 지방자치단체장이 교육에 대해 외면한 결과 오늘날처럼 교육과 학교가 침체되고 황폐화된 것이 아닌가 하고 생각하지 않을 수 없다.

주민들이 교육에 대하여 우선순위를 두는 우리의 풍토에서 지방자치단체장과 의회 의원 선출 시에 교육에 관하여 압박을 가하도록 해야 할 것이다. 일정 비율의 충분한 교육재정을 확보하지 못하고 충분한 교육에 관한 자율권과 자치권을 부여받지 못할 바에는 차라리 지방자치단체장과 지방의회에 맡기고 이들에게 압력을 가하는 길밖에 없다.

셋째, 교육에 대한 정치적 영향이 우려된다. 지방의회 의원 선거와 지방자치단체 의장 선거가 아무리 정당 추천을 배제한다 할지라도 어쩔 수 없이 선거는 정치성을 띠게 된다.

금품과 파벌이 난무하는 선거에 의해 뽑힌 지방의회 의원이 교육위원을 뽑을 때 순수하게 주민의 대표를 뽑고 교육적 발전만을 고려하여 뽑을 것인가? 교육위원이 의회에 종속되는 상태에서 어쩔 수 없이 의회의 정치적 영향을 받지 않을 수 없다.

교육위원과 교육감을 비정당원으로 규정해 놓았어도 앞으로는 교육이 정치적으로 움직일 가능성이 높다. 교육이 정치와 무관할 수는 없지만 지나친 영향은 교육을 그르칠 위험이 있다. 교육자치도 지방자치의 맥락에서 다루어질 수밖에 없다면, 지방자치는 교육자치를 지원해 주는 입장에 서야 할 것이다.

교육과 학예라는 일정한 영토를 교육자치단체의 장에게 베어 주고 그 영토 안에서 최대한의 자율과 자치를 할 수 있도록 제도적 장치를 하고, 이에 덧붙여 지원까지 해주어야 주민의 교육을 제대로 담당할 수 있다.

그런데 설사 현재의 교육자치의 지방자치에 대한 종속성을 개정하여 교육자치를 보장하는 제도적 장치를 마련한다 하더라도 교육자치를 외면하지 않고 지원해 주기까지 하는 마음씨 좋은 지방자치단체의 장과 의회 의원을 만날지는 의문이다.

지방자치와 교육자치의 관계에 있어서 교육·학예에 관해 주민과 직접 통화하여 완전 자치를 할 수 있으면 좋을 것이다.

즉 주민이 교육위원을 직접 뽑고, 또 교육위원이 주민과 직접 통화하여 교육조례와 규칙을 정하고 교육재정을 결정할 수 있어야 교육자치는 가능해진다. 여기에 더하여 교육을 적극 지원하는 지방자치단체를 만나야 교육자치제는 성공할 수 있다.

3. 중앙과 지방교육자치와의 관계

이제 중앙교육행정과 지방교육행정의 관계라는 측면에서 교육자치제를 살펴보고자 한다.

우리나라의 교육통제는 시·군·자치구 교육위원회, 시·도 교육위원회, 교육부의 3층구조에서 이루어지게 되어 있다. 학교는 경영·관리의 단위이지 자치의 단위는 아니다. 그래서 여기서는 우선 이들 3층구조 사이의 관계를 중심으로 논의하고자 한다.

첫째, 중앙의 교육자치능력의 한계를 지적하지 않을 수 없다.

우선 교육부 장·차관이 정치적으로 임명되고 일정한 임기도 일관성도 없이 수시로 바뀌고 있다. 그 밑에 있는 실·국장, 과장들은 해당 분야의 전문교육행정가도 아닐 뿐만 아니라 그나마도 한 자리에서 1, 2년도 안 되어 수시로 또는 순환적으로 이동하고 있는 실정이다. 그래서 일관되고 전문성에 바탕을 둔 교육정책이 있을 수 없다.

근원적으로 교육정책이 조령모개라는 비난을 받도록 되어 있다. 그래서 공화국이 바뀔 때마다, 장관이 바뀔 때마다 정책도 덩달아 바뀌고 전임자가 발표한 정책을 후임자가 책임질 수 없고, 거기다 한술 더 떠 짧은 재임기간 안에 새로운 업적을 남기고자 하니 국민교육은 흔들릴 수밖에 없었던 것이다.

이러한 폐단을 막기 위해서는 지방에 교육위원회가 있어서 정책결정을 하듯이 중앙에도 "중앙교육위원회"를 두어 대통령과 장·차관, 실·국장이 바뀌어도 일관성 있게 교육정책을 밀고 나갈 수 있게 할 필요가 있다. 현재의 중앙교육심의회만 가지고는 자문은 할 수 있을지 모르지만 정책결정과 추진을 하기는 어렵다.

지금까지 중앙에서 교육자치를 할 수 없기 때문에 지방의 교육자치는 더욱 어렵게 되어 있었다. 교육부에 현재의 경제기획원 이상의 힘을 주든지 아니면 교육부장관으로 하여금 어느 정도 자치를 할 수 있도록 일정한 임기를 보장해 주는 방안을 강구할 필요가 있다.

제대로 교육자치를 하려는 의도가 있다면 중앙에서부터 교육자치를 할 수 있도록 계제에 특별장치를 하였으면 한다.

둘째, 모든 것을 미세한 부분까지 교육법 또는 시행령으로 다 규정해 놓고 어떻게 지방의 특수성을 살려 지방교육자치를 하겠다는 것인가? 정말 교육자치를 하겠다면 기본적인 틀만 정해 놓고 나머지는 그야말로 지역과 지방에다 맡겨야 할 것이다.

예를 들면 현재의 교육법에 교육위원 수, 선출방법, 회의 개회일 수, 사무조직 등 모든 것을 획일적으로 다 규정해 놓고 있다. 기왕에 지방교육자치를 하려면 이런 것까지 그 지방에 맡겨도 교육을 다 망치지 않을 것이라고 본다.

셋째, 이미 많은 사람들이 지적한 것으로, 시·도 부교육감을 일반직 국가공무원으로 한정하여 대통령이 임명하게 되어 있는 것은 자치의 정신에 어긋난다.

어떤 의미에서는 부교육감이 교육감보다 더 중요할지도 모른다. 교육감은 4년 임기가 있지만 부교육감은 임기도 없고, 교육감 유고시에는 교육감을 대리할 수도 있게 되어 있기 때문이다.

이런 자리를 지역의 교위나 교육감, 주민의 의사와는 상관없이 전문성도 없는 일반직을 국가공무원으로 하여 대통령이 임명한다는 것은 주민통제나 전문적 관리 모든 자치의 원리에 어긋나는 것이다.

넷째, 하급 교육자치에 대한 상급기관의 지나친 지휘·감독권을 지적하지 않을 수 없다.

교육감의 명령 또는 처분이 법령에 위반되거나 현저히 부당하여 공익을 해한다고 인정될 때에는 시·도에 대하여는 교육부 장관이, 시·군 및 자치구에 대하여는 당해 시·도 교육감이 기간을 정하여 서면으로 시정을 명하고, 그 기간 내에 이행하지 아니할 때에는 이를 취소하거나 그 집행을 정지할 수 있고(교육법 제55조), 또 감사도 할 수 있으며(교육법 제56조), 지방의회 또는 교육위원회의 의결이 법령에 위반되거나 공익을 현저히 저해된다고 판단될 때에는 앞에서처럼 재의를 요구할 수 있게 되어 있는 것(교육법 제57조)은 지나친 이중간섭으로 자치의 정신에 어긋난다.

교육감은 당해 지방의회에 대해서만 책임을 지고 이의 감사를 받아야지 상급 교육감이나 교육부 장관의 감독·감사를 이중으로 받는 것은 명령체계상 옳지 않다고 본다.

다섯째, 고등학교도 중학교와 함께 중등교육의 범주에 속하기 때문에 시·군·자치구 교육위원회의 관할하에 들어가야 일관성이 있다.

대학만은 교육부 관할하에 두거나 완전 자치를 할 수 있어야 한다. 고등학교를 시·도 교육위원회에서 관장해야 하는 이유가 정당화되지 않고 있다.

여섯째, 권한을 하부로 대폭 위양할 것을 전제로 교육자치제가 출발해야 한다.

지금까지는 교육부가 인원, 조직, 기구, 권한 면에서 제일 비대하고, 그 다음은 시·도 교육위원회가 비대하고 일선학교와 교장, 교사와 직접 만나는 시·군·자치구의 교육청은 영세하여, 예를 들면 초등교육계의 경우 겨우 2, 3명의 장학사가 그 많은 학교와 교사를 담당해야 하는 실정이었다. 즉 위에서 내려오는 거대한 강물을 실개천이 받아 내야 하는 실정이어서 업무가 범람하고 거친 황토물이 교육현장을 덮치는 격이었다.

앞으로는 시·군·자치구를 중심으로 모든 교육이 이루어질 수 있도록 실질적인 권한과 기구·조직·인원을 주고, 시·도 교육위원회는 여러 시·군·자치구들 사이에서, 또 교육인적자원부와 시·군·자치구들 사이에서 조정과 지원의 기능만 하고, 교육부는 완전히 균형발전을 위한 지원기능과 국가 전체의 교육계획과 정책수립의 기능만 하도록 해야 할 것이다.

4. 교육자치제와 교육의 자율화

교육조직은 일반 정부조직이나 상업조직, 공장조직과 달리 그 성격상 자율을 본질로 한다. 이것은 곧 교육의 자주성, 전문성, 독립성과 특수성이며 교육자치제의 출발 근거가 된다.

그리고 다른 조직과 달리 교육조직은 교육을 직접 담당하는 하부와 현장으로 내려갈수록 자율권이 확대되어야 한다. 지시와 명령, 통제 하에서는 물건은 만들어 낼 수는 있을지 모르나 인간을 길러 낼 수는 없다. 그 결과 교육조직은 다른 조직에 비하여 더 분권화되고 전문화되어 있으며 복잡하게 되어 있다.

외국 선진국에서는 이미 지나치게 하부에 자율권이 주어졌던 것을 오히려 국가 수준에서 정리하고자 하는 노력도 엿보이고 있다. 그러나 우리의 실정은 지금까지 교육이 지나치게 중앙집권적이고 일반행정과 정치에 의존적이었었기 때문에 분권화와 자율화의 방향으로 계속 더 나아가야 할 것은 분명하다. 결국 교육자치제는 교육의 자율화를 보장하기 위한 제도적 장치로 파악되어야 한다.

이 글을 맺는 입장에서 교육의 자율화 보장을 위한 교육자치제와 관련하여 다음 두 가지를 더 생각해 보기로 한다.

첫째, 교육에 관한 관료통제, 중앙통제는 주민통제, 지방통제로 바뀌게 된다.

교육부 관리들의 지시·명령에 의해 교육의 세세한 부분까지 통제되는 것이 획기적으로 주민 가까이 내려와서 주민을 대표하는 교육 비전문가인 교육위원회가 기본적인 정책으로 교육전문가에게 교육을 주문하면 교육전문가인 교육자는 최대한의 자율 하에 주민, 국민이 원하는 교육을 해내야 한다.

그래서 근본적이고 정책적인 것에 관한 한 교육자의 자율권은 과거보다 더 제한을 받는다고 할지 모르나 정해진 정책의 범위 안에서는 교육자들은 최대한의 자율을 누리게 되어야 올바른 교육자치제가 되는 것이다.

그리고 지방 교육위원회의 정책도 교육전문가들이 자문을 잘하면 교육자들이 원하는 방향에서 교육적으로 결정될 수 있다. 그러나 교육위원을 잘못 뽑아 비교육적으로 정책결정을 하게 되거나 교육의 전문 영역까지 간섭하게 되면 과거의 중앙통제보다 더 잘못될 가능성도 배제할 수 없다.

시·군·자치구 교육위원회가 교육통제의 주축이 될 때에는 여러 가지 문제가 있을 수 있다. 인물난, 재정난, 지역차가 핵심문제가 될 것이다.

시·도 교육위원회에 비중을 두고 교육자치제를 할 경우 인물난, 재정난, 지역차의 문제는 어느 정도 해결될 수 있으나 주민의 피부로부터 멀어지고 과거의 중앙통제와 별로 다를 바 없다는 비난을 받게 될 가능성이 있다.

그래서 교육재정, 기본정책 등 중요 문제는 중앙, 시·도, 시·군의 비중을 20 : 50 : 30 정도로 하되, 실제로 학생을 가르치고 운영하는 등 세부적 문제는 20 : 30 : 50의 비중을 두도록 하는 방안도 생각해 볼 수 있다.

둘째, 교육자치제에서 한 발짝 더 나아가 자율학교경영제에 대하여도 연구할 것을 제안한다.

교육은 어차피 학생과 만나는 학교단위에서 이루어지고 분권과 자율을 바탕으로 한다는 점을 적용하면 교육이 이루어지는 최일선 현장인 학교에다 거의 모든 것을 맡기는 것이다.

즉 교육현장의 사정과 필요를 잘 아는 학교에다 일괄보조금(block grants, 도급경비와 같이)을 주면 학교운영위원회가 정해진 규정 하에 마음대로 교장과 교사를 채용하여 자율적 학교경영을 하게 하는 방안이다. 어떤 면에서는 마치 사립학교를 운영하듯이 하는 것으로 이미 필자가 새교육 1989년 10월호에 소개한 바 있다.

이러한 자율학교경영제는 학교운영위원과 교장, 교사, 학부모, 지역주민이 자율경영을 할 만한 능력이 있다는 것을 기본전제로 하고 있다. 그래서 이를 적용하는 나라에서는 학교운영위원과 교장을 위한 핸드북을 마련하고 자율경영에 관한 교육·훈련 프로그램을 운영하고 있다. 이러한 자율학교경영제에서는 학교운영위원회가 교육위원회의 역할을 하는 셈이고 교장이 교육감의 역할을 하는 셈이다.

지방교육자치제를 논하는 마당에서 한 발 앞질러 이러한 자율학교경영제라는 용어를 꺼내는 것 자체가 시기상조라고 나무랄지 모르지만, 유능한 교장, 실현 가능한 지역을 선정하여 현재의 공립학교 교육에 들어가는 만큼 학생 수에 비례하여 교육경비를 제공해주고 인사권, 재정권에 해당하는 자율권을 주어 실험 적용해 볼 만한 가치는 충분히 있다고 본다. 또 설사 이러한 자율학교경영제가 우리 현실에 비추어 볼 때 전혀 불가능한 제도라고 할지라도 적어도 학교에 최대한의 자율권을 보장해 주도록 노력해야 한다는 시사는 받을 수 있다.

교육자치제와 교육의 자율화와 관련하여 지금까지 논의된 것을 정리하면 다음과 같다.

① 교육자치를 해야 하는 근거는 첫째, 교육의 자주성과 전문성에 의하여 일반행정과 정치로부터 분리·독립하여 교육자치를 해야 하며 둘째, 지방분권과 주민통제에 의하여 중앙으로부터 분리·독립하여 지방자치를 해야 하는 것으로 결국 지방교육자치가 되며, 이것이 곧 비전문 주민대표인 교육위원회 통제 하에 교육전문가인 교육감의 전문적 관리가 골격이 된다.

② 그래서 주민자치가 우선이고 교육자의 자치는 다음이며, 주민에 의해 정책으로 주어진 범위 내에서 교육자의 자율은 가능하다.

③ 교육자치제가 반드시 효과적일 것인가에 대한 정확한 검증과 진지한 평가가 선행되지 않은 채 지엽적인 문제에 깊숙이 빠져들고 있는 현실이다.

④ 교육자치가 지방자치를 전제로 하고 있어 교육자치의 정신에 어긋나고 있으며, 교육위원회는 인사권, 재정권, 조례제정권도 없어 독립형 의결기구는 고사하고 위임형 의결기구도 못되며, 자치기구라고도 할 수 없고, 지방의회의 하나의 하위분과 특별위원회에 불과한 실정이다.

⑤ 이러한 형식적인 교육자치로 교육이 발전하지 못하고 위축될 바에는 지방자치단체에 교육을 맡기고 대신 주민과 교육자들로 하여금 이들에게 교육에 관하여 압력을 가하는 길을 찾을 수밖에 없다.

⑥ 현 제도대로 교육자치제가 운영된다면 교육에 대한 정치적 영향이 증대되어 비교육적으로 운영될 가능성이 높다.

⑦ 지방자치단체는 교육자치를 보장해 주는 것으로 그치는 것이 아니라 한 발짝 나아가 적극 지원해 주는 입장에 서야 국민교육을 제대로 해낼 수 있다.

⑧ 중앙 수준의 교육인적자원부 자체가 자치를 할 수 있어야 지방의 교육자치도 가능하다. 교육부 수준에서의 교육자치를 위해서는 교육부를 경제기획원 수준으로 끌어올리는 방안, 교육부 장관의 임기를 보장해 주는 방안, 중앙교육위원회를 설치하여 일관된 계획과 정책을 수립·추진하게 하는 방안, 교육부 관료를 한 분야씩 맡아 전문화시키는 방안 등을 고려할 수 있다.

⑨ 현행법대로라면 너무나 미세한 부분까지 획일적으로 규정해 놓아서 지방교육자치의 기본정신을 살리기 어렵다. 기왕에 자치를 허용하려면 기본적인 것만 법으로 규정하고 나머지는 지방의 자치에 맡겨야 할 것이다.

⑩ 시·도 부교육감을 국가공무원으로 대통령이 임명하는 것은 자치의 정신에 어긋나므로 교육감이 교육전문직이나 지방공무원 중에서 임명하도록 개정되어야 할 것이다. (교육부 직원은 부교육감으로 나갈 생각을 말고 교육부 내에서 전문화할 생각을 해야 할 것이다.)

⑪ 하급교육감은 상급교육감이나 교육부장관의 통제를 받기보다 교육위원회의 통제와 주민의 통제를 받아야 한다. 이중 삼중의 지휘·감독을 받는 것은 자치를 위축시킬 가능성이 있다.

⑫ 고등학교 관할도 중학교와 함께 일관성 있게 시·군·자치구의 관할하에 두어야 한다.

⑬ 지금까지 상부가 가지고 있던 실질적인 권한과 재정, 인력은 하부로 완전 이양하고 교육부는 전국적인 균형 발전을 위한 계획과 정책 수립, 지원기능만 하고 시·도 교육위원회는 중앙과 시·군 교육위원회들 사이의 조정기능과 지원기능만 담당하도록 기능분담을 해야 할 것이다.

⑭ 교육자치제는 교육의 자율화를 보장하기 위한 것으로 그동안의 관료적 중앙통제로부터 주민과 국민 가까이에 있는 비전문 교육위원회 통제로 넘어가고, 주어진 범위 내에서 교육의 자율화를 최대한 보장해 주어야 한다.

⑮ 교육자치제에서 한 발짝 더 나아가 학교단위에서 재정권, 인사권을 행사하여 자율적으로 학교경영을 하게 하는 자율학교경영제를 실험해 볼 가치가 있다고 본다.

이왕에 교육자치가 필요하다고 인정하여 자치를 할 바에는 형식적인 속임수 자치제를 만들지 말고 교육·학예에 관한 한 지방주민과 교육자에게 실질적으로 책임지고 자치할 수 있도록 맡기되, 믿고 맡기기 어렵다면 어정쩡한 자치보다는 차라리 효율적인 중앙집권제를 연구하는 것이 나을지도 모른다.

다만 갑작스런 변화에 따른 부작용을 최소화하도록 철저한 준비를 해야 할 것이며, 그런 면에서 "교육부 교육자치 실시 기획단"의 준비와 활동상황은 수시로 공개되어야 한다.

교육자치는 누가 선심으로 주고 말고 하거나 더 주고 덜 주고 하는 것이 아니라 민주주의 본질이며 교육 본래의 특질이라는 점을 추호도 잊어서는 안 된다.

2.
새 시대 교장의 지도력

제 8 장
학교장의 민주적 지도력*

1. 교장직의 딜레마

나름대로 굳어져 있던 우리나라의 교장상과 이미지, 역할정의가 흔들리고 있다. 또 때로는 교장직이 도전받고 있다. 교장직이 흔들리면 우리나라 교육 전체가 방황하고 표류하게 된다. 마치 선장 없이 넓은 바다 위에 떠 있는 배와 같이……

효과적인 좋은 학교가 가지고 있는 공통적인 특징의 하나는 거기에 ① "강력한 학교장의 지도력(strong leadership)"이 있다는 것이다.

그 외 효과적인 학교의 특징에 속하는 ② 학생의 성취에 대한 높은 기대, ③ 질서정연한 환경, ④ 학생의 기초기술·능력 획득에의 초점, ⑤ 계속적인 확인과 청취, ⑥ 학교 교육목표에 대한 명확한 이해, ⑦ 자원의 창의적인 활용도 결국 모두 전적으로 학교장의 역량에 달려 있다고 보아 교장이 곧 학교의 모습을 좌우한다고 해도 지나친 말이 아니다.

---

* 「새교육」, 1990년 11월, 한국교원단체 총연합회.1)

그래서 아래 위 눈치를 보는 교장보다는 차라리 좀 틀렸더라도 소신과 철학, 방향감을 갖고 지도력을 발휘하는 교장이 낫다. 올바른 방향과 지도력이라면 더욱 좋을 것은 말할 필요도 없고, 어쨌든 교장은 학교교육에 있어서 가장 중요한 존재이다. 그래서 교육법 75조에서 학생교육의 책임을 교장에게 맡겨 놓고 있는 것이다.

외국의 교장론(principalship)에 관한 문헌을 뒤져봐도 "민주적" 지도성이라는 용어는 별로 찾아볼 수 없다. 그 나라들은 모두 민주가 완성되었기 때문인가? 아니라고 본다. "지도성" 또는 "지도력"이라는 말 속에는 이미 "민주적"이라는 의미가 포함되어 있고 또 전제되어 있어 구태여 "민주적"이라는 수식어가 필요 없기 때문이다.

필자도 "민주적"이라는 말을 앞에 내세우고 싶지 않다. 최근에 민주화의 요구가 있다고 해서 민주적 지도력이 필요하고 또 요구가 없다고 해서 독재적 지도력이 허용될 수 없는 것이라고 보기 때문이다. 과거에도, 현재에도, 미래에도 교장 본래의 모습, 원칙을 찾아야 한다고 보기 때문이다.

최근의 "민주적"이라는 말은 오히려 자유방임, 지도력의 포기와 같은 인상을 풍기기 때문에 필자의 펜으로는 "민주적"이라는 이 좋은 말도 쓰기 싫게 되었다. 과거에도 이미 민주적이었어야 했다. 최근에 교사들의 비위에 맞추기 위해서 "민주적"이라는 말을 자주 쓰는 사람은 앞으로 상황이 변하면 그때 가서는 민주적이라는 말도 변질시킬 위험성을 내포하고 있다.

교사들의 주장 중에 옳은 것은 빨리 받아들여야 한다. 무리한 주장은 아무리 목소리를 높여도 "민주적"일 수 없다. 되는 것과 안 되는 것을 초기에 분명히 구별해 주어야 한다.

이 글에서는 가능한 한 민주적이라는 말에 아첨하거나 분장시키려 하지 않고 교장의 강력한, 본래 그랬어야 할, 그러하지 못하기 때문에 어떤 면에서는 "새로운" 지도성 또는 지도력, 지도정신을 그려보고자 한다.

교장직을 정리하고 해석하는 데 있어서 몇 가지 갈등과 딜레마, 그리고 혼란이 있다. 우선 교장직을 행정가, 관리자, 지도자 중 무엇으로 역할을 정의할 것이냐의 문제이다.

행정(administration)과 관리(management)를 엄격하게 구별하기는 어렵다. 그래서 때로는 동의어로 사용되기도 하나 약간의 의미의 차이는 있다. 행정이 예술(art), 정책, 가치, 상위, 전략, 질적, 인간적, 반성적, 일반주의에 기울어진 데 비하여 관리는 과학, 집행, 사실, 하위, 전술, 양적, 물적, 활동적 특수주의에 기울어지는 경향이다.

이런 개념으로 대비시켜 볼 때 교장은 행정가가 될 것인가 아니면 관리자가 될 것인가? 스스로 관리자로 역할을 정의하고 사무관리, 재무관리, 시설관리, 인사관리에 많은 시간을 보내고 또 그것 때문에 바쁘고 그것을 본업으로 생각하는 사람이 있다. 교장이 이런 일을 전연 안 할 수는 없으나 이것 때문에 교장실에 의자를 놓아 준 것은 아니다. 앞에서 대비시킨 보다 높은 수준의 학교행정을 해야 할 것은 말할 필요도 없다.

미국에서 한때 교장의 관리자적 입장이 강조된 적이 있어 "교장 선생님(principal teacher)"에서 "교장(principal)"이라는 말만 남게 되었는데, 이들은 잃었던 땅 "선생님"의 영역을 찾기 위해서 박사학위를 따면서까지 공부하고 연구한다. 교장이 사물을 관리하는 일개 서무직원으로 전락한다면 비참하게 된다.

그런데 우리는 교장한테 행정가가 되지 말고 지도자가 되라고 한다. 행정이 관리와 비교할 때는 한 단계 위에 있었지만 지도와 비교할 때는 한 단계 낮은 개념이 된다. 특히 좁은 의미의 행정은 직무와 관련된 일상적인 행위로 현상유지적인 것으로 비춰진다. 이것에 비하여 지도성(leadership)은 새로운 구조와 절차, 목표를 주도하며 새로움과 변화를 강조하는 것으로 비교된다. 그렇다면 교장은 단순한 행정가에 멈추지 말고 교육의 지도자가 되어야 한다.

그러면 관리자와 수업지도자의 논쟁은 이미 판가름이 난 셈이다. 학교의 존재이유는 학생교육이며, 교장의 존재이유도 바로 이 학생교육에 있다. 학생교육 중에 중요한 것이 수업이라면 교장은 단순한 관리자나 행정가가 되지 말고 교육지도자, 수업지도자, 장학지도자가 되어야 한다. 그런데 교장 중에는 스스로 관리자라는 좁은 영토만 차지하고 이 수업지도자라는 본질적인 넓은 직무를 유기하는 사람이 있다.

특히 중·고등학교에서 전공 교과목이 다르다는 핑계로 이런 현상이 두드러지게 나타난다. 각 교과목의 전공 내용과 구체적인 방법은 각 교과 교사에게 맡기더라도 학교 전체적인 교육목표와 수업의 방향을 설정하고 새로운 교육이론을 현장에 적용하기 위해 시도하는 지도력은 교장이 발휘해야 한다.

교장직의 핵이라 할 수 있는 수업지도력을 일찍이 포기하고, 한술 더 떠 자신들의 고유영역이라고 하는 관리적 영역까지 교무분장, 사무분장이라는 명분을 내세워 교사들에게 떠맡겨 놓고는 대교장, 명교장이라는 외로운 성주로 안주하다 보니 바깥세상의 변화와 함께 교장직은 도전받게 되었다. 그 결과 아무나 할 수 있는 교장, 돌려 가면서 선출제, 임기제로 해먹는 교장직으로 남의 눈에 비춰지게 된 것이다.

혼란스러운 때일수록 교장의 강력한 지도력이 요구된다. "강력"이라고 하면 독재적·권위주의적인 것을 생각하기 쉬운데 여기서는 오히려 그와 반대인 민주적·전문적 지도력을 의미한다.

2. 강력한 지도력의 근원

그런데 교장의 강력한 수업지도력은 어디에서 나오는가? 다시 말하면 강력한 수업지도자가 되려면 어떤 기술과 능력을 갖추어야 하는가?

일찍이 카츠와 칸(Katz & Kahn)은 ① 기술적 힘, ② 사람을 다루는 인간적 힘, ③ 아이디어를 짜내고 통합하는 개념적·통합적 힘을 제시했는데 서지오바니(Sergiovanni)는 이것을 세분하여 교육적 힘, 상징적 힘, 문화적 힘으로 나누어 모두 다섯 근원을 제시하였다.

1) 기술적 능력

이것은 학교조직의 최적의 효과성을 가져오기 위하여 훌륭하게 기획하고, 조직하고, 조정하고, 통제하는 기법을 갖는 "관리공학자(management engineer)"의 능력을 말한다. 교사들은 기계적 체제의 관리적 대상이 된다.

이러한 교장으로서의 능력이 있어야 학교의 일상적인 일은 달성되고 유지될 수 있으나 우수성을 추구하는 데 필요조건은 될 수 있어도 충분조건은 되지 못한다.

2) 인간적 능력

이것은 학교조직 내에서 사기를 진작시키고, 동기를 유발시키고, 좋은 인간관계를 강조하는 "인간공학자(human engineer)"의 능력이다.

이에 능한 교장은 참여적 관리를 하여 학교 풍토 형성에 기여하게 된다. 교장이 인간적 능력을 갖지 못하면 사기는 저하되고 비효과적인 학교가 되지만 이것만 사용해서는 최고수준의 우수성을 추구하기는 어렵다. 이것도 중요하며 필요한 능력이다.

3) 교육적 능력

교육기관의 일상적 운영에 관한 교육실천자의 개념적 교육지식에 초점을 맞춘 능력이다. 이것은 "임상의사(clinical practitioner)"로서 필요한 능력이다. 교육문제를 진단하고, 임상장학의 기능을 수행하고, 교육 프로그램을 평가하고, 교육과정을 개발하고, 교사발전(연수)활동을 실시하고, 학생에게 훌륭한 개별적인 교육 프로그램을 개발하는 데 필요한 능력을 말한다.

이러한 교육지도자는 학교관리자와 구별될 수 있을 것이다. 이러한 능력이 있어야 일상적 학교운영은 유지되겠지만 우수성을 추구하기에는 아직도 충분치 못하다.

4) 상징적 능력

지도자가 학교조직에 가치가 있고 중요하다고 믿는 일을 다른 사람들에게 상징적으로 나타내는 힘이라고 할 수 있다. 교장이라는 지도자가 학교조직의 기본적 목표에 관하여 명료화하고, 합의를 도출하고, 헌신적으로 추구하는 계속적인 활동의 방향으로써 목적추구화라고 할 수 있다.

이것이야말로 "수장(chief)"으로서, 선장으로서 갖추어야 할 능력이라고 할 수 있다. 교육지도자가 일상적인 모든 업무에 주의를 기울이는 데 비하여, 이 상징적 지도자는 중점적으로 주의를 집중시키고 솔선수범으로 보여 주는 부분이다.

더 구체적으로 말하면, 새로운 교수법을 도입하거나 어떤 내용을 강조하고자 한다면 교장이 직접 시범수업으로 보여 줄 수 있다. 상징적 지도력에서 중요한 열쇠는 교장이 중요하다고 생각하는 것을 나타내 주는 신호이다. 이렇게 되면 교사와 학생들은 학교와 교장에게 중요한 가치가 무엇인지 알게 되고, 질서감과 방향감을 갖게 되며, 또 다른 사람과 같은 의미를 갖는데 대하여 즐거움을 갖게 된다.

이것이야말로 학교의 우수성 추구를 위하여 지도자가 갖추어야 할 필수불가결한 것인데, 그렇다고 이런 상징적 능력이 없다고 해서 당장 일상적인 학교 업무가 마비되는 것은 아니다.

교장이 강조하는 부분을 돌아다니며 살펴보고, 교실을 방문하고, 학생들에 대하여 잘 알려고 하고, 상징적으로 어떤 의식적 행사를 하고, 어떤 통일된 비전을 제시하는 데서 보통의 교장들과 차이가 난다.

5) 문화적 힘

문화적 지도자는 다른 학교와 다른 독특성을 나타내 주는 가치와 신념을 강화시키는 역할과 기능을 한다. 학교가 가장 가치 있는 것으로 추구하는 것을 다른 사람들과 공유하고, 새로 온 직원과 학생에게 학교가 최고의 가치와 신념으로 삼고 있는 것에 대하여 오리엔테이션으로 안내하고, 학교가 누렸던 과거의 영광과 역사, 전통에 관한 이야기를 들려주고, 이러한 학교문화를 반영해 주는 사람을 표창하고 보상해 주는 지도자의 능력을 말한다.

교장의 이러한 문화적 지도력은 학생과 학부모, 교사를 학교에 대한 진실한 신봉자로 믿게 하고 한 덩어리로 묶어 주는 힘이다. 이것은 학교조직의 구성원으로부터 자라난 개인의 가치와 중요성의 특별한 의미감과 종교적 열정과 같은 것이기 때문에 이러한 교장의 지도성은 "고위성직자(high priest)"에 비유된다.

이러한 문화적 지도성은 보통의 학교로 머무르게 하지 않고 최고도의 우수성을 달성하게 하는 지도력이라고 할 수 있다.

과거의 우리나라 학교에는 그래도 이러한 독특한 학교문화가 있었고, 또 이러한 문화형성을 위하여 학교지도자들이 노력했었다. 그런데 중학교무시험제, 고등학교 평준화, 각박한 대학입시, 교장·교사·직원의 기계적인 순환근무제 등으로 공립학교뿐만 아니라 사립학교에서마저 독특한 학교문화를 찾아보기 어렵다.

이러한 다섯 개의 지도력의 근원을 〈그림 8-1〉과 같이 계층으로 나타낼 수 있다.

기술적 지도력과 인간적 지도력은 교장의 지도력 발휘 "과정"에 있어서 기초적인 것이고, 교육적 지도력은 학교조직의 존재이유에 해당하는 "사명과 본질"에 해당하여 결국은 이것을 달성해야 하는 것이다. 그리고 상징적 지도력과 문화적 지도력은 어떤 "의미와 의의"를 심어 주는 힘이라고 할 수 있다.

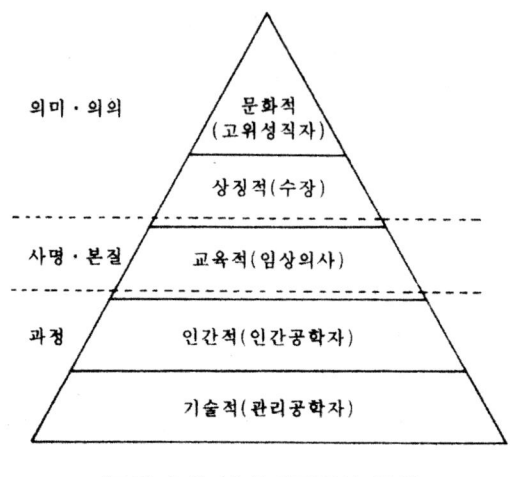

〈그림 8-1〉 수업지도력의 근원

　삶의 의미, 가르치는 일의 의미, 배움의 의미, 행정가와 지도자의 의미를 발견할 때 모두가 한 덩어리가 되고 학교생활이 즐겁게 되는 일이 신바람 나는 것이다. 이렇게 될 때 우리는 모두가 잠재능력을 최고도로 발휘하게 되고, 자아실현의 경지에 이르며, 이러한 힘은 더욱 가속을 낳는다.

　이렇게 되면 민주적·독재적·권위주의적이라고 하는 수식어가 의미를 잃게 된다. 앞으로 상징적·문화적 지도력에 대하여 더욱 연구하고 관심을 가질 필요가 있다.

3. 학교장의 새로운 지도력

　그러면 구체적으로 학교운영 쇄신을 위해서 어떠한 지도력을 발휘해야 할 것인가? 앞에서 열거한 다섯 근원에서 나온 지도력을 갖고 어떻게 이를 발휘하여 학교의 효과성, 교육의 우수성을 보장할 것인가?

첫째, "목표의식"의 고취를 꼽을 수 있다. 성공적인 지도자는 학교의 목표를 분명히 하고, 목표에 대하여 합의를 보고, 목표달성에 헌신하도록 한다. 목표의식을 다른 말로 바꾸면 "비전의 제시"라고 할 수 있다.

현 상황을 분명히 밝히고 미래에 대하여 헌신적으로 노력하도록 유도하는 힘을 갖는 것이 비전이다. 목표가 있고 비전이 있으면 어려운 일을 해도 어려운 줄 모르고, 배고파도 배고픈 줄 모른다.

일하는 사람으로 하여금 일의 가치를 알고, 질서감과 방향감을 갖고 미래의 청사진과 목표지점이 분명하며 또 이에 확신을 가질 때, 내적 동기가 발동하여 마음에서 우러난 일을 하게 된다. 비전은 환상이 아니다. 막연한 장밋빛이 되어서는 안 된다. 교장이 진정한 지도자라면 교사로 하여금, 그리고 자라나는 학생으로 하여금 비전을 갖고 생활할 수 있도록 해주어야 한다. 그래서 지도자에게는 지휘봉이 주어지고, 방향을 잡는 나침반이 주어지고, 운전대와 조종간이 주어지는 것이다.

둘째, "권한의 위임"에 의한 지도력 발휘가 중요하다.

이상한 노릇이다. 성공적이고 강력한 지도자일수록 자신의 권한과 권위를 하부로 내려 준다는 것이다. 이것은 "권한의 투자"라는 지도력의 비밀이요 비결이다. 돈을 투자해야 돈을 벌듯이 권한을 투자해야 권한이 생긴다.

권한과 권력을 다른 사람에게 분산시킬수록 교장은 더 많은 권한을 되돌려 받을 것이다. 교사로 하여금 활동하고, 결정하고, 그들의 잠재능력을 발휘하는 데 필요한 힘과 책임을 맡겨야 한다.

앞에서 말한 목표와 비전을 교장 혼자서 달성하지 못할 것이라면 다른 사람에게 권한을 위임하는 것은 너무나 당연하다. 교장이 권한을 위임하는 것을 민주화를 위한 선심으로 착각해서는 안 된다.

능력과 권위 사이에 균형을 이루어야 한다. 능력에 따라 권위가 주어져야 하는데 능력이 없거나 적은데도 무거운 권한과 권위가 주어지는 데 문제가 있다. 가는 전선이나 수도관에 강한 전압과 수압이 주어지는 것과 같다. 작은 그릇을 가진 사람일수록 모든 것을 틀어쥐려고 하는 경향이 있다.

권한의 위임도 유목적적이어야 한다. 무조건 내맡기는 것은 지도자가 할 일이 아니다. 유목적적 권한위임이 연소가 되어 가속을 낳고 동기유발과 헌신도를 증가시킨다.

셋째, 휘두르기 위한 권한이 아니라 "유목적적 권한행사"를 하는 지도자가 되어야 한다.

휘두르는 권한은 지배하고 조작하고 통제하고 계층을 나타내려는 것이다. 그동안 이러한 휘두르는 권한행사 때문에 현장에서 문제가 되었다. 교장은 "당근"은 별로 갖고 있지 못하면서 "채찍"만 많이 가지고 있다. 그런데 더 중요한 것은 교사는 당근도 채찍도 좋아하지 않는다는 사실이다.

교장에게 권한이 주어진 것은 학교의 교육목표 달성을 위해서이다. 정당한 권한은 어떤 일을 하고, 어떤 일을 달성하고, 다른 사람으로 하여금 목표를 달성하도록 도와주기 위한 힘이다. 학교 조직의 목표달성을 위해서 교장이 정당하게 사용하는 권한에 대해서 교사들이 불만을 가지고 저항할 리가 없다.

넷째, "지도력의 질과 밀도"를 고려해야 한다.

성공적인 지도자는 교장과 교사 사이에 수용적이며 밀접한 질 높은 관계를 형성하고 교사로 하여금 자유로이 사용할 수 있는 힘과 책임을 준다. 튕겨 나오는 지도력이 아니라 빨려 들어가는 지도력을 발휘한다.

다섯째, 관리가 아닌 "문화형성을 통한 교육의 질 향상"을 꾀해야 한다.

앞에서도 이미 지도력의 근원으로 지적한 것처럼 교육의 질 향상은 기획, 조직, 스케줄, 통제와 같은 관리를 통해서가 아니다. 질에 대한 헌신, 자부심, 일에 대한 동일시, 일에 대한 소유의식, 일 자체로부터 나오는 내적 만족감 같은 학교문화의 형성에 의하여 교육의 우수성을 추구하는 것이 바람직하다.

관리가 직접적인 질 향상이라면 문화형성을 통한 질 향상은 간접적인 방법이라고 할 수 있다. 현재 우리나라의 교육이 질 통제의 면에서는 거의 무관심, 무방비의 상태인데 입시제도 혁신, 교육여건 개선, 교사교육과 교수방법의 변화, 사회문화와 학교문화의 형성으로 밑바닥에서부터 종합적으로 노력해야 할 것이다.

여섯째, 과거의 지도자들이 구성원과의 교환조건에 의하여 지도력을 발휘하려고 하였다면 새로운 지도자는 "전환(conversion)"에 의하여 지도력을 발휘해야 한다.

과거는 지도자가 원하는 것을 얻기 위하여 교사가 원하는 것을 주는 조건이었다. 그러나 새로운 지도자는 교사의 노력을 얻어내기 위해 유인가를 줄 뿐만 아니라 그들의 노력을 의미감과 의의, 신념에서 나온 일에 대한 흥분 등으로 전환함으로써 교사의 헌신을 얻어 내는 것이다. 이러한 근본적인 전환 없이 교사를 사탕발림하려고 해서는 실패한다.

일곱째, "단순성"에 의한 지도력이 효과적이다.

고도로 성공적인 교장은 간단하고 행동지향적이며 단순한 조직구조를 채택한다. "작은 것이 아름답"듯이 "단순한 것이 더 낫다". 단순한 구조는 교사와 학생으로 하여금 일차집단의식을 갖고 소속감과 동일시를 증대시키고, 목표와 방법이 분명해진다.

여덟째, "엄격성"에 의한 지도력이 필요하다.

효과적인 교장은 엄격할 것은 엄격하게 처리한다. 교사들에게 최대한의 자율권을 주되 최소한의 핵에 해당하는 공동목표를 위해서는 철저하고 엄격해야 한다. 자유방임이나 무조건적 권한위임이 아닌 유목적적 권한위임이라는 말을 상기시킬 필요가 있다.

그러나 엄격할 필요가 없는 것까지 엄격한 것은 성공적인 교장이 할 짓이 못된다. 어떤 교사가 호랑이 교장이라고 소문난 교장을 모시고 근무하게 되었는데, 자기가 할 일을 자기가 하니까 자신에게는 전연 호랑이가 아니었다는 것이다. 오히려 대우받고 존중받으며 근무하였다고 한다. 아마도 이런 교장이 이에 해당될 것이다.

아홉째, 훌륭한 지도자는 "반성적 행동"을 한다.

불 끄듯 하는 처방, 즉흥적 행동, 획일적인 한 가지 모형은 최소한 학교에서는 위험하다. 얻는 것이 있으면 잃는 것도 있고, 낫게 해주는 약에도 부작용이 있다는 점을 되씹어 생각해 봐야 한다.

교장은 젊어서 수고하고 고생했다고 위로해 주기 위해서 앉혀 놓는 자리가 아니다. 한 학교의 학생교육을 책임지라고 만들어 놓은 자리이다. 수많은 사람을 움직여 학교의 목표를 달성한다는 일은 그리 쉬운 일만은 아니다. 새로운 각도에서 학교장의 지도력을 조명해 볼 필요가 있다.

성공적인 교장은 ① 목표의식을 고취하고, ② 유목적적 권한위임을 하고, ③ 휘두르는 권한이 아닌 목표달성을 위한 정당한 권한을 행사하고, ④ 지도력의 질과 밀도를 높이고, ⑤ 문화형성을 통한 교육의 질 향상을 도모하고, ⑥ 교환제가 아닌 정신적 전환에 의해 지도력을 발휘하고, ⑦ 구조를 단순화시키고, ⑧ 최소한의 공동목표에는 엄격하고, ⑨ 반성적 사고에 의해 걸러져 나온 행동으로 교육의 우수성을 추구한다.

4. 양면성과 조화 · 결합

민주적 교장, 민주적 지도성 그 자체가 목적이 될 수도 있으나 학교교육의 목표달성을 위한 것으로 볼 수 있다. 교장은 단순한 관리자와 행정가 이상의 교육지도자, 수업지도자, 장학지도자가 되어야 한다.

이러한 지도자가 되기 위해서는 ① 기술적, ② 인간적, ③ 교육적, ④ 상징적, ⑤ 문화적 기술과 능력을 갖추어야 한다. 지도력은 이러한 힘을 바탕으로 한다. 이러한 힘을 바탕으로 한 성공적인 새로운 교장의 지도력을 발휘하는 방법 아홉 가지를 앞에서 제시하였다.

이제 이 글을 정리해야 할 지점에 이른 것 같다. 세상 모두가 양면성을 갖듯이 행정과 지도성, 교장직에도 양면성이 있다.

과학성이 있는가 하면 기예적·예술적·직관적 측면이 있다. 관료적 측면이 있는가 하면 개인적 측면이 있다. "하드"가 있기에 "소프트"가 있고, 경직성이 있기에 유연성이 있다. 우리는 여기서 어느 하나만을 편파적으로 선택하는 우를 범하지 말고 이들 간에 조화를 이루고 나아가서 이들을 결합하여 새로운 것을 추출해 내는 슬기를 가져야겠다.

분명히 교육행정과 지도력, 교장론에는 과학적 이론과 연구, 지식이 있고 또 필요하다. 반면에 경험과 지혜, 실제, 관찰, 상식과 같은 직관력과 예술성이 요구된다.

한 조직과 기관을 이끌고 나가는 것도 마치 예술가가 예술작품을 만드는 것에 비유될 수 있다. 이것이 필자가 강조하는 행정예술, 행정철학, 지도철학, 수업감상, 수업비평과 같은 측면이다.

행정과 지도, 교장직에는 관료적인 요소가 있는가 하면 또 인간적이고 개인적인 측면도 필요하다. 관료적 측면에서는 몰인정성, 신뢰성, 효과성, 효율성, 합리성, 표준화, 객관성, 논리적 분석, 계량화 같은 것을 요구한다.

그런데 어떻게 사람의 일이, 교육적인 일이, 학교의 일이 이것만 갖고 다 되겠는가? 인간본성의 실체, 욕구, 가치, 개인과 집단의 성향 같은 인간적·개인적 측면도 필요한 것이다. 그런데 지금까지 지나치게 전자에 치우쳤었다.

사람이 어떻게 왼쪽 뇌만 갖고 살 수 있겠는가? 후자에 해당되는 오른쪽 뇌가 있기에 더 인간답게 살 수 있는 것이 아닌가?

"하드"는 단단하지만 부러지기 쉽고 "소프트"는 휘어지지만 잘 끊어지지 않는다.

사실적·숫자적·구조적·계획적인 것, 절차와 일상화, 생산과 산출, 구체성, 논리적·객관적·계량적인 것도 강점을 갖고 있지만 그동안 이러한 "하드 데이터"에 치우쳤었다.

이에 못지않게 사회적 의미와 욕구, 성향, 감정, 태도, 인상, 주관적·질적·해석적·현상적 측면의 "소프트 데이터"도 중요한데 이것들은 지금까지 너무 간과되었다. 학교를 짓는데 단단한 건축자재도 필요하지만 부드럽고 아름다운 재료도 필요하지 않겠는가.

세상을 많이 살아오고, 오랜 동안 고급교육을 받고, 또 오랜 동안 교육과 행정을 해 왔으면서도 왜 사람들은 한쪽 면만 보고 한쪽으로 치우친 생각만을 했었는지 모르겠다. 한쪽이 없으면 다른 어느 한쪽도 아무 의미가 없다는 것을 깨달아야겠다. 교육현상의 양면성 사이에 균형과 조화를 이루어야겠다.

① 다 같이 달성해야 할 것이지만 구체적 목표(objectives)는 경직성이 있고, 목적(goals)은 유연성에 가깝고,

② 해야 할 일이라도 과업(task)은 경직되어 보이고 역할은 유연해 보이고,

③ 같은 조직이라도 구조(structure)는 딱딱하고 팀(team)은 부드러우며,

④ 같은 사람이라도 과제를 할당할 수단과 도구로서의 사람보다 사회적 존재로서의 사람이 부드럽고,

⑤ 정의해야 할 과제와 사건이라도 객관적이기보다는 지각적이라는 말이 유연하고,

⑥ 사람을 함께 일하게 한다 해도 조정보다는 상호의존성이 유연하고,

⑦ 문제에 대하여 생각하더라도 합리적인 것보다는 직관적인 것이 느슨하고,

⑧ 정보를 얻더라도 수집보다는 해석이 엉성해 보이고,

⑨ 정보의 분배라도 유통처리(processing)보다는 네트워킹(networking)이 유연한 쪽이고,

⑩ 같은 결정이라도 의사결정보다는 조치(action)가 부드러운 쪽이고,

⑪ 유인가 제공이라는 말도 배상(compensation)보다는 보상(rewards)이 부드럽고,

⑫ 확실하게 일을 하도록 하더라도 통제보다는 규범(norms)에 의한 것이 유연하다.

이렇게 표현하다 보니 필자가 후자를 좋게 말하는 것같이 되었다. 그러나 그런 의도가 아니라 전자와 후자의 양자를 묶어 제3의 말을 추출해 내자는 데 목적이 있다.

이들 하드와 소프트, 경직과 유연을 결합하여 ① 공동목표, ② 공유된 비

전, ③높은 수준의 목표 수행, ④ 상호 헌신, ⑤ 지원적 관계성, ⑥ 고도의 동일시, ⑦ 신뢰하는 권한위임, ⑧ 공동체의식을 추출해 내자는 것이다.

이것이 새로운 교장의 지도력으로 이루어내야 할 일이다. 여기서 전자와 후자를 묶어 제3의 것을 도출해 내듯이 학교의 지도자인 교장은 모든 학교 구성원을 하나로 결속시키는 것이 새로운 지도력일지 모른다.

학교 내 모든 구성원의 결속으로 모두가 승자가 되고, 특히 학생과 학부모, 국민의 이익을 위해 봉사하는 교장의 지도력이 바로 "민주적 지도력"이라고 본다.

참고문헌

Sergiovanni, Thomas J. The Principalship. Boston: Allyn and Bacon, Inc., 1987.

Ubben, Gerald C. and Hughes, Larry. The Principal, Boston: Allyn and Bacon, Inc., 1987.

제 9 장
효과적 교육지도자*

　우리나라 국민의 교육열도 세계 제일이요, 학생들의 향학열도 최고여서 열심히 배우려 하고, 우리 선생님들도 최근 일부에서 동요하고는 있지만 교육애도 세계 어디에 내놓아도 지지 않을 정도로 열심히 가르치는데 다만 교육효과도 이들 열기만큼 높다는 말을 별로 듣지 못했다. 그러면 그 이유는 무엇 때문인가? 아마 이들 세 열기가 허투루 새기 때문일 것이다. 다시 말하면 꼭 필요하지 않은 곳에 열과 사랑을 쏟기 때문이다. 즉 우리 교육의 방향감이 없기 때문이다. 이런 방향 제시는 교육지도자들이 해야 한다. 그래서 단순한 행정가가 되지 말고 지도자가 되라고 한다.

　유능하고 효과적인 지도자가 되기 위해서는 교육행정 이론과 과학적 지식으로 무장해야 한다. 이에 더하여 노련한 경험과 직관에 의한 지혜를 필요로 한다. 이 양자가 교육행정의 과학성과 예술성이다. 그런데 이 둘도 교육적 신념과 철학이 떠받쳐 주지 않으면 앞에서 말한 것처럼 쓸데없는 곳에 과학적으로 따지고 겉도는 잔꾀를 부리게 된다. 방향감과 역사의식은 철학과 밀접하게 연결된다. 이제 우리 교육지도자들은 올바른 곳에 학생과 교

---

* 「교육행정학회소식」, 1990년 1월, 국민대학교 교육행정학회.2)

사, 국민을 바쁘도록 이끌어야 할 것이다.

그러면 어떤 지도자들이 효과적인 지도자의 행동인가? 유능하고 효과적 지도자를 관찰해 보면 공통적인 행동양식이 발견된다.

첫째, 비전을 제시한다.

이는 목적의식, 방향감, 미래에 대한 그림이라고 할 수 있다. 미래에 대한 그림이 선명하면 할수록 우리는 의욕을 갖고 이를 달성하고자 한다. 학생과 교사한테 열심히 하라고 독려하기 전에 무엇을 위해서 왜 열심히 하며 목적지에 도달하는 방법이 무엇인가를 분명하게 밝혀 주는 일이 더 중요하다. 그래서 지도자에게 방향 제시를 위한 지휘봉과 나침반이 주어진다.

둘째, 참여를 끌어낸다.

참여는 민주주의의 요체이다. 혹자는 교사와 학생을 위해서, 이들의 욕구를 충족시키기 위해서 참여시키는 것으로 착각하고 있는데 지도자 자신을 위해서, 지도자의 결정에 도움을 받기 위해서 조직구성원의 참여를 유도·요청하는 것이다. 여러 사람이 참여하여 결정하면 의사결정의 질이 높아져서 좋은 결정을 할 수 있고, 구성원의 참여 욕구도 채워 주고, 또 참여에 의하여 결정한 일에 대하여는 협조를 받을 수 있어 목적달성이 용이하다.

셋째, 효과적인 지도자는 지원적(supportive)이다.

구성원들이 하는 일을 지원해 주고 격려해 주는 행동양식을 갖고 있다. 금지보다는 시도를, 끌고 가기보다는 밀어 주기식 행동을 한다. 직원으로 하여금 신바람 나서 신들린 사람처럼 일하게 하는 방안을 생각한다. 피차에 일하는 즐거움과 행복을 느끼게 된다. 스스로 하고자 할 때 뒤에서 밀어 주는 교육지도자가 필요하다.

넷째, 성취에 대한 애착과 관심을 들 수 있다.

비전을 제시했으면 이에 애착을 갖고 이를 계획적으로 확인하고 평가하는 노력을 경주한다. 기관과 조직 내에서 일어나고 있는 일 하나하나에 민감한 귀를 기울여 청취한다. 이런 세심한 노력 없이 저절로 이루어지는 일은 없다.

다섯째, 스스로 유용한 자원(resourceful)이 된다.

지도자는 줄 것을 가지고 있어야 한다. 지식이 되었든, 기술이 되었든, 시간·금전이 되었든 아니면 인품과 덕망이 되었든 남들이 와서 가져갈 것을 가지고 있어야 한다. 그늘을 만들어 주던, 바람막이가 되던, 궁지에 몰렸을 때 기댈 지주가 되었든, 아니면 벌과 나비들이 날아와 묻혀 갈 꽃가루가 되었든 줄 수 있는 자원이 있어야 한다. 자원을 축적했다가 나누어 주려면 다시 말해서 지도자가 되기 위해서는 눈과 귀, 뇌를 많이 사용하고 입의 활동을 줄이는 것도 한 방안이다. 남보다 몇 배의 피나는 노력을 해야 남들이 흠뻑 파먹고 퍼마실 그 무엇을 모을 수 있다. 나이나 햇수만 채운다고 저절로 자원을 갖춘 지도자가 되는 것은 아니다.

입으로 지도자 아닌 사람은 하나도 없다. 이제는 몸으로 행동으로 존경받는 지도자를 우리는 목마르게 기다린다. 민족의 통일을 앞당길 수 있는 민족의 지도자, 선진국의 대열로 끌어올릴 수 있는 정치지도자, 인구의 1/4과 35만 교육자를 올바른 방향으로 이끌어 갈, 아니 4,000만의 국민교육을 이끌어 갈 교육지도자를 기다린다.

교육행정에 대한 책을 읽고 학점을 따고 석사학위증을 액자에 넣어 보관하고 있는 것으로 만족하지 말고, 더 노력하고 협동단결하고 더 겸손한 교육지도자가 되기를 기대한다.

제 10 장
학교경영의 민주화와 학교장의 지도력*

1. 서 론

지금 정치·경제·사회·문화·교육 등 모든 분야의 구석구석에서 민주화·자율화·개방화의 요구가 드세게 일고 있으며 세계적으로도 민주화의 물결이 거세게 일고 있다. 얼어붙었던 시베리아가 봄날 얼음 녹듯이 녹고 있으며 동구 여러 나라에도 민주화의 마파람이 불어 닥쳐 베를린 벽돌을 부스러뜨리고 있다. 이 장의 타이틀이 "학교경영의 민주화와 학교장의 지도력"인 것을 보면 학교경영의 영역에서는 민주화가 덜 되었다는 것을 전제로 하고 있다. 그러나 민주화의 "화"자가 의미하듯이 정도를 나타내는 것으로 0%의 민주화도 100%의 민주화도 있을 수 없다. 민주화의 정도에 차가 있을 뿐이며 이는 끝없는 과정을 의미하고 교육행정가의 끝없는 도전을 필요로 한다. 그래서 필자에게 주어진 과제는 학교경영을 더 민주화시키기 위하여 학교장이 어떻게 지도력을 발휘하여야 할 것인가를 생각해 보라는 뜻으로 받아들여진다.

---

* 「학교경영」, 1990년 1월, 교육연구사.3)

학교경영자인 교장은 도달해야 할 목표를 설정하고 지적(knowledge), 기술적(technology), 권한적(power), 물질적(material), 인적(people), 시간적 (time), 재정적(finance) 자원을 동원하고 관리하여 이 목표를 달성하는 책임을 지고 있다. 이러한 목표를 달성하는 과정을 민주화시켜야 하는 것이다.

그런데 여기서 주의하고 또 분명히 밝혀야 할 점은 민주화가 자유방임이 아니라는 점이다. 자유방임으로는 교육의 목표를 효과적으로 달성할 수 없다. 학교장의 존재 이유는 학교의 주요목표인 잘 가르치고 잘 배우게 하는 것이다. 이러한 목표를 달성하지 않으려면 교장이 존재할 필요가 없다. 자유방임으로 교육목표 달성을 포기할 바에는 독재를 해서라도 목표를 달성해야 교장의 존재이유가 된다. 그러나 우리가 바라는 바는 민주적 방법으로 민주적 지도력을 발휘하여 학교의 교육목표를 효과적으로 달성하려는 것이다.

그래서 여기서는 ① 민주주의의 요체인 참여·분권·위임을 중심으로 학교경영의 민주화에 대하여 언급하고 이어서 ② 학교장의 민주적 효과적 지도력에 대하여 살펴보고 나서 글을 정리하고자 한다.

2. 학교경영의 민주화: 분권과 참여

어떤 측면에서 보면 민주주의는 골치 아픈 방법이다. 되는 일도 없고 또 안 되는 일도 없는 것이다. 때로는 길고 지루한 과정을 거치기도 하고 다양한 집단의 의견을 청취해야 하기 때문에 때를 놓치기도 쉽고 비능률과 낭비가 따르기도 한다. 그러나 구성원들이 하려고 마음만 먹으면 안 되는 일이 없으며 이루어진 결정에 따를 수밖에 없고 결과에 대하여는 다같이 책임을 지지 않을 수 없다.

민주주의의 요체는 분권과 참여라고 할 수 있다. 중앙에서 한 사람이 갖고 있던 권한을 여러 사람이 나누어 갖고 또 위에서 당연히 가질 것까지도 믿고 밑에다 맡겨서 처리하는 위임과도 통하고 그렇게 되다 보니 많은 사람이 의사결정에 참여하게 된다. 그래서 분권과 위임, 참여는 서로 뉘앙스만 조금씩 달리할 뿐 같은 말이라고 할 수 있다.

모든 권한이 밑으로 내려오는 분권화도 우선 교육의 핵심적 단위인 학교 수준으로 권한을 따 내어야 한다.

① 학교교육의 목표를 포함하여 교육과정에 관한 결정을 하는 지적 자원의 많은 부분을 학교 수준으로 분권화시켜야 한다.

② 교수-학습 수단에 관한 결정에 해당하는 기술적 자원도 말할 것 없이 교수-학습이 이루어지는 현장 가까이로 분권화되어야 한다.

③ 의사결정의 권위에 해당하는 권한 자원도 가능한 한 학교 수준으로 분권화시켜야 한다.

④ 시설, 장비, 교육자료에 관한 결정에 해당하는 물질적 자원도 가능한 한 학교 수준으로 분권화시켜야 한다.

⑤ 교수학습을 직접 담당하는 직원과 이를 지원하는 사람을 배분하는 결정에 해당하는 인적 자원도 가능한 한 학교 수준으로 분권화시켜야 한다.

⑥ 시간배분에 관한 결정을 하는 시간 자원도 가능한 한 학교 수준으로 분권화시켜야 한다.

⑦ 금전배분에 관한 결정을 하는 재정 자원도 가능한 한 학교 수준으로 분권화시켜야 한다.

이러한 분권화는 실제로 움직여서 일을 하여 목표를 달성시키는 현장의 사람들에게 실질적인 권한을 줌으로써 만족감을 줄 뿐만 아니라 실지로 현장을 잘 아는 사람이 실질적인 권한을 가짐으로써 그 효과성을 높일 수 있다.

이렇게 학교 수준으로 권한을 따내어 교장은 그 권한을 교사와 나누어 가져야 한다. 이것이 바로 참여(participation)이다. 그런데 요즈음에 앞에서 열거한 자원과 권한이 학교에 별로 없는데도 그것을 교사들이 나누어 갖겠다고 하니 한심한 노릇이다. 교사와 교장이 마음을 합쳐 학교 수준으로 권한을 따 내린 다음 그것을 나누어 갖는 참여적 학교경영을 하는 것이 민주화의 중요한 과정이다.

아무리 현명한 사람이라도 혼자서 독단으로 결정하는 것보다는 현명하지 못하더라도 여러 사람의 지혜를 모아서 결정하는 것이 좋은 결정을 할 수 있다는 믿음이 필요하다.

또한 결정에 여러 사람을 참여시키면 조직구성원의 협조를 얻어낼 수 있다는 이점도 갖고 있다. 학교조직의 목표는 교장 혼자서 달성할 수 없다. 교사의 협조를 받아서 달성하지 않으면 안 되기 때문에 실지로 일을 할 사람의 의견을 들어 의사결정을 하는 게 좋을 것이다. 여러 사람의 참여하에 집단결정을 하려면 구성원 간에 의사소통을 할 수 있는 기술과 능력이 있어야 한다. 또 언제 어떤 문제에 어떤 사람을 참여시킬 것인가를 잘 결정해야 한다. 흔히 지금 어떤 결정을 하려고 하는 문제와 이해관계가 있고 그 결정에 따라 영향을 받을 사람이 있다면 참여시켜야 할 것이다. 또 지금 결정하려고 하는 문제에 전문지식과 기술을 가지고 있는 사람은 그 문제와 이해관계가 없다고 하더라도 결정과정에 참여시키면 좋은 결정, 옳은 결정이 나올 수 있다.

그런데 이렇게 교사들이 의사결정에 참여할 수 있는 길을 열어 놓아도 정작 교사들이 참여하지 않고서는 나중에 불평하는 것도 문제이다. 학교경영의 민주화를 위해서는 학교장이 많은 구성원들을 의사결정에 참여시키려고 노력해야 할 뿐만 아니라 스스로도 자신에게 교사들에게 다소 시간적인 손해가 있더라도 적극적으로 참여하려는 참여정신이 중요하다. 어떤 면에서는 개인적으로는 손해가 나고 희생이라고 생각하더라도 조직을 위해서 또는 다른 조직구성원을 위해서라도 적극 참여하도록 노력해야 할 것이다.

위임(delegation)은 믿고 맡기는 것이다. 분권이나 참여도 그렇지만 위임은 하급자를 존중하고 신뢰하지 못하면 불가능하다. 자신의 권한과 책임에 속하는 일을 밑에 있는 사람에게 맡길 때에는 상대방을 존중하고 믿기 때문이다. 이렇게 믿고 맡길 때 위임받은 사람도 더욱 책임 있게, 더욱 성실하게 일을 처리하려고 노력하게 되고 또 그렇게 함으로써 하급자의 능력도 개발되는 것이다.

그런데 학교 현장에서 보면 실지로 교장, 교감, 서무 등 행정관리자가 해야 할 일을 모두 가르치는 전문가인 교사들에게 교무분장이라는 명분으로 잡무를 떠맡겨 위임 또는 분권화시켜 놓고 있는 기현상이 있다. 예를 들면 학생의 입·퇴학 등의 사무는 당연히 교장이 해야 할 일인데 가르치는 교사에게 "입·퇴학계"라는 사무분장을 시켜 놓고 교장은 도장만 찍고 있는 잘못된 분권과 참여·위임도 있다. 앞으로의 민주적 교장은 실지로 움직여 일을 함으로써 교장의 할 일을 교사에게 부담을 주지 않는 실지로 뛰는 경영자가 되어야 한다. 좋은 것은 갖고 나쁜 것은 남에게 짐을 지우는 일이 없어져야 할 것이다.

교사가 학교경영에 참여하는 방법에는 ① 개인적으로 참여하는 방법, ② 대의제를 통하여 참여하는 방법, ③ 위원회활동을 통하여 참여하는 방법 등이 있을 수 있다.

교사들이 교무회의를 의결기관화 하고 교장을 선출하기까지 하자고 하는 무리한 주장을 하고 있는 실정인데 이렇게 해서는 학교경영의 일을 처리할 수 없을 뿐만 아니라 그것이 반드시 바람직한 민주화의 방향이라고는 할 수 없다. 교사들의 의견은 대표를 통하여 질서 있게 참여하는 대의제도 전원이 참여하는 방안과 병행하는 것도 좋을 것이다.

교사의 학교경영 참여는 각종 전문(분과)위원회를 통해서 하는 것이 바람직하다. 예를 들어 "예결위원회", "인사위원회", "교육과정운영위원회" 등이 활발해지면 교사들은 충분히 학교경영에 참여할 수 있다고 본다.

여기서 중요한 것은 참여를 위한 참여가 아니라 교사를 참여시키면 학교가 발전할 수 있다는 믿음과 공감대가 교사와 교장 사이에 형성되어야 한다는 사실이다.

이러한 분권과 참여, 위임을 위해서는 학교장이 민주적 지도력을 발휘할 수 있는 자질을 갖추어야 하며 교사에게도 그만한 자질 향상이 뒤따라야 한다.

3. 학교장의 민주적 효과적 지도력

이제 남은 지면을 학교장의 효과적인 수업 지도력에 집중시켜 보기로 한다. 학교장에게 있어서 제일 중요한 존재이유와 임무는 수업에 있어서의 지도력을 발휘하는 일이다. 교장이 시설재정, 인사를 잘해도 수업의 목적, 교육의 목적을 달성하지 못하면 의미가 없다. 이 목적을 달성하기 위해서 민주적 학교경영도 필요한 것이다. 분명히 해야 할 것은 아무리 학교경영이 민주화된다고 하더라도 학교의 근본목적을 달성하지 못하면 아무 소용이 없기 때문이다.

그러면 효과적인 지도자로서 교장은 어떤 행동양식(pattern)을 보여 주는가? 여러 연구에서 나온 결과를 종합하면 ① 비전을 제시하고, ② 앞에서 말한 참여적 경영을 하고, ③ 교사에 대하여 지원적이며, ④ 목표달성을 철저히 확인하며, ⑤ 스스로가 자원인사가 된다는 것이다.

1) 비전 제시

비전(vision)이라는 목표의식, 방향감, 미래의 그림, 구체적인 사명(mission)이라고 할 수 있다. 교장으로서는 수천 명의 학생이 지향해 나아가 미래에 도달해야 할 목적지에 대한 분명한 그림, 사진을 제시하는 일이 우선적으로 가장 중요하다고 본다.

교장이 비전을 제시하지만 이 비전에 도달하는 과정에서는 수많은 사람들이 협동해야 하기 때문에 비전을 설정할 때에는 교사들과의 토의를 거쳐서 합의를 보아야 한다.

그리고 이 비전은 환상이 아닌 실현 가능한 것으로 분명하고 명확하게 진술 표현되어야 한다. 그래서 이 비전을 달성할 교사들은 자신의 것으로 만들려는 소유의식을 가질 수 있게 된다.

비전은 제시하는 것으로 끝나는 것이 아니라 이를 달성할 수 있는 자원이 동원되고 구체적인 수단과 방안이 뒤따라야 한다.

2) 참여적 관리

효과적인 지도자는 앞에서 언급한 참여에 의한 경영을 한다. 이 참여는 근본적으로 직원을 존중하고 신뢰하는 데서 출발한다. 그리고 비전을 달성하기 위해서 계속적인 도전을 하고 참여를 촉구한다. 그리고 개선을 위하여 구조화하고 교사 스스로 주도하도록 동기 부여한다. 가장 바람직한 상태는 자발적 출발과 자기개선이라고 할 수 있다.

3) 지원적 행위

효과적인 지도자의 행위양식의 하나는 직원에 대한 지원적 자세이다. 피드백을 제공해 주고 문제점에 대하여 대응해 주고 정신적·물질적 지원을 해줄 뿐만 아니라 지원과 격려의 분위기를 형성한다.

4) 목표달성에 대한 확인

효과적인 지도자는 맨 앞에서 제시한 비전이 어느 정도 달성되는지 계속해서 철저하게 확인한다. 어떤 일이 얼마나 잘 이루어지고 있는지 교내외로부터 정보를 수집하고 분석한다. 특히 학교의 최종산물인 교사의 교수행위와 학생의 성취도를 확인하고 평가한다. 비전에 관심을 갖는 만큼 그 도달에도 애착을 갖는 것이다.

5) 자원인사 자임

유능한 지도자는 직원과 학교교육청에 대하여 스스로 유능한 자원(reso-urceful)이 된다. 교사의 궁금증을 풀어 주고 새로운 지식을 공급해 주는 공급원이 되고, 교육청의 정책과 방침을 학교에 맞게 번역하여 풀어 주고, 외부와의 좋은 관계를 형성하여 좋은 환경을 만들어 준다. 때로는 외부압력을 막아 주는 바람막이 역할도 한다. 지도자는 구성원과 조직에 유용한 자원으로서의 역할을 잘 해낸다. 교사들이 계속 파먹고 마셔도 마르지 않는 자문의 샘물도 된다.

이러한 행위양식으로 효과적인 지도자가 되는 교장의 학교는 민주적으로 경영되지 않으려야 않을 수 없다.

4. 정 리

이제 더 이상 말만의 민주화는 그만해야겠다. 입으로 떠들어 대는 민주주의가 아니라 몸으로 행하는 민주주의가 되어야 하며, 서류 속 법조항에 들어 있는 민주주의가 아니라 교장, 교사, 학생의 살갗에 와 닿는 민주주의가 이루어져야 한다.

학교경영의 민주화의 묘안이 어디 따로 감추어져 있는 것이 아니라 교장이 교장으로서의 몫을 제대로 해내고 지도력을 발휘하면 된다. 그리고 교사는 교사로서의 본분을 지키고 제자리에 맞는 분수에 맞는 행동을 하면 된다.

학교장은 하나의 관리자, 행정가에 그치지 말고 교육의 지도자로서 하나의 거추장스런 혹과 같은 민주화가 아니라 "삶의 방식"으로서의 민주화에 지칠 줄 모르는 도전자가 되어야 한다.

제 11 장
학교경영에 있어서의 의사결정의 민주화*

1. 의사결정의 중요성

우리는 살아가는 동안 수많은 결정을 한다. 시장에 가서 하찮은 물건을 사는 대수롭지 않은 결정으로부터 학교나 전공, 직업, 배우자를 선택하는 중요한 결정에 이르기까지 연속적인 결정의 고리에 의하여 인생살이가 결정된다. 이 심포지엄에 참석하기 위해서도 아마 여러분은 수많은 결정을 했을 것이다. 교통수단, 출발시간, 동행자, 입을 옷의 선택, 앉을 자리의 선택 등 많은 결정에 의하여 지금 이 자리에 앉아 있는 것이다.

한 개인의 결정은 한 사람의 행·불행, 인생 항로의 갈림길로 끝나버리고 말지만 한 행정가의 결정이나 한 기관의 결정은 그 영향이 수많은 사람에게 미친다는 데 그 결정의 중요성이 있다. 한 교장의 어떤 의사결정은 수많은 학생과 교사, 학부모의 일생에 심각하게 영향을 줄 수 있기 때문에 신중한 결정을 요한다.

학교경영에 있어서 의사결정은 교육목표달성을 위하여 여러 대안 중에서

교경영의 민주화를 위한 과제, '90 교육 심포지엄, 1990년 7월 6일, 중앙교육연수원 주제발표 논문.

최적안을 선택하는 과정으로서 학교경영 활동의 핵이라고 할 수 있다. 즉 의사결정은 경영과 행정의 중심이요 꽃이라 할 수 있다. 다시 말하면 행정과 경영을 잘한다는 것은 곧 의사결정을 잘한다는 의미가 된다.

이렇게 중요한 의사결정을 잘하기 위해서는 이에 관한 지식과 기술이 있어야 하며, 또 다른 사람과 협의해서 결정하기 위해서는 의사소통 능력도 갖추어야 하며, 무엇보다도 상황판단과 가치판단 능력이 있어야 한다.

특히 최근에 학교경영의 민주화와 참여의 요구 증대로 약간의 혼란이 야기되고 있으며, 또한 학교 현장에서 어느 정도의 변화가 있어야 하는 것은 사실이다. 여기서 변화라는 것은 혁명이나 개혁이라기보다는 원래 "그랬어야" 할 제자리와 원리·원칙으로 돌아가는 것을 의미한다. 과거에 교육이 제자리를 잡고, 원리와 원칙대로 움직였더라면 아무리 교육 외부에서 정치가 바뀌고 상황이 변화해도 교육만은 끄떡없고 오늘날과 같은 혼란은 야기되지 않았을 것으로 보기 때문이다. 과거에 상식에서 벗어난 것들이 통용되고 있었기 때문에 이에 대한 반작용으로 오늘날 오히려 혼란이 가중, 상승 효과를 가져왔을 것으로 본다.

성급한 분이 제 이야기의 결론부터 말하라고 한다면 학교에서의 의사결정은 교육적으로 합리적으로 이루어져야지 힘의 논리에 의하여 정치적으로 이루어져서는 안 된다고 말할 것이다. 교육목적 달성과 아동·학생의 교육을 최우선 순위로 고려해야 한다는 점이다. 그리고 학교에서의 의사결정에 교사, 학생, 학부모 등 많은 사람이 참여해야겠지만 참여를 위한 참여나 필요 이상의 참여는 무의미할 뿐만 아니라 오히려 역효과를 가져올 수 있다는 점을 간과해서는 안 된다. 또 어떤 형태의 결정을 하고, 또 누가 의사결정에 참여하든 학교에서의 최종 결정권자요 최종 책임자는 학교장이라는 사실을 잊어서는 안 된다.

그러면 이러한 결론에 이르게 되는 과정으로 ① 의사결정과 가치, ② 합리성에 바탕을 둔 참여적 공동 의사결정 모형, ③ 학교경영에 있어서의 의사결정의 민주화의 순서로 좀더 자세히 전개하기로 한다.

2. 의사결정과 가치

의사결정은 곧 가치의 선택이라고도 할 수 있다. 여러 가지 대안 중에서 가치 있다고 판단되는 안을 선택하는 것이 곧 의사결정이기 때문이다. 가치는 "좋음(good, desired)"과 "옳음(right, desirable)"의 연속선상의 어느 지점을 선택하는 것이다. 자기가 좋아하기 때문에, 자기가 원하기 때문에, 자신의 욕망과 충동에 의하여 결정하느냐, 아니면 옳다고 믿기 때문에, 바람직한 일이기 때문에, 정의를 좇아서 결정하느냐의 양극단 중 어느 지점에서 결정하게 된다. 좋음의 극단은 가치론 개인 특유적, 제멋대로의 방종적 차원이고 옳음 쪽은 당위론, 의무론, 규범적, 규율적 차원이라고 할 수 있다.

이러한 연속선상의 가치의 근거 또는 "기반"을 생각해 볼 때, ① "좋음" 쪽에 기울어진 것은 자기의 "선호(preference)"에 근거하여 결정하는 것이고, ② "옳음"을 선택하는 것은 "원리(principle)"와 원칙에 바탕을 두고 결정하는 것이다. 이들 중간에서 ③ 집단이나 조직 내의 여러 사람의 "합의(consensus)"에 근거한 가치판단과, ④ 어떤 가치를 선택했을 때의 "결과(consequences)" 또는 그 영향과 효과를 생각한 가치판단을 더 놓을 수 있다. 커피를 마실 것인가 인삼차를 마실 것인가는 자신의 "선호(Ⅲ)"에 의한 결정이고, "사람은 왼쪽으로 자동차는 오른쪽으로" 하는 교통규칙은 우리 사회집단에서 "합의(ⅡB)"를 보았기 때문에 지키는 것이고, 조직구성원들이 공부를 안 하고, 일을 안 하면 그 결과로 우리 사회가 어떻게 되겠는가 하는 점을 생각하여 그 "결과(ⅡA)"를 이상적으로 분석해 보고 공부나 일을 하는 경우도 있고, 살인을 해서는 안 된다고 생각하는 것은 "원리(Ⅰ)"에 기반을 둔 가치선택이다. 이것이 〈그림 11-1〉의 왼쪽 두 줄에 대한 설명이다.

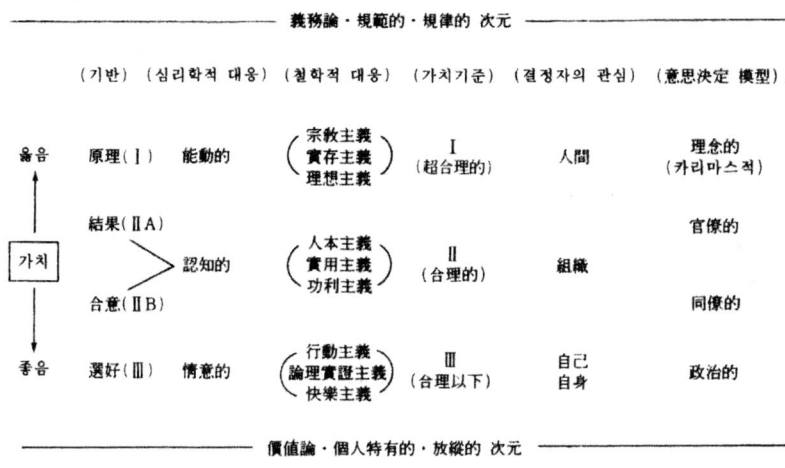

〈그림 11-1〉 가치와 의사결정 모형

이것을 심리학으로 대응시켜 보면 자기가 좋아하는 데 가치를 두면 "정의적(affective)" 판단이고, 가운데는 "인지적(cognitive)" 선택이며, 옳다고 믿는 대로 행동하면 "능동적(conative)", 의지적 행동이다.

지금까지 이 세상에 여러 철학이 나타났었는데 그 지향성, 경향성에 의하여 범주화해 보면 행동주의, 논리실증주의, 쾌락주의는 좋음, 선호, 정의적 측면에 가깝고, 인본주의, 실용주의, 공리주의는 중간의 이성적, 인지적, 사유적 지향성을 갖고 있으며, 종교주의, 실존주의, 이상주의는 옳음을 추구하는 쪽이다.

이것을 가치기준 Ⅲ, Ⅱ, Ⅰ로 밑의 좋음 쪽에서부터 올라가면서 정하고, 중간을 나누어 "합의"를 ⅡB, "결과"를 ⅡA로 한다면 가치 Ⅱ는 의사결정에서 집단과 조직(organizational interest)을 먼저 생각하는 "합리적(rational)" 결정을 하는 것이고, 가치 Ⅲ은 "자기이익(self-interest)"을 먼저 챙기는 "합리이하(subrational)"의 생각이고, 가치 Ⅰ은 "인류사회(extraorganization interest)"에 가치를 두고 결정하는 것으로 이러한 현상은 합리성을 가지고는 설명할 수 없는 "초합리적(transrational)" 사고라 할 수 있다.

여기서 두 가지를 생각해야 하는데 첫째 어떤 결정을 할 때 누구를 먼저 생각하느냐 하는 문제이다. 결정자가 자신을 먼저 생각하고 자신의 이익을 챙기는 데 비중을 두면 학교조직을 위해서 좋은 결정이 되기 어렵다는 것은 너무나 당연하다. 최근에 학교를 둘러싸고 있는 여러 이해집단들이 나타나서 자기들에게 유리한 결정이 내려지도록 압력을 가하고 집단간에 각축전을 벌이는 현상이 있는데 이래서는 교육목표 달성과 행동들을 위한 결정이 되기는 어렵게 된다. 한 개인 가정집에서의 결정이 아닌 학교에서의 결정은 먼저 학교조직과 집단, 사회의 이익에 최우선적으로 관심을 두고, 장기적 전망이나 먼눈으로 보면 인간과 인류, 천륜을 생각해서 결정해야 할 것이다.

둘째는 의사결정에 있어서 "합리성"의 문제이다. 의사결정에 있어서 합리적 접근과 현실을 바탕으로 한 기술적 접근이 있는데 어떻게 의사결정이 합리적으로만 이루어질 수 있느냐면서 전자의 약점을 지적하고 비난한다. 그러나 교육행정을 연구하는 입장에서는 이상과 합리를 지향하지 않을 수 없다. 더구나 교육조직인 학교에서 합리성을 제쳐 놓고 무리한 주장과 힘의 논리에 의하여 결정이 이루어진다면 일부 이익집단에게는 이익이 될지 모르지만 학교를 위해서는 또 학생과 교사, 학부모, 국민을 위해서는 불행이 아닐 수 없다. ① 고도의 합리성을 내세우는 것이 "관료적" 결정이고, ② 또 합리성에 바탕을 두되 전문가 동료들의 합의에 의하여 학교를 운영하는 방식이 "동료적 모형"이다. 그런데 우리나라 학교에서 합리성을 지상의 가치로 내세우는 관료적 운영이 얼마 전까지만 해도 비합리로 흘러가고, 상부의 지시명령에 의하여 운영되다 보니까 정치적 해방이라는 상황변화와 함께, ③ 교육에서도 이익집단 간의 갈등에 의한 가치 Ⅲ 수준의 "정치적 모형"에 의하여 학교가 운영되려고 하기 때문에 교육현장에서 혼란이 야기되고 있다. 분명한 것은 학교조직은 규범을 유지하고 지키려는 규범조직, 학생을 교육시키려는 교육조직이지 힘겨루기와 "파워 게임"의 정치조직이 아니라는 점이다. 그러나 교육이 현실을 외면하거나 어느 정도의 교육의 정치성까지도 무시하자는 것은 아니다. 앞으로 교육자치제가 제대로 되면 교육정치학에 대한 관심은 높아질 것으로 예견된다. ④ 가치 Ⅰ 수준에서의 결정에는 이념적, 신권적, 종교적인 집단결정체제가 해당될 것이다.

의사결정은 곧 가치결정인데 학교에서의 결정이 자신이 좋아하는 대로, 합리이하의 생각으로 자신의 이익에 우선순위를 두고 권력투쟁에 의하여 정치적으로 결정되어서는 학교조직의 목표인 교육목표를 달성하기 어렵다. 그러므로 합리적인 생각을 갖고 학교조직과 사회에 우선적 가치를 두고 합리적인 결정을 하도록 노력해야 한다. 다음으로는 이러한 합리적인 결정방법으로 참여적 공동의사결정 모형을 제시하기로 한다.

3. 합리성에 바탕을 둔 참여적 공동의사결정 모형

의사결정의 민주화는 곧 참여라고 할 수 있는데 몇 가지 질문에 따라 이 문제를 풀어 나가기로 한다.

1) 왜 의사결정에 많은 사람들이 참여해야 하는가?

최근의 교사들의 의사결정에 대한 참여 요구가 아니더라도 당연히 많은 사람들이 참여해야 좋은 결정을 할 수 있다. 좋은 결정을 하기 위해서, 또 교장의 최종적 의사결정에 도움을 받기 위해서 교사들을 의사결정에 참여시키는 것이지 참여를 위한 참여, 교사를 기분 좋게 해주기 위해서 참여시키는 것이 아니다. 또 학교에서의 대부분의 일이 교사들의 노력에 의하여 이루어지기 때문에 교사들을 의사결정에 참여시켜야 한다. 즉 교사들의 협조 없이는 학교의 교육목표를 달성하기 어렵기 때문이다. 현대의 민주주의는 대의민주제로부터 참여민주제로 바뀌어 가고 있다.

2) 어떤 문제의 결정에 참여해야 하는가?

결정하려고 하는 모든 문제에 모든 사람이 참여할 수도 없을 뿐만 아니라
또 그럴 필요도 없다. 참여시킬 필요가 있는 문제에만 필요한 사람을 참여시
켜야 효과적인 결정을 할 수 있다. 여기서 중요한 개념이 수용권(zone of
acceptance) 또는 무관심권(zone of indifference)이다. 수용권은 지도
자인 교장이 당연히 결정해야 하는 것으로 교사들이 수용하는 영역이다. 그
래서 ① 수용권 내부의 문제를 결정할 때는 교사들을 일부러 참여시킬 "필
요가 없다". 그러나 ② 수용권 주변의 문제는 "필요에 따라" 교사를 참여시
킨다. 그리고 수용권 외부의 문제는 교장의 결정을 무조건 수용하는 영역이
아니므로 교사를 "꼭" 참여시켜야 한다.

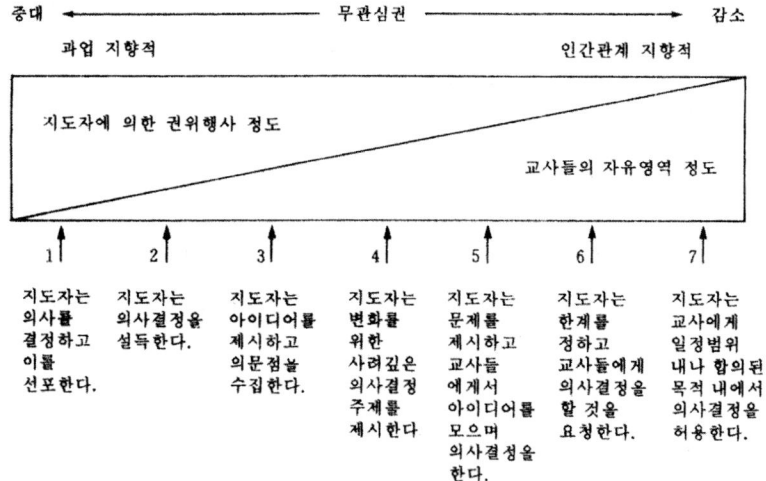

〈그림 11-2〉 무관심권

자료: Robert Tannenbaum and Warren Schmidt, "How to Choose
　　 a Leadership Pattern", Harvard Business Review, Vol.36,
　　 No.2, 1957.

무관심권도 수용권과 비슷한 개념인데 지도자인 교장이 어떤 결정을 해도 교사들이 관심을 갖지 않는 영역이다. 이것을 〈그림 11-2〉로 나타낼 수 있는데 그림에서 왼쪽으로 갈수록 무관심권은 증대되므로 교장이 결정을 내리고 이를 선포하는 의사결정형태를 취해도 된다. 그러나 오른쪽으로 갈수록 교사의 무관심권은 줄어들고 오히려 관심을 갖는 영역이므로 교사에게 결정권을 부여하는 게 좋다. 이 양극단의 연속선상에서 일곱 가지의 의사결정형태를 생각해 볼 수 있다.

교장이 당연히 결정해야 할 문제까지 교사들이 결정에 참여하겠다고 무리한 주장을 하거나, 또 교장이 교사들 보고 억지로 이 영역의 의사결정에 참여하라고 하는 것은 둘 다 효과적이지도 못하고 오히려 비능률과 역효과를 초래할지도 모른다. 또 교사들의 전문영역까지 교장이 독차지해서 실질적인 결정권을 행사하려는 것도 옳지 못하다. 예를 들면 수업에 관한 대부분의 문제는 교사의 전문성을 믿고 맡기되 교장은 최종결정권자이기 때문에 형식적인 도장을 찍는 것이 상례이다. 그 대신 관리적이고 행정적인 일은 대부분 교장에게 맡겨야 할 것이다. 이렇게 영역분담을 한다 해도 문제는 교장과 교사의 전문영역을 어떻게 설정하고 또 어떻게 합의를 보느냐에 있다. 서로가 상대방의 전문영역과 권위를 인정하고 존중해 주어야 한다. 권위는 상대방이 세워 주는 것이며 자신의 권위를 자기가 세우려 할 때 오히려 권위는 인정받지 못하게 되고 권위가 아닌 권위주의로 비치게 된다는 사실을 알아야 한다.

3) 누가 결정에 참여해야 하는가?

학교경영에서 의사결정에 참여할 수 있는 사람은 여러 사람을 생각할 수 있으나 우선 교장, 교감, 교사, 다른 교직원, 학생, 학부모, 동창회, 사립학교의 경우는 재단이사회, 지역사회 주민을 들 수 있다. 이 중에서 앞에서 말한 결정하려는 문제에 따라 누구를 참여시킬 것인가를 결정해야 하는데 그 기준으로 다음 몇 가지를 생각할 수 있다.

첫째, 결정으로 이익 또는 손해 등 영향을 받는 사람은 참여해야 한다.

둘째, 이해관계가 없더라도 결정하려는 문제에 전문적 지식과 기술, 능력 등 전문성을 갖고 있는 사람은 좋은, 올바른 의사결정을 위해서 참여시켜야 한다. 그리고 전문성을 가지고 있는 사람은 개인적으로 관심이 없더라도 학교를 위해서 기꺼이 참여해 주어야 한다.

셋째, 첫째와 약간 관련되는 것으로 협조를 필요로 하는 사람은 결정에 참여시켜야 한다. 결정된 일을 추진하는 데 도움을 얻어 내야 하기 때문이다.

넷째, 조직에 대하여 어떤 지원 또는 후원을 해주는 사람은 의사결정에 참여해야 한다. 예를 들면 금전적·물질적 지원이나 정신적 후원을 해주는 사람을 결정에서 배제시킬 수 없을 것이다.

그러나 학교 내에서의 통상적인 결정에서는 첫째의 관련성 여부와 둘째의 전문성 여부는 꼭 타진해 보는 것이 좋다.

4) 언제 참여시킬 것인가?

언제 참여시킬 것인가라는 질문 속에는 의사결정과정에서 필요한 때에 참여시키라는 답이 이미 암시되고 있다. 합리적인 의사결정의 과정은 대부분 듀이의 과학적·반성적 사고과정과 같은데 〈그림 11-3〉과 같이 ① 문제의 인식과 분명한 정의, ② 곤란점의 분석, ③ 해결방안검토를 위한 기준설정, ④ 행동계획 또는 전략의 개발, ⑤ 계획의 실천 등의 단계를 거치게 된다.

이것을 압축하면 결정과정의 핵심은 ① 문제점을 분명히 하고, ② 결정의 여러 대안을 가능한 한 많이 제시하고, ③ 각 대안을 선택했을 때 어떤 결과가 나올 것인가에 대하여 가능한 한 정확히 예측해 보고, ④ 최선의 대안을 선택하는 것이라고 할 수 있다.

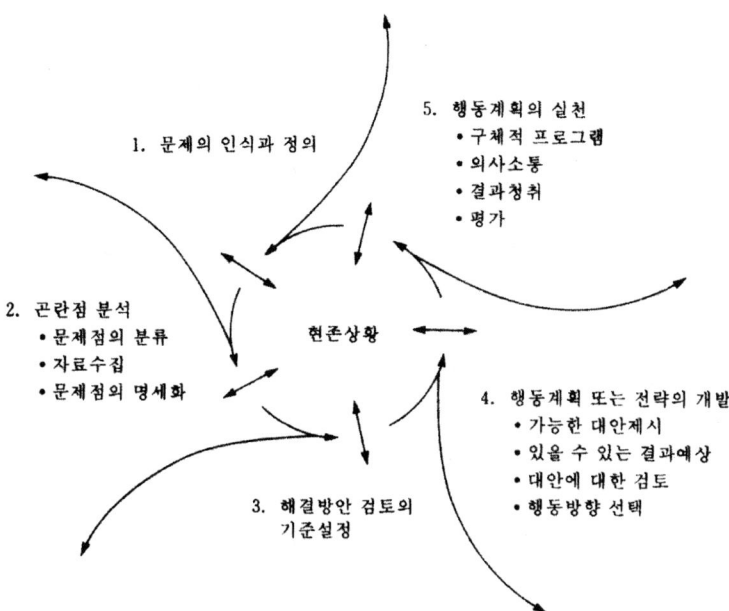

1. 문제의 인식과 정의

5. 행동계획의 실천
 • 구체적 프로그램
 • 의사소통
 • 결과청취
 • 평가

2. 곤란점 분석
 • 문제점의 분류
 • 자료수집
 • 문제점의 명세화

현존상황

4. 행동계획 또는 전략의 개발
 • 가능한 대안제시
 • 있을 수 있는 결과예상
 • 대안에 대한 검토
 • 행동방향 선택

3. 해결방안 검토의
   기준설정

자료: Wayne K. Hoy and Cecil G. Miskel. *Educational Adminis-
tration 3rd. ed. (N. Y.: Random House, 1987), p.321.*

〈그림 11-3〉 의사결정 행동주기

이 네 가지 과정 중에서 언제 참여시킬 것이냐는 앞에서 언급한 참여자에 따라 달라진다. ① 개인적 이해관계는 없으나 전문성이 있는 사람은 대안을 검토하는 단계에서부터 참여시키고, ② 이해관계만 있는 사람은 전문성이 없어 결정과정에서는 잘 모르므로 최종 선택단계에서 참여시키고, ③ 이해관계, 전문성 둘 다 있으면 의사결정과정의 처음에서부터 끝까지 참여시키는 것이다. 바쁜 사람들을 필요 없이 자주 참여하라고 하지 말고, 필요한 때에 참여시키는 것이 경제적일 뿐만 아니라 적당한 시기에 참여시킴으로써 의사결정의 질을 높일 수 있다.

〈표 11-1〉 의사결정의 참여정도와 형태

참여정도	표시	설 명
전무	AⅠ	지도자 단독으로 결정한다.
단독 (alone)	AⅡ	하급자에게 정보를 요청하지만 지도자 단독으로 결정한다. 문제가 무엇인지에 관하여 하급자에게 알릴 수도 있고 안 알릴 수도 있다.
협의 (consulta-tion)	CⅠ	지도자는 하급자에게 문제점을 말하고(share) 하급자에게 정보와 평가를 요청한다. 회의는 집단이 아니라 1 : 1(dyads)로 이루어지고, 그 다음에 지도자가 나서서 결정을 한다.
	CⅡ	지도자와 하급자가 문제를 협의하기 위해 집단적으로 회의하지만 결정은 지도자가 한다.
집단 (group) 고	G	지도자와 하급자가 문제를 협의하기 위하여 집단적으로 회의하고 하나의 전체로서의 집단이 결정한다.

5) 어떤 방법과 형태로 의사결정을 할 것인가?

학교조직 구성원 전원이 참여하여 다수결에 의하여 결정하는 것만이 최선의 결정방식이고 민주적인 것은 아니다(〈표11-1〉 참조). 앞에서도 말한 바 있지만 ① 수용권, 무관심권에 해당하고 또 교장이 혼자 결정해도 문제되지 않을 것은 교장 단독으로 결정하는 것(AⅠ)이 오히려 민주적일 것이다. ② 때로는 교사로부터 자료와 정보만 원하고 결정은 교장 혼자서 결정해도 좋을 것이다(AⅡ). 교사들과 관련이 있는 것이라면 교사들과 협의를 해야 하는데 ③ 1 : 1로 협의를 하고 교장이 결정할 수도 있고(CⅠ), ④ 또 집단회의를 하고 나서 최종 결정은 교장이 하는 방식을 택할 수도 있다(CⅡ). 이런 방식을 민주적 중앙집권적 결정방식이라고도 한다. 민주적으로 충분히 협의하여 교사들의 충분한 의견을 듣고 나서 그들의 의견을 존중하는 방향으로 교장이 결정하는 것이다. ⑤ 교사의 수용권 밖의 문제로 이해관계와 전문성이 둘 다 있는 경우라면 집단결정의 형태를 취하여 교장도 다른 사람과 똑같이 한 표를 던지고 그 결과에 승복할 수밖에 없다. 이것을 의회적 방법이라고도 한다. 이렇게 집단결정을 해도 결정에 대한 책임은 여전히 학교의 최고책임자인 학교장에게 있는 것이다. 〈표 11-1〉에서 밑으로 내려갈수록 집단구성원의 참여정도는 높아지는데 〈그림 11-2〉에서 살펴보았듯이 1로부터 7로 옮겨감에 따라 교사의 참여 정도가 높아지는 것과 마찬가지이다.

6) 의사결정에서 교장의 역할은 무엇인가?

의사결정에서 교장의 역할은 중요하다. 결정하려고 하는 문제, 의사결정 형태에 따라 학교의 지도자인 교장의 역할은 달라진다. 예를 들면 의사결정을 위한 협의를 할 때에는 문제해결에 초점을 맞추게 하고, 의견을 조정하고 통합하고, 일치성과 동의를 끌어내고, 또 자신의 최종결정을 할 경우에는 반대를 줄이기 위한 노력을 해야 할 것이다. 그리고 의회적 방법으로 똑같이 한 표를 던지는 방식을 택할 경우는 소수의 견해를 충분히 반영할 수 있도록 의견을 발표하게 하고 또 이를 경청하는 분위기를 만들어 주어야 한다.

이상을 종합하여 참여적 공동의사결정 모형을 제시하면 〈그림 11-4〉와 같다. 이 모형에 의하여 의사결정 참여의 경우를 다음 네 가지로 요약할 수 있다.

① 수용권 내부의 문제는 다른 사람을 참여시킬 필요 없이 교장 단독으로 결정한다. 다른 사람들이 당연한 것으로 받아들이기 때문이다.

② 수용권 주변의 문제로 개인적 이해관계의 관련성은 없으나 전문성이 있는 경우는 가끔 제한된 범위 내에서 대안검토의 단계에서부터 참여시키되 결정방식은 충분한 협의 후 교장이 최종결정을 하는데, 이때 교장은 문제해결, 의견 조정, 통합, 일치성 형성, 반대의 최소화에 노력한다.

③ 수용권 주변의 문제로 이해관계의 관련성은 있으나 그 문제에 전문성을 갖고 있지 않는 경우라면 가끔 제한된 범위에서 최종 선택의 단계에서부터 참여시키되, 결정방식은 앞의 경우와 같이 충분한 협의 후 교장이 결정하는 민주적 -중앙집권적 방식을 취한다.

④ 수용권 외부의 문제로 관련성도 전문성도 있는 사람은 반드시 최대한의 범위에서, 의사결정의 초기단계에서부터 참여시키고, 결정방법은 교장도 똑같이 한 표를 던지는 의회적 방법을 택한다.

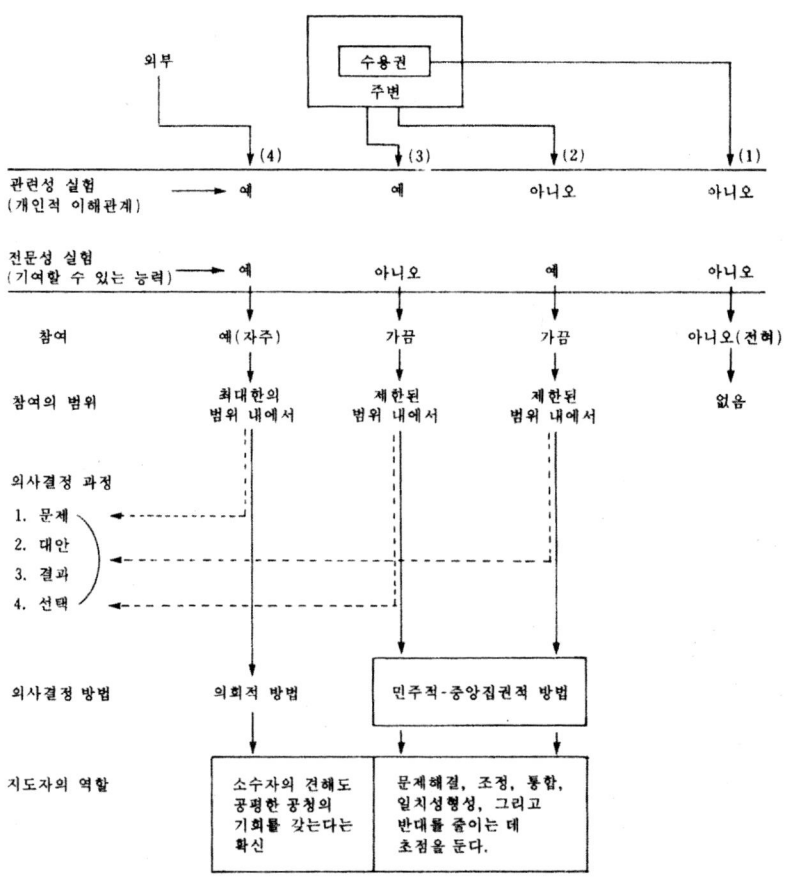

〈그림 11-4〉 참여적 공동의사결정 모형

4. 학교경영에 있어서의 의사결정의 민주화

지금까지 의사결정과 가치의 문제를 연결시켜 보고, 합리성에 바탕을 둔 참여적 공동의사결정 모형을 소개하는 동안 다음과 같은 결론을 얻을 수 있었다.

① 의사결정은 여러 대안 중에서 가치 있는 것을 선택하는 가치선택이라고 할 수 있는데 "좋음"보다는 "옳음"을 지향하고, 자신의 "선호"에 의하여 자신의 이익에 관심을 집중하기보다는 "합의"와 "결과"를 생각하여 학교조직을 우선적으로 생각하여 결정해야 한다.

② 결정이 인간의 이성에 의하여 여러 가지 변수가 작용할 수 있지만 우리는 학교에서 합리성과 교육적 의미를 추구하지 않을 수 없다.

③ 학교에서의 의사결정은 합리성에 바탕을 두고 관련문제에 이해관계 유무와 전문성 유무를 타진하여 관련자를 최대한 참여시켜 공동으로 결정하는 것이 바람직하지만 모든 문제에 모든 사람을 항상 참여시키는 것만이 민주적인 것은 아니다. 필요한 문제에 알맞은 사람을 적절한 시기, 알맞은 정도, 적합한 방식에 의하여 참여시켜야 한다.

④ 다만 교장과 관련 집단간에 상대방의 전문영역과 권위를 인정하고 합의를 보고, 상황에 맞는 의사결정을 하기 위해 상황판단을 정확하게 하는 문제는 계속적으로 노력해야 할 과제이다.

이제 학교 현장에 초점을 맞춰 의사결정의 민주화 방안을 제안하는 것으로 발표를 정리하고자 한다.

의사결정의 민주화는 앞에서 언급된 것처럼 구성원을 결정과정에 최대한 참여시키는 것이다. 교사를 의사결정에 참여시키면, ① 우선 교사의 사기는 높아지고 학교에 대한 열성은 증대되며, ② 교사의 교직에 대한 만족도도 높아지며, ③ 교사는 의사결정에 참여시키는 교장을 더 좋아하지만, ④ 모든 문제에 쓸데없이 과도하게 참여시키는 것은 너무 참여시키지 않는 것과 마찬가지로 오히려 역효과를 가져온다는 연구결과가 있다. 이런 연구결과는 앞에서 말한 선별적 참여의 모형을 뒷받침해 준다.

그러면 어떤 형태로 교사를 의사결정에 참여시킬 것인가?

첫째는 직원회의를 통하여 전원이 직접 참여하고 필요에 따라서는 직접 투표를 하게 하는 방식을 교장은 깨끗하게 채택하는 모범을 보일 수 있다.

둘째는 교사의 대표자 회의를 통해서 의견을 종합하고 결정에 이르게 할 수 있다. 이것을 "교사평의회"라고 이름 붙여도 좋을 것이다. 이때는 교사의 대표성에 유의해야 한다. 흔히 부장회의를 많이 하는데 교사들이 부장에게 대표성을 인정해 주지 않을 때 문제가 된다.

셋째는 학교 안에 각종 상설위원회와 임시 특별위원회를 두어 결정하게 할 수 있다. 상설위원회는 대표성과 전문성을 다 고려하고, 임시 특별위원회는 전문성에 강조를 둔다. 예를 들면 인사(상벌)위원회, 예산위원회, 시설위원회, 교육과정위원회 등을 생각할 수 있다.

넷째는 교장, 교감, 부장교사를 중심으로 교무운영위원회를 구성하여 일상적인 학교 일을 처리해 나가는 것은 현재 많은 학교에서 채택하고 있다.

다섯째는 좀 혁신적인 것으로 교장, 교감, 교사대표, 학생대표(중등), 학부모 대표, 지역사회인 대표로 학교운영위원회(governing board)를 구성하여 학교의 중요한 의사결정을 하는 방안도 생각할 수 있다. 현재 영국, 캐나다, 오스트레일리아 등에서 많이 채택하기 시작하고 있다.

그러나 이러한 방안들은 모두 학교환경과 상황에 맞아야 한다. 앞으로 학교경영의 의사결정에 학부모, 학생을 끌어들여 이들의 협조를 얻어 내는 방안은 진지하게 연구할 필요가 있다고 본다.

이제 발표를 정리해야 할 시간이 된 것 같다. 학교경영에서 의사결정의 민주화도 결국은 학생교육을 위해서 필요한 것이라는 근본적인 점을 잠시도 놓쳐서는 안 된다. 교사를 위한 것도 아니고 교장을 위한 것만도 아니다.

다른 나라들이 교육의 질 향상에 국력을 집중하는 이때에 우리가 외적인 것, 형식적인 것에 우리의 교육적 에너지를 허비하지 않도록 조심해야겠다. 혼란스럽고 흥분하기 쉬운 때일수록 잘못 결정하기 쉬우니 이런 때일수록 마음을 진정하고 현명한 의사결정을 하여 효과적인 학교경영을 해야 한다.

길가에 나 있는 민들레도 제 할 일을 하여야 아름답게 보인다. 민들레가 민들레답지 않고 개나리나 장미가 되려고 한다면 아름답기보다는 오히려 흉하게 보일지 모른다. 각자 자기가 할 일을 할 때 민주화도 가능해진다.

말로써의 민주화, 서류상의 민주화, 선반 위에 얹어 놓은 민주화가 아니라 실천으로서의 민주화, 행동으로서의 민주화가 요구된다. 각자 자기의 위치에서, 할 수 있는 범위 내에서 자기가 할 일을 자기가 할 때 민주화는 앞당겨진다.

제 12 장
바람직한 교장상과 교내장학[*]

1. 도전받는 교장직

일이 잘 풀릴 때는 단합이 잘 되고 그런대로 질서 있게 돌아가더니 우리 편이 골인(goal-in)을 못시키고 볼(ball)만 먹고 있어서 그런지 골키퍼(goal-keeper)도 골문을 포기하고 공격수로 나가 버리고 수비도 링커도 공격수도 감독도 코치도 구별 없이 팀워크가 뒤죽박죽이 되고 있는 판국이다.

모두가 학교의 주인이고 교육의 주인이며 주체라 떠들어대고 있어 손님이나 고객, 객체라고 하는 사람은 없다. 모두가 주인이고 주체일 때 주인과 주체가 무슨 의미가 있겠는가? 권리만 있고 맡은 바 의무나 책임, 역할, 기능이 없을 때 그 권리와 권한이 가능하며 또 의미를 가질 수 있는가?

한 교실에 두 담임이 나타나서 서로 진짜 담임이라고 소리치더니 이제 한 대학에 두 총장이 나타나 졸업장도 못주고 입학식도 못하여 지성의 전당인 대학이 난장판을 이루고 있다. 두 개의 머리를 가진 짐승이 두 머리끼리 싸

---

[*] 1990 중앙교육연수원 교장, 충남 중등교장, 대구 교장 대상 원고임.

우다가 다른 머리를 죽이려고 독약을 먹여 모두 죽는 꼴이 되지 않을까 걱정이다. 누가 진짜 어머니인지 가려낼 솔로몬 왕의 지혜를 가진 교육 지도자의 출현을 고대하게 되었다.

이러한 난장판 속에서 교장직은 도전받고 있다. 그렇게 고분고분하고 유순하기만 하고 밟아도 꿈틀거리기조차도 않던 교사들이 어느 날 갑자기 호전적(militant)으로 돌변하게 되었다.

사립학교건 공립학교건 교장을 교사들이 인기투표하여 선출해야겠다고 일부 교사들이 주장하였다. 교장을 투표에 의하여 다수결로 선출하는 것이 민주주의인가? 회사원으로 채용되어 들어와서는 사장도 투표하여 다수결로 뽑고 공장장도 뽑고, 운동선수도 스카우트되어 들어와서는 코치도 감독도 선수들이 선출하고, 연구소나 병원에 고용되어 들어온 연구원이나 의사들이 연구소장이나 병원장을 투표에 의하여 선출할 수 있는가? 도대체 교장을 교사들이 선출하자는 논리가 어디서 나왔는가? 고용되어 학교조직에 들어온 교사들에게 도대체 누가 그런 권한을 주었는가? 국민들이 교사들에게 그런 권한을 주었는가?

민주주의 국가에서 모든 주권은 국민으로부터 나온다. 교육에 관한 권한도 국민에게 있다. 4천만 국민 각자가 교육을 담당할 수 없기 때문에 교육에 관한 권한을 국민의 대표인 교육위원들에게 위임한 것이다. 교육위원들은 교육위원회를 구성하여 기본적인 정책결정만 하고 전문적인 집행과 관리의 권한은 다시 교육감에게 위임한 것이다. 교육감은 관내 교육을 혼자서 모두 담당할 수 없기 때문에 보조기관과 전문가를 채용하고, 또 자질과 자격을 갖춘 교장을 채용하여 하나의 학교교육을 할 수 있는 권한을 교장에게 위임하고 또 교사를 채용하여 인적자원을 지원하고 재정적 물적 자원을 제공하여 교육목적을 달성하도록 한 것이다. 그래서 학교교육의 책임은 교장에게 있고 오히려 교장의 추천에 의하여 교사가 채용되는 것이지, 역으로 교사의 선출에 의하여 교장이 선출 채용될 수는 없는 것이다. 즉 권한이 국민→교육위원→교육감→교장→교사로 이동하여 위임되는 것이지 국민이 직접 교사에게 먼저 권한을 준 것이 아니다. 그래서 공립학교에서 교사가 교장을 선출하겠다는 것은 모순이다.

그러나 교육위원회가 교장을 채용할 때 교사 대표, 학부모 대표, 교육청 인사담당, 교육감, 인사담당 교육위원이 면접을 하고 의견을 듣는 경우는 있다. 또 최근에 어떤 나라에서는 교육위원회 대신에 학교운영위원회(학부모, 지역주민, 교사, 학생 대표로 구성)에서 교장을 선발 추대하는 경우는 있다.

그리고 사립학교에서는 국민을 대표하는 정부가 학교의 설립과 운영권을 사립학교재단이사회에 주었기 때문에(정부가 이사회에 설립·운영권을 믿고 맡겼다고 하여 사립학교재단이사회를 "Board of Trustees"라고 함) 이 재단이사회가 교장, 교사 임명권을 가지고 있는 것이다. 그래서 사립학교에서도 재단이사회를 제쳐 놓고 교사들이 투표에 의하여 교장을 선출할 수 없다. 물론 재단이사회가 교사들보고 교장을 추천해 달라고 할 경우는 선출방법에 의하여 추천할 수는 있으나 최종 결정권은 어디까지나 이사회에 있는 것이다.

이러한 논리로 보아 교육위원회나 사립학교재단이사회를 무시하고 교사들이 교장을 선출하겠다는 것은 모순이며 일종의 교장직에 대한 도전이라고 할 수 있다.

똑같은 맥락에서 교무회의 의결기관화의 주장도 논리에 맞지 않는다. 공립학교의 최고의결기관은 교육위원회이고 사립학교의 의결기관은 재단이사회이다. 그리고 결정하려고 하는 사안의 성질에 따라 교무회의에서 의결할 것도 있고 심의나 협의, 토의나 토론, 제시나 전달할 수도 있어야지 모든 것을 교무회의 의결에 맡길 수는 없으며, 또 그래야만 반드시 교육목표를 잘 달성하고 효과적, 효율적이라는 보장이 있다.

이러한 교무회의 의결기관화 주장도 일종의 교장직에 대한 도전이라고 볼 수 있다. 교무회의 의결에 모든 것을 맡겨야 한다면 교장은 무슨 필요가 있는가? 교무회의 사회를 보기 위해서 필요하단 말인가?

교장 임기제도 일종의 교장직에 대한 도전이다. 필자는 교장론, 장학론을 전공으로 공부하고 있지만 도대체 왜 이런 주장이 나오고 여당 대통령 후보의 선거공약으로까지 등장하였는지 이해할 수가 없다. 교장을 오래 하면 할수록 전문성은 신장되고 교장직무를 잘 수행할 것이므로 임기제로 교장을 잘라 낸다는 것은 잘못이다. 무능한 교장 때문에 임기제로 잘라 내야겠다는 것도 이해가 안 된다. 무능하고 또 구제 불가능한 교장은 임기를 기다릴 필요 없이 임기 전에라도 도태되어야 하고 또 지금도 무능한 사람은 얼마든지 교장직뿐만 아니라 교직에서조차 물러나게 할 수 있는 장치는 있다.

임기제를 한다고 인사 적체가 해소되고 인사 순환이 빨라질 것이라 생각하는 것은 근본적으로 잘못된 발상이다. 인사 적체를 생각할 것이 아니라 어떻게 하면 유능한 훌륭한 교장을 채용하여 교육의 질을 높이고 교육목표를 잘 달성할 수 있느냐를 먼저 생각해야 한다. 50~60명의 교사가 모두 교장이 되려고 하는 상황에서는 인사 적체가 근본적으로 해소될 수는 없다. 임기제로 인사 순환을 원활하게 하려고 하기보다는 오히려 가르치는 전문가인 교사직과 지도력을 발휘해야 하는 전문가인 교장직을 하루 빨리 분화, 전문화시켜 교사로 하여금 가르치는 일 속에서, 그리고 교실 안에서 행복할 수 있도록 교장과 동등한 대우를 해줄 생각을 해야 한다.

교장 임기제가 꼭 필요하다는 논리가 정당화될 수 있다면 교사에게도 임기제를 적용해야 한다. 교사도 4년마다 재임용할 것인가를 고려해야 할 것이다. 그런데 이 제도가 악용되었다는 것은 교수재임용제에서 이미 판명이 났다. 대학교수같이 권위 있는 곳에서도 정치적으로 악용되었는데 교사 임기제, 교장 임기제가 정치적으로 악용되지 말라는 보장이 없다. 교장 임기제로 잘린 사람을 장학직이나 원로교사로 왔다 갔다 하게 한다는 것도 전문성을 무시한 전문직에 대한 또 다른 하나의 도전이라고 할 수 있다. 무능해서 4년 만에 잘리거나 8년을 채운 사람을 함부로 장학직에 앉혀도 되는 것인가? 그렇게 장학직은 아무나 하는 것인가? 4~8년 행정업무 하던 사람을 보고 다시 가르치라는 것은 전문가인 젊은 축구선수를 제쳐 놓고 축구감독한테 공을 차라는 것과 같다. 축구감독도 옛날에 공을 찬 적이 있기 때문에 최소한 공은 찰 수 있겠지만 감독이나 지도자가 뛰는 팀이 경기에서 이기기는 어려울 것이다.

교장 임기제는 역할도 기능도 구별 없이 난장판 운동장을 만들자는 주장이다. 키퍼도 수비수도 링커도 공격수도 코치나 감독도 4년씩 또는 8년씩 돌려 가면서 바꾸는 국가 대표 팀이 국제경기에서 이길 수 있으리라고 믿는가? 입으로는 총소리 없는 냉혹한 교육의 질 경쟁, 국제적인 교육전쟁을 하고 있다고 떠들어 대면서…… 교장 임기제도 교장직에 대한 도전이며 교육전문성의 후퇴이며 교육계의 자폭행위이다. 교장을 돌려가면서 해먹자고 하다가는 정년만 앞당기고 신분보장이 안 되며, 교장직은 눈치를 보게 되어 정치적 이용물이 되기 쉽다.

교사들은 전문가이기 때문에 아무도 간섭하지 말라고 주장한다. 교육과정도 마음대로 하고, 교과서도 마음대로 만들어 쓰고, 수업도 교사 마음대로 하겠다는 주장도 있다. 대한민국 교사가 언제부터 이렇게 전문가가 되었는가? 4년제 대학을 나오면 이렇게 모든 것을 맡겨야 하는가? 교직보다 더 전문적인 의사도 다 위아래가 있고, 상급자의 지도와 감독을 받는다. 오히려 교직사회에서보다 의사사회에서 규율이 더 엄격하다.

물론 교직의 성격상 교사에게 최대한의 재량권을 주고, 교사의 전문적 판단에 의하여 가르치게 해야 한다는 것은 인정한다. 그러나 모든 면에서 교장의 지시나 장학을 안 받겠다고 하는 것은 논리에 맞지 않는다. 한 학교교육의 최종 책임자는 교장이기 때문에 교사는 전문성을 인정하면서도 장학을 받아야 한다. 교사들이 무감독적 자유방임을 요구하는 것도 교장직에 대한 도전이라고 할 수 있다.

이외에도 교장직에 대한 도전의 증거는 많이 있으나 여기서는 이만 줄이기로 한다. 그러면 왜 이렇게 갑자기 교장직이 도전을 받게 되었는가?

첫째는 정치적, 상황적 요인을 들 수 있을 것이다. 정치적, 시대적 변혁으로 인하여 모든 면에서 권위가 도전을 받고 있는데 교육계라고 해서 교장직이라고 해서, 예외일 수는 없다. 또 이런 변혁기에 권위에 도전함으로써 많은 긍정적인 성공을 거둔 점도 많았다. 또 교육계에서도 어느 정도 긍정적인 부분도 있었던 것이다.

둘째는 관료적 교육행정에도 원인이 있었다. 모든 것을 획일적인 지시일변도로 교육을 움직여 왔으니 교사들이 반발하지 않을 수 없고 일부에서는 과격해지지 않을 수 없었다. 교장에게도 자유재량권이 없었으니 교사들의 입장은 어떠했었는지 가히 짐작할 수 있을 것이다.

셋째는 교장 자신에게도 책임이 있다. 다시 말하면 교장직을 교장들 자신이 제대로 지키지 못했던 점이다. 교장직을 올바르게 수행하려면 많은 공부와 연구를 하여 전문성을 기르고 기술과 능력, 자질을 갖추어서 원리원칙대로 학교를 운영하였더라면 아무리 정치적 혼란이 일어나도 교사들이 무리한 주장을 해오지는 않았을 것이다. 우리는 교장직에 대한 최근의 도전의 책임 중 많은 부분을 우리들 자신에게 돌려야 할 것이다. 그동안 교사들과 밀착하여 잘 지도해 왔더라면 오늘날과 같은 현실은 사전에 막을 수 있었을지도 모른다.

최근의 교육계의 난맥상을 하루 빨리 정리하고 각자 맡은 바 역할과 기능에 충실할 수 있도록 교장들 자신이 부단한 노력을 경주해야 한다.

2. 교장의 강력한 민주적 수업 지도력 요구

교장은 한 학교교육의 책임자로서 ① 교육목표를 설정하고, ② 이 목표를 달성하기 위한 교육 프로그램을 결정하고, ③ 이 프로그램을 운영할 수 있도록 교직원을 조직하고, ④ 양호, 상담 등의 학생을 위한 특별봉사를 하고, ⑤ 행·재정, 시설을 관리·지원하고 ⑥ 지역사회와의 관계를 형성하여 협력을 얻어 내는 일을 해야 하므로 학교교육의 성패는 교장의 손에 달려 있다고 해도 과언이 아니다. 그래서 교장을 교육에 있어서 "Key person"이라고 한다. 실지로 똑같은 교육조건이라도 교장의 능력, 지도력에 따라 학교의 모습이 완전히 달라질 뿐만 아니라 수많은 학생들이 학습을 통해서 얻어가는 것이 달라지고 교사들의 직무만족감과 사기도 차이를 갖게 된다.

그리고 최근과 같이 혼란스러울 때일수록 교장의 강력한 민주적 지도력이 요구되는 것이다. 교장이 민주적 지도력을 발휘했더라면 교사들이 앞에서 지적한 과격한 주장을 하지는 않았을 것이며 혼란 속에서도 모두가 맡은 바 기능을 발휘하고 있었을 것이다.

교장의 민주적 지도력을 자유방임으로 착각해서는 안 된다. 아무리 혼란이 닥쳐와도 교육은 잠시도 멈출 수 없는 활동이다. 사회가 아무리 흔들려도 할 일은 해야 한다. 최근에 소신과 자신이 없는 교장이 교사의 눈치나 보며 할 일과 할 말을 하지 못하고 있는 실정이다.

교장의 민주적 지도력에 의한 학교경영을 하기 위해서도 ① 분권과 위임, ② 개방과 참여가 필수요건이다. 교육법 75조 1항에 교장이 "학생교육"을 하게 되어 있지만 실지로는 교과와 학년별로 교사를 조직하여 교실에서 가르치는 일을 위임하듯이 교장이 가지고 있는 권한을 교감, 부장교사, 교사에게 권한을 위임하고 학교를 이끌어 나가는 기본방향은 교직원의 공동노력에 의하여 정해야겠지만 최종적으로는 교장의 철학을 반영하여 교장이 결정하여야 할 것이다.

교장이 권한을 위임하지 않으면 교감은 제 기능과 역량을 발휘하기가 어렵게 된다. 현재 우리나라에서는 교감의 역할과 기능에 관하여 명백히 정의해 놓은 것이 없어 까딱하면 애매한 입장이 되기 쉽다. 미국에서는 부교장도 교장과 똑같이 교장회나 학교행정가회에 가입하여 활동하고 있다.

그리고 전문성이 강한 조직과 직업일수록 분권화의 정도가 높다. 그래서 행정, 경영, 사업적인 성격의 일은 중앙에서 많이 처리하겠지만 가르치고 연구하는 계통의 일은 하부로 권한을 많이 이양해야 한다.

현재 교장에게도 가지고 있는 권한이 별로 많지 않다. 앞으로 교육자치제 실시와 함께 자율학교 경영권을 많이 따내어 이를 교사들과 나누어 가질 생각을 해야 한다.

상부로부터 지시받아서 이를 다시 교사에게 제시하는 식의 교장이 되어서는 민주적인 교장으로 교사의 눈에 비치지는 않을 것이다. 혹시 어쩔 수 없는 정치적 상황과 상부의 경직된 관료체제 때문에 상부로부터 지시·명령을 받는 일이 있더라도 이를 학교장의 교육적 신념이나 철학, 가치관으로 걸러내고 소화시켜 낸 것으로 번역하여 시행해야 할 것이다. 지금까지 교장이 이 일을 제대로 못 해냈기 때문에 교사들로부터 불신을 받고 마침내 교장직에까지 도전받게 되었던 것이다.

다음으로 학교운영과 행정을 개방하고 교사를 참여시키는 지도자는 민주적 지도자이다. 크렘린이 개방되고 베를린 장벽이 헐리는 판에 학교 안에서 개방 못할 게 무엇이 있으며 더 이상 가릴 것이 무엇이 있겠는가? 이제는 학교행정도 개방행정, 투명행정을 해야 한다. 그러기 위해서는 교사와 의사소통을 자유롭게 할 수 있는 채널을 마련하고 또 그런 분위기와 풍토를 형성할 필요가 있다. 학교에서 일어나는 일을 모두 알릴 때 오히려 교사들은 교장직의 어려움을 이해하게 되어 협조와 협력을 얻어 낼 수 있다.

학교행행을 개방하려면 원리와 원칙이 서야 하며 사적으로 움직여서는 안 된다. 자기에 대한 관심(self-interest)보다 먼저 조직에 대한 관심(organizational interest)을 강조해야만 개방은 가능해진다. 지금까지 교장과 교사 사이에 필요 이상의 장벽이 있어서 필요 없는 오해와 불신을 불러일으켰던 점이 있다.

민주적 지도자는 직원을 의사결정과 행정에 많이 참여시킨다. 교사가 참여하여 결정한 사항에 대하여는 교사가 불만을 가질 수가 없다. 자신이 참여하여 결정했기 때문이다. 그리고 자기가 한 결정에 대하여는 소유의식과 애착심을 갖게 되어 목표달성이 용역하게 된다.

그리고 여러 사람이 참여하여 지혜를 모아 결정을 하면 교장 혼자서 결정하는 것보다 좋은 결정을 할 수 있다. 교사를 참여시키기 위하여 참여적 의사결정을 채택할 것이 아니라 좋은 결정을 할 수 있다는 믿음을 갖고 교사를 참여시켜야 한다. 참여를 위한 참여가 돼서는 효과를 거둘 수 없다.

현재는 교사들의 왕성한 참여욕구가 충족되지 않아서 학교행정에 참여하고 싶어 하겠지만 모든 것을 개방하고 참여의 폭을 넓히게 되면 참여의욕은 오히려 줄어들고, 앞으로 각자의 삶에 바빠지면 학교일에 참여해 달라고 교장이 사정을 해도 참여하지 않으려는 때가 오지 않을까 걱정이다. 각자 자기가 맡은 일만 하고는 자기 시간을 즐기려는 때가 머지않아 오게 될 것이다.

어쨌든 분권과 위임, 개방과 참여에 의하여 민주학교, 민주교장이 되어야 강력한 지도력을 발휘할 수 있으며, 그래야 학교도 발전하고 교장도 보람을 찾을 수 있게 된다.

이제 민주적 지도력 중에서도 수업지도성에 대하여 언급하기로 한다. 학교의 존재이유는 바로 학생을 가르치는 데 있다. 교직원은 가르치기 위해서 학교조직에 가입했고 또 그러기 위해서 학교에 출근한다. 학생은 배우기 위해서 학교로 모여든다. 교장실에 교장 의자가 놓여 있는 것은 바로 학생을 가르치기 위해서이다. 그래서 앞에서 잠깐 언급했듯이 교장의 할 일은 많이 있지만 학교에서 수업만큼 중요한 일은 없다. 물론 대부분의 수업은 교사들이 나누어 맡아 담당하지만 최종 책임은 교장에게 있고, 그래서 수업에 있어서도 교장은 지도력을 발휘해야 한다. 그런 뜻에서 학습지도계획서인 학습지도안에 대하여 형식적으로라도 교장의 허락을 받게 되고, 또 학습 결과를 알리는 성적통지표도 교장명의로 나가게 되어 있는 것이다.

교장이 인사, 재정, 시설관리를 아무리 잘해도 수업에 있어서 지도력을 발휘하지 못하면 교장으로서는 결정적인 결격사유가 된다. 그런데 우리나라 중등학교에서 전공과목이 다르다는 이유로 교장이 수업이나 교육과정관계의 일이나 장학적인 일을 일찌감치 포기하고 모든 것을 교사나 교무부장에게 내맡기는 현상은 심히 유감스런 일이다. 또 그런 교장이래야 대교장, 명교장이라고 떠받들리거나 자위하는 것도 좋은 풍토라고 볼 수는 없다.

교육행정가 중에 중앙의 교육부에 있는 사람들은 정책적인 일을 많이 하고, 교육위원회나 교육구청에 근무하는 사람들은 행정적인 일을 많이 하고, 학교 수준의 행정가는 관리적인 일과 수업에 관한 일을 많이 해야 하고, 또

거기서 능력과 기술을 발휘해야 하고, 마땅히 교육과정과 수업관계의 일로
시간을 많이 보내야 당연한 일이다. 그러나 실제로 어디에 시간을 많이 보
내고 있는지 〈표 12-1〉과 〈표 12-2〉에 표시해 보자. 미리 나와 있는 자료
는 미국의 교장들이 이상적으로 보내고 싶은 우선순위와 현실적으로 시간을
보내고 있는 순위와 비중이다.

〈표 12-1〉 교장임무의 이상적 순위와 현실적 순위

임 무	미국교장		여러분 자신	
	이 상	실 제	이 상	실 제
수업장학	1	5		
교육과정 장학	2	8		
교직원 선발과 오리엔테이션	3	9		
학교 프로그램 행정(자료와 시설)	4	1		
교사평가	5	3		
사기진작	6	7		
공공관계 촉진	7	6		
학생을 위한 봉사 조정	8	4		
학생 기강확립	9	2		
자기평가	10	10		

〈표 12-2〉 교장의 주당 이상적 시간 배분과 실제 시간 배분

임 무	미국교장		여러분 자신	
	이 상	실 제	이 상	실 제
1. 정규 수업	4%	4%		
2. 서기적 업무	4	14		
3. 행정	24	30		
4. 장학	40	30		
5. 교육과정 개발	13	8		
6. 지역사회적 일	7	7		
7. 자기 향상 활동	9	6		
계	101%	99%		

다른 나라에서는 수업이라는 교육자의 본업을 놓치지 않기 위해 교장들이 부단한 노력을 하고 있다. 교사들은 한 과목, 한 학년을 맡으면 그만이지만 교장은 모든 과목, 모든 학년에 대하여 알아야 하고 또 교사들이 하지 않는 많은 관리적·사무적인 일까지 해야 하기 때문에 그야말로 피나는 노력을 하지 않으면 교사들을 지도할 수 없을 뿐만 아니라 그들과 대화조차도 나누지 못하며 교장직을 수행하기 어렵다.

민주적 수업지도자가 되기 위해서 교장은 부단한 노력을 하지 않으면 안된다.

3. 효과적인 교장

앞에서 제시한 민주적 수업지도자가 유능하고 효과적인 교장이라고 할 수 있다. 이러한 효과적인 지도자가 되기 위해서는 ① 교육행정 이론과 과학적 지식과 함께 ② 노련한 경험과 직관에 의한 지혜를 필요로 한다. 전자는 교육행정의 과학성이고 후자는 일종의 예술성이라고 할 수 있다. 그런데 이 둘도 ③ 교육적 신념과 철학이 떠받쳐 주지 못하면 겉돌게 된다.

그래서 효과적인 지도자인 교장은 첫째로 올바른 철학에 바탕을 둔 비전(vision)을 제시하더라는 것이다. 이는 교육의 목적의식, 방향감, 미래에 대한 청사진이라고 할 수 있다. 지도자가 제시하는 청사진이 선명하면 할수록 교직원은 목표달성에 의욕적으로 노력하게 된다. 교장은 교사와 학생한테 열심히 노력하라고 독려하기 전에 먼저 무엇을 위해 왜 열심히 해야 하며 어떻게 목적지에 도달할 수 있는지에 대하여 설명하는 일이 중요하다. 그래서 지도자에게는 수많은 학생과 교사를 실은 학교라는 배를 끌고 갈 수 있는 열쇠와 나침반, 지휘봉이 주어진다.

우리나라 학생들과 교사, 학부모, 교육지도자들이 다른 나라에 비하여 교육을 위해 많은 노력을 하고 더 애쓰는 것만큼은 사실일 것이다. 그러나 꼭 필요하고 가치 있는 곳에 시간과 정력을 집중적으로 투입하고 있는지에 대하여는 심각하게 따져 보아야 한다. 필요 없는 곳에 무턱대고 애쓰는 것은 헛수고에 불과하다.

둘째, 효과적인 교장은(앞에서 언급한 것처럼) 교직원의 참여(participation)를 끌어내더라는 것이다. 참여는 민주주의의 요체이다. 혹자는 교사와 학생, 학부모를 위해서 이들을 학교의 주요 의사결정에 참여시키는 것으로 착각하고, 이들을 위해 선심 쓰는 것으로 오해하고 있는데 사실은 교장 자신을 위해서, 그리고 교장의 결정에 도움을 받기 위해서 이들의 참여를 간곡히 요청하는 것이다. 여러 사람이 참여하여 의사결정을 하면 좋은 결정을 할 수 있고 또 이들의 협조를 얻어 낼 수 있어 목표달성도 용이해진다.

셋째, 효과적인 교장은 지원적(supportive) 행동양식을 취하더라는 것이다. 교직원들이 하는 일을 지원해 주고 격려해 주며, 금지보다는 시도를, 끌고 가기 보다는 밀어 주기식 행동을 취한다. 직원으로 하여금 신바람 나서 신들린 사람처럼 일하게 하여 피차에 일 속에서 즐거움과 행복을 느끼게 한다. 스스로 하고자 하는 교사를 뒤에서 밀어 주는 교육지도자가 필요하다.

넷째, 효과적인 교장은 성취에 대한 애착심과 관심을 집중한다. 일단 정확하고 명확한 방향을 제시했다면 이에 애착을 갖고 도달 여부를 계획적으로 확인·평가한다. 기관과 조직 내에서 일어나고 있는 일 하나하나에 세심하고 민감하게 귀를 기울여 청취·관찰한다. 이런 세심한 주의를 기울이지 않고 저절로 이루어지는 비전은 있을 수 없다.

다섯째, 효과적인 교장은 스스로 교사에게 유용한 자원(resourceful)이 된다. 지도자는 줄 것을 가지고 있어야 한다. 지식이 되었든, 기술이 되었든, 시간이나 금전이 되었든, 아니면 인품이나 덕망이 되었든 교직원들이 와서 필요한 것을 가져갈 수 있는 자원을 가지고 있어야 한다. 교직원들에게 그늘을 만들어 주던, 바람막이가 되던, 또 교직원들이 궁지에 몰렸을 때 기댈 수 있는 지주가 되던, 아니면 벌과 나비들이 날아와 묻혀갈 수 있는 꿀이나 꽃가루와 같은 자원을 가지고 있어야 한다. 자원을 축적하려면 지도자는 눈과 귀, 뇌를 많이 사용하고, 발산하는 입의 활동을 줄이는 것도 한 방법이다. 남보다. 몇 배의 피나는 노력을 해야 남들이 와서 흠뻑 파먹고 퍼마시고 갈 수 있는 자원을 마련할 수 있다.

교직원과 교장, 교육행정 교수들이 효과적인 교장이라고 지적하는 공통적인 행동양식을 종합해 보면 이와 같이 ① 비전을 제시하고, ② 참여를 끌어내며, ③ 지원적이고, ④ 성취에 대한 애착과 관심을 가지고 주의 깊게 청취하며, ⑤ 스스로 유용한 자원자가 되더라는 것이다. 이러한 효과적인 교장이 되기 위해서는 계속적인 연구 노력을 해야 한다.

4. 교내장학

교육의 질 향상에 대한 관심이 높아지면서 학교장의 수업지도력이 더욱 강조되고, 따라서 교내장학을 위한 노력이 집중되어야 할 입장에 있다. 교육부는 장학의 방향을 설정하거나 정책적인 일을 하고, 시·도 교육청은 이 정책을 지역에 맞게 행정으로 전개하고, 시·군·구 교육(구)청은 학교 수준에서의 장학이 잘 이루어지도록 뒷받침해 주고, 학교 수준에서는 교육구청의 뒷받침을 받아 교장, 교감이 중심이 되어 교내장학을 실시하는 형식으로 교육조직 간에 분업이 이루어져야 한다.

그리고 학생들의 개인차 때문에 개별화 학습이 바람직하듯이 교사에게도 개별화 장학(individualized supervision)이 요구된다. 교사의 경우는 학생들보다도 오히려 개인차가 더 심하게 벌어져 있다. 그런데 지금까지 이런 교사간의 개인차를 무시하고 상부의 관료적 획일적인 장학처방으로 일관하였으니 장학은 효과적이지 못하고 오히려 교사로 하여금 장학에 대하여 부정적인 태도만 갖게 했었다.

장학의 개별화가 바람직하기는 하지만 현실적으로 어렵다. 장학담당자의 인적, 시간적, 기술적 제약이 심하기 때문이다. 그래서 이에 대한 대안으로 나온 것이 선택적 장학체제이다. 학교나 교육청에서 제공할 수 있는 장학적 메뉴를 몇 가지 제시하고 교사로 하여금 자신에게 맞고 필요하다고 생각되는 장학대안을 선택하게 하는 것이다. 마치 자동판매기에 똑같은 금액의 동전을 넣고는 자기의 입맛에 맞는 음료를 빼어 마시게 하는 것과 같은 논리이다. 물론 교사들이 한 쪽으로 몰리게 되면 교장은 이를 조정해야 할 것이며 1년이 지난 후 순환적으로 바꾸게 된다.

선택장학대안으로는 ① 임상장학, ② 협동적 동료장학, ③ 자기장학, ④ 전통적 장학을 생각해 볼 수 있다. 각 장학대안별로 적절하다고 생각되는 교사를 예시해 보면 〈그림 12-1〉과 같다.

이제 각 장학대안별로 간단하게 설명하고자 한다.

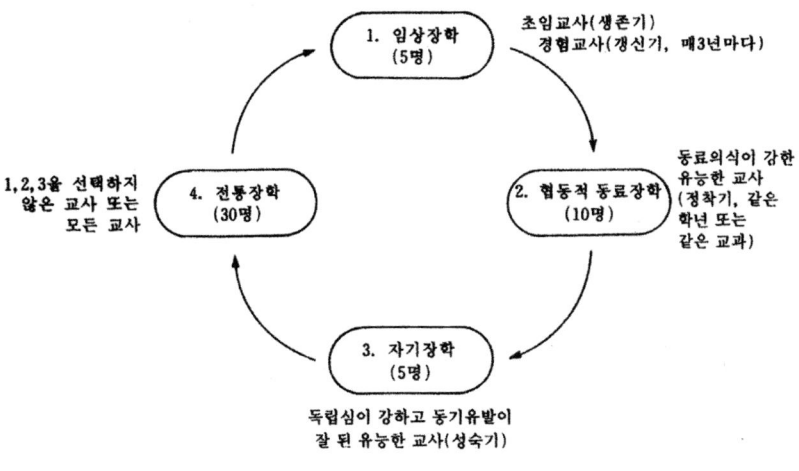

〈그림 12-1〉 선택적 장학체제

1) 임상장학

임상장학은 교사의 계속적인 전문적 성장과 교수기술 향상에 목적을 두고 교육이 이루어지고 있는 교실 현장에서 교사와 장학담당자의 대면적인 1 : 1의 친밀한 관계 속에서 ① 사전의 계획협의회, ② 자료수집을 위한 수업관찰, ③ 개선방안 모색을 위한 피드백(feedback) 협의회의 순환적 과정을 거치는 장학방법을 말한다.

이러한 장학대안은 종래의 장학과 다른 몇 가지 특징을 갖는다.

첫째, 장학이 수업이 이루어지고 있는 교실 현장에서 이루어진다는 점이다. 종래에는 교육부, 교육위원회, 교육구청의 행정적 장학이 강조되었었는데 임상장학은 말 그대로 현장을 중시한다는 점이다. 장학이 상부·외부로부터 하부·내부로 중심이 이동했다는 데 의의를 둔다.

둘째, 교사의 전문적 성장과 교수기술 향상을 도와준다는 구체적이고 실질적인 장학목적으로 초점을 맞추었다는 점이다. 그것도 한꺼번에 변화시키려 하는 것이 아니라 순환적 과정을 거치면서 점진적이고 지속적으로 하나씩 해 나간다는 점을 들 수 있다.

셋째, 수업이 이루어지고 있는 도중에 교실을 방문하는 것이 아니라 사전부터 계획적으로 이루어진다는 점을 지적할 수 있다.

넷째, 교사와 장학자가 친밀하면서도 교수전문가 대 장학전문가라는 대등한 관계 속에서 협동적 장학을 한다는 것을 알 수 있다.

다섯째, 과학적이고 객관적인 관찰자료에 근거하여 장학협의회를 하여 수업기술 향상을 모색한다는 점이 특이하다.

여섯째, 교사를 긍정적으로 보고 교사의 잠재능력 계발과 발전 가능성을 믿고 또 교사의 자발적 참여를 기본전제로 하여 임상장학은 출발한다.

이 임상장학을 현장에서 적용하기에는 어려움이 많다. 우선 장학담당자의 많은 인적, 시간적 투입을 요구한다. 또 고도의 전문적 기술을 필요로 한다. 또 교사가 스스로 장학을 받아서 전문적으로 성장하고 교수기술을 향상시키고자 하는 자발적 동기유발이 있어야 한다. 그런데 우리의 장학풍토는 아직 그렇지 못하다. 그래서 이 임상장학을 모든 교사에게 적용하기란 불가능하고 또 반드시 그런 시도를 할 필요도 없다는 것이다. 처음 교사생활을 출발하여 현장에서 살아남아야 할 초임교사나 기성교사로서 새로운 교수기술로 바꿔야 할 필요성이 있는 교사로 매 3년마다 임상장학을 받게 할 필요가 있다는 점이다.

2) 협동적 동료장학

수업기술 향상을 위한 장학을 반드시 교장, 교감, 장학사 등 교육행정가만이 할 수 있고 또 이들이 해야만 하는 것인가? 교직이 정말 전문직이라면 전문가 동료끼리 협동하여 얼마든지 전문적으로 성장할 수 있다고 본다. 전문직에서는 상급자 행정가보다도 오히려 동료로부터 더 도움을 받을 수 있는 특징을 갖고 있다는 것이다. 상급자는 거리도 멀고 또 교사를 평가도 해야 하기 때문에 거부감을 갖기 쉬운데 반하여 동료는 서로 하는 일에 대하여 잘 알 수 있고 쉽게 만날 수 있다는 장점을 갖고 있다.

더구나 협동심이 강하고 능력 있는 같은 학년이나 같은 교과 교사들에게는 교장, 교감이 장학이라고 하여 괴롭히기보다 부장교사의 지도력에 의하여 계획적으로 1년간 동료장학을 선택하도록 권장할 수 있다. 그래서 현대 교장을 "Leader of Leaders"라고 한다.

최근에는 동료장학이라는 말 대신에 동료코치(coach)라는 말이 번져 나가고 있다. 마치 운동 코치가 선수를 코치하듯이 경험 많은 교사가 그렇지 못한 교사의 수업기술을 코치하는 것이다. 이 동료코치도 ① 단순히 자료만 수집해서 수업자 동료교사에게 주고 판단과 활용은 본인에게 맡기는 식의 자료제공적 코치(mirroring coaching), ② 임상장학의 전 과정을 반복해서 거치면서 동료 간에 서로 협동하여 발전하고자 하는 협동적 코치(collaborative coaching), ③ 경험 있고 유능한 교사가 초임교사를 코치하는 전문적 코치

(expert coaching)의 세 수준으로 생각할 수 있다. 교장이 직접 장학을 담당하기 어려운 중등학교에서는 이 동료코치와 동료장학을 잘 개발하면 좋을 것으로 본다.

3) 자기장학

원래 장학(supervision)이라는 말 자체에 "우수한 높은 사람이 내려다본다"는 어원을 가진 "감독"이라는 말에서 나왔기 때문에 자기 스스로 교수기술 향상을 위해서 노력하는 자기장학(self-supervision)이라는 말은 성립될 수 없다. 그러나 상급자나 동료의 도움 없이 자기 혼자서도 교수기술을 향상시킬 수 있어 결과적으로는 장학의 목적을 달성할 수 있기 때문에 자기장학은 가능하다. 혼자서 계획적으로 수업 녹음, 녹화를 분석하여 새로운 수업 전략과 기술을 적용하는 노력을 하여 교수기술을 향상시킬 수 있다. 그 외에도 학생으로부터 수업반응을 받아 수업기술 향상에 활용할 수도 있을 것이다.

특히 독립심이 강하고 능력 있으며 스스로 노력하는 교사에게는 1년간 교장·교감에 의한 장학보다는 자기장학에 맡기는 것이 더 효과적일지도 모른다.

4) 전통적 장학

임상장학, 협동적 동료장학, 자기장학이 필요하기는 하나 이를 많은 교사에게 적용하기는 어렵다. 그래서 남아 있는 많은 교사들에게는 지금까지 내려온 전통적인 장학에 의존할 수밖에 없다. 전통적 장학은 사전 협의 없이 교장·교감·장학사가 수업 중에 잠깐 방문하고, 방문 후의 협의도 생략되는 경우가 많았다.

그러나 선택적 장학체제의 한 대안으로 전통적 장학을 적용할 때에는 사정

상 사전 계획협의를 하지 못한 채 교실을 방문하여 수업관찰을 하더라도 ①
객관적 관찰자료를 수집하여 교사에게 주어 교사 스스로 그 자료를 활용할
수 있게 하거나, 또는 너무 짧은 시간 동안 방문하여 구체적 자료를 수집할
수 없었다면 ② 방문 느낌이나 발견 사항이라도 간단히 노트하여 피드백을
제공해 주기라도 하는 방향으로 전통적 장학을 개선하여 적용해야 할 것으로
본다. 전통적 장학에서 근본적인 문제는 교사들이 장학을 자신에게 도움이
되는 것으로 보기보다는 감시감독을 위한 장학과 교실방문으로 생각하여 장
학을 부정적으로 생각한다는 점을 고려해야 한다. 전통적 장학에서는 이런
교사들의 부정적 태도를 바꿔 놓는 일에서부터 출발해야 할 것으로 본다.

　여기서는 선택적 장학대안으로 ① 임상장학, ② 협동적 동료장학, ③ 자
기장학, ④ 전통적 장학만을 제시했으나 학교의 형편과 사정에 따라 대안의
수를 줄이거나 늘일 수 있다.

5. 교장직의 전문성 신장과 보람

　교사로서 오랫동안 교단에서 학생들을 잘 가르친 경험이 있는 사람이라고
해서 반드시 교장직을 잘 수행하리라는 보장은 없다. 유능한 교사였던 사람
이라도 교장이라는 교육행정가가 되기 위해서는 교장, 교육행정가로 변신하
기 위해서 별도로 공부하고 연구해야 한다. 그래서 하루빨리 교장직을 전문
화시키고 또 그러기 위해서 교장들은 부단한 노력을 해야 한다.

　① 개인적으로 노력해야 하겠지만, ② 대학원의 석사·박사에 도전하고,
전문연수 프로그램도 개설하여 참여하고, ③ 교장회를 중심으로 하여 집단
적 노력도 기울여야 할 것으로 본다.

　과학적 지식과 함께 직관적 경험, 여기에 더하여 올바른 교육철학이 교육

행정가에게 필요하다고 앞에서 말하였다. 이러한 철학에 의하여 우리가 도
달해야 할 목적지, 이상적인 인간상을 그림으로 제시하고 그곳을 향하여 전
직원이 땀 흘려 협동적으로 일하여 안전하게 도달했을 때 지도자인 교장은
보람을 느낀다.

이제 교장에게는 가진 것이 없다. 옛날에 교장이 무엇인가 가진 것처럼
보였던 것은 모두가 무리한 관료적인 가시적 힘이었으므로 교장의 실상이
아닌 허상이었다. 지금이라도 남아 있는 가진 것이 있다면 이를 교사들에게
나누어 주고 이들을 도와주어 교육목적을 달성하여 교사도 교사의 보람을
느끼고 교장도 도와주는 더 큰 보람을 느낄 수 있어야 할 것이다.

교육목표를 달성하고 교사를 도와주는 데 성공한다 하더라도 교장 자신의
인생에서 실패하면 성공의 의미는 줄어든다. 그래서 바쁜 속에서도 교장은
자기성장과 자아 발견에 힘써야 할 것으로 본다.

제 13 장
교내 인간관계의 위상*

1. 머 리 말

새삼 이러한 제목이 필자에게 주어진 것을 보면 최근 교육계의 동요로 학교 내 조직구성원 간에 일어났던 혼란을 갈피 잡아 제자리에 놓아 보라는 뜻으로 받아들여진다. 그래서 이 글의 결론은 이미 나 있는 셈인데 이제는 모두 제 자리, 제 위치, 자기 분수로 돌아가라는 것이다. 그러면 무엇이 제 자리, 제 위치, 제 분수냐는 이야기를 본론에서 늘어놓아야 하는데 이것은 이미 독자가 잘 아는 일이고 지금까지 어느 나라보다도 더 질서 정연하게 각자가 제 자리를 잘 지켜 왔었기 때문에 사실은 필자가 여기서 다루고 싶지 않은 제목이다. 다만 과거의 질서와 위상, 위치에 대한 반작용으로 동요가 일어났었기 때문에 약간의 사고의 전환이 필요할 것이라는 것은 인정한다.

우리는 학교라는 조직 속에서 생활하는 이상 어쩔 수 없이 이들 간의 관계 속에서 살지 않을 수 없으며, 기왕에 관계를 맺을 바에는 좋은 관계를 맺어야 한다. 더구나 우리는 학교라는 조직 속에서 생의 대부분의 시간을 보내고

---

* 「교육진흥」, 1990년 봄호, 중앙교육진흥연구소.2)

있다는 사실에 주목해야 한다. 이 세상에서 가장 가까운 사이라고 하는 부부 간이나 부모·자식간에 보내는 시간보다도 더 많은 시간을 학교에서 보내고 있다. 오죽하면 학생들이 선생님께 인사하면서 "집에 다녀오겠습니다"라고까 지 하겠는가? 이런 상황 속에서 학교에서의 이들 사이의 관계가 불편하다면 우리는 얼마나 불행한 삶을 살게 되는지 모른다. 학교 안에서의 생활이 불행 하다면 학교 밖에서의 생활 전체가 행복으로 가득 차 있다고 하더라도 인생 의 절반도 행복하게 살지 못하게 된다는 점을 심각하게 생각해야 한다.

그리고 교장, 교감, 교사, 학생 간의 상호관계가 행복하고 밀접해야 학교조직 의 목표를 온전히 달성할 수 있다는 점에 대해서도 유의해야 한다. 결국 이들 인간관계가 행복하지 못하면 개인도 집단도 조직도 모두 불행하게 되는 것이다.

여기서는 인간관계론이라는 심오한 학문적 접근을 하지 않고 단지 각자의 제 자리 찾기에 초점을 맞추기로 한다.

2. 관계를 보는 몇 가지 관점

여기서는 우선 수평적·기능적 관점과 수직적·권한위임관계의 관점에서 교장, 교감, 교사, 학생의 관계를 살펴보고자 한다.

1) 수평적·기능적 관점

학교의 제일 중요한 기능은 가르치고 배우는 기능이다. 이런 면에서 볼 때 교장, 교감, 교사는 가르치는 역할과 기능을 맡은 것이고 학생은 배우는 입 장이다. 가르치는 위치를 지키지 못하면 마땅히 비난을 받게 되고 또 학생들이 배우는 일을 제대로 하지 못하면 비난을 받게 된다. 학생들은 미성숙자인데 이들이 제대로 배우지 못하면 그 책임은 학생들 본인에게도 있지만 성인으로서 이들을 보호하고 가르쳐야 하는 위치에 있는 학부모와 교사도 그 책임을 나누어 갖지 않을 수 없다. 이 가르치고 배우는 입장은 반드시 상하관계로만 볼 수는 없다. 때로는 수평적인 생각도 가져야 한다. 어쨌든 가르치고 배우는 입장이라는 관점에서 볼 때는 교장－교감－교사 : 학생으로 집단지워진다. 옛날에는 교장－교감이 교사로부터 엄격하게 분화되지 않았었다. 그런데 세월이 흐르면서 일이 분화, 전문화되어 "가르치는 기능"으로부터 이를 지원하는 "지원·행정 기능"이 갈라지게 되었다. 그래서 교장과 교감은 교사와 학생 사이의 가르치고 배우는 기능을 지원해 주는 입장이 된다. 즉 교장－교감 : 교사 : 학생으로 분화된다. 여기서도 지원하는 기능과 가르치는 기능이 분화될 필요가 있어서 분화되었다면 각자가 제대로 맡은 몫을 해내야 할 것이다. 그리고 극단적으로는 지원 기능이 없어도 교사는 가르치고 학생은 배울 수 있다. 다만 효과적이지 못하기 때문에 기능이 분화된 것이다.

여기서 문제가 되는 것이 교장과 교감과의 관계이다. 지원하는 기능을 교장과 교감이 다시 갈라 맡았는데 교감은 교장을 보조하는 보조기관이라는 점이다. 그래서 교장이 일을 얼마나 교감에게 맡기느냐에 따라 일거리가 있을 수도 있고 없을 수도 있다. 문제는 앞으로 공식적인 교감의 역할과 기능을 좀더 분명히 정의하려는 노력을 기울여야 한다. 그래서 교감에게도 교장직과 다른 전문영역을 확보해 주어야 한다. 어쨌든 교장은 지원하는 행정의 책임자이고, 교감은 보조기관이며, 교사의 주요 기능은 가르치는 것이고, 학생은 배우는 기능이다. 그래서 교장 : 교감 : 교사 : 학생=지원책임 : 보조 : 교수 : 학습의 형식이 된다.

수평적·기능적 측면에서 교장, 교감, 교사, 학생간의 관계를 그림으로 나타내 보면〈그림 13-1〉과 같다. 각자 맡은 고유영역이 있고 각 집단이 밀접하게 상호작용해야 학교교육의 목표를 용이하게 달성할 수 있게 된다.

학교에서 제일 중요한 교수기능을 지원하는 기능도 ① 일반행정과, ② 관리, ③ 장학, ④ 학생을 위한 특별봉사로 나누는데 ① 일반행정은 주로 교장이, ②

관리는 교장, 교감, 서무가, ③ 장학은 교장, 교감이, ④ 학생을 위한 특별봉사
는 양호, 상담교사 등이 주로 나누어 맡는다. 이러한 학교운영의 주요기능을 벤
해리스(Ben Harris)는 〈그림 13-2〉와 같이 나타내고 있다. 이 그림에서 보
는 것처럼 학교의 가장 중요한 존재이유에 해당하는 "교수기능"을 지원하여 최
종적으로는 학생의 학습결과와 성취로 나타나게 된다는 점을 잊지 말아야 한다.

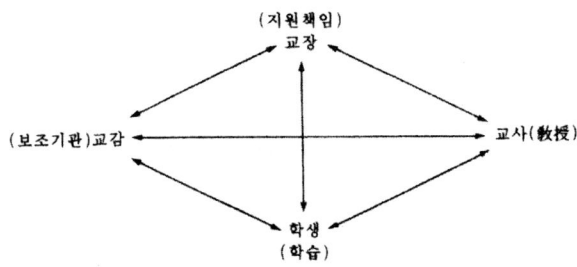

〈그림 13-1〉 교장 · 교감 · 교사 · 학생 사이의 수평 · 기능적 관계

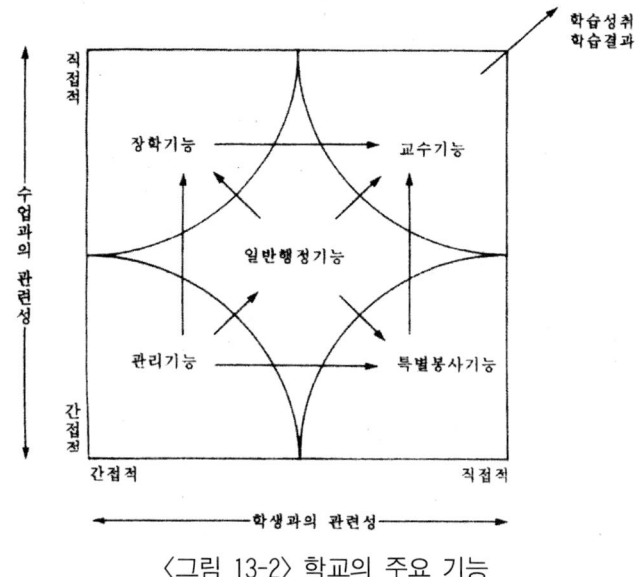

〈그림 13-2〉 학교의 주요 기능

기능적인 측면에서 이들 구성원들 간의 관계를 다룰 때 강조하고 또 유의해야 할 점의 하나는 학생을 중심에 놓고 볼 필요가 있다는 점이다. 학교는 학생을 가르치기 위해서 존재하고 또 학교의 최종산물은 학생의 학업성취와 학습결과이기 때문에 학생을 중심 또는 정점에 놓고 보아야 한다. 아무리 열심히 가르치고 행정, 관리를 했어도 학생들이 얻은 것이 없으면 모든 것이 허사이다. 학생을 중심 또는 정점으로 놓고 볼 때 교사가 가장 가까이 있고 이어서 교감, 교장, 시·군 교육장, 시·도 교육감, 교육부 장관의 순서로 다음과 같은 동심원을 그린다(〈그림 13-3〉 참조). 그런데 지금까지 학생으로부터 멀리 떨어져 있는 사람일수록 목청이 높고 권력을 휘둘렀었기 때문에 많은 교원들이 학생으로부터 멀어지려고 했다는 점이다. 앞으로는 동심원의 중심에 유인가를 놓도록 하는 사고의 전환이 있어야 한다.

지금까지는 조직구성원을 기능적인 측면에서 보았기 때문에 때로는 상하 관계로 되지만 주로 수평적으로도 보게 된다. 그러나 상하, 수평을 무시하고 어떤 기능을 해내느냐에만 초점을 맞추어 봐도 좋을 것이다.

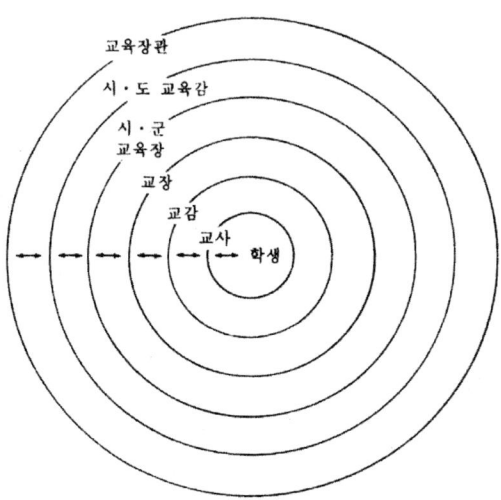

〈그림 13-3〉 학생을 중심에 놓고 보는 관점

2) 수직적 권한의 위임관계 관점

이제 권한의 위임관계에서 볼 필요도 있다. 민주주의 국가에서는 모든 권한이 국민으로부터 나온다. 교육에 관한 권한도 국민에게 있다. 국민이 모두 제각기 교육을 담당할 수 없기 때문에 그들의 교육에 관한 대표인 교육위원에게 교육에 관한 권한을 위임한 것이다. 그래서 교육위원회는 시·도의 교육에 관한 최고 정책결정 기구이다. 권한의 위임관계는 주민(국민) → 교육위원회가 된다. 그런데 교육위원회는 국민으로부터 교육에 관한 권한을 위임받은 최고 의결기구이지만 교육에 관한 전문가 집단은 아니다. 그래서 교육전문가 중에서 자질과 자격을 갖춘 유능한 교육행정가를 선출·임명하여 교육위원회의 의결사항, 결정한 정책을 집행하도록 그 집행권만을 위임한다. 그래서 (시·군·자치구, 또는) 도·직할시·특별시의 교육에 관한 권한은 각각의 교육위원회에 있고 그중 집행권은 각 수준의 교육감에게 위임된다. 권한의 위임관계는 주민(국민) → 교육위원회 → 교육감이 된다.

교육감은 부교육감과 직원을 두어 교육청 내의 행정을 집행하지만 관내의 여러 학교의 교육을 직접 다 담당할 수는 없기 때문에 자격을 갖춘 유능한 교장을 임명하여 한 학교의 교육에 관한 권한의 일부를 맡기는 것이다. 그 결과 교육법 75조에서 "교장은 교무를 통할하고 소속 직원을 감독하며 학생을 교육한다"고 표현되어 있다. 교장은 교육감으로부터 학교의 경영·관리권을 위임 받은 것이다. 그 권한의 위임관계는 주민(국민) → 교육위원회 → 교육감 → 교장이 된다.

교장도 역시 학교를 경영·관리하기 위하여 보조기관으로 교감을 두고 교사로 하여금 학생을 가르치도록 교과목 담당과 학급 담당을 배정한다. 그래서 교육법 75조에서 "교감은 교장의 명을 받아 교무를 장리하고 학생을 교육하며 유고시 교장을 대리"하며, "교사는 교장의 명을 받아 학생을 교육"하게 되어 있다. 학생을 교육할 수 있는 권한의 일부가 교감과 교사에게 위임된 것이다. 말할 것도 없이 학생은 교육을 받는 입장에 놓이게 된다.

이러한 권한의 위임관계를 그림으로 나타내면 〈그림 13-4〉와 같다.

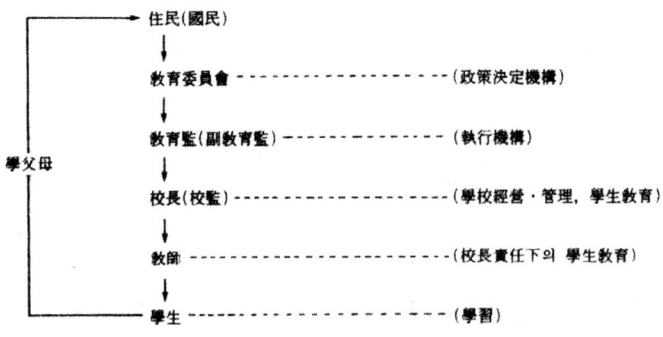

〈그림 13-4〉 교육에 관한 수직적 권한의 위임관계

3. 관계에 있어서의 몇 가지 쟁점

여기서 몇 가지 짚고 넘어가야 할 문제가 있다. 첫째, 교장과 교사와의 관계에 있어서 교사는 교장의 "감독"을 받고 "명"을 받아 학생을 교육하게 되어 있는 교육법 75조 1항에 대한 교사들의 불만이다. "감독"이라는 말과 "명"이라는 말이 기분 나쁘게 들릴지 모르지만 한편 돌려 생각하면 아무리 전문직이라도 이 세상에 그 누구도 감독을 안 받는 사람은 하나도 없다는 점이다. 최정점에 있는 대통령도 3권 분립에 의하여 서로 감독과 견제, 균형의 관계를 유지하며 궁극적으로는 국민의 감독을 받고 국민에 대하여 책임을 지게 된다. 여기서 감독이라는 말은 권한의 위임과 책임을 의미하는 것으로 해석되어야 한다. 학교에 대한 최고 책임자가 있어야 하기 때문이다.

또 교장이 학생교육을 하고 교사는 교장의 명을 받아 학생을 교육한다는 것도 학교교육의 최고 책임자를 여러 명에게 줄 수 없고 권한을 교장 1명에게 위임했기 때문이다. 교사는 학생과 학부모와 가까이 있어도 학부모로부터 직접 학생교육의 권한을 위임받은 것은 아니다. 형식상 교장이 학생교육의 책임을 지고 있다. 그래서 학습지도안도 교장의 도장을 받고 결석계도 교장 앞으로 제출되고 학생들의 통지표도 교장 명의로 나가게 되어 있는 것이다. 법조문에 교사는 교장의 명을 받아 학생을 교육하게 되어 있다고 하여 일일이 한 시간 한 시간의 수업에 대하여 교장의 명을 받아 수업을 한 교사는 한 명도 없고 또 그렇게 하는 교장도 없다. 그래서 "감독"과 "명"은 당연한 것으로 받아들여야 한다. 다만 이를 부드럽게 표현하는 길이 있다면 그렇게 해도 좋을 것이다.

둘째, 교장의 선출과 교무회의 의결기관화에 관한 주장이다. 학교가 자치의 단위라면 학교경영의 책임자를 선출하거나 교무회의를 의결기관화하여 자치적으로 운영할 수도 있을 것이다. 그러나 공립학교에서는 시·군·자치구 교육위원회가 자치의 단위이기 때문에 교사의 의결에 의하여 교장을 선출하거나 학교행정을 할 수는 없다. 다시 말하면 한 교육청이라는 자치단위 안에 여러 개의 의결기관이 있을 수 없다.

사립학교에서는 이사회가 의결기관이다. 그래서 재단이사회가 교장을 임명하고 또 교장의 추천에 의하여 교사도 임명하게 된다. 그러나 만일 교육위원회가 위임해 준 범위 안에서 학교 내 자율경영을 할 수 있고, 또 교장이 독단으로 결정하지 않고 교사들의 의견에 맡기고자 한다면 필요한 안건에 한해서 교무회의의 의결에 따를 수는 있다. 그래서 교무회의는 교장의 학교 운영 방식에 따라 협의·심의·의결 기관도 될 수 있고 단순한 보고회의장이나 지시전달의 장소도 될 수 있는 것이다.

교장은 교사가 아니다. 교사는 가르치는 전문가이지만 교장은 행정을 전문으로 하는 교육행정전문가이다. 교장은 교사로부터 행정가로 변신, 탈바꿈한 교원이다. 교장, 교감은 교사와 신분을 달리한다는 점을 이해해야 한다. 수직적 권한 위임 관계로 보면 교장, 교감은 교사와 신분을 달리하는 상위직이고, 수평적 기능적으로 보면 가르치는 전문이 아닌 행정을 전문으로 하면서 학생교육을 책임지는 것으로 보아야 할 것이다.

셋째, 교감 위치의 불명료성이 문제이다. 앞에서도 약간 언급되었지만 교감은 교장에 대한 보조기관으로서 "교장의 명에 의하여" 소속 직원을 장리하고 학생을 교육하게 되어 있다. 그리고 교장 유고시에 대리하는 일이 있는데 이는 비교적 명확한 기능이다.

이러한 입장에서 교감은 어떤 교장을 만나느냐에 따라 그 활동의 폭이 달라지고 있는 실정이다. 교감에게 권한을 전연 위임하지 않고 모든 것을 자신이 처리하는 교장을 만나면 교감은 설 자리를 잃고 심지어는 교사들로부터도 무시당하기 쉽다. 특히 복수 교감의 경우 교장이 할 일을 주지 않으면 두 명 중 한 명의 교감은 초라한 입장이 되는 수가 많다. 현재 교감은 교장이 그 위신을 세워 줄 수도 있고 그렇지 못하게 될 수도 있다. 물론 교감 본인이 얼마나 유능하냐에 따라 약간의 차이는 있을 수 있다.

앞으로 교감의 위치를 명확히 밝히고 역할정의를 분명히 해야 할 필요가 있다. 교장과 행정 영역을 분담하게 하든지, 교육과정과 수업 등 장학의 일정 영역을 맡아 전문 영역을 확보하게 할 수도 있고, 초등학교에서 유치원과 저학년, 중학년, 고학년 중 하나를 선택하여 전문으로 관심을 갖게 할 수도 있을 것이다. 어쨌든 현재와 같이 애매모호한 상태로 두어 인적자원을 낭비하고 있을 수는 없다.

넷째, 학생의 학습권과 학교운영 참여의 문제가 있다. 지금까지 학생들은 흔히 교육의 객체로만 보아 왔었다. 그러나 현대의 교육에서는 학생들의 적극적 참여를 필요로 하고 주체적 학습을 인정하여 객체인 동시에 주체로 보게 되었다. 특히 학생을 학교교육의 중심에 놓고 볼 때에는 더욱 그렇다.

교사의 교육권과 교권도 존중되어야 하지만 학생들의 학습권과 학부모의 교육권도 동시에 존중되어야 한다. 우리나라에서는 학교교육에 지나치게 의존하는 경향이 있는데 어떤 의미에서는 부모의 자녀에 대한 교육권이 우선해야 할 것이다. 가정교육이 주가 되고 학교교육이 종이 되어야 할지 모른다. 이렇게 볼 때 교사의 교권과 학생의 학습권, 학부모의 교육권은 동시에 동등하게 존중되어야 한다.

최근에 일부 학교, 특히 대학에서 학생들의 학교운영에의 참여 문제가 심각하게 대두되고 있는데 부분적으로 그리고 사안에 따라 받아들여져야 한다는 입장이다. 그러나 학생들의 의견은 대표를 통하여 민주적인 방법으로 표현되어야 하고 또 학교운영자는 이렇게 표현되는 학생들의 의견을 존중해야 한다. 그러나 학생들이 학교운영에 학교운영자나 교사와 동등하게 참여하겠다는 주장은 무리한 주장이라고 본다. 그 이유는 학생은 어디까지나 배우기 위해서 학교조직에 가입한 것이지 학교운영에 참여하기 위해서 학생이 된 것이 아니기 때문이며 또 학교운영을 전문기능으로 하는 사람은 따로 있기 때문이다. 다만 학교는 학생을 위해서 존재하고 또 학생은 교육의 수혜자요 소비자이며 교육의 객체인 동시에 주체이기도 하기 때문에 이들의 요구와 주장은 학교운영에 충분히 반영될 수 있는 장치를 마련해야 한다는 사실 만큼은 분명하다.

지금까지 학교 내외 관련 집단 간의 관계와 관련하여 몇 가지 쟁점에 대하여 필자 나름대로의 입장을 밝혔는데 결론은 앞에서 언급한 각자의 기능과 역할의 위치를 지켜야 한다는 것이다. 학교 내의 여러 집단은 이해집단이기 전에 먼저 기능집단이라는 점을 인식해야 한다. 각자가 기능을 제대로 발휘하느냐에 대하여 먼저 생각하지 않고 이익만을 추구하게 되면 학교조직의 목표를 효과적으로 달성하지 못하게 되어 결국 모든 집단이 이익보다는 손해만 보게 된다.

4. 관계개선의 몇 가지 제안

지금까지는 학교 조직구성원의 위상을 나름대로 정립해 보려고 하였다. 학생은 배우기 위해서 학교에 들어왔으며, 교사는 가르치기 위해서 교사가 되었으며, 교감은 교장의 보조자로서 존재하고, 교장은 학교경영과 학생교육을 책임지고 있다.

이러한 근본적인 기능을 하기 위해서는 힘이 있어야 하는데 그 힘은 국민과 주민으로부터 교육위원회, 교육감, 교장, 교감, 교사를 거쳐 학생에게 영향력으로 전달, 상호작용한다.

이러한 힘의 전달 또는 배분의 과정에서 "감독"과 "명"의 문제, 교사의 자율권 문제, 교감 위치의 애매성, 학생의 학습권과 참여 문제 등 몇 가지 쟁점이 있는데 모두가 제 자리, 제 본분으로 돌아가고 다음에 제안하려고 하는 관계의 개선 노력에 의하여 해결되리라고 본다.

관계의 개선을 위해서는 여러 가지 노력들이 복합적으로 기울여져야 하겠지만 여기서는 우선 ① 권위에 대한 상호존중과, ② 의사소통의 촉진, ③ 참여와 권한의 위임에 대해서만 언급하고자 한다.

첫째, 권위에 대한 상호존중이 요구된다. 즉 권위의 상호존중으로 관계를 개선할 수 있다고 본다. 권위는 권력이나 권한과 달라서 상대방이 존중해 줌으로써 생기고 또 세워지는 것이다. 자신이 자신의 권위를 세우려고 하면 이는 권위가 되지 못하고 배격되어야 하는 권위주의가 된다. 그리고 상대방의 권위를 세워 주고 인정해 줌으로써 자기 자신의 권위도 저절로 올라가게 된다. 이렇게 될 때 조직구성원간의 관계는 향상된다.

교장을 비롯한 교육행정직의 과거의 권위주의는 마땅히 배격되어야 한다. 그렇다고 하여 정당한 권위까지 깎아내린다면 그 밑에서 근무하는 교감, 교사의 권위도 동시에 떨어지고 더욱 초라한 입장으로 떨어지고 만다. 교장도 교사의 전문적 권위를 인정하고 존중해 줌으로써 그러한 교사와 함께 학교를 운영하는 자신의 권위도 저절로 올라가게 된다. 자신의 권위를 인정받고 싶거든 먼저 상대방의 권위를 존중해 주어야 한다.

둘째, 학교에서의 의사소통의 통로를 잘 마련하고 이를 촉진시켜 관계를 개선할 수 있다. 관계는 결국 의사소통이다. 의사소통을 통해서 관계가 형성되고 또 관계가 개선된다.

교육도 의사소통을 통해서 이루어진다. 교사와 학생 사이에 의사소통이 되어야 교육이 이루어지는 것이다. 학생이 학습을 했다는 것은 학생이 교사와 학습된 부분에 대하여 의사소통을 통하여 같은 생각을 했다고 할 수 있다. 학생과 교사 사이에 공통 이해 부분이 많으면 많을수록 교육은 많이 이루어지게 된다.

교장이 의도한 바를 교감, 교사, 학생이 잘 이해하고 반대로 교감, 교사, 학생의 의도를 의사소통을 통하여 교장이 잘 이해하면 이들 간의 관계는 증진될 것이다.

학교에서 이들 구성원 사이에 의사소통이 잘 될 수 있는 다양한 채널을 마련하고 이를 활발하게 하여 원만한 인간관계가 이루어지도록 노력해야 한다.

노사간, 가족간, 부부간의 웬만한 문제는 의사소통을 함으로써 해결될 수 있다. 섹스라는 것도 일종의 의사소통이다. 우리는 의사소통의 중요성을 그리 절실하게 느끼지 못했던 것 같다.

셋째, 참여와 권한의 위임으로 학교 내의 관계를 개선할 수 있다. 민주주의의 요체는 참여와 분권이라고 할 수 있다. 학교의 목표는 결국 많은 조직구성원의 협조와 노력에 의하여 달성될 것이기 때문에 의사결정과정에 많은 조직구성원들이 참여해야 목표달성은 용이하게 된다.

또 참여는 조직구성원들에게 만족감을 높여 주고 일에 대한 동기유발을 일으켜 일의 질을 높일 수 있다. 참여적 의사결정으로 구성원간의 관계를 증진시키도록 노력할 필요가 있다.

마찬가지 원리로 지금까지 상부에 몰려 있던 권한을 하부로 이양함으로써 하부의 일에 대한 책임과 의욕을 높일 수 있다. 권한의 위임은 일에 대한 자율권과 책임을 동시에 위임하는 것이다. 자율권만 위임받고 책임은 상부에 미루는 방식은 있을 수 없다. 학교에서 권한과 책임을 하부에 위임한다는 것은 하부에 대한 신뢰를 나타내는 것이므로 상호간에 신뢰가 형성되어 관계는 증진될 수 있다.

상호권위의 존중, 의사소통의 촉진, 참여와 권한의 분권으로 구성원의 관계가 증진되기를 기대한다.

3.
장학의 실제와 방향

제 14 장
고등학교 교육내용 운영의 효율화*

1. 서 론

한국 교육이 일제 식민지에서 겨우 벗어나 정부를 수립하고 우리 손으로 우리의 교육을 시작하자마자 닥친 6·25의 잿더미에서 일어나 짧은 기간 내에 기본적 문맹을 퇴치하고 모든 국민에게 초등교육의 기회를 제공하고, 이제 거의 모든 사람이 중학교 교육을 받을 수 있고, 해당연령인구의 약 85%가 고등학교에 취학하고, 약 40%가 대학에 취학하는 경이로는 발전을 하였다. 한국 교육에 있어서 교육기회의 확대와 양적 발전은 확실히 우리 교육의 밝은 면이라고 하지 않을 수 없으며, 또 이런 측면이 우리의 저력이 되었으며 우리에게 희망과 기대를 안겨 주고 있다.

그런데 이제는 이러한 양적 팽창과 발전에 가려졌던 어두운 면인 질적인 발전을 위하여 모든 국력과 관심과 주의를 집중해야 할 시기라고 본다. 질적 저하는 우리 교육의 최대의 약점인 동시에 또한 해결해야 할 최대의 과

---

* 이 논문은 한국공립인문고등학교 교장회 세미나 주제발표 내용임(1991년 5월).

제이다. 이러한 때에 교육의 지도자요 학교운영의 책임자인 학교장의 모임에서 "고등학교 교육의 질적 향상을 위한 학교운영의 효율화" 방안을 찾기에 고심하는 일은 아주 가치 있는 일이라고 본다. 그리고 본인도 이러한 교육의 질적향상의 문제를 놓고 같이 동참하여 고심하게 된 것을 기쁘게 생각하며 이에 초대된 것을 영광으로 여긴다.

먼저 여기서 다루어야 할 주제의 성격과 범위에 대하여 언급해야 할 필요가 있다. 여기서 다루어야 할 중요한 개념은 "교육내용"과 "효율화"이다. "교육내용"이란 교사와 학생 사이에서 상호작용해야 할 모든 것을 말하며 그 중심은 교육과정이 된다. 여기에는 우리가 잘 아는 것처럼 표면적·의도적 교육과정과 잠재적·무의도적 교육과정이 다 포함될 것이다. 앞에서 다룬 두 부제 "인사관리"와 "재정운영"이 주변적·수단적이라면 "교육내용"은 본질적이며 목적적이라고 할 수 있으며 학교운영의 모든 문제가 교육내용을 위한 것으로 귀착되지 않으면 안 된다. 교육내용은 교육과정, 교육 프로그램, 더 구체적으로는 수업의 문제로써 교장의 입장에서는 교육과정장학, 수업장학의 측면이 된다. 결국 이 세미나 주제의 핵심인 교육의 질 관리, 질적 향상에 해당되는 분야라고 볼 수 있다. 그래서 이것이 곧 교장의 과업과 기능 중 핵심영역인데 과거에 이 본질과 핵심 부분을 잊고 주변적·관리적인 일에 매달렸던 점은 유감스런 일이라 하지 않을 수 없다.

다음은 "효율화", "효율성"의 개념이다. 이것도 학자에 따라 개념 정의를 달리하고 있다. 효과가 양적인 결과에 비중을 두는 반면, 효율은 질적인 과정에 더 비중을 두는 경우가 있는가 하면 효율을 능률과 효과를 포함하는 넓은 개념으로 보는 사람도 있다. 그런가 하면 조직구성원의 만족감을 효율성의 정도로 보는 사람이 있는가 하면 적은 투자로 많은 결과를 가져오는 것을 효율성으로 보는 사람도 있다. 즉 학생당 단위교육비를 덜 들여서 학생성취도를 많이 얻으면 효율적이다.

그러면 여기서는 발표자에게 어떤 개념의 효율성을 요구하는 것일까? 특히 인사나 재정이 아닌 "교육내용 운영의 효율화"라는 제목으로 발표자에게 요구하는 것, 기대하는 것이 무엇일까? 아마도 앞에서 언급한 엄격한 의미의, 학문적 의미의 "효율성" 개념을 적용하기를 기대하지는 않았을 것으로 해석된다. 그래서 여기서는 인문계 고등학교 교육과정과 수업을 낭비 없이 본질에 맞게 정상적으로 운영하여 교육목적을 달성하느냐 하는 평범한 의미로 다루고자 한다. 어떻게 하면 고등학교 교육과정의 정상적 운영으로 고등학교 교육목표를 달성하느냐 하는 문제는 학술적·학문적으로 다루기보다는 오히려 평소에 생각하던 점을 서술하는 것이 좋을 것이다. 먼저 두 가지를 생각할 필요가 있다.

첫째, 효율성도 무엇을 위한 효율성이냐를 짚고 넘어가야 한다. 대학입시를 위한 효율성을 추구하고자 한다면 현재의 교육방식보다 더 높은 효율성을 찾기는 어려울지도 모른다. 우열반을 편성하여 새벽부터 밤늦게까지 때리면서 주입식, 암기식으로 교육하면 어쨌든 한 학교의 대학진학률이라는 효율성은 올라갈 것이다. 그러나 우리는 대학입시만을 위한 효율성을 추구할 수는 없으며, 또 대학정원이 고정되어 있는 상태에서 무슨 수단을 써도 전국 고등학교의 진학률이라는 효율성은 고정될 수밖에 없다는 점을 간과해서는 안 될 것이다. 또 누구를 위한 효율성이냐도 생각해야 한다. 학교 교사의 효율적인 것이 학생의 입장에서는 비효율적일 수 있다. 그래서 강조하지만 여기서는 교육의 정상화, 정상적인 교육목표 달성을 위한 효율성과 효율화라는 점을 잊지 말아야 한다.

둘째는 효율성이 우리의 교육을 통해서 추구하고자 하는 최고의 가치이냐의 문제이다. "효율성"은 〈그림 14-1〉(Silver, 1983, p.74)과 같이 "합리성"과 "합법성"과 함께 관료제를 떠받치고 있는 한 기둥이다. 효율성만 따지면 합법적으로, 합리적으로 관료제를 운용하여 중앙집권화하게 된다. 그런데 교육에서 관료제는 역기능을 나타내어 결과적으로 비효율적인 줄 알면서도 분권화, 선택의 자유, 자유시장체제를 주장하기 시작하고 있다. 교육에서도 자유시장경제체제에 의하여 교육소비자들이 학교도, 교장·교사도 마음대로 선택하고 교육내용과 프로그램도 선택해야 한다는 주장이 나오고 있다. 자율적 단위학교 책임경영제도 이러한 경향의 일환이다. 그래서 효율성 가치와 자유선택의 가치 사이의 어느 지점에서 균형과 조화를 이루어야 한다. 또 교육이 추구하는 가치 중 우수성(excellence, 수월성)의 가치와 평등성(equality)의 가치 간에도 갈등을 일으킨다는 것이다. 우리가 여기서 다루고 있는 "질적 향상"이라는 최고수준의 우수성만 추구하다 보면 정예주의(elitism)가 되어 최저수준을 유지하며 모든 사람에게 교육기회를 확대하려는 평등주의를 해치게 된다는 것이다. 한국 교육의 밝은 면이라고 했던 양적 팽창은 1차적인 평등주의 가치의 실현이었다. 그런데 이제 많은 나라들이 질적 우수성의 가치를 추구하기 시작하고 있다. 이제 평등주의 가치와 우수성의 정예주의 가치 사이에 균형과 조화를 이루어야 한다. 그래서 우리는 ① 효율성뿐만 아니라 ② 자유(선택)와, ③ 평등성, ④ 우수성이라는 각각 다른 방향으로 달아나는 네 마리 토끼를 동시에 잡아야 한다는 점을 서론으로서 첨가해두고자 한다[〈그림 14-2〉(Sergiovanni and others, 1987) 참조]. 그런데 미국 교육개혁의 제2의 물결은 우수성과 자유선택의 방향으로 가고 있다(〈그림 14-2〉의 Ⅰ 참조).

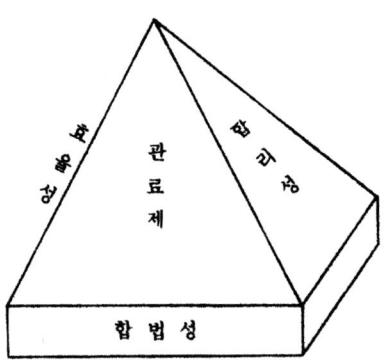

〈그림 14-1〉 관료제의 기본원리

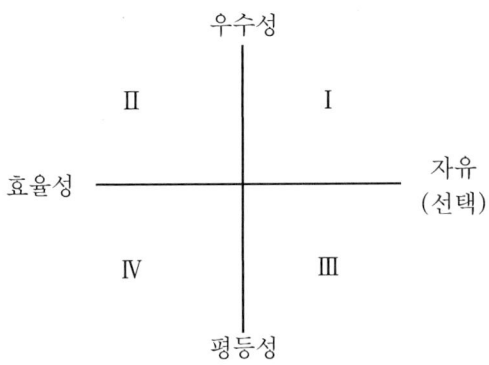

〈그림 14-2〉 경쟁하는 가치와 학교의 이상

이제 교육에 있어서의 근본적인 질문 몇 가지를 하면서 고등학교 교육의 문제점을 짚어 보기로 한다.

2. 몇 가지 근본적인 질문

교육에 있어서도 중요한 근본적인 질문은 ① 왜, 무엇 때문에(why), ② 무엇을(what), ③ 어떻게(how) 할 것이냐이다. 고등학교 교육을 무엇 때문에 왜 하느냐 하는 질문은 근본적인 이유와 목적, 목표에 해당하는 것으로 교육철학과 관련되는 첫 번째 질문이다. 이 근본적인 이유와 목적이 설정되면 이 목적을 달성하기 위하여 무엇을(what) 어떻게(how) 가르칠 것이냐 하는 문제가 뒤따르게 된다. 무엇을 가르칠 것인가 하는 질문이 여기서 다룰 교육과정과 교육내용의 문제이다. 지식은 폭발적으로 계속 늘어나고 세상에 가르치고 배워야 할 것은 끝이 없이 많은 반면 가르치고 배울 수 있는 시간은 극히 제한되어 있다. 가르치고 배워야 할 많은 내용 중에서 가장 에센스가 되는

것만 정선해서 뽑아내 이를 잘 조직하여 가장 적절한 시기에 제공하여 교육의
목적을 달성하여야 하는 것이다. 무엇을 가르칠 것인가가 결정되고 조직되었
다면(교육과정이 결정되었다면) 이를 어떻게 가르칠 것인가 하는 방법적 질
문이 따라붙어야 한다. 가르칠 수 있는 방법이 없으면 첫 번째, 두 번째 질문
도 무의미해진다. 이 방법적 측면은 교육심리학이 많은 비중을 차지한다.

그러면 이 세 질문에 의하여 인문고등학교 교육의 문제점을 생각해 보기
로 한다.

1) 왜, 무엇 때문에?

왜, 무엇 때문에 고등학교를 다녀야 하는가? 이 질문에 대한 해답은 고등
학교 교육목적과 목표에 잘 나타나 있다.

> "고등학교는 중학교에서 받은 교육의 기초 위에 고등보통교육과 전문교육을 하
> 는 것을 목적으로 한다."

아마도 "고등보통교육"을 하는 것이 인문고등학교 교육의 목적이 되고,
"전문교육"이 실업계, 특수목적 전문학교, 직업반 교육목적이 될 것이다. 여
기서 "고등보통교육"이라는 의미가 좀 추상적이지만 그렇다고 이것이 대학준
비교육을 의미하는 것이 아닌 것만큼은 틀림없다. 고등보통교육이라는 의미
는 다음의 목표에 나오는 중견국민을 위한 교육으로 비추어 봐도 좋을 것이
다. 고등학교 교육은 이러한 학교의 존재이유, 설치목적에 맞는 교육을 해
야 하고, 또 그렇게 하기만 하면 되는 것이다.

고등학교 교육목표를 보면 더욱 분명해진다.

> ① 중견국민으로서 필요한 품성과 기능을 기른다.
> ② 국가사회에 대한 이해와 건전한 비판력을 기른다.

③ 민족의 사명을 자각하고 체위의 향상을 도모하며 개성에 맞는 장래의 진로를 결정케 하며 일반적 교양을 높이고 전문적 기술을 기른다.

이러한 목표를 봐도 분명한 사실은 대학에 진학시키는 것만이 인문고등학교 교육목표의 전부로 착각해서는 안 된다는 점이다. 고등학교 교육은 고등학교 교육목적과 목표에 충실해야 한다. 여러 진로 중에서 "개성에 맞는 장래의 진로를 결정하게" 해야 한다. 고등학교는 대학교의 하부기관이나 부속기관도 아니고 준비기관도 아니다. 고등학교는 고등학교 교육으로서 끝내 주어야 할 종국적 교육기관이다. 고교졸업생이 중견국민으로서 살아가는 데 불편이 없도록 해주어야 한다. 대학교 진학보다 더 급한 것은 자기 나라 대중신문을 읽을 수 있도록 해주는 일이며, 이것이 중견국민으로서 살아가는 데 더 절박하게 필요할지도 모른다. 고등학교 교육의 근본적인 이유를 잃고 상급학교에 맞춰 춤을 추고 학부모의 요구에 놀아나게 되면 우리 고등학교의 존재가치는 더욱 우습게 되고 더욱 비참하게 된다. 우리의 목적과 목표를 잃고 수단적 존재, 중간적 존재, 거쳐 가는 다리의 처지로 전락되고 또 그것이 전부인 양 열심인 것이 우리나라 고등학교 교육의 근본적인 문제이다. 고등학교 교육은 고등학교 교육으로서 끝마무리를 지어 품질보증 상표를 붙여 졸업생을 세상에 내보내 주어야 한다.

2) 무엇을 교육할 것인가?

우선은 모든 고등학생이 중견국민으로서 살아가는 데 필요한 최소한의 것을 통과하여 목표에 도달할 수 있어야 한다. 최저선(minimum require-ment)을 통과한 다음(평등성)에 각자 가지고 있는 능력을 최고수준으로 발휘할 수 있도록(우수성, excellence) 해야 한다. 그렇게 되면 최저선을 넘은 다음에는 개인차를 많이 벌려 놓는 것이 잘하는 교육일지도 모른다. 모든 학생이 다 미·적분에 통과할 수는 없을 뿐만 아니라 또 그럴 필요도 없다. 필요한 사람에게는 미·적분을 가르쳐야 하지만 대부분의 학생은 그런 것이 있다는 것만 알고 있어도 살아가는 데 불편이 없을 것이다. 많은 사람들이 지적하는 것처럼 고등학교 3년간에 26~27개 과목을 가르치고 배우며 매학기에 16~20개 과목을 가르치고 그것도 거의 모든 학생에게 선택의 자유도 없이 필수로 가르치는 것은 무리이며 그야말로 비효율적이다. 중견국민으로서 살아가는 데 필요한 최소한의 것을 공동필수로 하고 나머지를 선택으로 돌리고 또 수준과 정도를 달리해서 가르쳐야 한다. 많은 양, 많은 교과목을 모든 학생에게 똑같이 요구하여 많은 학생을 고등학교 교육에서 패배자로 만들고 있다는 데 문제점이 있다.

학교교육에서 지식중심이 문제라고 많은 사람들이 지적한다. 그러나 발표자는 진짜 지식교육도 제대로 못하고 있다고 본다. 지식을 가지고 합리적으로 생각하고 지식을 사랑하는 교육이라도 제대로 했으면 좋겠다. 지식교육이 아니라 암기교육을 하는 데 문제가 있다. 특히 21세기에는 비판적·창의적으로 사고하고, 분명하게 의사소통하고, 정확한 문제해결과 의사결정을 하고, 급변하는 사회에서 협동적으로 일할 수 있는 사람을 필요로 하고 또 그런 사람만이 살아남을 수 있다고 하는 데 우리의 교육이 암기수준에 머물러 있다는 것은 문제가 아닐 수 없다. 물론 암기가 전연 필요 없는 것은 아니다. 암기의 기초 위에 의사결정력, 판단력, 문제해결력, 창의적 사고력, 비판적 사고력, 미세사고력을 기를 수 있는 내용이 가르쳐져야 할 것이다.

우리 학생과 교사들이 열심히 노력하는 것만은 사실이다. 문제는 이들이 필요 없는 곳에 열심이라는 데 문제가 있다. 꼭 필요한 곳에 지금과 같이 그들의 귀중한 시간과 정력을 바치게 한다면 분명 우리는 가능성이 있다.

3) 어떻게 교육할 것인가?

고교 교육의 목적을 달성하기 위하여 중견국민으로 살아가는 데 불편 없도록 하는 내용을 뽑아 고등정신기능을 기르는 교육을 하려면 어떻게 해야할 것인가? 우선 교과를 통합하고(최소한의 공동필수를 위하여) 나머지를 영역과 수준을 달리하여 선택의 폭을 넓혀야 할 것이다.

개인차에 맞게 개별화하고, 동시에 때로는 집단지혜를 통하여 문제해결을할 수 있도록 소집단활동의 기회를 제공해야 할 것이다. 실생활에 가까운 경험을 하도록 하는 동시에 고등정신기능을 기를 수 있는 기회를 제공해 주어야 할 것이다.

가능한 한 빠른 시기에 각자 진로를 결정하여 준비하여 나아갈 수 있도록해주어야 할 것이다.

교사들도 협동적 교수가 요구되며 교장의 수업지도력이 요구된다. 그러기위해서는 교사교육과 교장교육에서부터 제대로 되어야 한다.

어떻게 가르쳐야 할 것인가 하는 방법적 측면이 특히 효율성과 관련되며그런 면에서 비효율성과 낭비가 많다. 대학 안 갈 사람과 대학 못 갈 사람이 억지 입시준비교육을 받는 데 따른 비효율과 낭비가 심할 것이며, 과목별로 이미 포기한 학생들이 멍하니 앉아 있게 되어 수준 차에서 오는 낭비또한 엄청날 것이다. "어떻게"라는 방법적 측면에서 획일적인 무의미한 짓을하고 있다는 데에 우리 교육의 문제가 있다.

우리의 교육이 목적과 목표의식, 내용과 방법에서 근본적으로 문제가 있다.

3. 교육내용 운영의 효율화 방안

이미 근본적 질문과 함께 문제점을 지적하는 동안 어느 정도 효율화 방안도 시사되었지만 이를 항목별로 제시해 보고자 한다.

1) 고등학교 교육목적에 충실한 교육

앞에서 살펴본 바와 같이 인문고등학교는 고등보통교육을 하여 중견국민으로서 일반교양을 갖추고 개성에 맞는 진로를 결정케 하는 것을 목표로 하고 있다. 대학도 인문고등학생의 중요한 진로의 하나이지만 그 전부는 아니다. 대학입시 준비교육이 고교교육을 망치는 가장 큰 원인이 되고 있다. 이 문제를 제쳐 놓고는 효율화 문제를 논의할 가치도 없다. 이로 인한 학생·교사·학부모의 시간적·정력적·인격적·금전적 비효율과 낭비는 이루 헤아릴 수 없다. 대학입시를 이대로 둔 채로 선진국을 따라잡을 수는 없다. 입시로 인해서 상급학교로 올라갈수록 본질에 어긋난 엉터리 교육으로 변질되고, 대학에 들어와서는 대학생활 자체도 잘못되고 있다. 대학입시에 투자하는 노력을 창의적인 공부로 돌릴 때는 우리는 엄청난 효과와 성과를 거둘 수 있으리라고 본다. 고교교육이 더 이상 입시에 놀아나고 덩달아 춤추지 말고 본래의 목적에 충실해야 한다.

입시문제는 별도로 다루어야 할 문제이지만 우리나라 사회, 문화 등 구조적 접근으로 해결해야 한다. 예를 들면 산업계 기업체별로 의무적으로 일정 비율의 고졸자를 채용하도록 법적 조치를 하고, 임금과 승진·발전에 고졸자를 대졸자와 동등하게 대우해 주고, 직장에서도 대학교육을 받을 수 있는 길을 터주고, 마침내는 인생의 정상까지 오를 수 있는 동등한 기회를 주는 조치가 이루어져야 한다.

2) 진로교육과 직업교육의 충실

인문고교에서 대학입시교육에만 매달릴 때 교육의 비효율은 말할 것도 없고 많은 학생들의 교육은 희생되고 있다. 우선 대학으로 가는 길을 일찍이 중학교 때 포기하고 실업계 고교를 지원했다가 실패하고 인문고교에 들어온 약 10만 명을 입시교육으로 희생시키고 있다. 이들에 대하여는 1학년 초부터 일반교양 중심 교육, 직업 중심 교육, 진로교육이 제공되어야 한다(고교 본래의 교육).

인문고교 졸업생 약 45만 명 중 진학희망자가 약 38만 명(84.7%)이고 약 7만 명이 진학을 포기하고 있는데(앞의 10만 명과 중복이 될 것임) 이들에 대한 진로·직업교육이 진학을 포기한 후 가능한 한 빠른 시기에서부터 실시되어야 할 것이다.

38만 명 진학 희망자 중 약 22만 5,000명이 고등교육기관에 진학하고 15만 5,000명이 탈락하고 있다. 진학 희망자 중 약 40%가 탈락하고 있는 셈이다. 결과적으로 탈락한 15만 5,000명을 1, 2학년 때 학력고사 등을 통하여 탈락가능자를 미리 걸러내고 진로지도를 통하여 진학을 포기하고 취업 쪽으로 돌릴 수 있었다면 그들의 낭비와 희생은 어느 정도 줄일 수 있을 것이다.

대학정원을 약 33만 명으로 볼 때 22만 5,000명을 인문고교에서 차지하고, 약 2만 5,000명을 실업계 졸업자가 차지하고, 남은 약 8만 명을 재수생이 차지하게 된다. 그런데 1990년도에 대학지원자가(체력장) 약 88만 명이라면 재수생 지원자는 약 44만 3,000명(실업계 지원자 약 5만 7,000명을 빼고)이 되는데 이중에서 겨우 8만 명(18%)이 합격했으니 이에 따른 비효율과 낭비, 희생은 이루 헤아릴 수 없다. 대학에 떨어진 사람에 대한 교육 프로그램이 제공되어야겠다.

물론 경쟁 없는 사회는 있을 수 없고, 어느 정도의 경쟁은 필요하다. 입시와 진학 문제는 국가 전체가 동원되어 풀어야 할 문제이지만 인문고교에서도 1, 2, 3학년 초에 학력고사를 통하여 진학희망자를 걸러 내고 진로지도와 취업준비교육을 통하여 교육의 효율성을 어느 정도 높여 나갈 수 있을 것으로 본다.

3) 정상적 교육과정 운영

첫 번째로 고등학교 교육목적에 충실한 교육과 관련되는 것이지만 정상적인 교육과정을 운영해야겠다. 그렇게 많은 날짜와 많은 시간을 공부시키고도 무엇이 부족하여 보충수업을 해야 하는가? 그 보충수업은 효율성이 있는가? 방학이 필요해서 주었다면 방학으로 내버려둬야지 왜 방학을 줄여 보충해야 하는가? 차라리 그럴 바에는 애초부터 방학을 줄여서 정규수업으로 돌려야 할 것이 아닌가? 서정화의 연구(1988, p.47)에서 정규교육과정 운영의 충실화에 교원과 교육전문직의 81%가 찬성하고, 학부모도 44.9%가 적극 찬성, 20%가 약간 찬성이었으며, 보충수업의 강화에는 교원과 교육전문직의 65.9%가 매우 반대, 17.4%가 약간 반대였으며, 학부모도 28.5%가 매우 반대, 23.6%가 약간 반대로 교원과 학부모 모두 반대하는 쪽이다. 배종근의 연구(1988, p.61)도 반응자의 58.2%가 보충수업에 반대하는 것으로 나타났다.

학부모가 요구한다 해도 우리는 법정 수업일 수와 교육과정시간배당기준령만 지키면 되는데 왜 우리는 교원과 학부모의 반대에도 무릅쓰고 법령을 어겨가면서 보충수업을 하는가? 그것이 교육목적 달성에 효율적인 방안인가?

자율학습이라는 것도 마찬가지이다.(서정화의 연구에서 70.3%가 폐지의견) 자율학습은 각자 집에서 하면 되는 것이고, 학교에서 자율학습이 필요하다면 정규 프로그램과 시간표에 넣어서 지도해야 할 것이다.

예·체능교과시간을 줄이거나 경시하여 교육과정을 비정상적으로 운영하는 것도 시정되어야 한다. 예·체능은 당장의 필요성은 못 느낄지 모르나 인생 전체를 놓고 장기적으로 보면 입시준비로 암기했던 어떤 지식보다도 더 중요하다. 공·사립을 막론하고 모든 학교장이 정상적 교육과정 운영을 하기로 약속을 하고 어떤 요구에도 흔들리지 않도록 해야 할 것이다.

4) 통합교육과정 운영

모든 고등학생이 중견국민으로서 반드시 통과해야 할 최소한의 과목을 통합교육과정으로 운영하여 공동필수로 하고 이를 최저능력검사로 확인하여 졸업시키는 방안을 제시한다. 물론 최저검사에 통과하지 못하면 유급을 해야할 것이다. 과학을 물리, 화학, 생물, 지구과학 등으로 나누어 가르치는 것은 통합교육과정 운영이 아니다. 팀 티칭이나 협동적 수업을 하든가 한 교사가 부전공, 복수전공 등으로 하여 커버해 낼 수 있어야 한다. 이러한 공동필수 과목의 수는 줄이고 전이가 높은 내용으로 하여 변화하는 세계에 적응할 수 있도록 구성해야 한다. 통합교육과정 운영을 위해서는 교사양성체제를 이에 맞게 고쳐야 한다. 인문고교에서 이과는 물리, 화학, 생물, 지구과학으로 나누어 가르치고 문과는 통합교육과정으로 하여 과학으로 가르칠 수도 있을 것이다.

5) 선택의 폭 확대

최저수준의 공동필수를 줄이는 대신 학생들 개성과 진로에 따른 다양한 선택의 기회와 선택과목을 많이 열어 주어야 한다. 진로의 방향에 따른 선택을 넓히고 과목의 깊이와 수준의 정도에 따른 선택의 폭을 확대해야 한다. 제2외국어, 자유교양선택(철학, 심리학, 교육학, 논리학, 종교학) 등도 학교장이 선택하는 것이 아니라 학생들이 실질적으로 자유로이 선택할 수 있어야 한다. 같은 일반 수학이라도 일제학습(lock step) 코스, 개별학습 형식의 패키지(package) 코스 등에서 선택하게 할 수도 있을 것이다. 학교의 입장에서 보면 선택의 폭을 넓히는 것이 비효율적인 것 같지만 학생의 입장, 교육성과의 입장에서 보면 효율적이다. 선택의 폭을 넓히면 여러 과목을 담당하는 교사를 필요로 하여(예컨대 철학교사, 심리학교사, 교육학교사, 논리학교사) 낭비가 따를 것 같은데 이럴 경우 교육청에서(고등학교도 교육청의 관할 하에 들어가야 한다) 채용하여 한 교사가 몇 개 학교를 담당하게 하면 된다. 특별활동의 선택폭도 넓혀야 한다. 선택의 폭을 넓히는 것은 개별화에의 접근이다. 학생과 학부모의 각종 선택의 희망을 받아 컴퓨터에 입력하여 프로그램을 짜야 할 것이다.

6) 인간성교육과 도덕성 · 가치관 교육 강화

지식은 변하고 잃어버리고 잊어버리기 쉽지만 지혜는 수명이 길다. 지식 위주의 입시교육은 당장의 효율성은 높을지 모르나 장기적으로 보면 효율성은 떨어진다. 그러나 인간성교육, 도덕과 윤리, 가치관 교육의 효용성은 장기적으로 점점 더 높아진다. 이러한 전인적 교육을 경시한 대가와 벌을 언젠가는 반드시 우리 교육자 자신, 우리 사회가 받고 말게 될 것이다. 배종근의 연구(1988, p.28)에서도 중시해야 할 중·고교의 교육목표로 "지식의 탐구"에는 29.5%의 반응을 보인데 비하여 "도덕성 및 가치관의 함양"에는 54.8%나 반응을 나타낸 바 있다. 교육과정을 바꾸지 않는 범위 내에서라도, 또 전교과와 특별활동, 생활지도를 통해서라도 윤리·도덕·가치관·인간성 교육에 비중을 둬야 우리는 혼돈의 사회에서 살아남을 수 있게 된다.

7) 시간의 효율적 활용

우리가 학생들로 하여금 많은 날짜를 학교에 나오게 하고, 많은 시간을 학교에 잡아 둔다는 측면에서는 가히 선진국보다도 앞섰다. 그러나 그 시간을 얼마나 효율적으로 활용하고 있느냐 하고 자세히 들여다보면 낭비적 요소가 많다.

예를 들면 개학식, 종업식, 단축수업, 환경정리·심사, 각종 고사, 각종 행사로 낭비하는 출석일수, 수업일수가 많다. 물론 행사는 필요하고 교육적 목적을 갖고 있지만 수업을 철저히 마치면서 할 수 있는데도 수업을 희생시키는 경우가 너무 많다.

다음으로 한 교사가 한 단위시간 수업을 하는데도 자세히 들여다보면 밀도 높은 수업을 하지 못하고 낭비하는 시간이 많다는 것이다. 예를 들면 칠판에 그림을 그리거나 쓰면서 설명하는 시간을 복사물이나 오버헤드를 미리 준비하여 사용하면 훨씬 시간을 단축하여 효율성을 높일 수 있는 요소가 많이 있다. 미국의 어떤 사람의 연구에 의하면 교사들이 자기 수업시간(40분 또는 50분)의 2／3 이상을 낭비하고 있다는 것이다.

우리는 결국 시간을 사(생)는 것이고 시간 내에 교육해야 한다. 수업일수와 수업시간을 좀 더 효율적으로 활용하기 위해 노력해야 할 것이다. 교장의 근무시간을 어디에 어떻게 활용하느냐에 따라 학교교육의 성과가 많이 달라질 수도 있을 것이다.

8) 과목별, 선택코스별, 능력별 반 편성

현재는 학년별로 학급이 편성되면 거의 하루 종일 학급별로 학생들이 같은 학습경험을 하게 된다. 그러나 학생들의 개성에 따른 선택과 각 과목별 능력의 수준을 달리한다면 학습집단은 수시로 바뀔 수 있어야 한다. 그래서 학생들의 선택과 능력에 맞는 교육을 하려면 학년과 학급은 고정될 수 없고 무의미하게 된다. 현재의 고3의 어떤 학생이 고1의 어떤 학생보다 수학을 반드시 잘한다는 보장은 없다. 그런 보장이나 확신이 없다면 고3의 어떤 학생이 경우에 따라서는 고1과 같이 공부할 수도 있고 고1의 학생이 때로는 고3과 같이 공부하는 것이 더 효율적이고 교육의 효과가 더 높을 것이다.

우리나라의 문화로 보아 능력별 반편성에 어려움이 있고, 정신적·심리적인 문제가 있는 것은 알지만 그렇다고 이런 시도를 처음부터 포기하고 있을 수는 없다고 본다. 현재 일찌감치 영어나 수학, 과학의 어느 과목을 포기하고 수업시간을 낭비하고 앉아 있는 많은 학생이 희생되고 있을 것임에 틀림없다고 한다면 이들을 구제하는 방안을 강구하지 않을 수 없다.

9) 협동적 교수와 협동적 학습 권장

교사의 개인차와 능력의 차도 학생들처럼 심할 뿐만 아니라 특히 통합교육과정을 지도할 경우 전공영역이나 강점이 서로 다를 수 있다. 교사의 능력과 강점을 학생들에게 고루 나누어 주고 혜택을 고루 주고 교사의 인적자원 활용과 능력발휘를 위해서라도 협동적 교수가 필요하다.

학생들에게도 문제해결력, 창의력, 사고력, 판단력, 의사결정력, 의사소통기술을 기르고 미래사회에 필요한 협동력을 기르기 위해서는 소집단에 의한 협동학습 방법을 권장할 필요가 있다.

10) 학교장의 수업지도력 발휘

학교장은 학생교육의 책임자이고 교감과 교사는 교장의 명에 의하여 학생을 교육하게 되어 있다. 그런데 과거에 보면 특히 상급학교로 올라갈수록 교육과정과 수업에 관한 것을 통째로 교무부장이나 교사들에게 맡겨 버리고 교장은 "외로운 성주"로 교장실에 있거나 인사관리나 재무관리, 사실관리, 사무관리를 하는 관리자로 내려앉는 경우가 많았다. 현대의 교장은 낮은 수준의 관리자에 안주하지 말고, 행정가가 되어야 한다고 하며, 행정가 수준을 뛰어넘어 교육 지도자가 되어야 한다는 것이다. 전통적으로 영국의 교장(headteacher)은 수업의 지도자였고 미국의 교장(principal)은 관리자적(manager) 성격이 강했으나(미국의 교장도 building principal, supervising principal, teaching principal로 성격이 나누어짐) 최근에 올수록 교장의 교육적 지도력(educational leadership), 수업적 지도력 (instructional leadership)이 강조되고 있다.

교장이 교육과정운영과 수업에서 지도력을 발휘해야 한다는 말을 일일이 교사의 수업을 참견해야 한다는 의미로 받아들여서는 안 된다. 원래 교육과정은 학교수준에서 개발하고 수정 보완하고 운영하는 것이 원칙이다. 국가 전체에서 교과서까지 획일적으로 정하여 교과서 내에서 출제하여 전국 획일의 대학입시검사를 한다는 것은 다른 나라에서는 상상도 할 수 없는 일이다. 정상이 아닌 비정상을 정상으로 착각해서는 안 된다. 영국은 이제야(1988년 교육개혁법에 의하여) 국가교육과정(National Curriculum)을 형성하기 시작하고 있는 실정이다. 우리나라에서는 교육과정에 관한 일을 중앙에서 획일적으로 하고 있으나 이제 겨우 지역화니 학교장재량이니 하여 하부에 약간 떼어 주는 형식을 취하기 시작하고 있다. 그래서 교장은 교육과정에 관한 주어진 재량권을 최대한 활용하고(억지 보충학습, 자율학습이 아니라) 또 운영 면에서 지도력을 발휘하여 창의와 특색을 살려야 한다는 의미이다.

또 교사의 수업을 참견하고 간섭하라는 의미보다는 수업의 방향과 비전을 제시하고 교육이론과 철학, 신념을 제시해야 한다는 의미이다. 학교장의 올바른 철학과 신념, 교육이론이 교육 프로그램과 수업에 반영될 수 있어야 한다. 이렇게 될 때 교장의 책임과 의무, 역할과 기능을 다하게 될 뿐만 아니라 교장 하는 맛과 멋이 있는 것이다. 관리자로 전락하고 말려면 차라리 서무과장을 하는 것이 나을지도 모른다.

혹시 교장의 철학과 교사의 철학 사이에 갈등과 마찰이 있을 수 있다. 그렇다고 교장 자신의 것을 포기하고 교사들의 눈치나 보고 비위 상하지 않게 하는 것이 명교장, 대교장이라고 자위해 버리고 말 수는 없다. 이런 때일수록 더욱 교장의 지도력이 요구되는 것이다.

우리나라에서는 학교 규모가 크고 또 상급학교로 올라갈수록 전문화되기 때문에 과(과)장 급의 중간지도자를 절대적으로 필요로 한다. 부장교사의 기능을 활성화해야 하는 것이다. 우리나라에서의 부장교사제도는 성공적이라고 본다. 부장교사제가 없었으면 큰일 날 뻔했다. 부장교사제를 법적으로 제도화할 필요가 있다. 그래서 부장교사를 반행정가-반수업자로 기능을 발휘하도록 법적대우를 해주어야 한다. 그리고 교장은 부장교사의 지도자 즉 지도자(부장교사) 중의 지도자(leader of leaders)가 되어야 한다.

지금 세계적으로 학교단위자율(책임)경영제(school-site management, school-based management, self-management)가 시도되고 퍼져 나가는 경향이 있다. 그리고 학생과 학부모가 자유로이 좋아하는 학교, 원하는 학교를 선택하여 등록하면 학생 등록 수에 의하여 세금이 자동적으로 당해 학교로 넘어가게 하는 자유시장의 원리가 교육에 적용되는 시도를 하고 있다. 학교 단위에서 재정, 인사, 교육 프로그램을 자율적으로 운영하여 공립학교를 마치 사립학교 운영하듯이 하기 시작하고 있다. 흥하는 학교가 있는가 하면 망하는 학교가 나올 것이나 공립학교도 경쟁하고 자기학교의 교육을 시장에 내다 팔려고 노력하지 않으면 안 되게 되어 있다. 이렇게 되면 학교와 교육자는 어려워질지 모르나 교육소비자에게는 이익이 되고 가져가는 것이 많아질지 모른다. 우리는 아직 교육소비자들의 목소리가 약하지만 비록 그들의 목소리가 낮더라도 교육자로서 우리는 우리의 고객, 우리의 교육소비자를 보호하기 위한 노력을 해야겠다. 그래서 더욱 강력한 교장의 지도력이 요구되는 것이다. 지금 우리가 교육행정가와 교사 사이에 갈등을 하고 있을 때가 아니라고 본다. 양질의 교육서비스를 제공하기 위해 교육자들이 하나로 뭉치지 않으면 모두가 파멸로 가거나 교육의 질 경쟁에서 패배하게 된다.

4. 종합 정리

한국 교육이 양적으로 많은 발전을 가져왔으나 질적으로는 오히려 퇴보하고 있다는 비난을 받고 있다. 교육의 본질을 찾고 정상화시켜 교육 본래의 목적과 목표를 달성하는 것을 교육내용의 효율화로 받아들이기로 한다. 또 그러나 효율화만이 우리 교육이 추구해야 할 최고의 가치는 아니며 평등성과 우수성, 효율성과 선택의 자유라는 네 가치 간에 조화와 균형을 찾아야 한다.

우리의 교육 현실은 왜, 무엇을, 어떻게라는 근본적인 질문에서부터 비뚤어지고 있다. 그중에서도 대학입시가 우리 교육을 망치는 최대의 적이 되고 있다. 이것을 그냥 둔 채로는 교육내용의 정상화나 효율화는 공염불이 되고 교육의 질 향상을 꾀하기는 어렵다.

발표자가 여기서 제시한 교육내용의 효율화 방안은 대학입시 문제 해결 후의 부차적인 자질구레한 것일지도 모른다. 이 문제를 포함하여 ① 고교 교육목적과 목표에 충실하고, ② 진로교육과 직업교육을 강조하고, ③ 정상적 교육과정을 운영하고, ④ 최소한의 공동필수를 위하여 통합교육과정을 운영하고, ⑤ 진로의 방향과 수준에 따른 선택의 폭을 넓히고, ⑥ 인간성교육과 윤리, 도덕, 가치의 교육강화를 강조하고, ⑦ 수업일과 수업시간의 효율적 활용을 촉구하고, ⑧ 수평적·수직적 능력별 학습집단 구성을 제안하고, ⑨ 협동적 교수와 학습의 필요성을 말하고, ⑩ 마지막으로 학교장의 강력한 교육적·수업적 지도력의 요구를 구체적인 교육내용의 효율화 방안으로 제시하였다.

교육기관은 사회 규범을 유지하고 발전시키는 기관이다. 문화유산을 전수·보전하는 동시에 새로운 지식을 창조하고 개인의 인성을 발전시키는 것이 교육의 기능이다. 이러한 교육기관이 궤도를 이탈하여 방황하고 있다. 규범과 질서를 지키기보다는 오히려 파괴하는 온상으로 변질되고 있는지도 모른다. 학생과 교사들 사이에서 소수점 둘째, 셋째 자리를 놓고 극심한 경쟁을 하고 이것 때문에 자살행위가 자행되어도 눈 하나 꿈쩍 안 하고 있다. 이러한 경쟁은 인문고교 교장들 사이에서도 하고 있다. 교장회에서 보충학습과 자율학습을 어떻게 하자고 굳게 약속을 하고도 회의장을 떠나와서는 위약을 하고 있고 다른 학교의 눈치를 보고 있다. 제자의 점수를 위해서 또 좋은 학교의 합격을 위해서는 체벌도 서슴지 않고, 부정행위도 눈감아 주고 때로는 공모하는 경우까지 나온다.

우리가 언제까지 이런 처지에서 비참하게 살아야 하는가? 그야말로 공·사립, 인문·실업 전국의 교장과 교사들이 교육 본래의 자리로 돌아갈 것을 굳게 다짐하고 결심해야 할 중대한 시기라고 본다. 본질과 법에 어긋나는 것은 교육부와 교육청이 요구해도, 학부모가 무리하게 요구해도 동요하지 말고 우리의 자리를 고수해야 할 것이다. 우리의 밝은 앞날을 위해서이다.

우리의 학생, 교사, 학부모가 교육에 열성을 다하고 있는 것은 분명한 사실이다. 이제 우리의 교육지도자인 여러분이 이들의 열성을 필요한 곳에 바칠 수 있도록 방향을 잡아 주고 초점을 바로 맞춰 주어야 할 차례이다. 이들의 아직 식지 않은 열성과 여러분의 지도력을 믿기에 우리에게는 밝은 전망과 희망이 있다.

참고문헌

배종근, 교육에 대한 국민의식 분석, 서울; 신라출판사, 1988.

서정화 · 김선종 · 김신복, 교육정상화정책의 공과평가 및 개선방향 탐색, 홍
　　익대학교 교육연구소, 1988.

이종재 외, 고등학교 교육체제와 운영의 개선에 관한 연구, 1990.

한국교육개발원, 한국의 교육 지표, 1988.

*Sergiovanni, Thomas J. and Others, Educational Governance and Admini-
　　stration, 2nd ed. Englewood Cliffs, New Jersey: Prentice-Hall, Inc.,
　　1987.*

Silver, Paula F., Educational Administration: Theoretical Perspectives on
　　Practice and Research, New York: Harper & Row, Publishers, 1983.

제 15 장
장학의 실제 적용*

1. 서 론

우선 중앙교육연수원의 연수를 받고 그 연수 내용대로 장학의 실제에 임하려고 하는 자세에 대하여 경의를 나타내고 싶다. 그리고 장학의 실제에 대하여 가장 높은 순위로 질의도 해주고 또 추후 지역연수를 요구해 준 점에 대하여도 장학을 전공하는 사람으로서 고맙게 생각한다. 그래서 우선 장학의 실제 적용에 관한 몇 가지 점에 대하여 간단히 설명하기로 하고, 추수 연수에 관한 문제는 차후 중앙교육연수원의 계획에 의하여 추진될 것으로 기대한다.

현재의 상황으로 보아 장학의 본질대로 실천하기가 상당히 어려운 처지이다. 때로는 교사들이 교직은 전문직이기 때문에 장학은 필요 없다고 무리한 주장을 하기도 하고 이에 따라 교육지도자들이 교사를 제대로 지도하지 못하고 교사의 눈치를 보고 있는 학교도 있다.

그런가 하면 장학지도자들은 인적, 시간적으로 부족한 데다 각종 잡무와 지시사항으로 장학 본연의 임무를 수행하기 어렵게 되어 있다. 이러한 상황

---

* 중앙교원연수원의 전문직연수에 대한 후속통신연수 내용.

에서 장학을 포기할 수도 없고 또 장학의 본질을 추구하자니 어려운 여건이고 하여 이 속에서 갈등과 딜레마에 빠지게 된다.

그래서 우선 상황을 잘 파악하여 상황과 여건, 자신의 장학 능력범위 안에 드는 방법을 강구하여 서서히 무리 없이 적용하라고 권고하고 싶다. 그리고 외국에서 성공한 아무리 좋은 장학제도와 방법이라도 수정 없이 모든 학교, 모든 교사에게 적용할 수는 없다는 사실에 주목해야 한다.

2. 장학의 개념 정리

무엇 하나 제대로 뿌리를 내려 실천하지 못하면서 여러 가지 장학용어만 난무하고 있는 실정이다. 그래서 여기서는 현장에서 요청해 온 몇 가지 장학의 개념을 정리해 보기로 한다.

우선 일반장학과 수업장학, 임상장학을 구분해 보기로 한다.

일반장학(general supervision)은 모든 장학을 포괄하는 말이다. 장학에서 정책적인, 행정적인 측면과 관리적인 측면, 수업적인 측면이 모두 이에 포함된다. 그런데 외국에서는 "장학", 또는 "일반장학"이라고 해도 대부분 "수업장학"을 연상하게 되는데 비하여 우리나라에서는 행정적인 측면을 생각하게 된다. 그동안의 장학이 그랬고 또 현재도 행정적인 장학에 치우쳐 있기 때문이다.

수업장학(instructional supervision)은 일반장학의 한 부분으로 포함되는 개념이다. 그런데 앞에서 말한 것처럼 외국에서는 일반장학이라고 해도 많은 비중을 수업장학이 차지하고 있다. 반면에 우리나라에서는 이제 막 수업장학이라는 용어가 쓰이기 시작하고 있는 실정인데, 수업장학이라는 용어는 있으나 수업장학이 무엇을 말하는 것인지 그 실체를 알 수 없는 실정이다. 우리나라의 어떤 연구보고서에서는 수업장학의 과정을 제시했는데 그것이 수업장학의 전부인 것처럼 오해하고 있다. 외국의 ≪수업장학론≫이라는 책을 보면 아주 광범하다. 수업과 교육과정, 교사의 전문적 성장과 성숙, 학교와 지역사회 관계의 공고화 등 포함 안 되는 것이 거의 없을 정도이다.

임상장학(clinical supervision)은 다시 수업장학의 한 부분으로 포함되는 수업장학의 구체적인 한 장학방법과 대안이다. 임상장학은 수업현장을 강조하고 특별한 장학의 과정과 단계를 채택하고 있다. 우리나라의 몇몇 교수는 수업장학=임상장학이라고 하여 같은 것으로 보고 있는데 이것은 잘못이다. 그러나 일반장학에서 수업장학이 많은 비중을 차지하는 것처럼 임상장학이 수업장학에서 많은 비중을 차지하는 것은 사실이다.

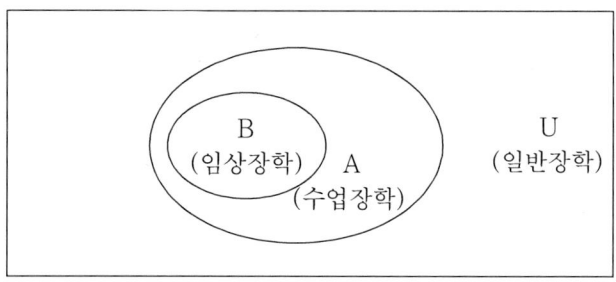

〈그림 15-1〉 일반장학, 수업장학, 임상장학의 관계

그러나 이들 삼자의 관계를 분명히 〈그림 15-1〉로 나타내고 있다.

선택적 장학체제, 교내장학, 동료장학, 자기장학, 요청장학은 또 다른 측면에서의 분류이다.

교사들은 오랜 교직생활을 하는 동안 엄청난 개인차로 벌어져 있다. 그래서 장학적 도움의 필요성과 개인적 욕구도 다 각각 다르다. 그래서 장학이야말로 교사 개개인에게 각각 다른 장학을 적용하는 개별화장학(individualized supervision)을 해야 한다. 그러나 우리의 실정으로 보아 교사 개개인에게 맞는 개별화장학을 하기는 어렵다. 그래서 몇 가지 장학대안을 마련해 놓고 그중에서 각 교사에게 맞는 장학대안을 선택하게 하자는 논리가

선택적 장학체제이다. 마치 자동판매기에 같은 액수의 동전을 넣고 자기 입
맛, 자기의 기호에 맞는 것을 선택하는 것과 같은 원리이다.

　그래서 예를 들면 임상장학, 동료장학, 자기장학, 전통적 장학 등의 장학
대안 중에서 선택하게 하고 다음 해에는 다른 대안을 선택하게 할 수도 있
다. 선택적 장학체제는 어떤 의미에서는 차등장학이며 개별화장학의 전 단계
라고 할 수 있다. 교내장학, 동료장학, 자기장학은 학교수준, 같은 학년 또
는 같은 교과교사수준, 교사개인수준 등 수준에 따른 분류라고 할 수 있다.

　장학은 원래 교장과 교감에 의한 학교수준의 교내장학이 원칙인 것으로
생각된다. 그런데 우리나라에서는 시·군 교육청, 시·도 교육청, 교육부라
는 상부기관의 장학만을 장학으로 생각해 온 전통을 갖고 있다. 아마 이들
기관에만 장학사와 장학관이 존재하고 있기 때문이었는지 모른다. 사실은 이
들 장학사와 장학관도 교장의 판단에 의하여 교내장학에 활용해야 하는 자원
으로 생각해야 한다. 교장 주도의 교내장학(school level supervision)을
강조하기 위한 표현이다.

　동료장학(peer supervision)은 교내장학 범위 안에서 같은 학년, 같은
교과교사들끼리 교수기술 향상을 위하여 협동적 노력을 하는 장학형태이다.
특히 전문직에서는 동료들 간의 협동적 노력을 특색으로 하고 있으며, 또 이
러한 노력이 활발하다. 앞으로 우리도 이 동료장학을 제도화, 활성화할 필요
가 있다고 본다. 이것만 잘되면 교사들 입장에서도 편하고, 또 교내행정가
입장에서도 홀가분한 장학의 방향이다. 그렇다고 학교행정가가 동료장학을
자유방임으로 팽개치는 것은 아니다. 지도·육성·지원해야 하는 책임을 갖
고 있다. 넓은 의미로 보면 다른 학교의 교사들과도 동료장학을 할 수 있다.

　자기장학(self-supervision)은 교사 혼자가 독립적으로 수업기술 향상
과 자신의 전문적 성장을 위해서 계획적으로 노력하게 하는 것으로 장학의
궁극적인 바람직한 형태라고 할 수 있다. 이것도 교내장학의 범위에 포함되
는 것으로 교장의 책임하에 있는 것이지 자유방임을 의미하는 것은 아니다.

　요청장학은 장학에 대한 거부감 때문에 만들어 낸 용어인 것 같다. 그러나

현재 우리의 실정에서 특별한 경우를 제외하고는 장학을 요청하거나 초청하고자 하는 분위기가 형성되어 있지 못한 실정이다. 그러니까 형식은 요청으로 해 놓고 실지로는 의무적인 장학이 되는 것이다. 즉 한 학기에 한 번, 또는 일 년에 한 번은 꼭 장학을 요청하게 하고 또 요청하는 날짜에 응할 수 없으면 이를 조정하고 있는 실정이다. 우리나라의 모든 장학을 요청장학에만 의존할 수 없는데도 무리하게 이를 획일적으로 적용하려는 데 문제가 있다.

3. 각 장학의 실제 적용

이제 우리의 장학은 학교수준으로 내려와야 한다. 교육부는 우리나라 교육의 방향을 설정하고 정책을 결정하며, 이들 설정된 방향과 정책대로 교육이 잘 이루어지고 있는지 확인하는 일을 해야 할 것이다. 시·도 교육청과 시·군 교육청은 학교에서의 교내장학이 잘 이루어지도록 제도화하고 지원하며, 연수를 담당하고, 장학의 실질적인 주 활동은 학교에서 이루어지도록 장학의 역할분담이 이루어져야 한다. 사실상 교육청이나 시·도 교육청에서 교사 개개인의 수업기술 향상을 위한 장학을 하기 위해서는 우선 교장, 교감, 부장교사에 대한 장학연수를 철저히 하고, 다음으로는 교사의 장학에 관한 동기유발이 선행되어야 한다.

이제 각 장학형태별로 간단히 그 적용방법을 설명해 보기로 한다.

1) 임상장학

임상장학은 교사의 교수기술 향상과 계속적인 전문적 성장을 위해 장학자와 피장학자 간의 1 : 1의 친밀한 동료적 관계 속에서 ① 수업 전의 계획협의회, ② 수업 관찰과 분석, ③ 피드백협의의 과정을 거치는 수업장학의 하나의 특별한 대안이다.

계획협의회는 수업자와 장학자 간의 사전 약속과 계약을 위한 협의회라고 할 수 있다. 과거의 전통적 장학이 사전 약속 없이 불쑥 교실을 방문하여 교사를 불쾌하게 하고 당황하게 만들어 거부감을 일으키고 비난을 받았던 점을 생각해 보면 발전된 장학방법이라 아니할 수 없다. 계획협의회에서는 교사의 문제점과 장학적 필요를 확인하고, 교사의 다음 학습목표와 내용, 방법에 대한 설명을 듣고, 교사의 문제점 해결방안을 잠정적으로 모색하여 다음 수업 시까지 노력해 보게 하고, 교사의 문제해결을 위한 자료수집을 위한 수업관찰 도구를 확정하고, 수업관찰 시간을 약속하고, 피드백협의회에서 협의해야 할 내용까지 협의하여 계획한다.

수업관찰에서는 계획협의회에서 약속한 대로 분석하여 피드백 해주어야 할 객관적인 자료를 수집하는 일이 주목적이다. 교사의 관심과 문제점 해결에 꼭 맞는 자료를 수집하기 위해서는 다양한 수업관찰 방법을 알고 있어야 한다. 이미 개발된 표준화된 알맞은 관찰도구가 있으면 좋지만 그렇지 못하면 새로운 관찰도구를 개발해 내야 한다. 앞으로 수업관찰과 분석에 관한 전문적 문헌이 나와야 하고 또 이에 관한 연수가 있어야겠다.

피드백협의회는 앞에서 수집된 자료를 수업자에게 우선 보여 주어 피드백하고, 분석하고, 해석하고, 고쳐야 할 수업기술 방법을 결정하고, 긍정적인 측면을 강화해 주는 순서로 협의회를 진행한다. 계획협의회나 피드백협의회도 교사의 주도 아래 진행된다는 점에 주목해야 한다. 그래서 대부분의 중요한 일을 교사가 스스로 발견하고, 깨우치고, 느끼고, 변경하고, 고칠 수 있도록 장학자는 계속 옆에서 도와주는 입장이 되어야 한다.

이제 임상장학의 실제 적용상의 몇 가지 제안점에 대하여 말하고자 한다.

첫째, 임상장학을 모든 교사에게 적용할 수 없을 뿐만 아니라 또 그럴 필요도 없으므로 필요한 소수의 교사에게만 적용한다는 점이다. 이러한 임상장학의 근본적인 성격을 무시한 채 모든 교사에게 무리하게 획일적으로 임상장학을 적용하려면 문제가 된다.

둘째, 학교에서 이미 실시하고 있는 수업연구나 연구수업 시 임상장학의 과정을 밟도록 하면 용이할 것으로 본다. 수업연구 전에 사전협의를 하고 이 협의에 의하여 수업을 실시하고, 이때 수업관찰을 하여 자료를 수집하고, 이 자료를 놓고 피드백협의회를 하면 임상장학이 될 것이다. 교장, 교감이 이 수업연구를 주도하여 거부감을 줄 것 같으면 같은 교과, 같은 학년 교사들끼리 이 임상장학의 과정을 거치도록 하면 좋을 것이다.

셋째, 학교에서 임상장학이 제대로 실시되기 위해서는 충분한 연수가 전제되어야 한다. 우선 교장, 교감, 부장교사가 임상장학의 기술과 능력을 갖고 있어야 하고, 다음으로 교사들이 임상장학에 대하여 알고 있어야 하며 또 자신들을 위한 장학이라는 인식의 변화가 있어야 한다. 교육청이나 시 · 군 교육청에서는 이러한 연수를 실시하여 임상장학의 조건 또는 분위기가 충분히 무르익은 다음 서서히 희망하는 학교, 희망하는 교사부터 적용해 나가도록 하기를 제안한다.

2) 선택적 장학제도

선택적 장학체제는 개별화장학으로 가는 과정의 전 단계에 해당된다. 우선 학교에서는 교사들이 선택할 수 있는 대안을 마련하고 각 대안별로 중요한 요지를 요약 · 정리하여 팸플릿이나 인쇄물을 마련하고 연수를 하거나 설명을 해 주고, 각 장학대안별로 해당되는 교사를 예시해 주고 나서 교사들로 하여금 희망을 적어 내도록 하거나, 아니면 교장이 직접 면접을 통하여 희망사항을 들어 보도록 한다. 그 다음에 가능한 한 교사의 희망대로 1년간 장학을 실시해 나가도록 한다. 그렇지만 전연 자신에게 맞지 않는 장학대안을 선택한 교사를 재고하도록 조정하고, 또 한쪽으로 몰려 선택하는 경우 조정할 필요가 있다. 예를 들면 초임교사로서 임상장학을 받는 것이 도움이 될 것같이 생각되는데 성숙한 교사들이 선택하는 자기장학을 선택했을 경우는 변경·조정할 수밖에 없다.

아니면 선택적 장학체제를 처음 도입하는 경우 교장·교감이 임상장학을 받을 교사, 동료장학에 맡겨야 할 학년이나 교과, 자기장학을 하게 할 교사를 일단 분류해 놓고 개별적으로 교사들의 의견을 들어서 조정하고, 나머지 교사에게는 전통적인 장학을 적용하되 좀 더 수업 개선에 관심을 기울이도록 하는 방법이 좋을 것 같다. 동료장학과 자기장학을 장학에서 제외시키는 자유방임으로 착각해서는 안 된다. 그래서 학년 초의 치밀한 계획을 요구하고 또 꾸준한 계획대로의 실천을 확인하는 일이 중요하다. 특히 동료장학에서는 부장교사의 지도력과 교사들의 협동심이 중요하므로 교장은 이를 길러 주기 위한 배려가 있어야 한다.

요약하자면 첫째, 장학의 선택대안을 마련하고 각 대안의 성격과 내용을 교사들이 충분히 알 수 있도록 간단한 책자 같은 것을 만들어 이를 갖고 직원연수를 선행하는 것이 좋을 것 같다.

둘째, 동료장학에서 협동심, 지도력이 있는 동료교사들끼리 집단을 구성하는 일이 성공의 관건이 된다.

셋째, 독립심, 자발심이 강한 유능한 교사는 자기장학에 의하여 자기 페이스대로 추진해 나갈 수 있도록 배려한다.

넷째, 전문적인 일을 하고 있는 교사는 어떤 형태로든 장학을 필요로 하는데 기왕이면 각 교사에게 필요한 장학으로 접근하려는 노력의 일환이라는 점을 설득해야 한다. 선택이라는 용어를 쓰다가 장학을 안 받아도 되는 것으로 착각하게 해서는 오히려 일을 망칠 수 있다. 전문직인 교직에서는 오히려 장학에 의하여 보다 높은 수준의 전문가가 될 수 있도록 노력해야 한다는 점을 강조해야 한다.

3) 동료장학

선택적 장학체제 안에서의 동료장학에 대하여 약간 설명하였는데 이와 상관없이 앞으로 동료장학이 활발하게 이루어지도록 시·도 교육청, 교육청, 학교에서 제도화시키는 노력이 있어야겠다. 특히 교육계의 분위기로 보아 시의에 맞는 장학방법이라고 본다. 즉 상급자의 장학에 대하여 교사들이 거부감을 보이는 때에 전문직이라면 동료들끼리라도 협동하여 전문성 향상에 노력해야 할 것이 아니냐고 동료장학을 권고하는 것은 논리적으로 타당하다.

시·도 교육청과 교육청에서는 각 교과별로 교사들 자발적으로 전문성향상을 위하여 서클활동을 하는 교사들을 찾아내어 이들을 지원하면 좋은 동료장학의 형태가 될 것이다. 전교조를 막는 데 돈을 쓰기보다는 건전하고 자발적으로 노력하는 교사들 모임에 교육재정을 쓰는 것이 훨씬 효과적이다. 그렇게 되면 전공교과별로 교사들이 협동하는 교과가 점차 확대되어 바람직한 동료장학은 활성화될 것으로 본다. 이것이 외국에서는 "교사센터"로 발전·정착되었다. 지역별로 센터를 마련해 놓고 교사들이 스스로 모여 각종 세미나와 연구, 자료개발 등에 힘쓰는 것이다.

또 다른 한편에서는 교내에서 동료교사들끼리 협동하는 분위기를 만들어 줄 필요가 있다. 특히 전공교과가 달라서 교장, 교감이 장학하기 어려운 중·고등학교에서는 전공교과 교사들끼리 묶어 주는 노력이 필요하다.

경험 있는 교사와 초임교사, 선배교사와 후배교사를 짝으로 묶어 주어 동료장학을 계획적으로 실시하게 하는 방안도 생각할 수 있다.

교사들이 임상장학에 대하여 알고 또 임상장학의 기술을 갖고 있다면 동료교사들끼리 임상장학의 과정을 밟도록 할 수 있다. 그러나 임상장학은 고도의 기술을 요하는 것으로 알려져 있다는 것을 염두에 둬야 한다.

4) 자기장학

이것은 용어 자체에 모순을 안고 있는 말이다. 원래 장학이라는 어원은 감독(supervision)이라는 말에서 나왔기 때문에 장학은 타인, 상급자에 의한 것인데 자기가 자신을 장학한다는 것이 모순이다. 그러나 자신의 노력에 의해서도 장학적인 기능과 효과를 거둘 수 있다고 보아 실질적으로 자기 장학은 가능하다.

자기장학의 쉬운 방법으로 녹음과 녹화를 들 수 있다. 녹화기와 녹음기를 설치해 놓고 수업한 후에 교사 혼자서 자기 수업을 되돌려 보거나 듣는 일을 반복하면서 얼마든지 수업기술 향상을 위한 장학적 기능을 할 수 있다. 또 교사 자신의 수업에 대하여 학생들로부터 피드백을 받아서 자기발전의 자료로 삼을 수도 있다.

보다 전문적으로는 대학원 수강, 각종 연수회 참석, 전문적 학술지 구독, 전문 서클에의 참석 등이 있을 수 있다. 이렇게 스스로 노력하는 교사에게 괜히 효과도 없는 장학을 획일적으로 실시한다고 하다가 오히려 기분만 잡치게 하지 않도록 조심할 필요가 있다. 그러나 모든 교사들을 다 자기장학에 의존하게 할 수는 없다.

5) 요청장학

앞에서도 약간 언급된 것처럼 장학은 원래 학교장의 판단에 의하여 외부의 장학자원이 필요하다고 생각되면 이를 초청 또는 요청하여 활용하는 것이다. 그래서 요청장학은 당연하고도 자연스러운 형태이다. 그러나 이 요청장학을 100% 자발성에만 의존할 수는 없다. 그래서 몇 가지 방안을 강구해야 한다.

첫째, 정기적인 장학에다 추가하여 필요한 경우 요청장학을 권장하는 방안을 생각할 수 있다. 그러나 이 방안은 과거에도 가끔 있었으나 별로 장학적 요청이 없었다.

둘째, 정기적인 장학 대신에 요청 일시와 분야를 정하여 한 학기에 1회 또는 한 학년도에 1회 정도 의무적으로 요청하게 하는 방안을 생각할 수 있다. 이럴 경우 학교의 교육계획에 의하여 필요한 시기와 교사들이 필요로 하는 분야에 집중적으로 관심을 기울이게 할 수 있다는 장점이 있다. 그러나 많은 학교로부터 의무적으로 요청을 받다 보면 학교가 원하는 날짜에 방문하여 장학하기도 어려운 실정이다.

셋째는 특별한 경우 장학 요청을 하게 하여 요청받은 학교에 우선적으로 요청장학을 실시하고 그 외의 학교에 대하여는 정기적 장학 스케줄에 의하여 정기장학을 실시하는 방안을 생각하게 할 수 있다. 그리고 요청장학을 실시한 학교에 대하여는 정기장학에서 제외시키는 것이다. 그래서 차차 요청장학을 권장해 나가는 방향으로 접근하는 것이다.

일단 학교로부터 장학 요청을 받으면 교육청이나 시·도 교육청 해당 장학부서에서는 장학준비를 해야 한다. 먼저 요청받은 날짜에 응할 수 있는지 확인하고 만일 상치되는 일이 있으면 이를 조정해야 할 것이다. 그러나 가능한 한 학교의 스케줄에 맞추는 것이 좋다. 문제는 교육청이나 시·도 교육청에 갑자기 발생하는 일이 많다는 점이다.

다음은 장학의 분야에 대한 준비를 해야 한다. 해당분야에 전문 장학사가 없으면 다른 교육청의 협조를 받거나, 아니면 장학사가 아닌 교장, 교감, 평교사 중에서라도 전문가를 초청하여 전문가 장학 팀을 구성하여 요청에 응해야 할 것이다. 장학을 꼭 장학사에 의해서만 하려고 하는 생각을 넘어섰으면 한다. 장학사라는 직명도 중요하지만 학교의 요청에 얼마나 부응할 수 있느냐가 더 중요하다. 그래서 누가 되었든 해당분야의 최고수준의 전문가 팀을 구성하는 데 노력을 집중하기를 권고하고 싶다.

개인적인 의견이지만 우리의 여건으로 보아 지나치게 요청장학을 확대하는 것은 '옆구리 찔러 절 받기' 식이 될 것으로 보아 현재의 입장에서는 권장하고 싶지 않다. 우리 장학진이 열심히 하고 또 학교에서 장학에 대한 어떤 갈증을 느끼게 되면 자연적으로 요청의 횟수가 늘어날 것으로 본다.

4. 정 리

장학의 문제점과 궁금증을 풀어 주고 장학의 실제에 어떤 아이디어를 제공해 주기에는 너무나 부족한 글이다. 연수 강의나 이런 글을 통해서 기본적인 아이디어를 파악했다면 이제 이를 실정에 맞게 응용하도록 해야 할 것이다. 그리고 국내에 나와 있는 장학관계 문헌이라도 스스로 구해서 우선 읽어 보면서 연구해야 할 것으로 본다.

그리고 지역별로 장학사, 교장, 교감과 함께 장학에 관한 세미나와 워크숍을 개최하여 서로가 의견을 나누면서 계속 연구해야 할 것으로 본다.

또 계속적인 연수 노력 없이 저절로 기술이 익혀질 수 없다는 점을 간과해서는 안 된다. 미국에서 임상장학에 관해서만 최소한 45시간 이상의 연수가 필요하다고 하고 있다.

어쨌든 장학에 대하여 많은 질의와 요청, 관심을 나타내 준 점에 대하여 거듭 고맙다는 뜻을 전하고 다음 기회가 있으면 한 분야씩 집중적으로 다루기로 한다. 또 지역 세미나를 통해서 의견을 교환하기로 하고 아쉬움을 남긴 채 지면관계로 줄여야 할 것 같다.

참고문헌

주삼환. 인간자원장학론. 배영사.

주삼환. 장학 · 교장론: 교육의 질관리. 성원사.

주삼환. 장학 · 교장론 특강. 성원사.

주삼환. 장학론. 한국방송통신대.

주삼환. 장학론: 선택적 장학체제. 문음사.

주삼환. 장학론(임상장학방법). 학연사.

주삼환. 장학론: 장학사와 교사의 상호관계성. 교육출판사.

제 16 장
교내자율장학과 교감의 장학지도력*

1. 서 론

전라북도 전도내 초등교육행정의 중추적 역할을 담당하고 있는 존경하는 교감선생님 여러분을 모시고 교내장학의 문제를 같이 생각해 보는 기회를 갖게 된 것을 제 생애의 영광으로 생각하며, 또 현장교육과 교육행정의 질을 높이기 위하여 이러한 모임을 계획하신 전배의 교육지도자 장학진 여러분과 이에 기꺼이 참여하기 위하여 먼 거리에서 오신 교감선생님 여러분께 존경의 뜻을 나타내고 싶습니다. 수년 전부터 교감자격연수와 교장직무연수를 통해서 전북의 교육행정가 여러분과는 인연을 맺으면서 전북의 교육문제를 같이 생각할 기회는 가졌으나 이렇게 전북 초등교육의 핵심적인 책임을 지고 계신 초등 교감선생님 전원과 한자리에서 이렇게 만나 뵙기는 이번이 처음인 것 같습니다. 저의 좁은 판단으로는 여러분이 이 자리에서 합심

---

* 1990년 11월 7일, 전라북도교육위원회 초등학교 교감 585명과 학무과장 15명을 대상으로 한 연수강의 원고.

하고 단결하여 전배 교육의 질을 높이려는 어떤 결심만 한다면 안 될 일이 거의 없다고 믿기 때문에 저는 모든 일을 제쳐 놓고 즐거운 마음으로 이 자리에 왔습니다.

기왕에 우리가 이 직위에 오르도록, 또 이 나이까지 교육을 위하여 몸 바쳐 일해 왔다면 이제는 어떤 결실을 맺고 보람을 찾아야 하지 않겠습니까? 1990년대 전북 교육을 이끌었던 핵심 행정가들이었다고 전배 교육사에 길이 남기시고 그런 긍지와 자부심을 갖게 된다면 교직의 보람, 생의 의미를 발견하시리라 믿습니다.

나라 안팎으로, 교육계 내외에 여러 가지 어려움이 몰려오고 있습니다. 특히 고요하고 평온하기만 하던 교육계가 동요하고 단결된 모습으로 헌신적으로 봉사하던 교육계 내부에서 갈등이 일어나 어려웠던 교육계가 더욱 어렵게 되고 있습니다. 이런 때일수록 학교 행정가 여러분의 강력한 지도력이 요구되는 것입니다.

이제 여러분은 지금의 직위, 지금의 연세에서 누구의 눈치를 보고 살 때가 아니라고 봅니다. 여러분의 그동안의 교육과 경륜, 미래에 대한 혜안으로 현명한 판단을 하여 도내 전 장학진과 교장선생님들과 단결하여 교육의 중심을 잡아 주시고, 여러분이 옳다고 믿는바 신념에 의하여 더 이상 교육이 흔들리지 않게 하여 주시길 바랍니다.

저는 초등학교 교사 신분으로 초등교육을 위해서 약 17년 반을 바친 적이 있기 때문에 초등교육에 남다른 애정을 갖고 있으며, 또한 교육현장에서 애쓰시는 여러분과 선생님들에 대하여 남달리 존경하는 마음을 갖고 있습니다.

오늘은 제가 평소에 강조해 온 대로 교육의 중심이동, 장학의 중심이동에 의하여 학교현장으로 내려와 여러분에게 직접 해당되는 교내장학에 대하여 ① 그 필요성과 강조, ② 방법, ③ 실제의 과정, ④ 행정적 지원책, ⑤ 장학지도력에 대하여 개괄적으로 말씀드리고자 합니다.

많은 분을 모시고 말씀드리다 보니 구체적으로 개개 학교 사정에 꼭 맞게 제시하지 못하니 여러분의 상황에 맞게 응용해야 할 것입니다.

2. 교내자율장학의 강조

여러 가지 상황과 교육의 본질에 비추어 보아 교내자율장학이 강조되고 있습니다. 이러한 경향을 다음 몇 가지로 요약할 수 있습니다.

첫째, 이 교내자율장학은 네이스비트가 말한 세계적인 거대조류 중 분권화(decentralization)와 참여(participatory democracy)의 조류와 맥을 같이합니다. 민주국가는 말할 것도 없고 심지어는 사회주의, 공산주의 국가에서까지 모든 권한이 밑으로 계속 내려오고 있습니다. 중앙이 가지고 있던 권한을 주민 가까이 있는 하부로 내려 보내는 분권화는 확실히 세계적인 거대한 흐름의 하나입니다.

이러한 거대한 흐름에 우리나라만이 또 교육계만이 역행해 나아갈 수는 없습니다. 교육에 관한 권한도 교육부에서 시·도 교육청으로, 다시 시·군 교육청과 학교로 계속 내려 보내고 분산시켜야 하는 것입니다. 그래야 교육이 이루어지고 있는 현장과 유리되지 않고 밀착된 정책과 행정을 펼칠 수 있는 것입니다. 저는 이것을 교육과 교육행정의 중심이동이라고 표현한 바 있습니다. 교육과 교육행정의 현상을 교육부를 중심으로 해서 보는 것이 아니라 아동·학생과 교사가 맞부딪쳐 불꽃 튀기는 수업현장을 중심에다 놓고 보는 사고의 전환이 요구됩니다. 마치 태양을 중심으로 수많은 별들이 돌듯이 교실의 아동과 교사를 중심으로 학교와 교육청, 시·도 교육청과 교육부가 움직여야 하는 것입니다. 어디에다 우리의 눈을 놓고 보느냐에 따라 사물과 현상은 다르게 보입니다. 혹시 여러분 눈에는 교장과 교육장, 교육감과 교육부 장관이 누구냐가 중요하고 또한 이들이 눈에 잘 띄겠지만 아동·학생에게는 담임선생님이 제일 중요하고 그 다음에야 교장·교감이 눈에 띄는 것입니다. 이들에게는 교육감뿐만 아니라 장관, 대통령도 별로 중요하게 보이지 않는 것입니다.

이러한 분권화의 경향은 장학에도 적용되어 교육부, 시·도 교육청, 시·군 교육청의 장학보다도 학교수준에서의 장학이 중요하고 또 강조되어야 합니다. 최근에는 생각이 많이 바뀌었습니다만 과거에는 장학이라고 하면 으레 상부의 장학, 곧 감독과 시찰, 지시를 연상했었습니다. 이제 장학의 개념 변화와 또 이러한 분권화의 조류와 함께 장학도 교내장학이 강조되고 시·군 교육청과 시·도 교육청은 교내장학이 잘 이루어지도록 지원해 주는 데 초점을 맞춰야 할 것입니다.

참여(participation)는 민주주의의 요체이며 또 세계적인 거대조류의 하나입니다. 이제 소수 대표자가 참여하는 대의민주제가 아니라 전원이 참여하는 참여민주제로 바뀌어 가는 것이 세계적인 흐름의 하나입니다.

교육과 교육행정도 소수의 결정에 의하여 이루어지던 시대는 지나갔습니다. 장학도 위로부터 받기만 하던 장학의 시대는 지나갔습니다. 밑으로부터의 교사의 참여 없이는 겉도는 장학, 형식적인 장학, 숨바꼭질하는 장학으로 그치고 맙니다. 장학을 위한 장학, 장학사를 위한 장학이 아닌 교육의 본질인 수업을 위한 장학, 교사의 필요에 의한 장학을 하기 위해서는 교사가 참여하는 교내자율장학이 필요하고 또 그것이 강조되어야 합니다.

교육행정에서 이러한 분권화와 참여에 의하여 나타난 최근의 두드러진 현상의 하나는 학교단위자율경영체제(self-managing school, school-site management)입니다. 이것은 지역사회인 대표, 학부모 대표, 교장·교사 대표, 심지어는 학생대표(호주의 고등학교 경우)로 구성되는 학교운영위원회(governing body)가 중앙으로부터 도급으로 받은 재정을 갖고 교장과 교사까지 뽑아 자율적으로 학교를 경영하게 하는 제도입니다. 영국의 경우 5년 내에 모든 학교에 학교운영위원회를 구성하도록 1988년 교육개혁법으로 규정되어 있습니다. 지금까지 교육자치의 단위가 지방교육당국(local education authority)이나 지방교육위원회(local board of education)이었던 것이 거의 학교단위의 자치로 넘어가고 있는 현상입니다. 이러한 경향이기 때문에 학교단위자율장학의 필요성은 더 이상 강조하지 않아도 짐작하리라 믿습니다. 학교현장을 잘 아는 사람들이 재정, 인사, 장학, 교육을 책임지는 것이 더 효과적이라는 것입니다.

분권화의 경향이 대학에서는 학교단위의 행정에서 과(과)단위의 행정으로 넘어가기 때문에 과(과)장의 행정능력 신장을 위한 교육과 연수가 문제시되고 있습니다. 초·중등학교에서 학교단위의 행정으로 넘어갈 경우도 마찬가지 문제가 됩니다. 교육청, 교육위원회가 하던 일을 학교단위에서 해야 하기 때문입니다. 장학도 마찬가지로 시·군, 시·도 교육청이 하던 장학을 교장·교감이 알아서 해야 하기 때문에 교장·교감의 장학능력의 향상이 문제시됩니다. 아마 그렇기 때문에 이런 연수가 계획되었는지도 모르겠습니다.

둘째, 교내자율장학은 전문화와 자율화의 경향과 맞물려 강조되고 있습니다. 다른 분야에서와 마찬가지로 교육에서도 하는 "일과 사람"이 점점 더 전문화되고 또 전문직종도 늘어나고 있는 경향입니다. 가르치는 내용과 교육과정, 교과목도 전문화되고 또 가르치는 기술과 공학도 점점 더 발달되면서 전문화되고, 또 가르치는 교사와 행정가도 학력이 높아지고 연구가 깊어지면서 더욱 전문화되고 있습니다. 행정에서도 관리하는 일과, 행정하는 일, 장학하는 일로 분화, 고도화되고 있습니다.

따라서 장학에서도 교육부 수준의 장학, 시·도, 시·군 교육청 수준의 장학, 학교수준에서의 장학이 각각 분화, 전문화되어야 합니다. 그런데 지금까지 가장 중요한 학교수준에서의 장학을 장학으로 생각하지 않거나 그 기능이 미약했다는 것이 문제입니다. 앞으로 교육이 제대로 되려면 학교수준에서의 장학이 제 기능을 발휘해야 한다고 봅니다.

전문화의 정도에 있어서의 불균형도 문제입니다. 가르치는 일을 맡은 교사 자신과 가르치는 일이 전문화되고 있다고 생각(지각)하고 있는 데 비하여 이를 지도하는 장학의 전문화가 되지 않았다고 생각하게 되면 이들은 반발하거나 동요하지 않을 수 없습니다. 학생들을 옛날식으로 가르칠 수 없듯이 낡은 방법으로 장학해서는 교사들에게 먹혀 들 수 없습니다.

도처에서 민주화와 자율화 요구가 높아지고 있는 것은 여러분이 너무도 잘 아는 사실입니다. 그런데 자신들에게 유리한 것만 자율화를 주장해서는 안 됩니다. 간섭을 배제하고 권한을 확보하고자 하는 부분에 대해서도 자율화를 요구해야겠지만 해야 할 일과 의무와 책임에 대해서도 자율적으로 해야 합니다. 예를 들면 학교에 예산과 재정, 인사에 대하여 자율권을 달라고 한다면 교육과정과 장학에 대하여도 교내에서 자율적으로 할 수 있어야 합니다. 또 시·군, 시·도 교육청에서도 학교에 대하여 자율장학을 하라고만 하지 말고 이에 상응하는 예산과 인사에 자율권을 주어야 할 것입니다. 어쨌든 교내자율장학은 전문화와 자율화의 경향과 맞물려 강조되고 있습니다. 할 일도 안 하고 나서 유리한 부분만의 자율화를 요구하는 것은 무리한 주장이라고 봅니다.

셋째, 교내자율장학은 최근에 새로이 요구되는 것이 아니라 원래 그랬어야 할 교육의 본질, 장학의 본질에 해당됩니다. 교육은 학교에서 이루어지고 있고, 학교교육의 책임은 교장에게 있으므로 교장의 제1의 임무가 장학이며, 장학의 제1차적 책임은 교장에게 있습니다. 그래서 "교장실"의 표찰을 한때 "장학실"로 바꿔 달라고까지 했던 것입니다. 그래서 교내자율장학의 강조는 새로운 것이 아니라 장학이 방황하지 말고 원래의 자리, 원래의 본질로 돌아가자는 것입니다. 장학이 겉돌지 않고 교사의 피부에 와 닿는 실질적인 도움이 되기 위해서는 교내자율장학이 제 기능을 발휘해야 합니다.

여기서 교내자율장학이라는 말은 상부의 지시나 간섭 없이 학교수준에서 교장의 장학지도력에 의하여 이루어지는 장학을 말합니다. 교장의 지도력 속에는 말할 것도 없이 교감의 협력과 보좌가 포함됩니다. 부장교사나 학과장을 중심으로 교사들이 스스로 동료자율장학을 하거나, 교사 개인 혼자서 스스로 장학적 기능을 하는 자기자율장학을 교내 자율장학이라는 말에서 일부러 배제할 필요는 없습니다.

장학사가 꼭 시·군, 시·도 교육청이나 교육부에만 있어야 하는 것은 아닙니다. 사실은 교사들 가까이 학교 안에 있는 것이 제일 좋다고 봅니다. 그래서 저는 복수교감 중 한 명을 학교(주재)장학사로 보하는 게 좋다고 한 적이 있는데 이 기회에 교감 선생님 여러분은 스스로 수업장학사로 생각해 주었으면 합니다. 또 그렇게 알고 장학적 자질과 능력, 기술을 기르기 위해 노력해 주길 부탁드립니다. 우리나라 어느 도에서는 교감자격강습 시에 30

시간을 장학론에 배정하여 교감의 장학적 역할을 강조하고 있습니다.

이런 정도로 교내자율장학을 강조하고 또 그 개념을 정리하고 그 방법과 형태에 대하여 살펴보기로 합니다.

3. 교내자율장학의 방법

교내자율장학의 중요한 목적은 학교장이 지도력을 발휘하여 학교가 가지고 있는 인적, 물적, 시간적, 정력적인 모든 자원을 최대한 동원하고 발휘하여 설정된 학교교육목표를 달성하려는 것입니다. 그래서 교내장학의 특별한 독특한 방법이 따로 있는 것은 아닙니다. 다만 교육부가 우리나라 교육의 방향과 목적을 설정하는 철학적이고 정책적인 측면의 장학에 초점을 맞추어야 하는 데 비하여, 시·도 교육청의 장학은 지역화와 행정적인 데 비중을 두고, 시·군 교육청의 장학은 수업 측면을 강조하면서 학교와 연결되어야 하고, 교내장학은 수업개선과 교사와 직결되어야 합니다.

또 아무리 자율장학이라고 하더라도 현재 우리나라 교육자치의 단위는 형식적으로라도 시·도 교육위원회이기 때문에 교육위원회의 방침에서 벗어날 수는 없다는 사실을 알아야 합니다. 자율이 곧 자유방임을 의미하는 것은 아닙니다.

교내자율장학의 방법과 형태를 편의상 ① 개별적 장학방법과, ② 집단적 장학방법, ③ 종합적 장학방법으로 나누어 제시할 수 있습니다.

1) 개별적 장학방법

교사와 1:1의 개별적 장학을 하는 방법으로 ① 임상장학과 마이크로 티칭, ② 수업연구, ③ 자기장학, ④ 전통적 장학과 교실방문, ⑤ 교사 상호방문, ⑥ 전문적 독서 등을 들 수 있습니다. 사실 학생에게 개별화학습이 요구되듯이 교사에게도 개별화장학이 요구되는 것입니다. 다만 학교에서도 장학인력과 시간이 부족한 점이 문제이지요.

(1) 임상장학과 마이크로 티칭

임상장학은 여러분이 잘 알고 있듯이 장학자인 여러분과 교사의 1 : 1의 친밀한 관계 속에서 ① 사전에 (수업, 장학)계획협의회를 하여 약속하고, ② 이 약속에 의하여 수업관찰을 하여 자료를 수집하고 분석하여, ③ 그 결과를 놓고 피드백협의회를 하는 순환적 과정을 거치면서 교사의 교수기술 향상과 전문적 성장을 돕는 구체적인 장학방법입니다.

이 임상장학은 교사의 교수기술을 돕는 가장 확실한 방법이지만 교사가 이 장학방법을 받아들이고 또 장학자인 여러분이 고도의 장학기술을 가지고 있어야 합니다.

초임교사나 수업에 문제점을 가지고 있는 교사, 희망교사, 또 수업연구를 담당한 교사를 중심으로 또 필요로 하는 교사를 중심으로 소수 교사에게 집중적으로 실시하는 것이 좋을 것입니다. 교장과 교감이 몇 명씩 나누어 맡아 실시하고 부장교사 중에서 임상장학 기술을 갖춘 사람이 있다면 좀더 대상 교사의 인원을 확대할 수 있을 것입니다.

마이크로 티칭은 수업시간과 학생, 학습내용, 학습기술을 축소시킨 연습수업이라고 할 수 있습니다. 시간을 4~15분, 학생도 10여 명, 학습내용과 기술도 한두 가지로 줄여서 수업계획−수업과 관찰(녹음·녹화)−비평−재계획−재관찰−비평의 연속적인 과정을 거치면서 수업기술을 향상시키는 방법입니다.

수업 중에 녹음이나 녹화를 통하여 관찰하고, 이를 몇 번씩 되돌려 듣거나 보면서 비평하고, 이 비평에 의하여 재학습계획을 세워 개선된 수업을 다시 하게 하고 다시 녹음, 녹화해서 되돌려 보면서 개선점을 찾는 방법입니다. 이는 특히 교생지도 시에 적용하면 좋을 것입니다. 기성교사에 대하여도 이런 노력을 기울이면서 노력해야 교직, 장학직, 전문직으로 인정받을 수 있는 것입니다. 이러한 체계적인 노력이 아니더라도 이제는 흔해진 카세트 녹음기만 놓고 수업하고 나서 들어보기만 해도 많은 것을 발전할 수 있을 것입니다. 비디오 녹화기로 수업을 녹화했다가 되돌려 보면서 수업을 반성한다면 더 많은 것을 배울 수 있을 것입니다. 교사들을 잡무에 시달리게 하지 말고 이러한 본업에 관심을 쏟게 해야 할 것입니다.

(2) 수업연구와 실험, 실연

수업연구와 시범수업, 실험, 실연은 좋은 교내자율장학 방법이라고 생각합니다. 특히 수업연구 시에는 앞에서 제시한 임상장학 방법을 적용할 수 있는 좋은 기회가 될 것입니다. 그리고 장학자는 수업을 연구하여 교사들에게 시범수업을 보여 줄 수 있어야 합니다. 제가 초등교사로 근무할 때 학급담임을 맡지 않은 교무부장교사가 남의 반 학생을 맡아서 자진하여 음악과 수업 시범을 보이던 장면은 지금까지도 제 인상에서 지워지지 않고 있습니다. 교감선생님 여러분, 여러분이 수업에 관심을 갖고 있다는 것을 교사들에게 나타내기 위해서라도 시범수업을 한번 보여 줄 필요가 있다고 봅니다.

그리고 과학실험이나 예능과에 조예가 깊으신 분은 실험이나 실연을 주도할 수도 있고, 또 이 분야의 전문장학사를 초청할 수도 있고, 이웃 학교나 본교 교사 중에서도 전문가를 찾아볼 수도 있을 것입니다. 제가 교사로 근무할 때 음악전문장학사를 초청하여 피리 등 악기의 실연을 보면서 연수를 받던 장면도 인상적이었습니다. 그때 저는 역시 저 정도니까 장학사를 하는구나 하고 그분을 존경하게 되었습니다.

(3) 자기장학

독립심이 강하고 동기유발이 잘된 교사로 스스로 노력하고자 하는 사람은 학교의 장학을 한다고 괴롭히느니 차라리 혼자서 계획적으로 장학적 기능을 하게 할 수도 있을 것입니다.

자기수업을 녹화·녹음했다가 분석하는 교사도 있고, 아동·학생으로부터 수업에 대한 피드백을 받아서 고치려는 교사도 있고, 수업에 문제가 있을 때 연구원이나 연구소, 대학을 찾는 교사도 있습니다. 또 전문학술지를 정기구독하고 연구하는 교사도 있고, 석사·박사에 도전하는 교사도 있습니다.

이런 교사들은 좀더 계획적으로 하도록 하고 옆에서 격려만 해주어도 충분한 장학이 될 것입니다. 저는 공부하라고 격려해 주고 또 그런, 분위기를 마련해 주는 교감 선생님께 고마워하는 많은 교육대학원생 교사들을 만나고 있습니다. 교사들로부터 이런 말을 들을 때 교감·교장 선생님께 편지라도 쓰고 싶은 마음을 느끼기까지 했습니다.

(4) 전통적 장학과 교실방문

모든 교사에게 임상장학을 실시할 수도 없고 또 그럴 필요도 없다면 대부분의 교사에게 종래와 같은 전통적 장학을 할 수밖에 없습니다.

다만 수시로 잠깐잠깐 교실을 방문하고 순시식의 장학을 하더라도 수업개선과 도와주려는 의도와 목적을 갖고 좀더 체계적·계획적으로 하고, 가능하다면 예고를 하고 방문하는 것이 좋겠습니다. 또 가능하다면 메시지를 통해서라도 피드백을 제공해 주고 그 활용 여부는 교사에게 맡길 수도 있을 것입니다.

이번 달에는 몇 학년 무슨 과 수업을 집중적으로 보겠다는 정도의 예고와 계획도 진일보한 전통적 장학이 될 것입니다. 힐끔힐끔 교실을 몰래 훔쳐보는 것은 오히려 비겁해 보이거나 감시를 위한 것으로 오해받기 쉽습니다. 1년에 한 번 교실 방문을 하는 한이 있더라도 많은 시간을 집중적으로 보는 것도 한 방법이 될 것입니다.

(5) 교사 상호방문

가르치는 일은 고독한 직업입니다. 인간을 가르치는 엄청난 일을 경험 있는 교사나 경험 없는 교사나 구별 없이 혼자서 계획하고 실천하고 평가·정리하는 일까지 대부분 혼자서 감당해 내야 하기 때문입니다. 수업시간에 교실 문을 닫고 나면 강점도 약점도 노출되기 어렵습니다. 그래서 처음 굳어진 수업형태와 방법이 영원한 방법으로 굳어지기 쉽습니다. 그 결과 발전의 여지가 있는 교사까지 발전하지 못하고 주저앉고 마는 경우가 많습니다. 그래서 교장·교감은 다른 학교, 다른 교실을 상호방문하여 동료교사의 감정을 배울 수 있는 기회를 교사들에게 마련해 주는 것도 좋을 것입니다.

(6) 전문독서와 전문적 상담

각 교사에게 맞는 전문적 독서를 권장하거나 전문적 장학적 개별상담을 계획하는 것도 좋은 교내자율장학이 될 것입니다. 상담은 개인적, 사적인 문제보다 교직을 둘러싼 전문적인 문제를 중심으로 하는 것을 말합니다. 이것을 비공식적으로 알게 모르게 할 수 있으면 더욱 좋을 것입니다. 식사라도 같이 하면서 할 수 있다면 얼마나 좋겠습니까?

2) 집단적 장학방법

개별장학이 좋겠지만 비슷한 문제를 가진 교사, 또는 같은 학년, 전 직원을 집단으로 장학을 하지 않을 수 없는 경우가 있거나, 또 그것이 효과적일 경우도 있습니다. 이런 때 ① 초임교사를 위한 장학, ② 동료장학, ③ 직원 발전, ④ 교과협의와 같은 학년협의, ⑤ 직원회와 각종 위원회 활동을 생각해 볼 수 있습니다.

(1) 초임교사를 위한 장학

초임교사를 위해서는 특별히 장학적 노력을 기울여야 합니다. 수습교사 과정이 있는 것도 아니고 한 달 동안 교육실습을 거친 것이 현장경험의 전부이기 때문에 임상장학과 철저한 장학과정을 거치는 것이 좋다고 봅니다.

그리고 교직과 당해학교에 대한 친절하고 철저한 오리엔테이션과 안내가 필요하다고 봅니다. 우리는 교직을 전문직이라고 하면서 동료교사에 대한 안내를 너무나 허술하게 하였습니다. 의사자격증을 땄다고 해서 그날부터 인간의 생명을 그에게 내맡기는 것을 보았습니까? 본인을 위해서도 또 교직을 위해서도 초임교사에 대하여는 좀 힘들더라도 친절하고 철저한 장학을 해야 합니다.

(2) 동료장학

교장·교감이 직접 장학을 하지 않고 같은 학년, 같은 교과를 중심으로 교사들끼리 협동하여 상호간에 장학하도록 하고 교장·교감은 부장교사를 간접적으로 지도·장학하는 방법을 말합니다. 가능하다면 부장교사가 장학적 기술을 갖도록 사전에 연수를 하는 것이 좋을 것입니다. 몇 개의 교육청에서는 동료장학을 목적으로 부장교사를 대상으로 제가 직접 장학에 관한 연수를 실시한 적이 있습니다.

전문직에서는 상급자들과 보다는 동료들끼리 전문성 향상을 위한 노력을 하는 것이 특성입니다. 교직에서도 중간지도자를 기르는 일을 해야 합니다. 부장교사의 권한과 권위를 세워 주고 이에 상응한 대우를 해주어야 합니다. 그래서 부장교사는 반은 수업에 반은 행정과 장학적인 일에 그들 시간을 쓸 수 있도록 제도적으로 뒷받침해 주어야 한다고 봅니다. 그래서 부장교사를 중심으로 동료장학을 하게 하는 것입니다. 최근에 교사의 직급을 몇 개로 나누어야 한다는 주장이 있는데 전문직에 많은 계층을 만드는 것은 찬성하지 않으나 부장교사만큼은 반행정가, 반장학사로 양성할 필요가 있다고 봅니다.

임상장학의 기술과 능력을 갖고 있는 교사가 있다면 동료교사에게 임상장학을 실시할 수 있겠으나 그렇지 않다면 서로 수업관찰을 한 후 협의회를 갖는 형식이 좋을 것입니다.

경험 있는 유능한 교사와 경험이 적은 교사를 짝을 지워 주어서 모든 일을 협의하고 지도하게 하는 방안도 생각할 수 있습니다.

최근에는 동료코치라고 하여 동료교사로 하여금 운동을 코치하듯이 수업을 코치하고 있는 제도가 외국에서 번져 나가고 있습니다. 이 동료코치도 ① 동료교사가 수업관찰을 통하여 자료만 수집해서 피드백해 주는 수준과, ② 대등한 수준에서 서로 협동적 노력을 하게 하는 방법, ③ 한 교사가 전문가의 입장에서 다른 동료교사를 전문적으로 코치하는 방법의 세 수준으로 나누어 볼 수 있습니다.

증치교사가 있는 학교에서는 이를 동료장학사로 활용하는 방안도 생각할 수 있습니다. 외국에서도 "자원교사" 또는 "float teacher"라고 해서 이들로 하여금 동료교사를 지도하게 하고 있습니다. 이 증치교사가 없는 인근학교까지 장학할 수 있도록 하여 전문가 교사로 활용하도록 제도화시킬 수도 있습니다.

잘만 하면 이 동료장학의 성공 가능성은 높다고 봅니다. 특히 행정직에 대하여 거부감을 갖는 경향이 있는 요즈음에 전문교사끼리 동료장학을 통하여 협동적 노력을 하라고 하는 것은 논리적으로도 설득력이 있습니다.

(3) 직원발전

과거의 직원연수와 비슷한 개념이 "직원발전"입니다. 관제가 아니라 교사 스스로 능력개발을 위하여 노력한다는 의미에서 입니다.

직원연수를 계획할 때 교사의 요구를 조사해서 주제와 강사를 결정해야겠지만 가능한 한 주변에서 먼저 강사를 찾아보는 것이 좋을 것입니다. 학교 내에서 그리고 인근학교에서 강사를 찾아보면 얼마든지 자원이 있을 것으로 봅니다.

대학강사만 찾으려고 하지 말고 좋은 비디오테이프를 빌려다 시청하고 협의하는 방법도 좋을 것입니다. 또 인근학교에서 연수한 비디오테이프를 빌려다 볼 수도 있습니다.

내용과 주제는 교양도 좋지만 흥미 위주보다는 전문직적인 것에 초점을 맞추기를 권하고 싶습니다.

또 좋은 글이나 책을 돌려 가면서 읽거나 짧은 글이라면 복사해서 나누어 주는 것도 좋은 연수가 될 것입니다. 저의 경험으로는 현직에 있을 때 학교에 굴러다니는 교육잡지(신문)를 닥치는 대로 읽고, 연구발표, 세미나에 빼놓지 않고 따라다닌 것도 도움이 되었다고 봅니다.

그리고 제가 연구부장 시절에 직원 전원으로 하여금 무엇인가 한 가지씩 발표하도록 하여 원망도 많이 들었지만 도움은 되었던 경험이 있습니다. 또 대학원을 나온 친구 교사와 교수를 봉사해 주도록 불러서 연수를 했던 적도 있습니다.

우리는 많이 듣고 많이 봄으로써 얻을 것이 생깁니다. 제자들만 잘 되라고 할 것이 아니라 나 잘되기 위해서도 게을러서는 안 되겠습니다. 어떻게 보면 우리는 미련할지도 모릅니다. 우리는 다른 사람은 잘 가르치면서 자기 자신을 가르치는 데는 인색하고 게으르고 실패하고 있는지도 모릅니다. 교장·교감도 자기발전, 자기향상을 위해서 부단한 노력을 해야겠습니다.

(4) 교과협의와 동학년협의

현재 많은 학교에서 실시하고 있는 교과별협의회 서클, 같은 학년협의를 장학적 차원에서 활성화시킬 필요가 있다고 봅니다.

전교조를 막는데 돈을 쓰는 것보다 교사들의 자발적인 건전한 교과서클 육성에 돈을 투자해 주었으면 좋겠습니다. 제가 아는 교육청에서는 이를 위해서 별도의 예산을 책정해 놓고 있습니다.

(5) 직원회와 각종 위원회 활동

직원회도 장학적 차원에서 계획적·체계적으로 활용하면 좋은 효과를 볼 수 있습니다. 지시·전달사항은 유인물이나 게시물로 간단히 대체하고 전문적인 일에 직원회시간을 활용하면 많은 성과와 보람을 가질 수 있을 것으로 봅니다.

그리고 전문직에서는 각종 위원회 활동이 활발합니다. 형식적으로 이름만 붙여 놓은 위원회가 아닌 전문적이고 실질적인 위원회 활동에 교장·교감은 관심을 보여야 합니다.

교육과정위원회, 인사위원회, 예산기획위원회, 직원발전위원회, 규정위원회, 직원회운영위원회, 장학위원회 등을 학교의 필요에 따라 설치할 수 있을 것입니다. 그리고 이들 위원회 활동이 활발해지면 전 직원이 모여서 많은 시간을 보낼 필요가 없습니다.

3) 종합적 장학방법

이것은 개별적·집단적 장학으로 나누기 어려운 것을 합쳐 놓은 종합적인 방법으로 ① 선택적 장학, ② 교육과정개발, ③ 환경개선, ④ 팀 티칭, ⑤ 현장연구, ⑥ 목표개발 등 기타 여러 가지 방법을 모두 여기에 망라할 수 있습니다.

(1) 선택적 장학체제

선택적 장학체제는 학교에서 마련한 몇 개의 장학대안 중에서 각 교사에게 맞는 장학대안을 선택하게 하는 방안입니다. 예를 들면 임상장학, 동료장학, 자기장학, 전통적 장학 중에서 자신에게 도움이 되는 장학방법을 선택하도록 하는 것입니다. 물론 각 대안별로 선택하면 도움이 될 만한 사람을 예시해 주고 한쪽으로 몰리지 않도록 조정하는 일이 중요합니다. 교사들은 동료장학, 자기장학, 임상장학, 전통적 장학의 순서로 선호하는 경향이 있습니다. 이는 개인에게 맞는 장학을 하려는 적극적인 방법으로 장학의 개별화에 접근하려는 노력입니다.

또 이와 비슷한 방안이 발전장학입니다. 교사의 추상수준과 참여수준의 양차원에 의하여 교사의 발전수준을 나누고 제일 낮은 발전수준의 교사에게는 지시적 장학을 하고, 중간수준의 교사에게는 협동적 장학을 하고, 제일 높은 발전수준의 교사에게는 비지시적 장학을 하여 궁극적으로 교사의 발전수준을 높은 수준으로 끌어올리려는 것입니다.

(2) 교육과정 개발

이제 학교수준에서도 교육프로그램과 교육과정을 개발하는 노력을 기울여야 하겠습니다. 벌써 몇 개 학교에서 독립적인 교과서를 개발한 경우가 생겼지 않았습니까? 바람직한 현상이라고 봅니다.

(3) 환경개선

학교와 교실, 학교주변의 환경을 개선하고, 교육자료와 기술을 제공해 주는 것이 중요합니다. 구체적으로 학교사정에 맞게 장학적 노력을 기울여야 하겠습니다.

(4) 팀 티칭

과거에 한때 우리나라에서도 유행했던 팀 티칭도 교사의 능력을 최대한 발휘하게 하고 또 나누어 갖고, 학생들에게 골고루 혜택이 돌아가게 하는 교사들의 협동적 노력의 하나입니다. 이것도 연구·발전시켜야 할 분야라고 봅니다.

(5) 현장연구

현재 교직단체와 연구원 등에서 실시하고 있는 현장연구, 자료전, 과학전, 수업연구교사제 등도 교내자율장학의 차원에서 정신적·물질적 지원과 지도를 해야 합니다. 개인적 노력과 점수를 얻기 위한 수단으로 방치할 일이 아니라고 봅니다. 그 해의 우수교사를 뽑는 일도 생각해 볼 수 있습니다.

(6) 목표개발

전 직원이 일 년간 공동으로 전심전력을 다하여 추구해야 할 교육목표를

개발·설정하는 일도 장학의 과정으로 다룰 수 있다고 봅니다. 이는 학교교
육계획과도 관련지어 볼 수도 있습니다.

(7) 지역장학협력

　인근학교와 여러 가지 장학적 협력을 할 수 있습니다. 교장·교감단이 협
력하여 지역장학을 할 수도 있고, 인근지역 교사들끼리 교과협의, 전문교사
초청으로 동료장학을 할 수도 있을 것입니다. 또 인근학교끼리 공동으로 강
사를 초청하여 직원발전·연수도 할 수 있을 것입니다.

　이제 교내자율장학의 방법과 형태에 대하여는 이 정도로 줄이고 장학의
과정에서 몇 가지 고려할 점에 대하여 언급하기로 합니다.

4. 교내자율장학의 과정

　교내자율장학도 다른 일과 마찬가지로 계획 → 실행 → 평가(plan-do-see)
의 과정을 거쳐야 합니다.

1) 계획단계

　매사가 그렇듯이 일을 성공적으로 실천하기 위해서는 계획이 치밀해야 한
다고 봅니다. 계획단계에서 교장·교감, 연구부장, 교무부장, 교사대표 등을
중심으로 장학위원회를 구성·운영하여 앞에서 언급한 모든 장학방법을 포
괄하는 종합계획을 세우게 하는 것도 좋은 것입니다.

　물론 실천과정에서 계획은 계속 수정·보완될 수 있어야 합니다. 그리고

232 교장의 리더십과 장학

처음에는 무리한 계획보다는 한 가지라도 철저하고 알차게 실행할 수 있는
장학계획이 되었으면 합니다.

2) 실행단계

실행에 앞서 몇 가지 준비와 분위기 조성을 강조하고자 합니다.

첫째는 교장·교감의 장학에 대한 지식과 기술, 능력을 기르는 일이 중요
합니다. 그리고 장학에 대한 의욕과 자신감, 신념을 갖는 일이 중요하다고
봅니다. 그래서 책도 구해서 보고, 연구하고, 자문도 받아야 할 것입니다.
그리고 진정으로 교사를 돕겠다는 여러분들 자신의 마음의 준비가 되어 있
어야 합니다.

둘째는 교사연수를 통해서 교사로 하여금 장학의 필요성을 느끼고 스스로
장학에 참여하겠다는 동기유발과 의욕을 길러 주는 일이 선행되어야겠습니
다. 장학에 대한 불신과 부정적인 태도를 깨끗이 씻어 내고 교사로 하여금
장학적 도움이 필요하다는 인식을 갖게 하는 일이 중요하다고 봅니다. 교사
들이 영원한 학습자로서 배움에 대한 허기증과 갈증을 느끼지 않으면 여러
분의 장학적 노력은 효과를 거두기 어렵습니다.

그리고 장학적 실행 중에도 계속적인 반응과 피드백을 받으며 수정이 필
요할 때는 수정을 가해야 할 것입니다.

3) 평가단계

지금까지 장학은 있었으나 장학의 효과성에 대한 진지한 평가는 없었습니
다. 그 결과 효과 없는 장학이 형식적으로 반복되어 효과와는 무관한 장학
이 계속되어 왔는지 모릅니다. 앞으로는 교내자율장학이 효과가 있었는지

진지한 평가를 통해서 다음 해의 장학계획에 반영되도록 해야겠습니다.

교장·교감 자신의 자신에 대한 평가도 포함되고, 교사의 반응도 중요한 평가자료가 될 것입니다. 그리고 교사의 교수행위에 어떤 변화가 왔으며, 궁극적으로는 학생의 성취에 변화가 있었는지까지 장학의 효과성 평가 검증은 깊이 들어갈 수 있습니다. 결국 학교교육 목표를 잘 달성했는지도 장학의 효과성 평가가 될 것입니다.

발전하는 자는 평가와 반성을 잘 합니다. 다른 사람에게는 관대한 반면 자신에게는 엄격한 사람이 발전합니다.

5. 교내자율장학을 위한 지원

교내자율장학이 성공을 거두기 위해서는 행정적·재정적·법적·제도적 뒷받침이 있어야 합니다.

우선 교장·교감, 부장교사, 평교사에 대한 연수가 선행되어야 합니다. 교장·교감, 부장교사를 대상으로 해서는 지금 여기서 하고 있는 이 연수보다 더 깊이 들어가는 장학적 자질과 기술을 습득하기 위한 연수를 해야 하고, 평교사에 대하여는 장학적 필요를 느끼고 장학에 대한 동기유발을 위한 연수가 선행되어야 합니다.

둘째, 이런 연수를 하려면 돈이 있고 또 시간이 있어야 합니다. 이런 행정적·재정적 뒷받침을 시·군, 시·도 교육청에서 해주어야 합니다. 또 자율장학에 필요한 시설과 도구가 필요하다면 이를 지원해 주어야 할 것입니다.

셋째, 부장교사나 증치교사로 하여금 교내장학요원으로 활동할 수 있도록 보수나 근무부담, 지위 등 법적인 뒷받침을 해주면 좋을 것입니다.

넷째, 지역장학협력회를 구성하여 교장단 또는 교감단이 상호장학을 하게 한다든지, 지역교사들의 교과협의회 또는 교과서클 활동을 할 수 있도록 조직해 주고, 재정적·행정적 뒷받침을 해주면 자율장학의 분위기 조성에 도움이 될 것입니다.

다섯째, 부장교사·교감을 대상으로 장학요원 연수를 실시하여 자율장학을 실시하게 하고 나서 결과에 따라 장학사, 장학관으로 보임하게 하는 방안도 생각할 수 있습니다.

여섯째, 우수 자율장학 사례를 다른 학교에 보급시키기 위한 노력도 체계적으로 할 필요가 있다고 봅니다.

일곱째, 교사들이 스스로 모여서 교재도 개발하고, 정보도 나누고, 학술 발표도 할 수 있는 "교사센터"와 같은 장소와 기구, 편의를 제공해 주는 방안도 생각해 볼 수 있습니다.

이것은 간단하게 몇 가지 적어본 것인데 이외에도 교내자율장학을 지원하기 위한 각 분야에서의 지원체제가 체계적으로 연구되어야 할 것입니다. 앞에서도 말씀드린 것처럼 이런 지원체제와 준비 없이 불쑥 장학만 떼어서 학교에다 맡겨 버린다면 교장·교감은 이를 감당하고 소화해 내기 벅찰 것입니다.

6. 교내자율장학지도력

교내자율장학의 성공을 위해서는 앞에서 말씀드린 외곽적 지원체제가 있어야겠지만 가장 중요한 것은 각 단위학교를 책임지고 있는 학교장의 장학지도력이라고 봅니다.

저는 학교장을 우리나라 교육성패를 좌우하는 "key person"이라고 부르고 있습니다. 현재의 우리나라의 어려운 여건 속에서도 교장이 어떤 사람이냐에 따라 학교의 모습이 달라진다고 보기 때문입니다. 물론 교사 한 사람

한 사람이 유능하면 더욱 좋겠지만 지금 당장 그렇게 되기에는 너무나 많은 시간과 노력이 요구되기 때문에 우선 교장이 변해야 한다고 보아 저는 교장 선생님을 "전략적 인물(strategic person)"이라고도 불렀습니다.

학교장은 더 이상 "외로운 성주"로 남아 있을 수 없습니다. 움직이는 교장, 교사를 뒷바라지 해주는 교장, 끌어 주고 밀어주는 교장으로 변해야 합니다. 그래서 미국 교장의 별명은 "key boy"입니다. 학교 살림을 모두 맡아서 하자니 자연히 학교의 모든 열쇠를 가지고 다녀야 하기 때문에 붙여진 별명입니다. 현재 선생님들이 교무분장으로 나누어 맡은 대부분의 일들은 교장·교감·서무가 해야 할 일들입니다. 교사들로 하여금 가르치는 본업에만 매달리게 하면 교장·교감이 외로울 틈이 없습니다. 교장·교감은 젊어서 고생했다고 그 공로로 쉬라고 앉혀 놓은 자리가 아닙니다.

저는 교장을 배의 선장·함장에 자주 비유하곤 합니다. 배의 나아갈 방향과 항로를 결정하고, 배를 목적지에 안전하게 정박시킬 책임이 함장인 교장에게 있는 것입니다. 그리고 배가 파산하는 경우도 제일 마지막으로 배를 떠나는 사람이 바로 선장·함장입니다. 어떤 사람은 그 배와 생명을 같이하기도 합니다.

교장은 학교를 잘 관리해야 합니다. 그렇다고 관리자로 머물러 있어서는 안 됩니다. 유능한 행정가로 올라서야 합니다. 관리보다 행정을 한 단계 높은 수준으로 봅니다. 행정가 수준을 뛰어넘어 다시 지도자가 되라고 합니다. 목표와 방향을 제시하고 지도력을 발휘하여 이를 달성하는 것이 바로 지도자가 하는 일입니다.

왜 교감 선생님을 모아 놓고 교장 이야기를 하느냐고 반문하시겠지요? 교감은 교장을 보좌할 뿐만 아니라 여러분도 대부분 얼마 안 가서 교장이 될 것이기 때문입니다. 교장으로 하여금 지도력을 발휘하도록 여러분이 도와주셔야 합니다. 그리고 여러분은 학교장학사, 학교장학지도자로 생각해 주시기 바랍니다.

교내자율장학도 전적으로 교장·교감의 장학지도력에 달려 있다고 봅니다. 여러분, 여러분의 지도력을 발휘하여 교내장학이라는 멋있는 평생의 예술작품 하나 만들어 보십시오. 그것이 바로 학교행정가의 보람입니다. 이러한 행정가의 보람을 못 찾는다면 행정은 골치 아프고 귀찮은 존재입니다.

이제 세상은 변했습니다. 지위에서 나오는 "자동적 존경"은 사라집니다. 교감이라는 직위를 보고 존경해 주지 않는다는 말입니다. 여러분의 "인품과 지도력"에 대하여 존경해 주는 것입니다. 존경받는 학교행정가가 되시길 빕니다.

부족한 이야기에 경청해 주셔서 고맙습니다.

제 17 장
한국교육의 명암과 장학의 방향*

1. 효과적인 교육지도자

새해가 되면서 새로운 연대가 바뀌고 또 새로운 세기의 문턱에 접어들었다고 각계에서 야단법석을 떨었습니다만 우리 교육자로서는 이제 새 학년도를 맞아 1990년대의 교육을 시작하게 되었습니다. 먼저 충남교육을 이끌어나가는 도내 전교육지도자(educational leader) 여러분이 한 자리에 모여 새로운 충남교육의 방향을 모색하는 귀중한 자리에 이렇게 초청을 받아 우리 고장 교육의 문제를 같이 생각하게 된 것을 제 일생의 명예와 영광으로 생각하며 이에 감사합니다.

그리고 이번에 처음으로 충남의 교육전문직으로 참여하게 된 분들께 축하를 드리며 교육지도자로서의 앞날에 많은 영광이 있으시길 기대합니다. 그동안 충남의 초등장학진과 교육행정가 여러분과는 만나서 대화할 기회가 여러 번 있었으나 중등장학진과는 대화의 기회를 많이 갖지 못했었습니다. 그

---

* 충청남도교육위원회 교육전문직연수 강의내용임. 1990년 4월 3일, 온양제일호텔.6)

래서 원래 저에게 부탁한 강연내용은 "임상장학"에 관한 것이었는데 이미 저의 강의를 들은 분들도 많고 또 많은 사람이 모인 속에서 그 내용을 깊이 들어갈 수도 없고 하여 오늘은 일반적인 이야기를 하기로 합시다. 이렇게 도내 전 장학진이 모두 모인 자리에서 한 가지 말씀드리고 싶은 것은 여기 계신 교육지도자 여러분의 결심 여하에 따라서 충남교육이 달라질 수 있다는 점입니다. 교육전문직은 전문직 중의 전문직으로서 교육의 방향을 설정하고 이 방향으로 모든 교육가족들이 나아갈 수 있도록 이끌어 나가는 교육지도자들의 자리입니다. 여기 계신 여러분만 단단히 뭉친다면 안 될 일이 거의 없으리라고 봅니다.

효과적인 교육지도자는 먼저 비전(vision)을 갖고 이를 명백하게 제시해야 합니다. 미래에 우리가 도달해야 할 그림과 청사진이 분명할 때 다른 모든 교육자들도 이 비전을 향해 매진할 것입니다.

둘째는 주도적(initiation)이어야 합니다. 스스로 앞장서서 선도적으로 일을 해 나갑니다. 여기 모이신 지도자 중에도 상하관계가 있겠습니다만 누가 시켜서 일하기보다는 스스로가 생각을 해내어 윗분을 설득하고 마음을 움직여 허락을 받아 내 일을 추진해 나가는 방식입니다. 상급지도자도 하급자를 시키기보다는 팔을 걷어붙이고 앞장서서 일해 나가는 방식이 주도적인 지도자의 속성입니다.

셋째, 지도자는 참여(participation)를 끄집어낸다는 것입니다. 참여는 민주주의의 요체입니다. 여러 사람이 참여하여 일을 결정하면 좋은 결정을 할 수 있을 뿐만 아니라 설사 좋은 결정을 못하더라도 이 결정에 불만이 있을 수 없습니다. 참여는 하급자를 위한 것이 아니라 의사결정권자가 참여자의 도움을 받기 위한 것입니다. 그래서 형식적인 참여를 위한 참여는 시간 낭비이며 효과를 거둘 수 없습니다. 참여를 위해서는 필연적으로 의사소통 기술이 따라붙어야 합니다.

넷째, 효과적인 지도자는 지원적(supportive)입니다. 구성원들로 하여금 일할 수 있도록 지원해 주고 격려해 주며, 금지보다는 허용과 시도를, 끌고

가기보다는 밀어 주기 식이어서 직원들로 하여금 신바람 나서 신들린 사람처럼 일하게 합니다.

다섯째, 효과적인 지도자는 자원적(resourceful)입니다. 지도자는 줄 것을 가지고 있어야 합니다. 전문적 지식이 되었든, 아니면 경험에서 우러나온 지혜가 되었든 기술이나 시간, 금전, 인품과 덕망 등 무엇이 되었든 소속직원들이 찾아와서 실컷 퍼먹거나 마시고 갈 자원을 가지고 있어야 합니다. 궁지에 몰린 직원을 도울 수 있는 울타리나 바람막이, 그늘막이가 되었든 또는 지친 직원들이 와서 기댈 수 있는 지주가 되었든, 아니면 벌과 나비들이 찾아와 묻혀갈 꽃가루나 꿀, 향기와 같은 자원을 축적하고 있어야 합니다. 이런 자원을 남보다 많이 축적하기 위해서는 남보다 더 부지런히 피나는 노력을 해야 합니다. 여러분들은 남보다 더 노력하여 이 자리에 서게 되었겠습니다만, 지도자가 되고나서는 더 연구·노력해야 합니다.

이러한 다섯 가지 속성을 갖춘 더욱 훌륭한 교육지도자가 될 것을 기대하면서 여기서는 ① 한국교육의 밝은 면과 어두운 면을 잠깐 조명해 보고, ② 충남교육을 이끌어 가기 위한 장학의 방향을 같이 생각해 보기로 합시다.

2. 한국교육 40년의 명암

세상에는 어두운 면이 있으면 반드시 밝은 면이 있게 마련입니다. 그런데 많은 사람들이 어두운 면만 보고 불평, 불만, 비관하기가 쉽습니다. 살아가면서 불평, 불만이 없을 수는 없으나 이를 적극적으로 활용하여 세상을 밝게 만들려는 노력이 따르지 않을 때에는 비생산적인 불만이 되어 퇴보하게 됩니다. 저는 젊은 교사들이 적극적인 개선 노력 없이 불만 속에서 그들 생의 귀중한 젊은 시절을 보내는 것을 몹시 안타깝게 생각합니다(이들을 올바르게 이끄는 것은 우리 교육지도자들의 책임입니다).

우리가 일제 식민지 교육으로부터 벗어나 우리 손으로 우리의 교육을 하기 시작한 지 약 40년, 한국교육에도 밝은 면과 어두운 면이 있게 마련입니다. 그런데 저는 아직까지 이 밝은 면을 부각시키거나 지적하는 사람을 별로 만나지 못했습니다. 한국교육하면 조령모개가 대명사처럼 되어 있습니다. 그러나 밝은 면이 있었기에 오늘의 한국교육이 존재할 수 있었을 것입니다.

1) 한국교육의 밝은 면

한국교육 40년 중에 밝은 면을 지적하라고 하면, 저는 서슴없이 첫째로 교육기회의 확대를 들겠습니다. 우리와 비슷한 시기에 독립하여 나라를 세웠던 많은 나라들이 아직도 40~70%의 문맹률을 가지고 있는 실정인데 우리가 단기간 내에 모든 국민을 문맹으로부터 해방시키고, 문맹이라는 국민병을 퇴치했다는 것은 세계가 놀라고 부러워하는 사실입니다. 초등학교와 중학교에 거의 완전 취학하고, 고등학교 취학률이 83%(진학률은 89%)에 달하고, 대학에 37%(고졸자의 대학 진학률은 52%)가 취학하고 있다는 것은 교육기회가 그만큼 확대되었고 누구나 원하면 학교에 접근할 수 있다는 사실을 증명해 주고 있습니다. 이는 곧 민주주의의 실현이라고 표현할 수 있습니다. 그리고 6-3-3-4제의 단선형 학제를 굳힌 것도 민주주의 실현의 하나라고 할 수 있습니다.

의무교육기간이 중학교까지 확대되고 곧 이어 고등학교까지 포함되어야 할 실정입니다. 지금도 고등학교에 해당연령의 83%가 취학하고 있다는 것은 의무교육에 가까운 효과를 보고 있는 셈입니다.

대학생 수가 많다고 비난하는 소리도 있지만 해당연령의 37% 학생에게 고등교육의 문이 열려 있다는 것도 고등교육기회의 균등이라는 측면에서 대단한 발전입니다. 아직도 많은 나라에서 대학을 소수 지배계층을 형성하기 위한 기관으로 생각하여 소수 정예자에게만 대학에 접근할 수 있는 기회를 주고 있는 데 비하면 우리는 능력이 있으면 누구나 대학에 갈 수 있게 하고 있는 셈입니다.

과거 우리나라에서 여성들에게 거의 교육기회가 주어지지 않았던 점에 비하면 여성들에게도 많은 교육기회가 주어진 셈입니다. 그런데 아직도 고등학교의 여성 취학률은 79%, 대학은 23% 정도로 남성에 비하여 여성의 취학률이 처져 있는 것은 사실이나 과거의 전통에 비하면 대단한 발전이라고 할 수 있습니다. 이런 현상도 많은 사람들이 교육받을 수 있는 기회가 있었기 때문에 이런 생각의 변화가 가능했던 것입니다.

또 유아교육기회의 확대, 평생교육기회의 확대, 산업체부설학교 및 특별학급 설치, 방송통신대학, 개방대학 등의 설치로 어려운 여건 속에서도 나름대로 모든 사람들에게 교육기회를 확대하려고 한 것은 민주주의 정신에 바탕을 둔 것으로 분명히 우리 교육의 밝은 면이라고 하지 않을 수 없습니다.

둘째, 교육기회의 확대와 관련되는 것이지만 사회발전, 경제발전, 국가발전에 대한 교육의 기여를 지적할 수 있습니다. 그동안 교육받은 인구가 없었더라면 1960년대, 1970년대의 경이로운 경제·사회·국가발전은 어려웠을 것이라고 쉽게 짐작할 수 있습니다. 특히 우리의 교육이 정책적으로 초등교육, 중등교육, 고등교육의 순서로 확대해 나갔던 것은 참 잘했던 일이라고 봅니다. 그래서 국민교육의 저변에서부터 확대되었기 때문에 가족계획이나 근대화정책도 가능했고, 군대의 현대화와 단기간 내의 산업화도 가능했다고 봅니다. 교육받은 인구가 없었으면 88올림픽을 성공적으로 이끌어 국위를 선양하지 못했을지도 모릅니다.

또 국민의 교육수준이 높아졌기 때문에 정치적인 민주화를 촉구하는 데도 기여했다고 봅니다. 학교에서 배운 민주주의와 사회에 나가서 국민의 피부에 와 닿는 민주주의 사이에 차이를 발견하고는 이 차를 줄이기 위하여 노력했던 것입니다.

교육이 국가·사회·경제·정치·문화발전의 원동력이 되었던 점은 분명 우리 교육의 밝은 면이었음에 틀림없습니다.

  셋째, 우리의 선배 교육자들이 교육을 위해서 헌신적으로 노력했던 점도 우리 교육 성공의 열쇠였다고 봅니다. 교육이론과 기술, 행정이론과 기법은 부족했을지 몰라도 우리의 선배 교사들이 황무지 속에서도 열심히 국민교육을 위해서 노력한 결과 오늘의 한국이 건설되었다고 봅니다. 제가 오늘까지 살아온 동안의 약 절반은 제가 "받은 교육" 기간이고, 절반은 제가 "해온 교육" 기간입니다. 회고하건대 저는 은사님들로부터 "받은 교육"만큼 "해온 교육"을 잘하지 못했던 것 같습니다. 저의 은사님들로부터 "받은 사랑"을 저의 제자들에게 전해 주지 못하고 있습니다. 우리의 선배 선생님들은 당신에게 이익이 되는지, 손해가 되는지 주판알을 튕겨 보지 않고 무조건적으로 사랑을 베풀었던 것 같습니다. 그러나 현대의 교사들은 전자계산기로 손익계산과 시간당 노력의 대가를 따지게 되었습니다.

  우리가 어려운 여건 속에서도 세계에 그리 뒤지지 않는 교육으로 발전할 수 있었던 것은 유교사상, 선비정신의 튼튼한 바탕 위에 우리의 선배 교사들이 열심히 제자들을 가르쳤기 때문이라고 그 공을 돌리고 싶습니다.

  우리 학생들도 선생님 지도를 잘 받아 열심히 노력했습니다. 지금도 다른 나라의 학생들에 비하여 공부하는 시간은 많다고 봅니다. 새벽부터 밤늦게까지 공부하고 있는 나라가 그리 많지 않을 것으로 믿습니다. 문제학생이 없는 것은 아니나 이렇게 지겨운 공부를 시켜도 고분고분 말 잘 듣는 어린이와 청소년은 다른 나라에도 많지 않을 것으로 봅니다. 우리나라 학생들의 뜨거운 향학열 덕분에 오늘의 한국이 건설되었는지도 모릅니다.

  학부모와 국민들의 뜨거운 교육열은 우리 교육발전의 동력이었습니다. 때로는 과열이라고 책망하기도 했으나 자녀교육에 열심인 것이 무슨 죄였겠습니까? 죄는 그런 교육열을 옆으로 새게 했던 교육지도자와 교육자들에게 있었던 것입니다. 굶으면서도 땅 팔고 소 팔아 자녀를 교육시키려고 했던 우리 학부모들의 뜨거운 교육열의가 우리 교육의 밝은 면을 비춰 주었습니다.

  백지 위에서 여러 교육 관련법을 제정하고, 또 현실에 맞지 않는 학교시

설기준령이라고 비난했지만 그런 기준이 있었기 때문에 오늘날과 같은 운동
장과 교지라도 확보할 수 있었던 것입니다. 학교 교육환경이 엉망이라고는
하지만 우리와 비슷한 시기에 독립한 나라들에 비하면 전적으로 부정적으로
만 말할 수는 없습니다.

한마디로 우리의 선배 교육자들의 헌신적인 교육애와 학생들의 향학열,
학부모와 국민들의 교육열은 우리 교육의 밝은 면이었고 학교 교육발전의
원동력이었으며 교육의 3호재라고 봅니다. 이러한 교육 에너지를 꼭 필요한
곳에 집중투자하도록 하는 일이 우리 교육지도자들이 해야 할 과제라고 봅
니다.

이상을 종합하면 우리 손으로 우리의 교육을 하기로 넘겨받으면서 무에서
유를 창조하는 어려움에다 6.25의 잿더미를 딛고 초등교육에서부터 차례대
로 중등교육, 고등교육의 기회를 확대하여 많은 사람들을 열심히 교육한 결
과 국가·사회·경제발전에 공헌한 점은 한국교육의 밝은 면이었습니다. 우
리나라에서 교육은 분명 국가발전의 저력이었습니다. 그동안 학부모와 국민
들, 교육자와 학생들의 교육을 위하여 희생적으로 노력하여 그런대로 3박자
화음이 잘 맞았었다고 할 수 있습니다. 그래서 지금도 한국학생들이 해외로
나갔을 때 모두가 두각을 나타내고 환영받고 있습니다.

2) 한국교육의 어두운 면

여러 가지 어두운 면이 있겠으나 앞에서도 잠깐 언급했던 것처럼 첫째,
조령모개식 교육정책을 지적하지 않을 수 없습니다. 충분히 연구하고, 실험
하여 틀림없다고 확신할 때 정책으로 채택하고 일단 정책으로 채택했으면
끝까지 밀고 나가는 정책의 일관성과 지속성은 한국교육에서 아쉬운 점이라
고 할 수 있습니다. 마치 외국 이론의 실험장과 같은 인상을 주고 있습니
다. 이것은 비단 교육분야에서만 그랬던 것이 아니라는 점을 생각하면 아마

도 한국 국민의 성급함에서 온 것인지도 모릅니다. 이러한 일관성 없는 정책변화로 가뜩이나 적은 교육재정에 낭비를 가져왔고 때로는 많은 학생과 학부모들이 피해를 보았을 것으로 생각됩니다.

우리가 40년 동안 한 가지만이라도 일관되게 철저히 교육했더라면 지금쯤 그것 하나만은 뿌리를 내렸을 것이며, 그것만은 세계 제일이 되었을 것입니다.

둘째는 입시교육의 어두운 면을 지적하지 않을 수 없습니다. 근본적으로 입학정원은 제한되어 있는데 그보다 많은 사람들이 학교에 가고자 한다면 필연적으로 입시경쟁과 입시를 위한 준비는 따르게 마련입니다. 그렇다고 마치 학생들이 입시를 위해서 이 세상에 태어난 것 모양으로, 또 학교가 전적으로 입시를 위하여 존재하는 것 모양으로 본말이 전도된 교육운영을 하는 것은 분명 잘못된 것입니다. 정상적인 학교교육을 하고 학생이 개인적으로 입시를 준비하는 정도는 어쩔 수 없다고 봅니다. 그런데 왜 고등학교가 온통 입시에 매달려 춤을 추어야 합니까?

입시는 분명 한국교육의 암적 존재입니다. 교육의 거의 모든 비정상이 이 입시라는 암으로부터 발생하고 있습니다. 교육의 본질, 내실을 팽개치고 입시에 매달려 있습니다. 지금까지 과거와 같은 중학교 입시, 고등학교 입시가 존재했더라면 우리 교육이 어떻게 되었을 것인가를 상상만 해보아도 소름이 끼칩니다.

입시문제는 입시제도 하나를 바꾸거나 시험과목이나 방법을 바꾸는 것만으로는 해결이 되지 않습니다. 근본적으로 많은 사람이 대학으로 몰릴 필요가 없도록 하고 또 대학에 못갈 사람들이 빠져 나갈 수 있는 다른 문을 열어 놓아야 합니다. 다음으로는 입시준비를 할 필요가 없도록 만드는 일이 뒤따라야 합니다.

셋째, 교육기회의 확대에 비하여 질이 떨어지고 형식적인 교육이 많았다는 점입니다. 많은 학생을 학교에 오랫동안 잡아 놓고, 많은 과목의 많은 지식을 교육하고 있으나 이에 반비례하여 교육의 질은 떨어지고 무엇 하나 철저하지 못했다는 반성이 있습니다.

도의과목을 교육과정에 포함시킨 것은 잘한 일이나 이를 생활화시키지는 못했으며, 국어보다도 영어에 그렇게 많은 시간과 정력을 투입하고도 외국인과 말이 안 통하여 물건을 못 팔아먹고 있습니다.

넷째, 과거 우리의 교육이 너무나 정치의 시녀 노릇을 했다고 봅니다. 우선 교육총수가 정치적으로 너무나 자주 바뀌었고, 교육과 관계없는 사람이 자주 그 자리를 차지하기도 했습니다. 공교롭게도 공화국이 바뀌는 대로 교육과정이 바뀌었고, 정치체제 유지를 위하여 교육자들은 같이 춤을 추어야 했습니다.

다섯째, 지체부자유아 등 소외계층에 대한 교육적 배려가 부족했다고 봅니다. 그동안 여력이 없었다고 변명할지 모르지만 특수아에 대한 교육을 여력으로 할 일은 아니라고 봅니다.

그 외에 우수한 교사를 확보하고 유지하고 개발하는 데에도 실패했다고 봅니다. 오히려 일제시대 정부수립으로부터 가까운 연대에 이르러 우수한 인력이 교직에 들어왔으나 최근으로 올수록 우수한 인력이 교직 이외의 길로 빠지고 있는 것 같습니다. 우리가 현명했더라면 어떤 수단을 써서라도 우리의 동료가 될 교사후보자를 우수한 제자로 확보해 놓고 나머지를 다른 곳으로 보냈을 것입니다.

결국 조령모개식 교육정책과 입시제도, 겉 바퀴 도는 형식적인 교육, 철저하지 못한 교육과, 비정상적인 정치적 압력, 소외계층에 대한 인간적·교육적 배려의 부족이 우리 교육의 어두운 그림자라고 할 수 있습니다.

그러면 이런 어두운 면을 밝은 면으로 돌려놓고 밝은 면을 계속 밝게 하기 위하여 우리 충남교육지도자들은 우리 충남교육을 어떻게 이끌어야 하겠습니까?

충남교육의 장학방향을 생각해 보기로 합시다.

3. 장학의 방향

이것도 먼저 교육목표, 내용면의 장학방향에 대하여 몇 가지 제안을 하고 난 후 장학의 방법적 방안에 대하여 몇 가지 제안하고자 합니다.

1) 교육목표·내용적 장학방향

여기서 제가 말씀드리는 것은 순전히 제 개인의 주관적인 육감에 의한 개인적인 사견입니다만 만일 여기 계신 몇 분이라도 이에 찬동한다면 여러분의 위치에서 여러분이 할 수 있는 일을 찾아서 몸소 실천하여 주시기 바랍니다.

저의 판단으로는 처음부터 다시 시작해야겠다는 것입니다. 저는 이것을 바탕교육, 철저한 교육이라고 이름 붙여야 할 것 같습니다. 바탕이 되어 있지 않은 그 위에 성적 위주의 입시교육으로는 근본적으로 흔들리게 됩니다.

바탕을 다지는 교육 중에서도 첫째, 윤리·도덕의 바탕교육을 처음부터 다시 해야겠습니다. 이런 윤리·도덕의 바탕 없이는 과학·기술·직업·고도산업도 허사이고 또 오용될 수도 있습니다.

사람이 살자고 하는 일인데 너무나 많은 사람들이 제명대로 살지 못하고 죽어 가고 있습니다. 교통사고, 산업재해, 공해로 병들고 죽고 있습니다. 더 무서운 것은 사람이 죽었다고 해도 이제 무감각해져서 별로 놀라지도 않게 되었습니다. 이는 근본적으로 인간의 생명을 가볍게 여기는 데서 나온 현상입니다.

돈을 벌자고 인간의 생명과 직결되는 부정약품과 부정식품이 거침없이 쏟아져 나오고, 강도는 말할 것도 없고 거리의 불량배와 불량학생까지도 너무나 쉽게 사람을 죽이고 있습니다. 성적 비관으로 자살하는 학생이 1년에 몇 백 명씩 되어도 입시의 절박성 때문에 눈 하나 꿈쩍하지 않고 있습니다. 인간의 생명을 귀중하게 여기는 교육을 가정·학교에서 어려서부터 지속적으로 철저히 처음부터 다시 시작해야겠습니다.

인간의 생명뿐만 아니라 자연의 생명까지도 존중하는 근본적인 교육을 철저히 해야겠습니다. 마음에서 우러나지 않은 형식적인 자연보호운동과 새마을운동을 그렇게 열심히 했어도 이제는 모두 허물어진 느낌입니다.

생명이 아무렇게나 다루어지는 판이니 인권인들 존중되었겠습니까? 특히 약자, 여자, 장애자, 어린이의 인권이 무시되는 경우가 많습니다. 길거리에서 너무나 쉽게 신분증 제시의 요구를 받고 있으며, 현행범도 아닌데 아무렇지도 않게 학생들의 책가방과 핸드백이 거리에서 수색 당하고 있는 것을 목격하게 됩니다.

특별한 이유나 목적이나 필요성도 없이 공공시설이 파괴되고 망가지고 있습니다. 그렇게도 많은 공중도덕을 가르쳤는데도 허사가 되었습니다.

어른들이 버린 담배꽁초를 어린 초등학생이 고사리 손으로 줍고 다니더니 이제 그 아이들이 어른이 되어 다시 담배꽁초를 더 버리고 또 그 동생, 조카, 자식들이 줍고 있습니다. 우리가 이렇게 겉 바퀴 도는 교육을 언제까지 해야 합니까? 학교에서 들은 것은 들은 것대로 시험 볼 때나 써먹을 뿐이고, 생활하고 행동하는 것은 별도로 따로 하고 있는 모양입니다. 윤리·도덕의 바탕을 다져야겠습니다.

그렇게 많이 국산품애용 교육을 했는데 외제가 판을 치고 있으며 수출보다 수입이 많다고 하고 비쌀수록 잘 팔린다고 합니다. 과거 40년간 폐품활용을 강조하고 공책 겉표지까지 쓰도록 했는데 지금 사치와 낭비가 난무하고 있습니다.

겉만 뻔지르르한 "메이드 인 코리아"의 생명이 길 수가 없습니다. 그러니까 수출은 안 되고 오히려 정성 드리고 마지막 손질까지 한 외제를 우리들 자신이 더 선호하는지도 모릅니다. 국민들, 학생들은 지금까지 너무나 많이 속아왔고 겁먹어 왔기 때문에 이제는 별소리를 해도 믿으려 하지 않고 있습니다.

바탕교육 중에서도 둘째, 기초교육에 철저해야겠습니다. 자기 나라의 보통교육을 받았으면 최소한 읽고 쓰고 말하고 셈하고 생활하는 데 불편이 없어야 합니다. 자기 나라 의무교육을 마쳤으면 그 나라 대중신문은 읽을 수 있게 해주어야 할 것 아닙니까?

어차피 주입식 교육을 할 바에는 무슨 수단을 쓰더라도 입학한 지 한두 달 내에 한글해득은 끝내야 합니다. 영어의 알파벳도 마찬가지입니다. 이런 문제는 이론이고 학설이고 없다고 봅니다.

과목 중에서도 수학, 물리, 화학, 생물, 지구과학 등 기초과학을 분명히 다져 놓아야 합니다. 이런 기초를 뛰어넘은 채 노벨상에 도전한다니 지하의 노벨은 상 타기 위해서 공부하는 한국사람 얄미워서라도 상을 안 줄 것입니다.

외국어와 컴퓨터의 기초도 분명히 해 놓아야 합니다. 급하게 몇 사람만 길러 내는 땜질 교육은 금방 들통 나고 맙니다. 지금은 컴퓨터를 다루지 못하는 것도 문맹(기능적 문맹)이라고 합니다.

기초체력 없는 급조된 손 기술, 발 기술의 선수 몇 명을 길러 내서는 아무리 투자해도 금방 바닥이 나고 맙니다. 학생 전원이 학교의 어느 운동 팀엔가는 낄 수 있게 하려면 해야 할 것입니다. 보통 교육을 받아야 할 몇 아이를 희생시켜 선수로 만들어 내는 것은 죄악입니다.

바탕교육 중에서도 셋째, 문화·예술의 바탕은 빠를수록 좋다고 봅니다. 선진국은 고기를 많이 먹고 좋은 옷을 입어서 선진이 아닙니다. 문화·예술 생활에서 선진국과 후진국의 차이가 벌어집니다. 아름다움(미)을 보고도 보지 못하고, 듣고도 듣지 못한다면 미에 관한 한 장님이요 귀머거리인 것입니다. 보통교육을 해야 할 학교에서 성적 올려 일류 상급학교에 보낸다고 하다가 멀쩡한 애들 생병신 만들지 않도록 예능교육의 기초를 소홀히 해서는 안 될 것입니다.

최근 미국의 교육학술지에 "일본교육에서 배우자"는 제목의 글이 자주 나타나고 있습니다. 하나하나가 철저하고 정확한 교육을 일본으로부터 배우자는 것입니다. 물건 하나 정리하는 것, 말 한마디 하는 것이라도 철저해야겠습니다. 학생 하나하나에 정성이 들어가야겠습니다. 우리가 그동안 다인수

학급에서 정성이 들어가지 않은 거친 교육을 한 결과 40년 교육의 성과가 허공으로 날아가고 성인사회에서 가르친 것과는 정반대의 현상이 자주 나타나고 있는지도 모릅니다.

둘째, 앞에서 한 바탕교육의 기초 위에 우수성(excellence)을 추구해야겠습니다. 최저수준의 요구에 의하여 졸업시키는 것이 아니라 학생들이 가지고 있는 능력을 최고수준으로 발휘하도록 해야겠습니다. 모든 면에서 고루 잘하는 평균인간(Mr average)도 중요하지만 그렇게 하기가 어렵다면 어느 한 부문에서만이라도 최고의 능력 발휘를 할 수 있도록 해야 할 것입니다.

그렇게 하려면 교사들이 가지고 있는 능력도 최대한 발휘하여 교사 자신의 자아실현을 도와줄 수 있게 되어야 합니다. 교사의 능력개발(staff development; S. D.), 이것이 바로 장학적 책임입니다. 현재 한국의 교사들이 최고 수준으로 능력 발휘하고 있다고는 보지 않습니다. 인간은 자기능력을 최대한 발휘할 때 행복합니다. 교사의 교수효과성에 대한 관심을 새롭게 해야 하는 때입니다. 교사들이 열심히 하고 바쁜 것도 중요하지만 더 중요한 것은 얼마나 효과적이냐 하는 것입니다.

학교조직도 살아 있는 하나의 생명체에 비유될 수 있습니다. 학교조직이 가지고 있는 능력도 100% 발휘할 수 있도록 조직개발(organizational development; O. D.) 하는 것도 장학적 책임입니다. 학교효과성에 대한 관심을 높여야겠습니다.

교육의 우수성 보장, 교수효과성·학교효과성 증진을 위해서는 다시 교육지도자인 여러분 장학진의 능력개발이 우선해야 합니다. 여러분은 여러분이 가지고 있는 능력의 기껏해야 20% 내외를 발휘하고 있을 것입니다. 아직도 쓰지 않고 있는 80%의 능력을 개발하여 충남장학을 위해서 쓰고 여러분 자신도 스스로 행복해지시고 또 장학직의 보람을 찾으십시오.

충남교육의 목표, 내용면에서 저는 바탕교육 위에 우수성 추구의 교육을 제안하였습니다. 물론 이를 동시에 추구해야 할 것입니다.

이제는 이러한 교육을 위한 장학방안 몇 가지를 제시하고자 합니다.

2) 장학방법적 방안

장학방법에도 여러 가지 측면에서 전환이 따라야 합니다. 이것을 여기서는 ① 장학의 중심이동과 ② 장학의 전문화라는 말로 표현하고자 합니다.

첫째, 장학의 중심이 외곽, 상부로부터 교사, 학생, 수업 가까이로 옮겨와야 한다고 봅니다. 교사와 멀리 떨어진 교육부를 중심에 놓고 보는 사고가 아니라 교육이 이루어지고 있는 수업현장을 중심에 놓고 보는 사고의 전환이 요구됩니다. 교육현상도 학생과 교사의 입장에서 보면 많은 것이 다르게 보입니다. 장관의 입장, 교육감의 입장, 장학사·장학관의 입장에서 장학하려고 하지 말고 학생과 교사의 입장과 그들의 필요에 의하여 장학이 이루어져야 합니다.

(1) 장학관의 변화

이러한 장학의 중심이동 중에서도 장학관의 변화를 제안합니다. 선생님들로 하여금 잘 가르치고 열심히 일하게 해서 학생에게 도움이 되고 학교가 잘되게 하자는 관점이 아니라 교사의 자아실현을 도와주어 교사 자신을 행복하게 해주자는 장학의 철학을 말합니다. 교사의 능력을 최대한 발휘하고 자발적으로 일하여 생의 보람을 찾게 해 주자는 장학의 관점으로 우리 장학 지도자들의 사고가 바뀌어야겠습니다. 교사들이 태어날 때부터 아동, 학생, 학교, 사회, 국가를 위해서 태어나고 교사가 된 것은 아닙니다. 학교조직사회에서 개인의 행복을 찾기 위해서 조직 속으로 들어온 사람들입니다. 교사들이 학교에서 행복해지면 학생들과 학교는 저절로 잘되게 되어 있습니다. 선생님들을 수단시하지 말고 목적으로 생각해 주십시오.

장학의 중심이동은 교사 쪽으로 미시적으로 가까이 파고드는 장학을 의미합니다. 그래서 행정적·정책적 장학보다도 교사들의 주업인 수업을 개선하는 수업장학에 비중을 두어야 합니다.

(2) 임상장학 방법

그 중에서 임상장학 방법은 구체적인 장학 대안입니다. 수업 전 또는 장학방문 전에 장학자와 교사가 만나서 이마를 맞대고 문제점을 논의하고, 여기서 수업계획, 장학관찰계획을 세우게 됩니다. 이 사전 계획협의회의 약속대로 수업관찰을 하고, 여기서 수집된 객관적인 관찰자료를 놓고 수업 후에 다시 모여서 피드백을 위한 협의, 수업개선을 위한 협의를 하면서 수업현장에서 장학자와 교사의 친밀한 관계 속에서 교사의 수업기술 향상과 전문적 성장을 도와주는 장학방법입니다.

이러한 임상장학을 위해서는 이런 장학방법의 밑바닥에 깔려 있는 철학에 알맞게 장학자와 교사의 생각과 태도가 바뀌고 장학환경과 여건도 바뀌어야 합니다. 특히 장학자의 임상장학 기술이 있어야 합니다.

(3) 교내장학의 강조

교사의 피부에 와 닿는 장학을 하려면 교사와 직접 만나고 있는 교장·교감을 중심으로 한 교내장학이 활성화되어야 합니다. 교육부, 교육청의 지시, 명령으로는 교사들의 생각 속으로 뚫고 들어갈 수 없습니다. 지시명령을 받더라도 결국 이를 교장·교감의 생각으로 번역하고 바꾸어서 접근하지 못하면 오히려 역효과를 냅니다.

그런데 교장·교감 중에는 장학이 자기들의 제1의 직무라는 것을 잊고 관리적인 일만 하여 하나의 서무직원으로 전락하고 마는 경우가 많습니다. 학생교육의 권한과 책임이 교장에게 있다는 것을 모르고 있거나 알아도 이를 일찌감치 포기하고 있는 것입니다. 특히 중등학교에서 교장과 교사 사이에 전공 교과목이 다르다는 이유로 교장의 수업 장학적 지도성을 포기하는 경우가 많습니다. 외국의 교장들이 수업에서 지도력을 발휘하고 이 영토를 안 뺏기려고 피나는 노력을 하는 것과 아주 대조적입니다. 교장이 수업장학 영역을 잃으면 설 자리를 잃고, 교장의 존재 이유에 위협을 받게 되어 교장실의 의자를 치우라고 하게 될 것입니다. 우리의 교장들이 과거에 수업장학,

교내장학을 등한히 한 결과 교장실 의자에 돌아가면서 앉자고 하는 주장이 나오게 된 것입니다.

시·군, 시·도 교육청은 교장·교감을 중심으로 교내장학이 잘 이루어지도록 체제와 제도를 마련해 주고 지원해 주는 역할을 하기에도 너무나 바쁠 것입니다. 중요한 것 중 하나는 교장·교감의 장학능력개발을 위한 계획적인 연수를 추진하는 일입니다. 현상태에서 교장·교감에 대한 장학연수 없이 교내장학을 활성화하라고 공문을 내려 보내봐야 또 한 장의 종이만 버리게 됩니다.

(4) 동료장학으로의 유도

전문가들은 동료들과의 협의와 지도가 효과적입니다. 교사들의 경우도 교장, 교감, 장학사의 장학보다도 같은 교과, 같은 학년 교사들끼리의 협동적인 발전 노력이 효과를 볼 가능성이 높습니다. 상하개념도 없고, 또 평가의 두려움도 없어 친근감 속에서 교수기술과 전문적 성장을 기할 수 있다고 봅니다. 다만 교사들의 동기부여와 여건조성, 제도화 등의 지원노력이 있어야겠습니다.

최근에는 동료장학이라는 말 대신에 동료코치(peer coaching)라는 말이 인기를 끌고 있습니다. 장학(supervision)이라고 하면 감독적 냄새가 나는데 코치라고 하면 운동코치와 같이 밀착된 느낌을 주고 또 분명히 도와준다는 사실이 분명해집니다.

경험 있는 유능한 교사나 개선하려고 하는 교수기술을 이미 습득하고 있는 교사로부터 코치를 받아 발전해야겠다는 의욕을 교사들은 가질 수 없을까요? 코치비용을 부담하면서까지 테니스 코치, 골프 코치를 받으면서 평생을 먹고 사는 가르치는 전문직에서 무료로 코치를 해주겠다는 것도 사양해야 하겠습니까? 그런 노력 없이 우리가 전문직이라고 떠들어 봐야 남들이 교직을 전문직으로 인정해 줄 리가 없습니다.

동료코치도 ① 단순히 수업관찰만 하여 자료만 제공해 주고 그 활용은 수업을 한 교사에게 맡기는 자료제공적 코치(mirroring coaching)와, ② 공동으로 문제를 해결하려고 처음부터 끝까지 협동하는 협동적 코치(collaborative coaching), ③ 완전히 그 방면의 전문가로서 지도하는 전문적 코치(expert coaching)의 세 수준으로 나누어 볼 수 있습니다.

교장은 동료장학의 리더(leader)를 잘 지도하고 지원하는 리더의 리더(leader of leaders) 역할을 하고, 교육청에서는 동료장학을 제도화하고 기술지원해야 할 것으로 봅니다.

(5) 자기장학의 동기유발

원래 장학이라는 말의 어원은 타인의 감독(supervision)에서 나왔기 때문에 자기장학은 모순된 말입니다. 그러나 실질적, 결과적으로 교사들이 교수기술을 향상시키고 발전시키기만 하면 되기 때문에 자기장학이라는 말은 성립될 수 있으며, 오히려 바람직한 형태이고 궁극적으로는 이런 자기장학에 기대를 걸어야 할 것입니다.

자신의 수업기술을 향상시키고 전문가로서 계속 성장하고자 하는 의욕만 가진다면 교사들은 자기 혼자서도 얼마든지 장학적 목적을 달성할 수 있습니다. 대학원 수강을 할 수도 있고, 필요한 연수에 참여할 수도 있으며, 자신의 수업을 녹화·녹음하였다가 되돌려 보면서 분석하고 개선방안을 모색할 수 있을 것입니다. 물론 전문서적과 학술지를 구독하는 것도 자기장학의 범주에 포함시킬 수 있습니다.

교장은 스스로 성장하고자 노력하는 유능한 교사로 하여금 계획적으로 실천하도록 지도하면 좋을 것입니다.

(6) 선택적 장학체제

학생들의 개인차 때문에 개별화 학습을 해야 한다는 논리가 장학에도 적용됩니다. 오히려 교사간의 차이는 학생들 간의 차보다 더 심하다고 볼 수 있습니다. 더 많은 세상을 살아오는 동안 노력해 온 교사와 그렇지 못한 교사 사이에 엄청난 차이가 벌어졌기 때문입니다. 그래서 개별화 장학(individualized supervision)을 해야겠지만 이는 현실적으로 불가능합니다. 그래서 마치 자동판매기에서 자기에게 필요한 버튼을 눌러 필요한 것을 골라잡듯이 몇 가지 장학대안 중에서 교사 각자에게 맞는 장학을 선택하여 받도록 하는 것입니다. 즉, 앞에서 말한 임상장학, 동료장학, 자기장학, 전통적 장학 중에서 교사로 하여금 선택하게 하고 1년 후에는 다른 장학대안을 선택하도록 하는 방법입니다. 물론 교장의 조정이 필요한 것입니다. 이렇게 장학을 분산시키는 교장은 정말 교장의 장학을 필요로 하는 소수의 교사에게 장학적 노력을 집중시킬 수 있고 또 교사도 자신이 스스로 선택한 장학이기 때문에 소유의식과 애착심을 가질 수 있게 됩니다.

(7) 지역장학 협력회

교사들끼리 스스로 교사센터나 서클을 만들어 전문성 제고를 위하여 노력하는 경우 교육청에서 지원해 주면 좋은 효과를 볼 수 있을 것입니다.

증치교사를 장학요원으로 하여 인근 학교의 동료장학을 돕게 할 수도 있습니다. 가까운 지역의 교장·교감끼리 장학단을 구성하여 상호장학을 하도록 제도화시키고 이를 지원해 주는 방안도 고려할 수 있습니다.

물론 몇 개의 교육청이 협력장학을 하여 부족한 전교육과 장학사를 확보하는 경우도 있고, 교육청의 장학사와 권위 있는 교과전문 교감을 팀으로 하여 장학 방문하는 경우도 있습니다.

어떤 시·도에서는 요청장학을 제도화하기도 합니다. 학교의 요청을 받아 사전에 준비하여 장학에 임하는 경우입니다.

지금까지 말한 장학의 중심이동은 다른 말로 하면 장학의 민주화라고 해도 좋을 것입니다. 과거의 먹혀들지 않는 권위주의를 고집해서는 부작용만 유발하게 됩니다. 그런데 민주화가 곧 장학의 포기나 약화로 생각해서는 안 됩니다. 오히려 이럴 때일수록 강력한 민주적 장학 지도력에 의하여 교육의 국제적 질 경쟁에서 살아남아야 할 입장입니다.

둘째, 장학의 전문화를 서둘러 줄 것을 제안합니다. 권위적·관료적 장학으로부터 민주적 장학으로 전환하기 위해서는 반드시 전문화가 따라붙어야 합니다. 전문성 없이 민주장학을 하기란 거의 불가능에 가까운 일이라고 보기 때문입니다.

앞에서 제시한 여러 장학을 하기 위해서 장학의 기술과 능력이 있어야 하는데 이것이 바로 장학의 전문성 요구입니다.

장학의 전문화를 위해서는 장학사를 별도로 양성하여 자격증을 필수로 요구해야 합니다. 교직도 전문직이라고 하는데 장학·연구직은 이와 별도로 떼어서 "교육전문직"이라고 하여 전문직 중의 전문직으로 이름만 붙여 놓고 전문자격증도 없이 돌팔이 장학을 하라니 이 무슨 창피한 것입니까? 교장·교감 자격증이나 석·박사 학위 가지고도 안 된다고 봅니다. 장학을 위해서는 장학자격증이 있어야 한다고 봅니다. 교육감도 별도의 자격증을 요구해야 합니다.

전문성은 서로가 인정해 주어야 합니다. 지금은 스스로 전문성을 무시하고 있습니다. 교원과 교육전문직이 수시로 전직되고 있으며 또 같은 교육전문직 사이에서도 수시로 자리 이동하고 있는 것은 스스로 전문성을 인정하지 않고 스스로 파멸의 길로 빠지고 있는 셈입니다.

설사 전문가를 뽑아 교육전문직에 임용했다고 해도 계속적인 자질개발을 하지 않으면 퇴보하고 맙니다. 방학도 없이 또 책 볼 시간도 없이 사무적인 일, 서기적인 일에 1, 2년 파묻히다 보면 우수했던 머리도 녹슬게 됩니다. 오히려 교사의 전문성이 높아져 거꾸로 되기가 쉽습니다. 교사들은 전문 교과, 전문 학년으로 깊이 파고들 수 있기 때문입니다. 교육전문직들이 책을 볼 수 없고 공부할 시간이 없다는 것을 교사들이 알게 되면 교육전문직을 깔보게 되고 장학은 먹혀들 수 없고, 장학에 임하는 장학사들도 자신감 없이 교사들 앞에 나타나게 됩니다.

세상에 이렇게 미련한 짓이 어디 있습니까? 학생들보고는 공부 열심히 하라고 하면서 교사는 공부를 안 해 마침내 남을 잘 가르칠지 모르지만 자신을 가르치지 못하고, 교사들보고는 연수하라고 하고 또 연수를 시키면서 이들을 장학하는 교장·교감, 교육전문직은 자기발전과 연수에 게으르거나 등한시하게 된다면 이렇게 미련한 짓이 어디 있습니까? 영국의 시학관들이 1

년 52주 중 46주를 근무하는데(6주는 휴가) 그중 14주는 해외연수 등 전문성 향상에 쓰고 있다고 합니다. 우리도 이 점을 본받아야 할 것으로 봅니다. 교원연수를 담당하고 예산도 다루면서 자기연수에 게을러 퇴보하게 되는 현실을 미련하다고 해야 할지, 아니면 너무 고지식하다고 해야 할지 잘 모르겠습니다. 이런 곳에서는 자기 몫을 먼저 챙겨도 좋을 것입니다.

장학의 효과를 높이기 위해서는 자기가 하고 있는 일에 대한 정직한 반성과 평가가 따라야 합니다. 장학을 통하여 남을 평가하면서 장학활동 자체에 대한 평가에는 너무나 너그러운 것 같습니다. 장학담당자 자신에 대한 평가, 장학활동과 프로그램에 대한 평가, 장학의 효과성에 대한 엄정한 평가를 통하여 장학의 전문성 노력에 더 노력해야 할 것으로 봅니다.

마지막으로 장학의 전문화를 위하여 하나 더 말씀드린다면 여러분 자신의 값을 비싸게 매기라는 권고입니다. 겸손한 것은 좋지만 너무나 자기를 낮추기 때문에 남들까지 우습게 여기고 있습니다. 교직자들이 교직자들을 대우해 주지 않으면 누가 대우해 줍니까? 동료 교육자의 권위를 서로 높여 주고 비싸게 매겨야 합니다. 여러분이 교사들을 우습게 여기면 학부모나 다른 직종 사람들은 교사를 더 우습게 여깁니다. 그리고 그 결과 결국 여러분도 교사로부터 대우를 못 받게 됩니다. 우스운 이야기입니다만 교수를 예로 들면 경찰이나 내무부 계통, 산업계에 나가면 극진한 대우를 받는데 교육계에 가면 별로 신통치 않게 여겨지는 느낌을 받습니다.

교육전문직 여러분, 우리 스스로를 높이고 비싸게 놉시다.

4. 교육전문직의 보람

지금까지 다섯 가지 효과적인 지도자의 속성(비전, 주도성, 참여, 지원,

자원)을 제시하고 이러한 교육지도자가 되기를 기대하는 말과 한국교육의 명암에 대하여 살펴보았습니다. 밝은 면으로는 민주주의 정신에 터하여 단기간 내에 헌신적인 노력과 경이적인 교육기회 확대로 경제·사회·국가발전에 교육이 지대한 공헌을 하였다는 점으로 요약하고, 어두운 면은 조령모개식 교육정책과 입시의 문제, 정치의 시녀노릇으로 양에 비하여 질을 놓치고, 형식적인 거친 교육으로 무엇 하나 철저히 잡아 놓은 것이 없다는 점을 지적했습니다. 그리고 장학의 방향으로는 목표·내용면에서 바탕을 다지는 철저하고 정확한 교육 위에 우수성을 추구하여 최고도로 능력을 발휘하게 하고, 방법적인 면에서는 장학의 중심 이동으로 민주화를 꾀하고 이를 위해서는 장학의 전문화가 필연적으로 동행해야겠다고 하면서 그 방안들을 예시했습니다.

1990년대 충남교육을 이끌어 21세기의 주역들을 길러 내는 틀을 잡아 놓았다는데서, 그리고 교사들을 올바르게 이끌고 도와주어 그들이 고마워하고 좋아하는 모습을 보는 데서 보람을 찾아야 할 것입니다. 지금 하고 있는 일에서 도전감과 의미, 보람을 못 찾으면 그리고 다른 사람들로부터 존경을 못 받으면 전문직 자리에 안 온 것만도 못합니다. 그러나 제가 보기에는 분명 가치 있고 보람 있는 자리라고 봅니다. 여러분의 자리 주변을 잘 둘러보십시오. 행복과 보람, 교육지도자의 의미가 숨겨져 있을 것입니다.

그러나 천하를 얻고도 "나"를 찾지 못하면 모든 것을 잃게 됩니다. 나를 찾으십시오.

부족한 이야기에 경청해 주셔서 고맙습니다.

더 관심 있는 분은 제 이름의 ≪교육행정철학≫, ≪리더십의 철학≫, ≪장학·교장론 특강≫, ≪장학·교장론: 교육의 질 관리≫, ≪인간자원장학론≫, ≪임상장학방법≫, ≪선택적 장학체제≫를 참고하십시오.

제 18 장
장학평가 방법*

1. 서 론

여러 면에서 세상은 급진적으로 변하고 있다. 국제사회에서 얼어붙었던 시베리아 공산대국 소련이 개방정책을 쓰고, 동구국가들도 자유화의 물결을 타고 있다. 교육분야에서도 교육의 질에 대한 냉혹한 경쟁은 계속되고 있어 우수한 교육의 질을 보장하는 나라만이 국방경쟁, 경제경쟁에서 이길 수 있을 뿐만 아니라 근본적으로 그런 나라만이 지구상에 살아남을 수 있다고 믿고 있는 것 같다.

국내에서도 정치적·사회적 상황변화로부터 발단된 파문이 교육계에도 몰아닥쳐 여러 가지 어려움이 가중되고 있다. 교육 내부에서 교육행정가와 교사, 직원, 학생, 학부모, 지역사회인 모두가 마치 오케스트라 연주단처럼 합심하여 교육의 질 향상이라는 하나의 곡을 연주하기 위하여 노력해도 선진국 수준에 이르기 어려울 텐데 교육 내부에서 갈등을 일으키고 있는 현상을 심히 우려하지 않을 수 없으며 이를 교육의 위기라 지칭하고 있다.

이러한 위기 상황은 교육 외적 영향도 크지만 어떤 측면에서는 교육지도

「교육평가의 이론과 실제」, 1989년 11월 10일, 중앙교육평가원.

력의 약화, 부재 또는 잘못 행사에도 그 원인이 있다고 본다. 교사의 많은 불만의 원인이 교육을 이끌어 나가는 교육지도자와 행정가, 그리고 교육행정 그 자체에 있기 때문이다.

이러한 시기에 교육평가 자료의 한 부분으로 장학평가가 포함된 것도 큰 변화의 하나이며 또 큰 의의를 찾는다. 교육평가에서 장학분야를 다룬 적도 없고 또 장학분야에서 "장학평가"라는 용어 자체가 별로 사용된 적이 없던 터에 교육평가에서 장학평가까지 다루게 된 것은 큰 변화 중의 하나이다. 또 교육 내부 갈등에 의한 혼돈으로 강력한 장학지도력이 요구되는 시기에 이러한 변화가 일어난 것도 큰 의의가 있다. 하여간 장학평가의 필요성을 강조해 온 필자(교육행정학연구, 1984; 충북교육, 1988; 장학에 대한 최근의 관심과 우리나라 장학의 방향, 1988)로서는 이러한 발전에 의의를 부여하지 않을 수 없다.

여기서는 우선 ① 장학에 대한 일반적인 소개를 하고 나서, ② 장학과 평가를 연결시켜 장학평가에 대한 논의를 하고, ③ 장학평가의 각 분야별로 나누어 살펴보고자 한다. 그래서 이 책의 다른 부분을 읽지 않고도 독립적으로 이해하고 또 이용할 수 있도록 하고자 한다. 그리고 우리나라에서 이 분야에 관한 문헌이 별로 많지 않기 때문에 가능한 한 많은 자료를 소개하고 이를 모아 놓으려고 한다. 다만 이 자료를 이용할 때에는 사용자에게 맞게 취사선택하거나 다듬어서 쓸 것을 권고한다.

2. 장학개관

1) 개 념

교육에서 장학은 다른 분야에서와 마찬가지로 "감독(supervision)"의 의미로부터 나왔으며 지금도 영어로는 감독을 뜻하는 "supervision" 또는 "inspection(유럽계통 국가에서 사용)"이라는 용어를 쓰고 있다. 우리나라에서는 감독을 뜻하는 독학, 시학, 교학이라는 말로 불리다가 지금은 거의 장학이라는 용어로 통일되었다. 그러나 아직도 현장에서는 "장학지도", "장학행정", "장학협의"라는 말을 사용하고 있는데 이러한 말들은 장학의 어떤 부분만을 지칭하기 때문에 필자는 포괄적인 용어로는 "장학"이라는 말을 고집스럽게 사용한다. 장학이라고 하면 교육 이외의 일반인들은 "장학금"을 생각하게 되는데 물론 이것과는 완전히 다른 의미를 갖고 있다.

장학이라는 말은 시대에 따라 또는 나라에 따라 그 의미와 강조점이 다르게 쓰여 왔으며 또 현재도 그 개념에 대하여 학자들 간에 완전히 합의를 보고 있는 것은 아니다.

외국의 학자들이 장학의 개념을 정의한 것을 분류해 보면 ① 과학적 관리와 관료제에 바탕을 두고 행정적인 측면을 강조하며 장학을 행정과 거의 동일시한 집단, ② 학교조직이 거대화하고 자원이 줄어들면서 1970년대에 학교를 하나의 생산체제로 보고 경영적인 측면에서 정의한 집단, ③ 1930년대 인간관계론 시대의 정신에 바탕을 두고 교사의 인간적인 측면과 교육에 있어서 인간관계를 강조한 집단, ④ 특히 1950년대 말 스프트니크 쇼크 이후 교육과정 개발에 열을 올리던 시기를 중심으로 교육과정을 강조하는 집단이 있고, ⑤ 1960년대 초부터 교실에서 이루어지는 수업에 초점을 맞추려는 집단으로 분류되었다. 그리고 ⑥ 1980년대에 와서는 장학은 교육지도력, 장학지도력, 수업지도력을 강조하게 되었다. 그래서 장학의 개념을 이렇게 여섯 가지로 정의하고 있어 명확하게 하나로 의견의 일치를 보기는 어렵다.

여기서 우리는 세 가지 면에 주의를 기울일 필요가 있다. 첫째는 장학을 여러 측면에서 접근하고 있지만 궁극적인 핵은 "수업개선"이라는 데는 이의가 없다는 점이다. 다만 이 수업개선을 위하여 멀리서 간접적으로 접근하느냐, 아니면 가까이서 직접적으로 접근하느냐의 차이가 있을 뿐이다. 우리나라에서도 전통적으로 장학을 행정과 동일시하고 행정의 일부로만 생각해 왔는데 최근에 수업과 밀착시키려는 기운이 돌고 있다.

둘째는 역사적·시대적인 철학의 변화, 행정사고의 변화에 따라 장학의 개념정의, 강조점, 접근방법이 달라졌다는 점이다.

셋째는 외국의 학자들은 이렇게 여러 측면에서 장학의 개념을 정의하려 했고, 또 시대에 따라 그렇게 변화해 왔으며 우리나라에서는 이러한 뚜렷한 변화를 찾아보기 어렵다. 우리나라에서는 다만 일제시대의 독재적 시학으로부터 점진적으로 민주적 장학으로 접근해 왔다고는 말할 수 있을 것이다. 그러나 또 다른 측면에서 보면 민주장학으로의 이행과정에서 장학력의 약화된 측면도 있다. 관료적 감독적 장학에서는 피동적으로라도 교사에게 영향력이 잘 미쳤었는데 민주장학으로 완전히 대치되지 못하고 또 장학의 질이 상대적으로 월등하게 높아지지 못함으로써 교사에 대한 장학력은 오히려 미치지 못하고 있는 점도 있다.

국내에서 김종철은 장학의 개념정의를 ① 법규적 측면에서 "계선조직의 행정 활동에 대한 전문적·기술적 조언을 통한 참모활동"으로 정의하고, ② 기능적 측면에서 "교사의 전문적 성장, 교육운영의 합리화 및 학생의 학습환경 개선을 위한 전문적·기술적 보조활동"으로 정의하고, ③ 이념적 측면에서 "교수(instruction), 즉 학습지도의 개선을 위하여 제공되는 지도·조언"으로 정의하였는데 여기서도 두 가지를 생각할 수 있다. 첫째, 이러한 정의도 장학의 본질인 수업개선과 얼마나 가까우냐 머냐의 차이가 있을 뿐이고, 둘째는 이러한 정의와 현실적인 장학수행과는 차이가 크다는 점이다.

이제 좀 더 수업과 밀착된 개념적 접근을 시도해 보고자 한다. 여러 가지 교육활동 중에서 가장 중요한 것은 바로 ① 교사와 ② 학생이 ③ 교육과정을 중심으로 하여 어떤 ④ 학습환경 속에서 상호작용하는 수업이라고 할 수 있다. 교육의 질도 결국은 수업의 질에 달려 있다고 보아도 과언이 아니다. 그러면 수업의 질을 어떻게 향상시킬 것인가? 수업의 질을 높이려면 결국 수업을 이룩하고 있는 위의 네 구성요소 또는 변인에 변화를 주어야 한다는 결론을 도출할 수 있다. 그러면 이러한 네 변인, 즉 ① 교사, ② 학생, ③

교육과정, ④ 학습환경에 변화를 일으키려고 하는 교육활동은 무엇인가? 이
것이 바로 장학이다. 다시 말하면 장학은 ① 교사의 교수행위에 영향을 주
고, ② 교육과정을 변화 수정하고, ③ 학습환경을 재구조·재구성하여 ④
궁극적으로는 학생의 학습행위, 학업성취를 향상시키려는 교육활동이라고
할 수 있다. 이것을 〈그림 18-1〉과 같이 나타내면 이해하기가 쉬울 것이
다. 물론 이러한 장학을 위해서 앞에서 언급한 것처럼, 행정적·경영적·인
간관계적 지도력의 관점에서 접근할 수도 있겠지만 비교적 장학의 본질이라
할 수 있는 수업개선에 직접적으로 도전하려는 장학방법이다.

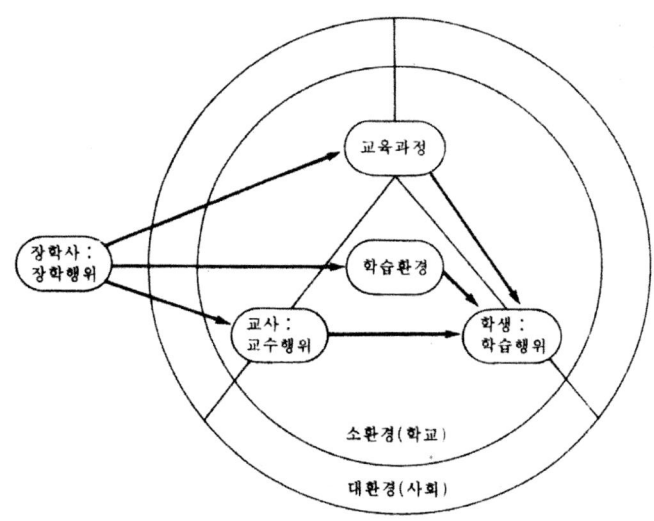

〈그림 18-1〉 장학의 궁극적 목적: 학습향상

여기서 우리가 뒤에서 다루게 될 장학평가와 관련지어 무엇을 평가할 것
인가에 관한 힌트를 얻을 수 있다. 수업의 질을 높이고자 하는 장학에서 평
가할 영역도 결국 ① 교사와 교수행위, ② 교육과정과 수업 프로그램, ③
학습환경과 학교·학급풍토, ④ 학생행위와 학업성취와 관련된 것이며, 또
⑤ 직접 수업관찰을 통하여 평가할 수도 있을 것이고, 장학 자체에 대한 평

가를 하려면, ⑥ 장학사와 장학 프로그램에 대하여 평가하면 될 것이다. 이에 대하여는 뒤에 가서 더 다루기로 한다.

2) 조직과 담당자

장학을 위한 조직에는 교육부, 시・도 교육청, 시・군 교육청, 단위학교, 그리고 교사양성 대학이 모두 포함된다. 흔히 장학조직이라고 하면 장학사와 장학관이 있는 교육부와 시・군, 시・도 교육청만을 생각하기 쉬운데 단위학교야말로 가장 중요한 장학조직이다. 교사와 학생, 수업과 가장 가까운 거리에 있기 때문이다. 앞으로 우리나라의 장학은 계속 학교수준으로 내려와야 하고 이 수준의 장학이 강조되어야 한다. 이 수준에서는 특히 수업장학이 개발되어 실시되어야 할 것으로 본다.

또 하나 장학조직으로 고려되지 않았던 곳이 교사양성기관이다. 교사를 훌륭하게 길러내는 일이야말로 장학 중에서도 가장 중요한 장학이기 때문이다. 교사양성기관에서의 수업기술이 무엇보다도 중요한 장학이다. 그리고 대부분의 교사양성기관은 교사연수(in-service education)도 담당하기 때문에 중요한 장학조직으로 다루어야 한다. 우리나라에서 종래에 기성교사에 대한 장학만을 장학의 대상으로 삼았는데 이제 장래의 교사(prospective teacher)에 대한 장학까지를 장학의 대상으로 삼고, 교사양성기관까지를 장학기관으로 포함시킴으로써 우리의 장학은 그 영역과 범위가 확대된다. 물론 외국에서는 이미 그렇게 다루어 왔다.

장학을 대부분 막료 또는 참모조직으로 생각하는데 장・차관, 교육감・부교육감, 교육장, 교장・교감도 계선에 있지만 장학적인 일을 하기 때문에 장학담당자로 보아야 한다. 그래서 교육부나 시・군, 시・도 교육청의 여러 부서 중에서 장학사나 연구사, 장학관이나 연구관이 있는 부서만을 장학조직으로 보는 것은 잘못이다. 장학사(관)라는 명칭은 안 붙었어도 장학적인 기능을 하는 조직은 모두 장학조직 속에 포함시켜야 할 것이다.

여기서 두 가지 제안을 첨가하고자 한다. 그 하나는 장학조직 간의 분업과 전문화이다. 교육부의 장학이나, 시·군, 시·도 교육청의 장학에 차이가 없고 단지 상·하부조직으로만 간주된다면 그렇게 중층적 구조를 둘 필요가 없다. 교육부가 모든 학교를 직접 관장해도 될 것이다. 앞으로의 장학은 각 조직수준별로 전문화시켜야 할 것이다. 예를 들면 교육부는 기본적이고 철학적인 일을 많이 하게 되는 장학을 해야 한다. 그래서 장학방침 설정, 교육과정개발과 질 관리, 장학평가, 장학사양성, 장학연구학교운영 등을 담당한다. 현재의 시·도 교육청의 장학은 좀더 구체적인 장학의 지역화, 특수분야 장학, 교과전문장학, 직원개발 프로그램 운영, 교사센터 운영, 교사 카운슬링과 자문 등을 전문으로 담당한다. 현재의 시·군 교육청 수준의 장학은 수업장학, 임상장학, 지역협력자율장학, 학교 간 상호장학, 자원교사의 장학으로 좀 더 교사의 피부에 와 닿는 장학을 담당한다. 단위학교 수준에서는 교장·교감을 중심으로 하여 수업·임상장학, 동료장학, 자기장학, 수업연구, 직원연수, 독서회, 강연회, 비디오 시청회 등을 실시한다. 교사양성기관에서는 학생장학, 능력중심장학, 임상장학, 마이크로 티칭, 직원개발 프로그램 개발, 장학사 양성, 교사 카운슬링으로써 장학적 기능을 발휘할 수 있다.

둘째는 장학 전문의 독립기구의 설치를 고려해 볼 필요가 있다. 교육부나, 시·군, 시·도 교육청으로부터 독립하여 국가 전체의 교육의 질을 관리하는 영국의 칙임시학관실(Her Majesty Inspectorate)과 같은 기구를 의미한다. 현재의 조직은 장학전문이 아니어서 장학업무가 중심이 되지 못하며 자연 관료적인 일에 시달리고 있다. 현재의 조직을 그대로 놔두거나 축소시키고 새로운 기구를 신설하는 방안이다.

장학담당자는 장학사, 장학관, 교육연구사, 교육연구관이라는 직명을 가지고 있는 사람들뿐만 아니라 앞에서 말한 계선조직의 장·차관, 교육감·부교육감, 교장·교감이 모두 포함된다. 특히 교장·교감의 장학기능과 역할을 강조한다.

　장학담당자와 관련하여 필자는 다음 몇 가지를 지적하고 싶다. 첫째는 철학의 중요성을 들고 싶다. 장학을 담당하는 사람은 확고한 교육에 대한, 그리고 인간에 대한, 특히 교사에 대한 교육관과 인간관, 교육적 신념을 갖고 있어야 한다. 뒤에서 다루게 될 평가에 대하여도 확고한 올바른 철학이 없으면 아무리 좋은 방법이 있어도 모든 것이 그릇된 방향으로 가게 된다.

　둘째는 장학담당자의 전문성 신장을 지적하고 싶다. 현재 우리는 교사 중에서 장학사를 발탁하여 임명하는 제도를 사용하고 있는데 교사의 가르치는 역할과는 장학사의 장학하는 역할과 기능이 다르기 때문에 교사로부터 장학사로의 변신을 위해서는 그에 상응하는 교육과 훈련을 필요로 한다. 현재는 근무 중에 약간의 연수가 있는데 그 요구되는 전문성에 비하여 너무나 미약하다. 필자는 교육의 질 향상을 위한 장학직의 중요성에 비추어 볼 때 일정 교육경력을 가진 우수한 교사를 선발하여 장학사 양성교육을 필수로 요구하고 또 전문자격증제도를 도입해야 한다고 여러 번 주장하였다.

3) 장학이론

　이론이란 "교육조직 내의 행동을 체계적으로 기술하고 설명하는 일단의 상호관련 된 개념, 가정, 일반화"라고 할 수 있다. 이 이론에 의하여 우리는 현상에 대하여 일반적인 설명을 할 수 있고, 또 누가적인 연구를 할 수 있으며, 어떤 행동을 할 때 지침으로 삼을 수 있다. 이론이 연구와 실제를 뒷받침해 주지만 연구에 의하여 성숙하기도 하며, 실제에 의하여 이론에 의심을 품고 연구하여 이론이 수정되기도 한다. 그래서 이론, 연구, 실제 사이에는 상보적인 관계가 있다.

　그러나 장학이론은 아직 학문적으로 성숙되지 못했기 때문에 장학만의 독특한 이론이 확립되지 못하고 있다. 그래서 교육행정학, 사회학, 심리학, 경영학 등 다른 사회과학의 이론들을 장학에 맞게 빌어다 쓰고 있는 실정이다. 그러면 여기서 몇 가지 이론과 결부시켜서 장학을 살펴보기로 한다.

장학은 조직환경 속에서 이루어진다. 학교도 하나의 관료제로서 권위의 위계가 있고, 분업화하여 나누어 일하고 있으며, 규칙과 규정에 의하여 기관이 돌아가고 있으며, 명세화된 절차가 있고, 정에 의해서 움직이지 않는 몰인정성이 있다. 그런데 이런 관료적 특성이 점점 강하게 나타나고 있다. 그런데 이러한 관료조직 속에서 일하는 사람과 그 일 자체는 관료제 특성과 배치되는 전문화의 길로 가고 있으며 이 둘 사이에 갈등이 일어나고 있다는 데 더 큰 문제가 있다. 장학도 전문적인 일인데 관리행정과 어떻게 조화를 이루느냐가 문제이다. 또 장학담당자가 이러한 조직환경을 어떻게 개선하느냐가 장학의 중요한 과제 중의 하나이다.

이와 비슷한 조직풍토 이론도 장학에서 유용하게 쓰이고 있다. 장학 담당자가 관료적지도력을 발휘하느냐, 인간관계적 지도력에 치우치느냐, 인간자원론적 지도력을 발휘하느냐에 따라 장학조직의 풍토는 많이 달라질 것이다. 또 장학자가 조직풍토 개선을 시도할 때 마일즈(Miles)의 조직건강척도를 확인해 보면 좋을 것이다. 이는 조직건강을 평가하기 위한 척도로도 활용될 수 있을 것이다.

지도성이론은 장학론에서 중요한 부분이다. 장학담당자는 바로 교육지도자이며 수업지도자이기 때문이다. 지도자가 주도적 구조와 종업원에 대한 배려 중 어디에 더 신경을 쓰느냐, 생산중심이냐, 인간중심이냐, 과업중심이냐, 인간관계중심이냐 하는 지도자의 행동은 장학에서도 중요하다. 그러나 최근에는 지도성이론이 집단구성원, 과업, 지도자, 상황 등을 고려하는 상황조건론으로 발전하고, 더 나아가서는 지도성의 문화적인 측면과 지도성의 의미부여, 해석에 집중하는 경향이 있다. 어쨌든 장학자의 지도력을 기르는 일이 중요한 과제의 하나이다.

권력과 권위는 행정의 핵심인데 장학에서도 중요한 이론이다. 장학은 결국 교사를 움직여서 목적을 달성해야 하는데 다른 사람을 움직이기 위해서는 힘이 있어야 한다. 여기서 권력과 권위를 구태여 구별하자면 권력은 의사결정과정에 영향을 주는 능력이고 권위는 목적달성을 위해서 행동하도록 다른 사람에게 요구할 수 있는 권리이다. 또 권력은 힘을 행사하는 쪽에 비중이 주어지고 권위는 힘과 영향을 기꺼이 받고자 하는 쪽으로 보는 경향이 있다. 그러나 이런 구별 없이 혼용하여 쓰기도 한다. 베버(Weber)는 ① 전통적 권위와, ② 카리스마적 권위, ③ 합법적 권위로 권위를 나누었는데 최근에 여기에다 ④ 제4의 전문적 권위를 첨가하는 사람도 있다. 피바디(Peabody)는 권위를 ① 합법적 권위, ② 지위에 따른 권위, ③ 능력적 권위, ④ 개인적 권위로 나누고. 프렌치(French)와 레이븐(Raven)은 권력을 ① 보상적 권력, ② 강제적 권력, ③ 합법적 권력, ④ 참조적 권력, ⑤ 전문적 권력으로 분류하고 있는데 여기서 장학자가 어떤 종류의 힘으로 교사를 움직이느냐가 문제이다. 그리고 상황에 따라 적절한 권력과 권위를 사용할 수 있도록 해야 장학력이 발휘될 수 있는 것이다.

동기이론도 장학론의 중요한 부분을 차지한다. 동기는 가치의 다른 이름이라고 할 수 있다. 가치 있다고 생각되는 일을 하기 위해서 행동으로 옮기는 것이 곧 동기이기 때문이다. 그렇기 때문에 장학에서 어디에다 가치를 부여하느냐 하는 문제는 어떻게 보면 철학과도 연결된다. 장학자가 교사를 아무리 지도하고 장학하고 싶어도 교사의 자발성에 의한 동기유발이 안 되면 장학은 실패이다. 매슬로우(Maslow)와 허즈버그(Herzberg), 맥그리거(McGregor), 아지리스(Argyris)의 동기이론들이 장학에서도 활용되고 있다.

의사결정 이론도 장학의 핵심부분의 하나이다. 사이몬(Simon)은 의사결정을 행정의 핵이라고 하였는데 장학도 수많은 의사결정의 연속과정이라고 할 수 있다. 의사결정이란 개인적 또는 집단적 목표달성을 위해서 둘 이상의 대안 중에서 하나를 선택하는 것이다.

결정은 그 수준에 따라 ① 기관결정, ② 전략결정, ③ 행정가 행위로 나누어 볼 수 있다. 기관결정은 학교 또는 교육청, 교육부 등에 관련된 결정으로서 교사를 조직하거나 교육계획을 수립하고, 교육청이나 교육부에서 자금배정이나 시설개선에 관한 결정을 내리는 경우이다. 전략결정은 이 기관결정을 수행하기 위한 전략적인 결정으로서 집단이나 기관 또는 개인을 어떻게 움직여 나갈 것인가에 대한 본질적 결정이다. 행정가 행위는 앞의 전략 범위 내에서 다양한 행동선택을 하는 경우이다.

결정도 결국 가치의 선택이라고 할 수 있다. 자기의 "좋음(good)"에 비중을 둘 것인가 아니면 "옳음(right)"에 더 가치를 둘 것인가의 연속선상 어느 지점을 선택하게 된다. 그리고 자기이익과, 조직의 이익 인간과 사회의 이익 중 어느 곳에 비중을 더 두느냐도 가치의 선택이다. 교육지도자인 장학자가 어떤 결정을 하느냐에 따라 우리나라 교육의 장래가 결정된다.

4) 장학방법

장학방법으로는 흔히 ① 학교방문과, 교실방문, ② 수업연구, ③ 연구발표회와 연수회, 연구학교지도, ④ 실험과 실연, ⑤ 상담 등의 방법을 들고 있다. 그러나 근본적으로는 ① 수업개선과, ② 전문적 개발과 직원개발, ③ 개인적 인성개발의 영역을 위한 것이다.

그중에서 수업개선이 장학의 초점이 되고 있는데 수업개선을 위한 구체적인 장학방법으로는 최근 임상장학 방법이 많이 적용되고 있다. 이 임상장학은 장학자와 교사의 친밀한 관계 속에서 교사의 수업개선과 계속적인 전문적 성장을 도우려는 목적으로 장학자와 피장학자가 같이 ① 수업계획을 세우고, ② 수업관찰을 하여 자료를 수집하고, ③ 이 자료를 분석하여 피드백을 하는 과정을 밟는 특별한 장학방법이다. 여기서 수업관찰이 수업에 대한 평가와 밀접한 관련을 갖는다. 때로는 평가를 위한 자료로서 활용될 수 있을 것이다.

5) 장학과 평가

장학자의 범위는 장학사, 장학관뿐만 아니라 교장, 교감을 포함하여 때로는 부장교사까지도 확대한다. 그런데 장학자는 교사를 도와주고(helping) 지원해 주는(supportive) 역할과 동시에 감독하고(supervise) 평가하는 (evaluation) 역할을 수행한다. 감독하고 평가하는 사람이 도와주겠다고 하면 교사들은 이 도움을 진정으로 믿고 받아들일 것인가? 아마도 교사는 도움보다도 우선 잘 보이려고 할 것이다. 이래서 진정 도와주겠다고 하는 장학은 교사들에게 먹혀들지 않고 있다.

장학자도 도와주는 역할과 평가하는 역할이라는 두 역할 사이에서 갈등을 일으킨다. 어제는 교사를 평가하고 교실을 방문하고 오늘은 교사를 돕겠다고 교실을 방문한다고 하면 교사들도 믿지 않을 뿐만 아니라 교장 자신도 역할갈등을 느끼지 않을 수 없다. 인간은 평가를 받는다고 하면 잘 보이려고 하지 않을 수 없다. 그래서 장학에서 쇼가 연출되고, 게임과 숨바꼭질 놀이가 진행되기 일쑤이다. 이런 것을 뻔히 알면서 장학자는 장학적 역할을 해야 한다. 장학자는 조력자와 평가자라는 이중역할을 하는 "두 얼굴의 사나이"이다. 또는 지킬 박사와 하이드 씨라고도 한다.

이 평가라는 "독"을 줄이는 방법은 평가과정에 교사를 참여시키는 것이다. 예를 들면 평가기준을 교사와 함께 정하고 또 교사와 함께 정한 객관적 자료에 근거하여 평가하는 것이다. 그리고 공정하고 신뢰할 수 있게 평가함으로써 교사의 평가에 대한 위협과 불안을 줄일 수 있다.

어쨌든 장학자는 어쩔 수 없이 동서양을 막론하고 조력과 평가의 이중역할을 성공적으로 해내지 않으면 안 된다. 그래서 "장학평가"라고 하면 두 가지 의미를 갖는다. 그 첫째는 장학적 평가이다. 즉 장학자가 하는 교사평가, 교수평가 또는 수업평가, 학교평가, 연수평가 등이 이에 포함된다. 둘째의 다른 의미의 장학평가는 장학에 대한 평가이다. 장학 자체에 대한 평가, 장학사에 대한 평가이다. 줄여서 말하면 장학자체평가 또는 장학효과성평가라고 할 수 있다. 여기서는 장학적 평가에 해당하는 ① 교사평가와, ② 수업관찰과 교수평가, ③ 학교효과성평가에 대하여 간단히 한두 예시를 제시하고 ④ 장학효과성평가에 대하여 좀더 자세히 언급하고자 한다. 장학적 평가에 대하여 간단히 다루는 이유는 "학교평가", "수업의 질 평가"는 다른 부분에서 자세히 다루었기 때문이다.

3. 장학적 평가

여기서 장학적 평가는 장학역할로서의 평가이다. 장학자가 해야 하는 평가로서 ① 교사평가, ② 수업관찰과 교수효과성 평가, ③ 학교평가를 이에 포함시키고자 한다.

1) 교사평가

교사평가의 목적은 ① 채용 여부 결정, ② 인사조치의 시행, ③ 개인의 직무수행 개선, ④ 조직목표의 달성, 권위체계의 통제*라고 할 수 있으며 달리 표현하면 리보르(Rebore)가 말하는 것처럼 ① 교사의 자기발전을 조장하기 위하여, ② 교사의 직무수행 과업을 밝히기 위하여, ③ 교사발전의 필요부분을 찾아내기 위하여, ④ 직무수행의 향상을 위하여, ⑤ 계속 고용여부, 보수액 결정의 근거를 삼기 위하여, ⑥ 배치, 전보, 승진의 결정을 위하여**라고 할 수 있다. 이러한 교사평가의 목적에 비추어 볼 때 우리나라의 교사근무평정에는 많은 문제가 있다. 우리의 교사평가의 현실은 평가의 목적

---

* William B. Castetter, The Pesonnel Function in Educational Administration, 3rd ed.(N. Y.: Macmillan Publishing Co. Inc., 1981), p.230.

** Ronald W. Rebore, Personnel Administration: A Management Approach(Englewood Cliffs, N. J.: Prentice-Hall, Inc., 1982).

을 하나도 달성하지 못하고 있다. 리보르의 여섯 항목 중에서 한 항목도 달성하지 못하고 오로지 여섯 번째인 "배치, 전보, 승진의 (인사)결정"에 약간 쓰이고 있을 뿐이다. 그것도 승진시킬 사람, 근무성적을 잘 줘야 할 사람을 미리 정해 놓고 거기에 맞추려는 역산제를 관행으로 적용하고 있는 점은 그 효과성의 문제를 넘어서 윤리적, 도덕적, 인간존중 사상이라는 근본적인 문제이다. 선생님을 아무렇게나 다루어도 좋다는 생각, 인간경시 풍조에서 나온 것으로 즉시 시정하지 않으면 앞으로 언젠가는 큰 문제가 될 것이다.

그 다음으로 교사평가의 주목적은 최종적인 인사결정보다는 개선과 발전에 있기 때문에 평가기준, 평가과정, 평가결과 등이 공개되어야 할 뿐만 아니라 교사의 참여 속에서 협동적으로 이루어져야 한다. 그래서 교사평가는 총괄평가보다는 진단평가와 형성평가에 치중해야 한다.

평가내용에 대부분 ① 개인적 특성과, ② 직무수행 과정, ③ 산물을 들고 있는데 평가의 내용은 평가의 목적에 따라 달라질 수 있다. 어쨌든 교사평가는 교사의 주기능인 가르치는 일에 집중되어야 할 것이다. 그런 면에서 우리 교사의 근무평정에서는 "학습지도"항목이 겨우 $\frac{1}{10}$의 비중을 차지하고 있다는 데 문제가 있다. 그 $\frac{1}{10}$의 비중이라도 정확한 수업관찰에 의하여 객관적 자료를 가지고 했으면 좋겠다.

교사평가에의 참여자는 교감, 교장으로 되어 있는데 우선 당사자인 교사가 참여해야겠고 개선과 발전에 목적을 둔다면 동료교사, 학부모, 주민, 학생, 다른 직원으로부터도 좋은 자료와 정보를 받을 수 있다.

평가방법으로는 평가목적에 따라 가능한 한 다양한 방법이 동원되어야 할 것이다. 이를 요약하면 〈표 18-1〉과 같다.

평가의 과정은 연간계획 또는 수년간의 주기적인 계획에 의하여 이루어져야 한다. 이 과정은 수업개선을 위한 임상장학의 과정과 비슷하며 목표지향적이라는 점에 주의할 필요가 있다. 이 과정을 〈그림 18-2〉와 같이 나타낼 수 있다.

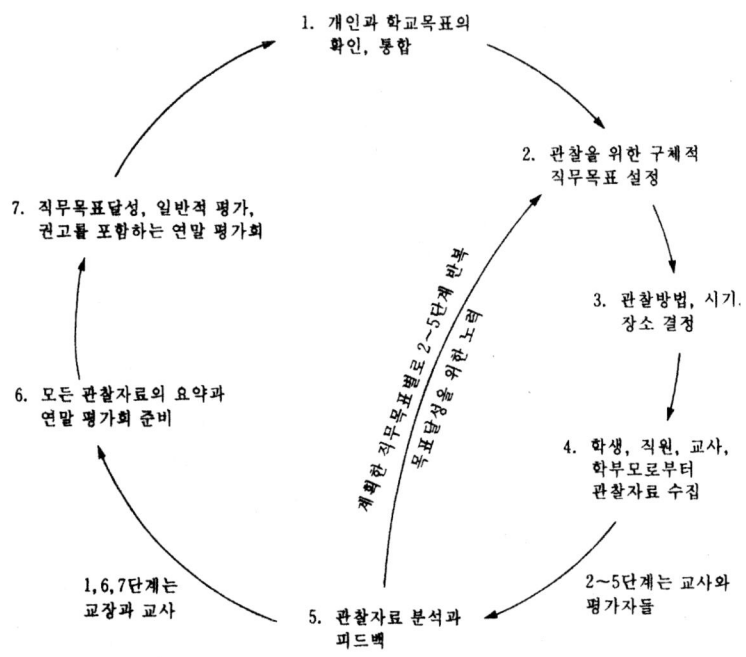

① 개인의 목표와 조직목표의 확인과 통합
② 관찰을 위한 구체적 목표나 활동을 결정
③ 관찰방법, 시기, 장소의 결정
④ 관찰과 자료수집
⑤ 자료의 분석과 피드백
⑥ 관찰자료에 대한 요약과 해석
⑦ 평가결과와 목표도달 보고 및 교직원 발전을 위한 권고

〈그림 18-2〉 교직원 평가와 발전 주기

〈표 18-1〉 교사평가목적에 따른 방법

평가방법	평가목적		
	진단 (선발)	형성 (발전)	총괄(보상, 승진, 전보재배치, 해고)
1. 도표식(Graphic Rating Scales)	+		
2. 교사직무수행검사(Teacher Performance Tests)	+		
3. 관찰체제		+	+
4. 학생 성취도 검사		+	
5. 목표에 의한 검사		+	+
6. 행동평정척도		+	+
7. 작문식 평가	+	+	+
8. 중대사건 기법		+	+
9. 체크리스트	+	+	
10. 교수법 모델		+	
11. 서열법	+		
12. 면접법	+		
13. 양자 비교법	+		
14. 강제 배분 기법	+		

　구체적인 교사평가 양식을 몇 가지 예시하기로 한다. 교사평가자는 장학자(교장, 교감, 장학사 등), 동료교사, 교사 자신, 학생 등 다양한 사람이 될 수 있다.

〈예시 1〉 미국 한 교육구의 교사평가도구

　[지시사항] 다음 특성에 따라 교사를 평가하여 주십시오. 평가는 수업관찰과 그 후의 협의회에 근거하여 주십시오.

	특성(알맞은 곳에 V표)		
A. 개인특성 요소	우 수	만 족	불만족
1. 외모	_____	_____	_____
2. 협동	_____	_____	_____
3. 유머감	_____	_____	_____
4. 재치	_____	_____	_____
5. 건강	_____	_____	_____
6. 출근, 시간준수	_____	_____	_____

평 : _____

B. 전문적 요소	우 수	만 족	불만족
1. 융통성	_____	_____	_____
2. 교육청에 대한 공헌	_____	_____	_____
3. 판단력	_____	_____	_____
4. 전문직 윤리	_____	_____	_____
5. 직원들 간의 관계	_____	_____	_____
6. 학생과의 관계	_____	_____	_____
7. 학부와의 관계	_____	_____	_____

평: _____

C. 교수행위와 학급관리			
1. 학급조직과 외관	_____	_____	_____
2. 교과내용 파악	_____	_____	_____
3. 교수기술	_____	_____	_____
4. 언어구사력	_____	_____	_____
5. 성적통지와 기록	_____	_____	_____

평: _____

교 사: _____□□
교 장: _____□□
날 짜: _____

(이 날인은 평가의 인정을 의미하는 것이 아니라 교장과 함께 평가내용을 검토해 보았다는 뜻이다.)

〈예시 2〉 Lindbergh교육청 교사평가 양식

교사명: ____ 학교명: ____ 연도: ____

담당교과 또는 학년: ____ 교육구 내 근무연수: ____ 교사의 지위: ____

철학: 평가는 수업의 질 개선을 위한 수단이다.

목적:

1. 학생에 대한 봉사와 교수의 질 개선을 위하여

2. 교사로 하여금 전 학교 프로그램에서 자신의 역할을 알 수 있도록 하기 위하여

3. 교사로 하여금 설정된 교육과정의 목표를 달성할 수 있도록 돕기 위하여

4. 교사 자신의 향상을 위한 강점과 약점을 밝힐 수 있도록 돕기 위하여
5. 교사로 하여금 약점을 고칠 수 있도록 돕기 위하여
6. 교사의 재능을 인정하고 재능의 활용을 촉진시키고 격려하기 위하여
7. 고용 재계약, 고용의 만료, 배치, 휴직의 지침으로 삼기 위하여
8. 정당한 이유 없이 해임되지 않도록 교사를 보호하기 위하여
9. 비윤리적이고 무능한 직원으로부터 교직의 전문성을 보호하기 위하여

실행:

평가는 학교장, 학년부장, 부교장, 직무대리교장이 실시한다. 만일 교사가 평가에 동의하지 않으면 자신이 선택한 다른 행정가의 추가 평가를 요구할 수 있다.

수습교사의 평가는 매 학기당 1회는 해야 하며, 평가시마다 최소한 1회 이상 교실방문을 해야 한다.(우리나라에서는 해당 안 됨)

임기보장 교사는 연 1회이며, 최소한 1회 이상 교실방문을 해야 한다.

Ⅰ. 교수행위

A. 세심한 계획과 조직

	우수	보통이상	보통	개선필요	불만족
1. 수업계획	___	___	___	___	___
2. 학생참여를 포함한 명확한 목표설정	___	___	___	___	___
3. 명확하고 구체적인 과제 제시	___	___	___	___	___
4. 적절한 안내에 익숙한 정도	___	___	___	___	___
5. 개별수업과 집단수업 제공	___	___	___	___	___

B. 질문과 설명 기술

	우수	보통이상	보통	개선필요	불만족
1. 질문을 유발하는 사고 요구	___	___	___	___	___
2. 교과내용에 대한 명확한 설명	___	___	___	___	___
3. 다양한 관점을 갖도록 학생 유도	___	___	___	___	___
4. 학생 아이디어에 대한 언어적 비 언어적 승인 또는 거절 기술	___	___	___	___	___

C. 혁신적 활동과 자료를 통한 학습의 자극
 1. 토의, 학생질문, 학생시범의 고무 ____ ____ ____ ____
 2. 다양한 교수보조와 자료의 활용 ____ ____ ____ ____
D. 교과지도에 대한 지식과 열의 ____ ____ ____ ____
E. 좋은 학습 분위기의 제공
 1. 건전하고 융통적인 환경 유지 ____ ____ ____ ____
 2. 교수자료와 설비에 대한 세심한 주의 ____ ____ ____ ____
F. 적절하고 정확한 기록
 1. 학생지도에 충분한 양적, 질적
  자료의 기록 ____ ____ ____ ____
G. 학생과의 혼연일체의 관계성
 1. 사적으로 학생을 알고 또 일함 ____ ____ ____ ____
 2. 상호존경의 관계성 고무 ____ ____ ____ ____
 3. 냉소적 태도를 피하고 긍정적
  언어로 학생을 대함 ____ ____ ____ ____
H. 학급과 학교관리와 기강
 1. 학생 행동의 규칙이 있으며 이
  의 준수를 요구함 ____ ____ ____ ____
 2. 안전규칙이 있으며 이의 준수
  를 요구함 ____ ____ ____ ____
 3. 자기존중과 타인존중의 중요성
  강조 ____ ____ ____ ____

II. 전문적 질

A. 학급 외 책임의 인정과 수용
 1. 일반적이고 필요한 학교활동에
  의 참여 ____ ____ ____ ____
 2. 과거 임무에 대한 자발적 참여 ____ ____ ____ ____
 3. 학교의 여러 위원회에 대한 봉사 ____ ____ ____ ____
B. 학교 내 관계
 1. 동료, 행정가, 비전문직원과
  효과적이고 유쾌한 협조 ____ ____ ____ ____

3. 장학의 실제와 방향 277

C. 대외관계
  1. 학부모와의 효과적이고 유쾌한
     협조　　　　　　　　　　＿＿　＿＿　＿＿　＿＿　＿＿
  2. 학교와 지역사회간의 좋은 관계
     성 유지　　　　　　　　　　＿＿　＿＿　＿＿　＿＿　＿＿
D. 전문적 성장과 비전
  1. 건설적 비판의 수용　　　　＿＿　＿＿　＿＿　＿＿　＿＿
  2. 학술회의 워크숍, 연구에의 참여　＿＿　＿＿　＿＿　＿＿　＿＿
  3. 새로운 교수방법과 자료사용 시도　＿＿　＿＿　＿＿　＿＿　＿＿
  4. 교수 전문성의 지지도　　　＿＿　＿＿　＿＿　＿＿　＿＿
E. 직원봉사의 활용
  1. 이용 가능한 특별봉사의 적절
     한 활용　　　　　　　　　＿＿　＿＿　＿＿　＿＿　＿＿
F. 여러 발달단계에 있는 학생의
   성장양식과 행위의 이해　　　＿＿　＿＿　＿＿　＿＿　＿＿
G. 윤리적 행위
  1. 비밀 자료에 대한 전문적 사용　＿＿　＿＿　＿＿　＿＿　＿＿

Ⅲ. 개인적 질

A. 건강과 활기
  1. 좋은, 정당한 출근기록　　＿＿　＿＿　＿＿　＿＿　＿＿
  2. 좋은 기분　　　　　　　　＿＿　＿＿　＿＿　＿＿　＿＿
  3. 유머감의 표현　　　　　　＿＿　＿＿　＿＿　＿＿　＿＿
B. 언어.
  1. 분명한 음성　　　　　　　＿＿　＿＿　＿＿　＿＿　＿＿
  2. 교실 내 모든 학생이 듣고 이
     해할 수 있는 음성　　　　＿＿　＿＿　＿＿　＿＿　＿＿
  3. 학생의 이해수준에 맞춘 언어　＿＿　＿＿　＿＿　＿＿　＿＿
C. 용모와 복장
  1. 단정한 습관의 실천　　　＿＿　＿＿　＿＿　＿＿　＿＿
D. 의무준수
  1. 적시에 학급에 전달　　　＿＿　＿＿　＿＿　＿＿　＿＿
  2. 적시에 부과된 과제실행　＿＿　＿＿　＿＿　＿＿　＿＿
  3. 적시에 보고서 완성　　　＿＿　＿＿　＿＿　＿＿　＿＿

　서면 평가의 부분은 관찰 후 협의회시에 교사에게 제출되어야 한다. 최종 평가
보고서는 교장이 날인 보관하고 부본은 교사가 보존한다. 만일 교사가 평가가 불
완전하거나 부정확하고 불공정하다고 느끼면 반대하는 점을 써서 평가보고서에 첨
부하여 인사기록에 철해야 한다. 교사의 날인은 협의회에서 확인했다는 의미이다.

관찰일자:_____ 시간:_____ 평가일자:_____

교장의 서명:_____ 교사의 서명:_____

교장의 논평:_____ 교사의 논평:_____

_____ _____

_____ _____

〈예시 3〉 (학생에 의한) 교사 이미지 질문지

〔지시사항〕 시작하라는 말이 있을 때까지 기다려 주시오. 여러분의 선생님
　　　　　에 관한 여러분의 의견은:

1. 교과에 관한 지식: (가르치는 분야에 대하　　불량 부족 보통 좋음 우수
   여 완전한 지식과 이해를 가지고 있는가?)　　├──┼──┼──┼──┤
2. 발표의 명료성: (여러분의 이해수준
   에 맞게 생각을 발표하는가?)　　　　　　　├──┼──┼──┼──┤
3. 공정성: (학급 내 모든 학생을 다루
   는 데 공정한가?)　　　　　　　　　　　　├──┼──┼──┼──┤
4. 통제성: (부드럽고 친절하면서도 학
   급은 질서가 있는가?)　　　　　　　　　　├──┼──┼──┼──┤
5. 학생에 대한 태도: (선생님이 학생을
   좋아한다고 느끼는가?)　　　　　　　　　├──┼──┼──┼──┤
6. 흥미를 자극하는 데의 성공 정도: (학
   급학생은 흥미를 가지고 도전하는가?)　　├──┼──┼──┼──┤
7. 열의: (선생님은 교과목에 열성을 가
   지고 흥미를 보이는가? 이 교과를 즐
   거이 가르치는가?)　　　　　　　　　　　├──┼──┼──┼──┤

8. 학생의 생각에 대한 태도: (선생님은
   학급에서 학생이 말하려는 것을 존중
   해 주나?) ├────┼────┼────┼────┤

9. 학생참여의 고무: (학생이 질문하고 아
   이디어를 표현하도록 고무해 주는가?) ├────┼────┼────┼────┤

10. 유머감: (재미있는 경험을 나누며
    교사 자신의 실수를 인정하는가?) ├────┼────┼────┼────┤

11. 과제: (과제는 이유 없이 길지 않고
    충분히 도전감을 주는가?) ├────┼────┼────┼────┤

12. 용모: (몸치장과 의상은 마음에 드
    는가?) ├────┼────┼────┼────┤

13. 개방성: (선생님이 학생의 관점에서
    사물을 볼 수 있는가?) ├────┼────┼────┼────┤

14. 자기통제: (학급에서 사소한 문제가
    생길 때 선생님은 화를 내는가?) ├────┼────┼────┼────┤

15. 타인에 대한 사려성: (선생님은 참을성,
    이해성, 사려성, 정중성이 있는가?) ├────┼────┼────┼────┤

16. 효과성: (선생님이 얼마나 효과적인
    가에 대한 학생의 전반적인 평가는?) ├────┼────┼────┼────┤

────(선생님의 장점과 약점에 대하여 열거하시오)────

2) 수업관찰

수업관찰은 장학에 있어서 가장 중요한 활동이다. 임상장학에서도 이 수업관찰을 중심으로 하여 전·후 단계에서 각각 협의회를 하게 된다.

그런데 과거에 이 수업관찰을 체계적으로 하여 정확하고 신뢰감 있으며 객관적이고 과학적으로 하려는 노력이 적었다. 수업관찰에서 수집된 자료를 분석하여 이를 근거로 교사의 수업개선과 수업기술 향상, 전문적 성장을 돕도록 하여야 할 것이다.

수업관찰에서 객관적이고 과학적인 자료가 중요하기는 하지만 이것만이 최선의 것은 아니다. 주관적이고 예술적인 자료와 관찰도 중요한 방법이 된다. 이 양자가 상호보완을 해야 한다.

관찰이란 기록하고 이에 근거하여 판단하는 활동이라고 할 수 있는데 먼저 ① 기술하고 다음에는 ② 해석하는 두 부분으로 이루어진다.

우리가 수업관찰을 하는 목적은 ① 교사의 강점과 개선의 필요 영역을 진단하고, ② 학습손상 상황을 발견하고, ③ 객관적 자료를 수집하려는 데 있다. 그러나 이러한 목적을 잊는 경우가 있고 다음과 같은 오해가 있으므로 이를 극복하여야 한다.

- 수업관찰에 대한 오해
① 교사는 관찰을 수용하지 않는다.
② 학생의 성취도만이 교사의 효과성을 말해 줄 수 있다.
③ 관찰자는 수업을 방해하고 결코 "정상적" 상황을 볼 수 없다.
④ 관찰 중 기록은 방해가 된다.
⑤ 불시방문하지 않으면 진실을 볼 수 없다.
⑥ 이 모든 특별한 절차를 필요로 하지 않는다.
⑦ 교사보다도 학생에 초점을 맞춰야 한다.
⑧ 단지 녹음기만을 사용하라.
⑨ 교사 자신이 보기만 해도 변화시키려 할 것이다.

관찰자는 정확하고 신뢰감 있는 자료를 수집하고 관찰하려고 하지만 다음과 같은 오류의 근원이 있으니 이를 인정하고 조심해야 한다.*

- 관찰연구 상의 오류의 근원
① 집중경향성
② 관용의 경향성(인색의 경향성)
③ 초기의 영향(첫인상)
④ 논리적 오류(이론적, 경험적, 개입근거 가정에 바탕을 둔 판단오류) - 친절하면 수업효과
⑤ 자아인정 실패(관찰자의 영향 무시)
⑥ 관찰의 분류(분류범주를 크게 해서)
⑦ 특정행위의 일반화
⑧ 관찰자의 매몰흥미와 가치(관찰자 편견)
⑨ 피관찰자의 관점을 고려하지 못한 실패
⑩ 비대표성의 표집
⑪ 피관찰자의 반응
⑫ 상황과 맥락 고려의 실패
⑬ 엉성하게 설계된 관찰체제
⑭ 적절한 행동의 빠른 속도 고려 부족
⑮ 적절한 행동의 동시성 고려 부족
⑯ 인간활동의 목표지향 또는 목적성 고려 부족
⑰ 관찰자 표류로 인한 실패

이런 오류에 대하여 주의한다 해도 아직도 수업관찰에는 많은 문제가 있다. ① 자료수집의 객관성을 보장하기 어렵고, ② 나쁜 교실 분위기를 만들 위험이 있고, ③ 물리적, 심리적 거리감의 문제가 있으며, ④ 장학자의 방

---

* Thomas L. Good and Jese E. Brophy, Looking in Classrooms, 4th ed.(N. Y.: Harper & Row, 1987).

문으로 수업에 영향을 줄 위험이 있으며, ⑤ 관찰자가 부적절한 수업 참여의 경우가 있으며, ⑥ 교사가 방문자를 소개하거나 환영의 노래를 시키는 등 실수를 하기 쉽다.

지금까지 든 오류의 근원과 문제점을 극복하고 관찰 기술을 숙달하여 수업개선과 교수효과성 증진에 도움이 되기를 바라는 마음에서 가능한 한 많은 수업관찰 도구와 양식을 예시하고자 한다.

그리고 수업관찰자는 빠르게 진행되는 수업장면을 관찰·기록하기 위하여 나름대로의 약어, 축어, 부호, 속기법을 개발하여 사용하면 좋을 것이다.

관찰도구는 ① 계량적 관찰법과, ② 질적 관찰법, ③ 질과 양을 겸한 방법, ④ 기타의 방법으로 나누어 볼 수 있으나 이러한 분류법에 의하여 예시를 하지는 않을 것이다.

나영		현숙		선영	
1. F	5. B	1. D	5. A	1. D	5. A
2. D	6. A	2. D	6. A	2. D	6. A
3. D	7. D	3. D	7. D	3. D	7. D
4. B	8. D	4. F	8. D	4. F	8. D

1. 9:20
2. 9:22
3. 9:24
4. 9:26
5. 9:28
6. 9:30
7. 9:32
8. 9:34

병철	
1. A	5. E
2. D	6. E
3. E	7. E
4. E	8. E

* 동철	
1. C	5. F
2. D	6. D
3. A	7. F
4. B	8. F

병렬	
1. D	5. E
2. D	6. E
3. E	7. E
4. E	8. E

민수	
1. F	5. E
2. C	6. E
3. E	7. E
4. E	8. E

경희	
1. D	5. B
2. A	6. B
3. A	7. B
4. A	8. B

A=과업 중, 혼자 읽기
B=과업 중, 교사나 보조원과 읽기
C=이석
D=잡담
E=교실 밖
F=장난

* 은숙	
1. D	5. F
2. D	6. A
3. F	7. F
4. F	8. B

* 영숙	
1. A	5. F
2. F	6. D
3. C	7. A
4. C	8. C

철수(결석)	봉환		* 영수	
	1. A	5. E	1. A	5. E
	2. D	6. E	2. E	6. E
	3. E	7. E	3. E	7. E
	4. E	8. E	4. E	8. E

교사용 책상

*: 1학년 교사가 특별히 관찰해 주기를 바랐던 어린이들

〈그림 18-3〉 과업집중표

〈표 18-2〉〈그림 18-3〉에서 나온 과업집중 자료의 요약

행 동	9:20	9:22	9:24	9:26	9:28	9:30	9:32	9:34	합계	%
A. 과업 중, 혼자 읽기	4	1	2	2	2	4	2	0	17	18
B. 과업 중, 교사나 보조원과 읽기	0	0	1	1	2	1	1	2	8	8
C. 이석	1	1	1	2	0	0	0	1	6	6
D. 잡담	5	8	2	0	0	2	2	3	22	23
E. 교실 밖	0	1	5	5	5	5	5	5	31	32
F. 장난	2	1	1	2	3	0	2	1	12	13

(1) 부분적인 정확한 기록방법

교사의 질문, 피드백 반응, 지시와 구조적인 진술 등 장학상 필요한 부분만 영화나 연극의 대사처럼 정확하게 기록했다가 분석하는 것이다. 질문의 경우 ① 질문의 인지적 수준, ② 정보의 양, ③ 재질문, ④ 탐색적 질문 등의 빈도와 질적인 측면에서 분석할 수 있을 것이다.

교사의 피드백 반응과, 지시와 구조적 진술은 ① 피드백의 양, ② 수정, 적용, 비교, 요약, 반응 등의 다양성, ③ 구체성의 측면에서 분석해도 좋을 것이다.

(2) 좌석표에의 관찰기록

학생들의 좌석표나 교실 내부의 도면에다 여러 가지 유익한 관찰자료와 정보를 기록할 수 있을 것이다. 한 장의 종이에다 많은 정보를 담을 수 있고, 또 사용하기 쉽고 해석하기 쉽다는 이점을 갖고 있다.

〈그림 18-3〉은 좌석표에다 학생들의 과업집중 상황을 담은 것이다. 학급 전체의 상황을 알기 위해서 이것을 〈표 18-2〉로 종합하면 더욱 명확해진다.

교사와 학생간의 언어의 흐름을 좌석표에 나타낼 수도 있다(〈그림 18-4〉, 〈그림 18-5〉 참조). 언어흐름의 범례는 필요에 따라 다음과 같이 다양하게 할 수 있다.

- **교사의 언어**

→ + : 교사의 칭찬 또는 격려하는 말

→ − : 교사의 비평 또는 부정적인 말

→ ? : 교사의 질문

→ │ : 학급 전체에 대하여 교사가 한 질문이나 말

- 학생의 언어행동

→ √ : 학생이 자발적으로 적절하거나 맞는 반응을 했다

→ × : 행동이 자발적으로 부적절하거나 부정확한 반응을 했다

→ ? : 학생의 질문

→ │ : 학생이 학급 전체에 대하여 한 말

Q: 교사의 질문(question)

P: 교사의 칭찬(prase)

C: 교사의 비평(criticism)

R: 학생이 자발적으로 적절하거나(relevant) 정확한 반응(response)을 함

X: 학생이 (자발적으로) 부정확하거나 부적절한 반응을 함

q: 학생의 질문

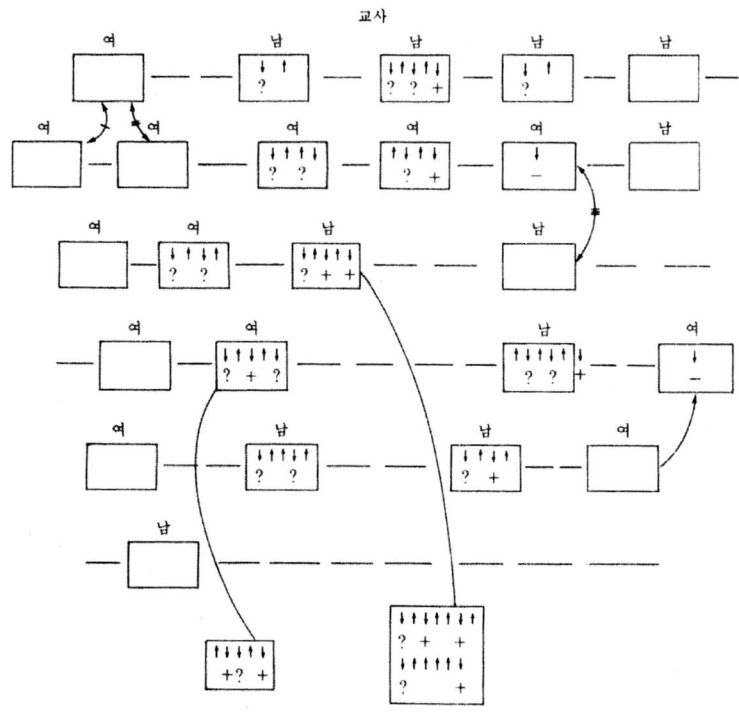

〈범 례〉

?: 교사의 질문

↑: 학생의 반응

+: 교사의 긍정적 반응

−: 교사의 부정적 반응

〈그림 18-4〉 좌석표에 표시된 언어 흐름표

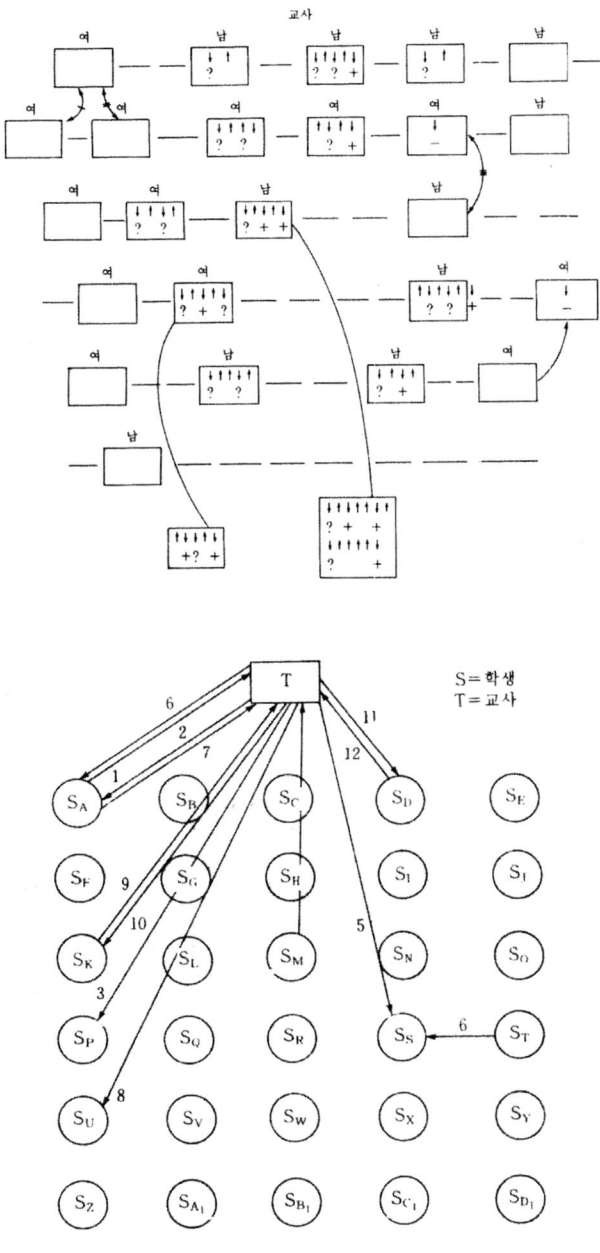

〈그림 18-5〉 언어상호작용 그림(9 : 10~9 : 15)

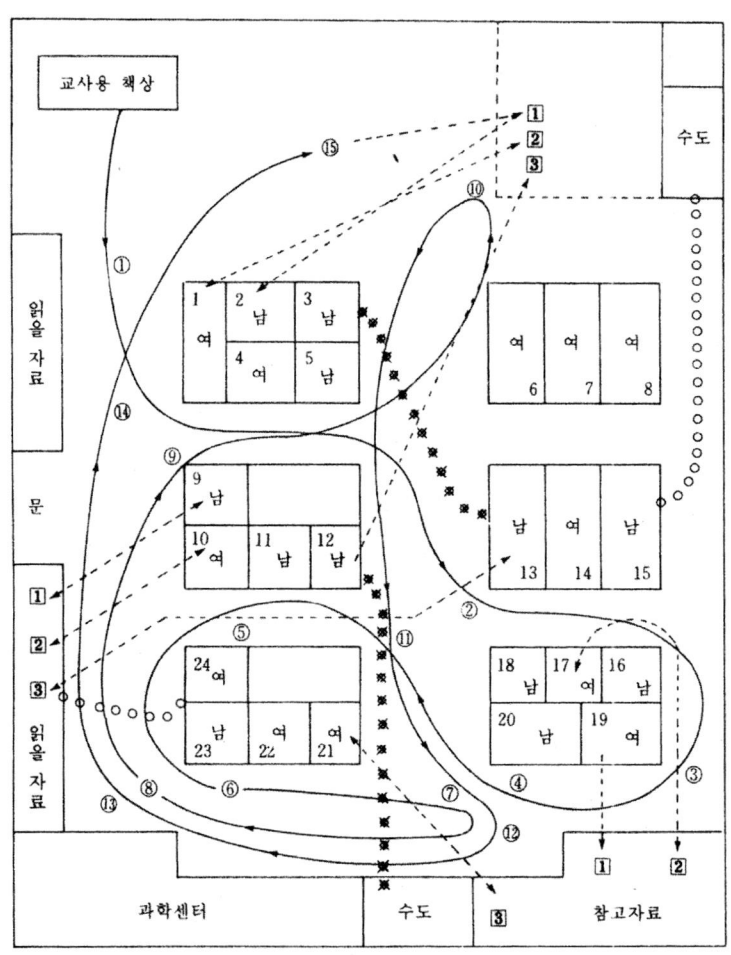

〈이동범례〉

※※※: 지시된 학생 움직임

－－－: 학생의 유목적적 움직임(지시되지 않음)

교사의 순회(화살표는 방향 표시)

○○○: 학생의 무목적적 움직임

①: 교사－학생 협의(숫자는 시차적 순서를 가리킴)

〈그림 18-6〉 이동양식

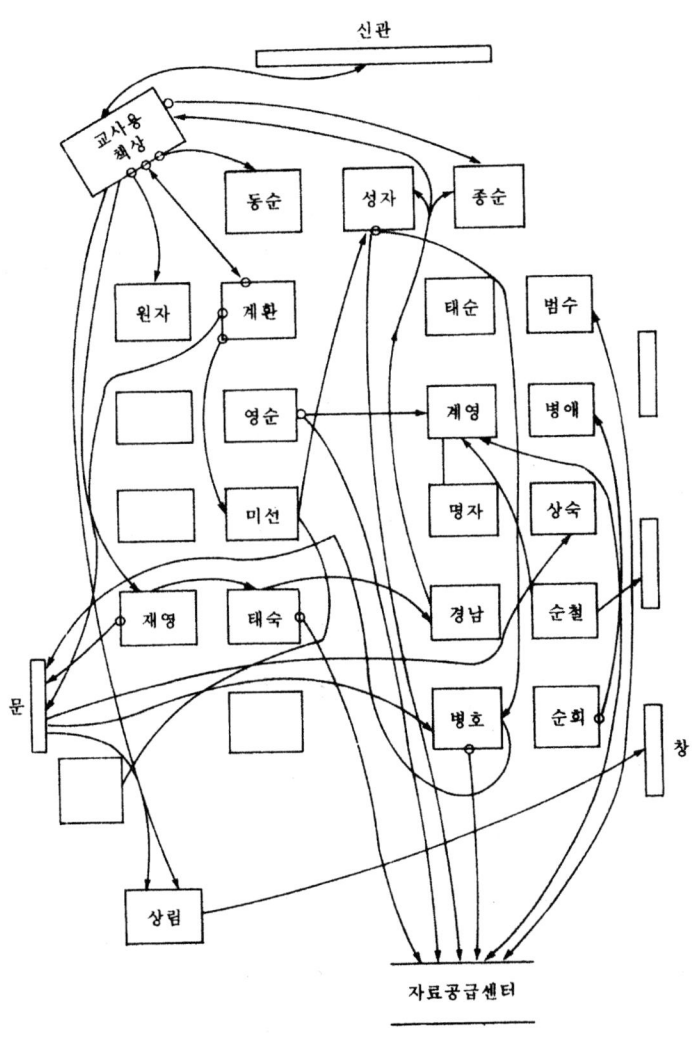

〈그림 18-7〉

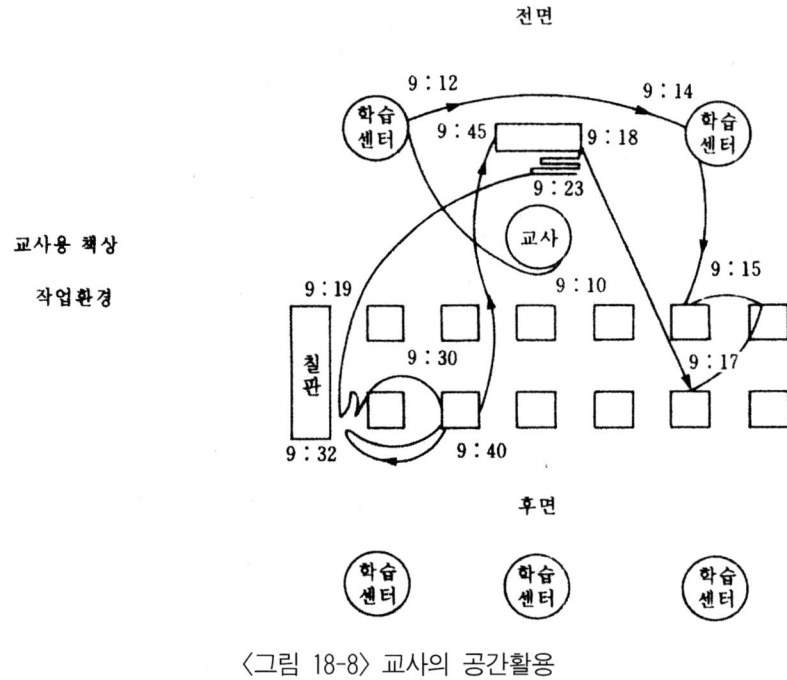

〈그림 18-8〉 교사의 공간활용

　〈그림 18-6〉, 〈그림 18-7〉, 〈그림 18-8〉은 공간활용과 움직임상태를
좌석표에 관찰기록한 것이다.

(3) 체크리스트와 평정표

　관찰기록을 체크리스트와 평정표에 표시할 수 있다. 성인을 통해서 할 수
도 있지만 학생으로부터도 거의 정확한 정보를 얻을 수 있다.

　〈예시 4〉 D. J. Veldman과
R. F. Peck의 수업에 대한 학생의 평가
　선생님 이름:_____
　교과명:_____

학교명:_____

─────해당란에 ○표 하시오.─────
선생님의 성별: 남, 여
나의 성별: 남, 여
나의 학년: 3, 4, 5, 6 중 1, 2, 3 고 1, 2, 3

쓰지 마시오.

하나에만 ○표 하시오.

	아니다	아주 아니다	그렇다	아주 그렇다

이 선생님은?

학생에게 항상 친절하다.

교과목에 대하여 많이 안다.

무미건조하지 않고 싫증나지 않는다.

결정을 내리기 전에 학생의 의견을 묻는다.

보통 유쾌하고 낙관적이다.

예기하지 않은 질문에 당황하지 않는다.

일보다는 재미로 학습하게 한다.

학생들을 이탈되지 않게 한다.

종종 과제 중에서 선택권을 학생에게 준다.

〈예시 5〉 교사의 스타일에 대한 학생의 지각

1. 선생님은 주로 다음 중 관심이 있는 곳은

1 2 3	4 5 6	7 8 9
학생이 사실에 대하여 얼마나 알고 있나.	학생에게 전달할 아이디어를 가지는 것.	학생이 스스로 "사고" 할 수 있는지.

2. 선생님은

1 2 3	4 5 6	7 8 9
대부분의 시간 선생님이 원하는 것을 학생이 하게 만든다.	때때로 선생님이 원하는 것을 학생이 하게 만든다.	대부분의 시간 학생 자신이 결정을 하게 한다.

3. 선생님은

1	2	3	4	5	6	7	8	9

수업 주제에 어긋난 어떤 이야기도 하는 것을 좋아하지 않는다.

수업 주제에 대하여 대부분 말하나 다른 문제도 말하도록 격려한다.

다른 주제에 대하여 말하는 것도 좋아하고 학생의 개인의견에도 관심이 있다.

4. 우리 반 학생들은

1	2	3	4	5	6	7	8	9

선생님이 질문하려고 할 때만 말한다. 선생님이나 다른 학생이 어떤 것을 말할 때.

교사에게 질문하는 것이 자유롭다.

거의 아무 때나 자유로이 말할 수 있다.

5. 다음 사항에 동의하지 않는다.

1	2	3	4	5	6	7	8	9

말하는 사람이 틀렸다고 여러분이 말하는 것은 여러분이 할 일이 아니라고 주장하고 느끼려 시도하지 않는다.

선생님이 물어 볼 때 여러분이 왜 반대하는지 말하는 사람에게 말한다.

선생님이 물어보든 않든 여러분의 관점에서 토의나 주장을 자유로이 할 수 있다.

6. 선생님은

1	2	3	4	5	6	7	8	9

대개 책에서 읽은 것, 교장 선생님이 말씀하신 것에 바탕을 둔 의견을 말씀하신다.

대개 책에서 말한 것 이외에 다른 관점을 여러분들에게 말씀하신다.

책, 다른 선생님, 교장선생님, 관습이라고 항상 옳은 것은 아니라고 여러분에게 말씀하신다.

** 7. 만일 여러분이 선생님의 성을 안 붙이고 이름만 부른다면

1	2	3	4	5	6	7	8	9

선생님은 좋아하지 않고 그러지 말라고 하신다.

학교 밖에서는 좋지만 수업 중에는 성을 불러 달라고 하신다.

전연 개의치 않는다.

8. 선생님은

1 2 3	4 5 6	7 8 9
가르치는 동안 전연 조커를 하지 않고, 학생들이 할 때는 좋아하지 않는다.	어떤 요점을 전하기 위하여 조커나 유머를 때때로 말한다.	항상 재미있는 이야기를 하고, 학생들도 자기에게 일어났던 재미있는 예를 말하게 한다.

9. 선생님은 다음과 같은 일에 많은 시간을 보낸다.

1 2 3	4 5 6	7 8 9
시험과 성적에 대해서, 그리고 코스가 어떻게 계획되었는지 말한다.	시험, 성적, 코스에 대한 아이디어를 말하지만, 자세히 말하기 위해 너무 많이 보내지 않는다.	시험, 성적, 코스 계획, 집단과제에 대하여 학생 자신이 결정하라고 한다.

10. 집단과제나 분과별로 일할 때, 선생님은

1 2 3	4 5 6	7 8 9
무엇을 할 것인지 정확하게 말한다.	과제에 다루어져야 할 방법을 암시한다.	과제가 어떻게 다루어져야 할 것인지 집단구성원이 결정하도록 한다.

11. 선생님은 흔히

1 2 3	4 5 6	7 8 9
학급에서 학생들이 똑같은 일(일, 공부)을 하게 한다.	어떤 학생은 과제를 하고 어떤 학생은 연구하게 하는데, 그것은 뒤떨어졌느냐에 달려 있다.	주말까지 계획된 만큼의 과제나 장을 모두 마친 다음에는 학생들이 좋아하는 대로 하게 한다.

12. 여러분이 선생님께 화가 날 때

1 2 3	4 5 6	7 8 9
선생님은 어떤 화난 표시도 처벌하기 때문에 학생은 대개 속에 감추고 있다.	왜 화가 났는지 선생님께 말할 수 있다고 생각한다.	선생님이 화를 내든지 말든지 학생은 보일 수 있다고 느낀다.

---

* 이것은 우리나라 상황에는 맞지 않는다. 다른 항목도 우리나라에서 적용하기에는 수정이 필요할 것이다.*

13. 선생님은

1	2	3	4	5	6	7	8	9
항상 선생님같이 행동한다.			대부분의 선생님처럼 행동하나 때때로 친구처럼 보인다.			선생님처럼 행동하기보다는 친구처럼 행동한다.		

14. 선생님은 교실에 들어오시자 하시는 첫 번째 일은

1	2	3	4	5	6	7	8	9
주의집중하기 위해 조용히 하라고 말하는 것이다.			주의집중하고 왜 어떤 학생이 결석했는지(아픈지 등) 묻는다.			과제나 연구를 시작하게 하고, 그러고 나서 공부하는 동안 주의집중을 요청한다.		

15. 이 수업에서 숙제는

1	2	3	4	5	6	7	8	9
매일 주어지고 다음날까지 제출되어야 했다.			매일하는 것과 장기간에 걸친 과제로 나누어졌다.			대개 장기간 과제로 구성되었다.		

16. 우리 학급에서 학생들은 집단으로 또는 분과별로 함께 일했다.

1	2	3	4	5	6	7	8	9
아니다.			때때로			많이		

17. 다른 학생과 함께 해야 할 일이 있을 때 학생들은

1	2	3	4	5	6	7	8	9
대개 일할 사람을 배정받는다.			때때로 짝을 고를 수 있다.			우리가 일하고 싶어 하는 사람을 결정할 수 있다.		

〈예시 6〉 문답식 수업을 위한 체크리스트

- 학생의 참여를 증가시키는 행동
  1. 비자발적인 사람을 지명한다.
  2. 같은 질문을 재지시 한다.

　　3. 학생 반응을 칭찬한다.

　　4. 학생 주도적 질문을 환영한다.

- 사고 깊은 반응을 끌어내는 행동

　　1. 고도의 인지적 질문을 한다.

　　2. 질문한 다음 3~5초 기다린다.

　　3. 첫 응답에 대하여 추적 질문을 한다.

- 부정적 행동

　　1. 학생 반응에 부정적으로 반응한다.

　　2. 자신의 질문을 반복한다.

　　3. 복수적 질문을 한다.

　　4. 자신의 질문에 답한다.

　　5. 학생의 대답을 반복한다.

- 수업의 강점

- 개선을 위한 제안

〈예시 7〉 강의－설명수업을 위한 체크리스트

계수될 행동

- 의미 깊은 내용

　　1. 학생들에게 이미 친숙한 내용과 강의 내용을 관련짓는다.

　　2. 개념을 설명하기 위하여 예를 든다.

　　3. 일반화나 의견을 위하여 설명을 한다.

- 학생참여

　　1. 학생들이 의문을 가지는지 학생들에게 질문한다.

　　2. 학생들에게 질문을 한다.

　　3. 학생들이 활동에 전념하게 한다.

평정될 행동

	좋음			개선요	
• 조직성					
1. 강의가 분명하게 조직되고 시간 절차를 가지고 있다.	5	4	3	2	1
2. 강의 조직을 알려 주기 위해 칠판, 배부물 등을 사용한다.	5	4	3	2	1
3. 학생들 강의에서 기억하기 바라는 것을 학생들에게 말한다.	5	4	3	2	1
4. 요점을 반복해 주고 강의 끝에 이것을 요약해 준다.	5	4	3	2	1
5. 주제로부터의 탈선을 피한다.	5	4	3	2	1
• 전달					
1. 천천히 분명히 말한다.	5	4	3	2	1
2. 열의 있게 전달한다.	5	4	3	2	1
3. 강의 노트를 그대로 읽어 주는 것을 피한다.	5	4	3	2	1
4. "에", "알았지" 같은 중간 채우는 말을 피한다.	5	4	3	2	1
5. 불안한 몸짓을 피한다.	5	4	3	2	1
6. 학생들과 계속 눈을 마주치고 있다.	5	4	3	2	1
7. 유머를 사용한다.	5	4	3	2	1

〈예시 8〉 수업관찰 체크리스트

학교명:＿＿＿＿＿ 교사명:＿＿＿＿＿ 관찰일:＿＿＿＿・＿＿＿・＿＿＿

교과명:＿＿＿＿＿ 학년, 반:＿＿＿＿＿

※ 만족(S), 불만족(U)으로 표시

A. 교사의 준비

＿＿＿＿＿ 1. 학습지도안에 나타난 학습 사전계획

＿＿＿＿＿ 2. 관련 보충자료를 포함하여 본 학습내용에 관한 지식

＿＿＿＿＿ 3. 학습단계, 주제의 발전, 정리에 주의하면서 한 학습의 제시, 발표

평:＿＿＿＿＿＿＿＿＿＿＿＿＿＿＿＿＿＿＿＿＿＿＿＿＿

B. 통제요인

_____ 1. 수업관리 상태

_____ 2. 효율적인 수업시간 사용

평:_____

C. 수업요인

_____ 1. 학생들의 적절한 동기유발

_____ 2. 학생들의 개인차를 고려한 수업설계

_____ 3. 활용된 시청각 자료

　　　　　① 실물 ② 견본 ③ 필름 ④ 사진 ⑤ 칠판 ⑥ 기타

_____ 4. 사용한 교수기술

　　　　　① 학급토의 ② 문답식 ③ 소집단 보고 ④ 프로젝트법

　　　　　⑤ 극화식　　⑥ 강의식 ⑦ 기타

_____ 5. 학생들의 수업참여

_____ 6. 학생들의 수업목적, 목표의식

평:_____

D. 학생들의 진전과 태도

_____ 1. 학생들의 흥미

_____ 2. 학습행위

_____ 3. 필기의 형식

평:_____

E. 학급조직

_____ 1. 학급의 물리적 환경에 대하여 주의 기술임

_____ 2. 적절한 좌석배치

_____ 3. 학급 환경의 매력성, 적절한 전시, 수업과의 관련성

평:_____

F. 교사의 학급풍토

_____ 1. 학생에 대한 태도와 공정성

_____ 2. 침착성

_____ 3. 목소리 조절, 학급규모에 알맞은 목소리

_____ 4. 학생을 다루는 기술

_____ 5. 교과목에 대한 흥미와 열성

_____ 6. 교과목에 대한 지식

평:_____

G. 수업상태에 대한 기술

_____

_____

H. 논평, 제안, 권고

_____

I. 교사 자신의 평, 필요하다면 부가적인 정보

_____

교사의 서명:_____

관찰자의 서명:_____

〈예시 9〉 수업평정척도

학교명:_____ 교사명:_____ 관찰일:_____ . _____ .

교과명:_____ 학년, 반:_____ 교시:_____

표시방법: E=우수, G=좋음, S=만족, N=개선요, U=불만족,
          W=관찰 못함, D=해당 안 됨

A. 교사의 준비   E G S N U W D

  1. 학습지도안에 학생 측면에서의 목표제시, 절차, 보충자료, 과제가 나타남.

  2. 학습계획이 자료와 절차의 적절한 시차에 주의를 기울이며 논리적으로 설명되어 있음.

  3. 학습주제에 대한 지식을 마음껏 발휘함.

  4. 시험 항목이 잘 구성됨.

B. 수업의 제시, 발표

  1. 동기유발 기술이 잘 적용됨

  2. 수업에서 도입, 본론, 요약, 과제가 포함됨.

  3. 학습원리가 잘 적용됨.

  4. 수업에서 효과적인 기술을 활용하여 적절한 방법을 사용함.

  5. 다른 활동과 자료를 사용하여 학생의 개인차를 고려함.

  6. 시청각 보조자료를 포함하여 다양한 교육자료를 활용함.

C. 학급 수업관리

  1. 교사와 학생이 꾸민 학급환경이 수업 프로그램과 관련되는 유목적적 환경임.

  2. 학급 분위기로 보아 교사와 학생의 관계가 친밀함.

  3. 일상적인 일이 교사와 학생의 협동으로 이루어지고 이해되며 실천됨.

  4. 학생들의 행위가 수업이나 활동에 알맞으며 자율적인 질서가 보임.

  5. 학생들의 특별한 요구가 기록된 좌석표가 마련되어 있음.

  6. 교사와 학생이 비품, 자료, 기구를 적절하고 효과적으로 활용하고 있음.

  7. 시험을 적절히 시행하고 또 감독하고 있음.

D. 학생들의 학습결과

  1. 학생들이 흥미를 보이고 기꺼이 수업에 참여함. ├──┼──┼──┼──┼──┼──┤

  2. 학생들 작품에 개인의 프라이드가 반영되어 나타남. ├──┼──┼──┼──┼──┼──┤

  3. 학생들이 독립적으로 일할 능력이 있다는 것을 보여 줌. ├──┼──┼──┼──┼──┼──┤

  4. 학생들이 효과적인 학습을 보여 주고 있음. ├──┼──┼──┼──┼──┼──┤

E. 교사의 인성

  1. 외모 ├──┼──┼──┼──┼──┼──┤

  2. 침착성 ├──┼──┼──┼──┼──┼──┤

  3. 교수하는 매너 ├──┼──┼──┼──┼──┼──┤

  4. 발표력 ├──┼──┼──┼──┼──┼──┤

  5. 성량 조절 ├──┼──┼──┼──┼──┼──┤

F. 일반적인 평가제안

_____

_____

G. 교사의 반응

_____

_____

관찰자 서명: _____

관찰일: _____

〈예시 10〉 수업관찰보고서

학교명: _____ 교사명: _____ 학급: _____

관찰일시: _____ 관찰협회일시: _____

A. 전문적 자질   평가권고

   1. 교과목에 대한 지식   _____

   2. 전문가로서의 관심과 목적   _____

B. 학급수업

   1. 잘 계획된 수업   _____

   2. 다양하고 흥미 있어야 하며 적극적인 학급   _____

   3. 진지한 학생 참여   _____

   4. 수업자료와 설비의 효과적인 활용   _____

   5. 의미 있고 합당한 과제부여   _____

   6. 개인차에 따른 수업조정   _____

   7. 긍정적인 학생−교사 관계성   _____

   8. 분명하게 해주는 설명   _____

   9. 학습에 적절한 기강   _____

   10. 안정된 학급관리   _____

   11. 매력적인 학급환경   _____

C. 개인적 자질

   1. 적절한 두발과 복장   _____

   2. 분명하게 발음하고 정확한 국어를 사용함   _____

   3. 침착하고 자기통제를 잘함   _____

D. 학생의 학습

   1. 새로운 지식을 습득한 것이 반영됨   _____

   2. 새로운 지식을 적용하고 있는 것이 반영됨   _____

(4) 플랜더스(Flanders)의 언어상호작용 분석

플랜더스의 수업분석방법은 우리나라에도 널리 알려진 방법으로 교사와 학생의 지시적 행동과 비지시적 행동에 의하여 지시적(directive) 수업과 비지시적(indirective) 수업으로 분류한다. 그 분석의 카테고리는 〈표 18-3〉과 같다.

그런데 과거에는 매 3초마다 해당 카테고리의 번호를 기록했다가 그 숫자를 세어 지시적 행동과 비지시적 행동의 비를 계산하였었는데 이제는 번호

를 쓰는 대신에 〈그림 18-9〉와 같이 체크만 했다가 끝에 가서 합계를 보고 비율을 계산하는 방법이 개발되었다.

〈표 18-3〉 플랜더스의 언어 상호작용 분석 카테고리*(FILAC)

교 사 의 말	반응	1. 감정의 수용. 비위협적인 방법으로 학생의 감정적 색조나 태도를 수용하거나 명료화한다. 감정은 긍정적이거나 부정적일 것이다. 감정을 예측하고 회상하는 것도 포함한다.
		2. 칭찬이나 격려. 학생을 칭찬하거나 격려한다. "으흠", "그렇지"라고 말한다. 긴장을 완화하는 조커를 한다. 그러나 학생을 무시하는 것은 아니다.
		3. 학생의 아이디어를 수용 또는 사용. 학생의 말을 인정한다. 학생의 아이디어에 기반을 두어 질문을 명료화, 형성, 묻는다.
	주도	4. 질문. 학생이 대답할 것을 기대하는 의도로 교사의 아이디어에 기반을 두고 내용 또는 절차에 대하여 질문을 한다.
		5. 강의. 내용이나 절차에 대하여 사실이나 의견을 제시한다. 교사 자신의 아이디어를 표현하고, 자기 자신의 설명을 하고, 학생 이외의 권위를 인용한다.
		6. 지시. 학생이 응낙할 것을 기대하는 지시, 지휘, 명령을 한다.
		7. 학생을 비평 또는 권위를 정당화함. 받아들일 수 없는 양식으로부터 받아들일 수 있는 양식으로 학생행동을 변화시킬 의도를 가지고 진술을 한다. 학생 대답을 독단적으로 정정한다. 야단친다. 교사가 하고 있는 것을 왜 하고 있는지 말한다. 극단적인 자기참조를 한다.
학 생 의 말	반응	8. 학생의 말―반응. 상황을 구조화하거나 제한하는 교사의 접촉에 대한 반응으로 학생이 말한다. 자신의 아이디어를 표현할 자유가 제한된다.
	주도	9. 학생의 말―주도. 학생 자발적으로 또는 교사의 유도에 의한 반응으로 학생 자신의 아이디어를 주도하거나 표현한다. 의견과 사고의 선을 개발할 자유, 현존구조를 넘어서 간다.
침 묵		10. 침묵이나 혼란. 관찰자가 의사소통을 이해할 수 없는 정지, 잠깐 사이의 침묵, 혼란의 기간이다.

---

* Ned Flanders, Analyzing Teaching Behavior, 1970에 기초. 숫자는 카테고리를 의미함.

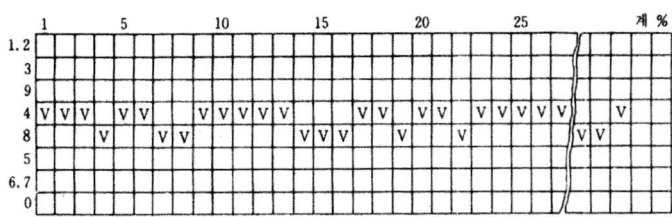

〈그림 18-9〉 플랜더스 언어 상호작용 분석 시간선

(5) 빈도 측정도구

수업 중에 필요한 범주별로 빈도를 조사하여 수업을 분석하는 방법도 있다. 여기서는 간단히 예시만을 한다.

〈예시 11〉 학생의 학습행위

	주의집중		집중하지 않는 행위		
1) 시선집중	2) 행동함	3) 말함	4) 안 쳐다봄	5) 안 함	6) 말함
1. ×××××   ×   ××
2. ×××   ××××   ×   ×
3.   ××××   ××   ×××   ×
4.
5.
6.
7.
8.
9.
10.

〈예시 12〉 교사의 언어행위

	1	2	3	4	5	6	7	8	9	10	11	12	13	14	15	16	……	계	%
정보제공			V	V	V	V			V	V			V	V	V	V	……		
질 문	V	V															……		
대 답						V	V			V	V						……		
칭 찬																	……		
지 시																	……		
꾸 짖 음																	……		

〈예시 13〉과업행위

			(10분마다 10명 학생)
	과업에 주의집중	집중 안 함 / 수동적	집중 안 함 / 적극적
11:00	××××××	×××	×
11:10	××××	××××	×××
11:20	×××××	××××	×
11:35	××××××××	×	×
11:40	×××××××××	×	

〈예시 14〉업무수행 빈도의 지표

업무수행지표	빈			도
	학생의 10~25%	학생의 25~50%	학생의 50~75%	학생의 75~100%
총괄검사에 의하여 학생에게 피드백				
학습이나 동기에 대하여 논의하기 위해 학생과 개별적으로 협의				

〈예시 15〉교실의 물리적 환경

교실	예, 아니오, 불확실
1. 벽과 마루의 낙서와 얼룩점.	
2. 학생이 보여 주는 자료.	
3. 교사가 보여 주는 자료.	
4. 학생이 가지고 있는 자료가 1회 이상 묶지 않았다.	
5. 교사의 자료가 1회 이상 넘지 않았다.	
6. 수업이 끝날 때 깨끗이 치운다.	
7. 학생의 자료를 보관소에 정리한다.	
8. 교사의 자료를 보관소에 정리한다.	
9. "대출", "반납" 표시를 명확히 한다.	
10. 학급 내 도서대출방법을 명시해 놓고 있다.	

(6) 질적 관찰

앞에서 예시된 것은 주로 계량적 자료인데 최근에 질적 평가의 중요성이 강조되면서 질적 자료에 대한 관심이 높아지고 있다.

여기에는 ① 방문자의 자유기술형 해설, ② 수업 참여자의 자유기술형 관찰, ③ 초점을 둔 질문지 관찰(〈예시 16〉 참조)이 있을 수 있다. ④ 또 미술, 음악, 문학비평과 같은 교육비평도 가능하다고 보아 예술비평가 같은 접근을 하려는 노력도 있다. ⑤ 특히 인류학적·민속학적 접근으로 수업 일화기록법도 좋은 수업관찰 방법이다. 일화기록은 수업에서 일어나는 일을 관찰자의 눈에 띄는 대로, 귀에 들리는 대로 그때그때 기록해 나가는 방법이다. 일화기록의 예시는 다음과 같다.

〈예시 16〉 초점을 둔 질문지

주제 1: 교실
 교실은 매력적으로 꾸며졌는가?
주제 2: 교사
 교사가 온화하고 또 학생과 친절한 관계를 나타내 주는 증거는?
주제 3: 학생
 학생이 해야 하는 일과 왜 해야 하는지를 알고 있다는 증거는?
주제 4: 학습
 수업과 숙제가 지역사회와 학생의 실제 생활과 관련짓도록 고려하고 있다는 증거는?

〈예시 17〉 민속학적 기록

기록번호: 06 관찰일: _____
연구자명: 계일 관찰교과: _____

2학년 학급수업

1 시작, 2명 팀 티칭 교사와
2 2명 다른 어른과 함께
3 이것은 영자와 함께
4 관찰, 난 그 읽기 집단을
5 오늘 관찰할 것이다. 동
6 시에, 9명 학생이 포함됨.
7 9명 중 2명은 남자
8 7명은 여학생
8:30 9 소음 수준 2
10 8시 30분에 소음 수준 2
11 학생들 방금 교실에
12 들어오고, 외투를 벗고
13 교실을 돌아다닌다.
14 몇 명 남학생이 코너에서
15 싸운다. 몇몇 여학생은 마루
16 에 앉아 퍼즐놀이를 한다.
17 교사는 교실 뒤에서
18 학생에게 주의 안 하고 왔다
19 갔다 한다. 소음은
20 계속된다. 아이들은 뛰고
21 있다. 교실은 혼잡
22 스럽다. 두 교사는 책상
8:35 23 앞에 서서 서로 이야기한
24 다. 8시 35분에 김 교사는
25 교실을 떠난다. 팀 티칭 교사는
26 교실 뒤쪽 자기 책상에
27 계속 앉아 있다. 8시 40분에
28 김 교사 교실로 돌아옴.
29 김 교사는 교실 왼쪽
30 끝에 있는 자기 책상으로
31 감. 그건 둥근 책상, 그 끝

32 에 앉음. "파랑 분단,
33 홀더 가지고 앞으로.
34 초록 분단 이리 와"
35 소음 수준 1로 떨어짐.
36 그리고 학생들은 교사의
37 지시에 따름. "누구 50원
38 잃어버린 사람?" 반응
39 없음. 마찰음 목소리로
40 다시 교사는 물어봄.
41 누가 "잃어버렸을 텐데……"
42 라고 말한다.
43 "탈의실에서 주었대요.
44 주머니를 각자 살펴봐요."
45 아무도 말이 없다.
46 교사는 서서 워크북
47 더미를 테이블을
48 가로질러 끌어당긴다.
49 그건 읽기 워크북이다.
50 교사는 맨 위의 것 하나를 펼
51 치고 "아, 동철이." 교사는
52 이것을 날카로운 큰소리로
53 말한다. "어제 네 공부는 나
54 쁘지는 않지만, 좀더 잘
55 해야겠어요. 아직도 네가
56 이해 못하는 단어가 있
57 어요." 교사는 나머지를
58 대충 처리한다. 대영은
59 교사 주위의 원 밖에 서
60 있다. 교사가 말하는
61 걸 듣지 않고. 김 교사는 이제
62 서서 초록 분단에게

63 지시를 한다. 교사는 8에서
64 13까지 하는데 그 사이에
65 있는 두 이야기를 읽으
66 라고 한다. 그리고 돌려 줄
67 워크북을 해당되는 데
68 찾아서 하라고 한다. 교사는 다시
69 그들에게 아무데나 그러다 따로
70 앉으라고 한다. 그리고 말한다.
71 "그리고 난 어떤 재미있는 걸 원치
72 않아요." 교사는 다음 워크북을
73 펼친다. 노환이의 것이다. 교사는
74 구체적 지적 없이 동철과
75 똑같은 문제가 있
76 다고 말한다.
77 노환이는 어떤 기대감을
78 가지고 그녀의 얼굴을 쳐다본다.
79 교사는 세 번째 워크북을 보고
80 "명철이, 너도 마찬
81 가지야!"라고 말한다.
82 "움켜쥔다는 것은 잡는 거야.
83 해변, 이게 무슨 뜻이지?"
84 명철은 대답이 없다. 교사는
85 손가락을 입에 대고 걱정스럽
86 게 본다. 교사는 책을 덮고
87 명철이에게 밀어 던진다.
88 명철이는 집어가지고
89 노환이와 걸어간다. 교사는
90 다음 워크북을 열고
91 "마동, 난 이 괄호 안의 답을
92 모두 검사 못했어." 교사는

3) 학교효과성 평가

최근에 학교의 효과성(school effectiveness)과 교수효과성(teaching effectiveness)의 문제가 세계적인 관심의 대상으로 논의되고 있으며 많은 연구가 집중되고 있다. 어떻게 학교를 운영하는 것이 가장 효과적인가? 학교 효과성 연구의 결과로 영국, 오스트레일리아, 캐나다, 스칸디나비아 일부국가, 미국의 캘리포니아 주와 플로리다 주에서 학교단위관리제도를 운영하고 있으며 이러한 흐름이 더 퍼져 나갈 가능성이 보이고 있다. 이를 유럽 쪽에서는 "self-managing school", "school-based management", "local financial management"라는 이름으로 번져 가고 있고, 미국 쪽에서는 "school-site management", "collaborative school management"라고 하여 학교단위의 자율학교운영이라고 할 수 있다. 지금까지 시·군 교육청이나, 시·도 교육청 단위로 자치를 하던 것을 학교단위 자율경영을 하도록 하는 것으로 이렇게 하는 것이 더 효과적이라는 연구에서 나온 세계적인 움직임이다. 학교단위에 학부모, 교사, 교장, 지역사회인으로 구성하는 학교 운영위원회(school council)를 두어 여기서 재정권과 인사권을 갖고 자치적으로 학교를 운영하는 제도이다. 운영위원장(goverrnor)이 교장과 교사도 선발하여 임명하고 중앙으로부터 일괄보조금을 받아 학교실정에 맞게 예산편성하여 현장사정을 잘 아는 사람이 필요한 곳에 돈을 쓰는 것이 더 효과적이라는 것이다.

어쨌든 학교는 개선의 단위(the school as the unit for improveme-nt)[****]이다. 그래서 많은 교육개혁사업이 학교를 단위로 삼고 있다. 장학에서도 전통적으로 학교방문을 중요한 장학방법으로 채택하여 온 것이다. 개선하기 위하여 학교 내 교사, 교장, 교수, 행정, 교육과정, 자료들을 따로따로 개선하려는 것이 아니라 이들을 통합적으로 개선해야 한다. 그래서 학교개선의

[****] Jhon I. Goodlad, A Place Called School(New York: McGraw-Hill, 1984), p.31.

길은 학교를 하나의 유기체로 보아 통합적인 방법으로 다루려 한다.

Tanner와 Tanner[*]는 학교를 발전시키기 위해서 다양한 사람들에 의한 자체평가의 중요성을 강조하면서 학교평가를 위한 종합적인 "학교개선을 위한 발전적 기준 체크리스트(checklist of developmental criteria for school improvement)"를 개발하였다. 이 체크리스트는 학교를 아홉 개의 범주로 나누어 보고 있는데 ① 학교철학, ② 행정방침과 실제, ③ 혁신과 개혁: 방침과 실제, ④ 장학풍토, ⑤ 장학 역할과 기능, ⑥ 교사의 효과성과 학교풍토, ⑦ 교육과정개발, ⑧ 현직연수, 직원개발, ⑨ 교수-학습 자료, 시설, 서비스이다.

이 체크리스트를 행정가, 장학사, 교사들에게 적용하여 그 차를 발견하고 이에 대하여 충분한 토론을 거치는 속에서 장학적 효과도 가져오고 학교를 개선할 부분도 찾아낼 수 있을 것이다. 또 하나 이 체크리스트의 특징은 학교와 교육청 내 전문가들로 하여금 모방-유지수준(수준 Ⅰ, imitative-maintenance level)이나 조정-적응수준(수준 Ⅱ, mediative-adaptive level)이 아닌 생산-창의적 수준의 지식/능력(수준 Ⅲ, generative-creative level of knowledge/ability)을 가지고 기능을 발휘할 수 있도록 설계되었다는 점이다. 협동적이고 계속적으로 학교와 교육청을 평가하기 위한 도구로 이 체크리스트를 사용함으로써 본질적인 문제가 감추어지기보다는 밝혀져서 개선할 수 있는 기회로 삼을 수 있다.

〈예시 18〉 학교개선을 위한 발전적 기준 체크리스트

여러분의 학교/교육청에 해당하는 정도에 ○표 하시오.

1=증거가 확실하다.   2=약간의 증거가 있다.

3=증거가 거의 없다.   4=전연 반대 현상이다.

---

* Daniel Tanner and Laurel Tanner, Supervision in Education: problems and practices(N. Y.: Macmillan Publishing Co., 1987), pp.502~537.

Ⅰ. 학교의 철학

1. 학교의 철학이 전체 전문가 직원에 의하여 개
   발된 실제 활용되는 문서이다. 학교의 철학의
   가능성을 확인하고, 실제와 비교하고, 전문가
   직원을 가능성의 달성에 노력하게 하는 나침반
   과 조절장치로 활용하고 있다. 교육과정은 철
   학 운용의 검사라 할 수 있다.   1 2 3 4

2. 전문가 직원은 자유사회 내 학교의 요구와 사명
   에 대한 비전과 약속을 공유하고 있으며, 또 이
   요구를 충족시키고 사명을 다하기 위하여 활동
   한다. 이 학교 철학은 독립적 사고력을 발전시
   키고 민주사회의 책임성을 북돋아 주는 교육과
   정에 반영되어 나타나고, 또 교사와 학생의 학
   문의 자유를 보호하는 데 반영되어 나타난다.   1 2 3 4

3. 전문가 직원은 학교의 미래 가능성에 대한 비
   전을 공유하고, 있으며, 즉각적 요구는 물론
   장기적 목표달성을 위하여 노력하고 있다. 즉
   각적 요구는 장기적 목표의 구성요소이다.   1 2 3 4

Ⅱ. 행정방침과 실제

1. 시·군 교육청은 행정가와 충분한 상의를 거
   쳐서 광범한 교육정책을 설정하고, 또 전문가
   직원과 충분한 상의를 한다.   1 2 3 4

2. 교육위원회는 교육 프로그램의 설계, 개발,
   평가를 하기 위하여 전문가 직원의 전문성에
   의존한다. 교육장은 이 문제에 관하여 교육위
   원회를 교육하고, 청 내 교육개선을 위하여
   필요한 지도력을 발휘한다.   1 2 3 4

3. 교육위원회는 교사와 학생의 학문의 자유를 보
   호하는 성문화된 방침을 갖고 있다. 이러한 진
   술문은 전문가 직원의 교육과정 자료의 선정과
   활용에 관한 책임을 분명히 하고 있다.   1 2 3 4

4. 교장과 장학 직원은 근거 없는 비판으로부터
   교사를 보호한다.   1 2 3 4

5. 교육개선을 위한 프로그램의 개발과, 교육과정의 적용을 위한 노력을 하기 위하여 학교의 상설교육과정위원회를 운영하고 있다. 이 위원회는 기능을 제대로 발휘하기 위하여 필요한 시간과 자원을 지원받고 있다. 1 2 3 4

6. 교육과정 자료나 수업의 실제, 교육과정 자료를 검사하기 위한 어떤 노력에 관한 외부의 불평은 어떤 심의나 조치를 하도록 상설교육과정위원회에 넘겨진다. 1 2 3 4

7. 교육청 전체 교육과정위원회는 교육청 전체의 교육과정 구체화에 관하여 일한다. 교육청 교육과정위원은 장학사와 각 학교교육과정위원회의 대표 교사로 구성된다. 의장은 학무국(과)장이 된다. 1 2 3 4

8. 공식적·비공식적 접촉과, 공동주최의 워크숍과 프로젝트, 교사의 학교 간 방문 등을 통하여 공동 관심사에 관한 아이디어와 실제를 나누기 위하여, 청 내, 다른 청의 다른 학교와 의사소통을 한다. 청 내 학교 간에는 고립되지 않고 하나의 망처럼 기능을 한다. 1 2 3 4

9. 학교간의 연락망은 교육청 전체의 성공적인 프로그램과 실제를 확대, 촉진시키는 역할을 한다. 각 학교단위의 조건에 맞추기 위하여 프로그램과 실제를 변용하도록 주의해야 한다. 1 2 3 4

10. 한 학교에서 성공적인 프로그램과 실제라도 다른 학교에 쉽게 이식시킬 수 없고 현직연수와 각 학교 교사의 참여를 통하여 변형되지 않으면 안 된다. 1 2 3 4

11. 교사들은 반드시 교장의 허락을 받지 않고도 자유스럽게 장학사로부터의 도움을 요청한다. 1 2 3 4

12. 학교와 교육청의 행정구조가 완전히 기능을 발휘하게 하기 위하여 정기적으로 이들 행정구조를 검토한다. 1 2 3 4

13. 기능을 제대로 발휘하게 하기 위하여 교육 프로그램의 조직구조를 정기적으로 검토한다. 1 2 3 4

14. 가정을 학교의 동반자로 인정하고 그렇게 대하며, 가정과 학교의 협동을 증진시키기 위하여 전문직원이 체계적인 노력을 한다. 전문직원(교사, 카운슬러)은 학부모가 학생의 성공을 위하여 어떻게 기여할 수 있을 것인지에 대하여 알려 준다. 전문직원과 학부모와의 정기적인 협의회를 개최한다.   1 2 3 4

15. 교육적인 성취에 대하여는 물론이고 교육적인 문제에 대하여도 문제해결을 위한 지원을 받기 위하여 학부모와 지역사회와 광범하게 의사소통을 유지한다.   1 2 3 4

16. 학교의 효과성은 어떤 단일 측정이나 좁은 측정에 의하여 결정되는 것이 아니라 대두되는 문제를 확인, 진단, 해결하기 위해서는 전문직원의 능력과 헌신적인 노력 여하에 의하여 결정된다. 프로그램 평가는 종합적이고 계속적이어야 한다.   1 2 3 4

III. 혁신과 개혁: 방침과 실제

1. 어디서 시도되었든 개혁안은 연구문헌 검토와 비슷한 개혁을 했던 선행경험에 대하여 검토함으로써 조심스럽게 평가된다.   1 2 3 4

2. 개혁조치를 부분적으로 채택할 수는 없고, 오히려 전 교육프로그램과의 유기적인 관계 속에서 제도화된다. 개혁의 과정은 단순한 채택의 과정이 아니라 지역의 조건과 필요에 맞추기 위하여 적응과 변형의 과정이다. 교육과정과 수업의 개선은 혁신의 채택이 아닌 문제해결 노력을 일으키는 것이다.   1 2 3 4

3. 개혁과 혁신은 다른 집단을 희생시키고 한 집단에게 혜택이 가게 하거나, 다른 영역을 희생시키고 한 영역의 교육과정에 혜택이 가게 하는 것이 아니라 학교의 전체 학습공동체에게 이익이 가도록 수행한다.   1 2 3 4

4. 외부에서 제한된 교육개혁안은 교육개선과, 학
   교의 철학, 지방학교의 독특한 여건, 개혁조치
   와 현행의 실제와의 상호작용관계의 관점에서
   전문가들에 의하여 비판적 평가를 받는다.　　　1 2 3 4
5. 개혁이나 혁신은 외부압력의 수용이나 최신의
   유행을 따르기 위해서보다는 교육 프로그램
   을 개선하기 위하여 채택된다.　　　　　　　　1 2 3 4
6. 개혁안의 영향을 많이 받는 사람들은 그 안의
   평가에 직접적으로 참여한다.　　　　　　　　1 2 3 4
7. 개혁조치나 혁신은 부분적으로 채택되는 것이
   아니라 그 지방의 조건에 맞추기 위하여 전문
   직원이 변형시키고, 변형은 기꺼운 마음으로
   하게 된다.　　　　　　　　　　　　　　　　1 2 3 4
8. 개혁조치와 혁신을 제도화하기 전에 형성평가
   와 총괄평가를 통해서 가설검증을 한다.　　　1 2 3 4
9. 개혁이나 혁신을 광범하게 적용하기 전에 이
   를 뒷받침하는 충분히 유리한 증거가 있다.　　1 2 3 4
10. 현재 진행 중인 다른 프로그램을 희생시키지
    않으면서 개혁과 혁신을 충분히 재정적으로
    뒷받침한다.　　　　　　　　　　　　　　　1 2 3 4

Ⅳ. 장학풍토

1. 전체 전문직원과 학생이 협동적으로 결정을
   하는 민주적－참여적 조직으로서 학교가 기
   능을 한다.　　　　　　　　　　　　　　　　1 2 3 4
2. 학교풍토는 소속, 봉사, 상호존중, 지지적인
   풍토이다. 행정가와 교직원, 학생회가 공유하
   여 생산적 학습을 위하여 책임을 진다.　　　　1 2 3 4
3. 계선을 따라 하향적으로 의사소통이 되는 것
   이 아니라 개방적이고 자유로이 이루어진다.　　1 2 3 4
4. 전문직원과 학생의 책임의식과 자율의 재능과
   동기가 충분히 촉구된다.　　　　　　　　　　1 2 3 4
5. 새로운 아이디어와 실제를 전파하기 위하여
   주도하는 교사에게 지지해 주는 풍토이다.　　　1 2 3 4

6. 건설적인 아이디어와 제안을 값 비싸게 하고
   널리 알리며, 계속적으로 발굴하고 적용 가능
   하면 계속적으로 적용한다.   1 2 3 4
7. 교사와 학생의 동기욕구를 건설적으로 표현한다. 1 2 3 4
8. 교육을 기성의 생산과정으로 보는 것이 아니
   라 발전적 생산과정으로 본다. 그래서 사람에
   게 제한을 가하기보다는 잠재능력의 성장과
   적정화에 강조됨을 둔다.   1 2 3 4
9. 학교를 최저조건에 맞추려 하지 않고 생산적
   학습환경을 위한 최적정의 여건을 만들려고
   노력을 집중한다.   1 2 3 4
10. 교사는 교장과 장학사와 쉽게 자유로이 문제
    점과 필요사항을 말한다.   1 2 3 4
11. 교사와 학생은 교육개선에 영향을 주는 가장
    중요한 사람으로 대한다. 행정직원이나 장학
    지원이 이들을 정책과 실제를 수용, 전이, 적
    용하는 단순한 통로로 대하지 않는다.   1 2 3 4
12. 학생기강을 권위주의적 규칙과 부과를 통해
    서보다는 책임 있는 자기통제와 자율, 타인존
    중을 통해서 확립한다.   1 2 3 4
13. 교사들은 학교와 교육청 내 동료교사와 다른
    전문직원과 완전히 협동하는 상황 속에서 주
    도적이고 책임 있는 자율을 행사하는 전문적
    자율성을 갖는다. 교사의 고립이 교사의 자율
    과 착각하지 않고 개별교실의 의사결정이 교
    내 전체와 교육청 내 문제해결을 위한 의사결
    정을 의미하지는 않는다.   1 2 3 4

Ⅴ. 장학역활과 기능

1. 장학의 과정은 약점의 발견에 있는 것이 아니
   라 발전을 위한 것이다.   1 2 3 4
2. 전문 직원은 조정－적응수준(수준 Ⅱ)이나 모
   방－유지수준(수준 Ⅰ)이 아니라 생산－창의
   적 수준(수준 Ⅲ)의 지식／능력으로 기능을
   발휘하고 있다.   1 2 3 4

 3. 장학사는 교실 내, 학교 전체, 교육청 전체의
    교육과정—수업문제를 확인·진단·해결하기
    위하여 개별적으로 또는 집단으로 교직원과
    함께 일하는 책임을 진 교육지도자이다.　　　1 2 3 4
 4. 교장은 학교를 하나의 전체로서 보고, 또 지
    역사회와 보다 더 넓은 사회의 요구와 조화를
    이루는 학교에 방향감을 제시해 주는 숙달된
    일반주의자로 기능을 발휘한다.　　　　　　　1 2 3 4
 5. 장학사의 전문성은 전문교과의 영역을 넘어
    확대되며, 학교교육과정과의 전문적 관계를
    맺는다.　　　　　　　　　　　　　　　　　1 2 3 4
 6. 장학사 선발의 주요 자질은 학교 전체와 교육
    청 전체의 교육과정개발의 전문성을 갖추었느
    냐에 있다.　　　　　　　　　　　　　　　　1 2 3 4
 7. 교사 선발의 주요자질은 전문 교과나 학년,
    학교교육과정 담당 유무와 상관없이 여러 연
    구의 상호관계성을 알 수 있느냐에 있다.　　　1 2 3 4
 8. 장학사와 교사의 관계성은 동료적 협동관계이
    며, 또 전체 전문직원은 동료적 팀으로서 기
    능을 한다.　　　　　　　　　　　　　　　　1 2 3 4
 9. 교육청은 자질을 갖춘 장학사로 조직되어 있다.　1 2 3 4
10. 장학사와 교장은 교사의 문제에 관하여 고도
    의 지식을 갖고 있으며 문제를 해결할 수 있
    도록 교사를 도와준다.　　　　　　　　　　　1 2 3 4
11. 장학과정의 초점은 교사가 교실과 학교에서
    발생하는 긴급문제들을 확인하고 원인을 규명
    하고 해결해 내는 능력의 신장에 맞추어진다.　1 2 3 4
12. 교수회(faculty)는 학교발전의 열쇠로서 문
    제를 해결하는 데 강한 협동심을 발휘하여
    기여하고 있다.　　　　　　　　　　　　　　1 2 3 4
13. 교사·장학관·행정가들은 문제를 숨기기보다
    는 드러내려고 노력하며 그러한 행동은 해결
    책을 모색하는 것으로 받아들여질 수 있다.　　1 2 3 4
14. 해결을 요하는 문제들은 외부의 특정 이익단
    체나 특별한 개선책을 제시하는 개인으로부
    터가 아니라 교육적 환경으로부터 유래된다.　　1 2 3 4

15. 장학 프로그램의 주된 초점은 교육과정·교수·학습에 맞추어진다.   1 2 3 4

16. 장학진과 함께 교직원은 ① 최선의 학교를 만드는 데 기여하는 특성과, ② 개선이 요구되는 학교와 지역의 장점과, ③ 가상되는 학교의 종류를 창조해 내는 방법과 수단, 그리고 ④ 최선의 학교를 창조해 내는 과정을 평가하는 방법과 수단을 식별해 내고자 노력한다.   1 2 3 4

17. 교장은 자신이 시간·재능·정력이 교육적 프로그램을 개선하는 데 쓰일 수 있게 하기 위해 일상적인 사소한 일은 효과적으로 남에게 위임한다.   1 2 3 4

18. 교장은 교육의 개선을 위해 예산을 할당함에 있어 교수진(professional staff)과 협동적으로 일한다.   1 2 3 4

19. 교사는 문제해결에 필요한 기술적인 보조와 물적자원을 제공받는다.   1 2 3 4

20. 교수진은 장기적인 필요와 조화를 맞추어 단기적 필요들을 식별한다. 단기적으로 증상을 처치함으로써 문제점들이 은폐되지만 장기적으로 볼 때 결과는 문제의 복합으로 나타난다는 것을 인식한다(예를 들어, 시험을 위한 교수는 단기적으로는 시험점수를 올릴 수 있으나 이는 중요한 교육적 목표를 희생하여 얻어지는 것이다).   1 2 3 4

21. 학생의 성공을(그리고 학생의 실패를) 막기 위한 작업은 전 교수진의 협동적인 기능이다. 접근법은 결과지향적(학생들의 한계능력)이라기보다는 발전지향적(학생들의 잠재능력에 초점이 맞추어져 있는)이다.   1 2 3 4

22. 교장과 장학사는 실행 중인 교육 프로그램을 보고, 문제해결에 필요한 도움을 교사들로부터 알아내기 위해 교실에 자주 찾아간다.   1 2 3 4

23. 교사들은 자주 교육적 문제에 도움을 구하기 위해서 교장과 장학사와 접촉을 시작한다.   1 2 3 4

24. 교장과 장학사는 교사들이 원인규명과 처치를 위해 문제를 확인하도록 도와주는 한편, 교사에 의해 확인된 문제에 대해 교사가 대처하는 데 계속적인 지지를 제공한다.　　　1 2 3 4

25. 교장의 역할은 학교경영자라기보다는 그 주요기능이 교육적 프로그램을 개선하기 위해 학교의 모든 재산과 학교 지역구를 정돈하는 교육적인 지도자이다.　　　1 2 3 4

26. 교사들도 장학사로부터 서면으로 정기적인 평가를 받는다. 그 평가는 교사와 장학사 사이에서 협동적으로 개발된다.　　　1 2 3 4

Ⅵ. 교사 효과성과 교실 분위기

1. 교실은 교사와 학생 그리고 학생들 간의 협동정신과 상호존경심을 보여주는 참여집단 체제로서의 기능을 갖는다.　　　1 2 3 4

2. 교수방법은 학생들의 독립적인 사고와 민주적인 사회책임감을 개발하고자 하는 목표와 부합하고 있다.　　　1 2 3 4

3. 학생들은 대체로 성공적인 교실을 만들기 위해 교사와 그 책임을 함께 나누고 있다. 보다 우수한 학생들은 다른 학생을 도와준다. 한 학생의 성공은 다른 학생을 희생해서 얻어지는 것이 아니다.　　　1 2 3 4

4. 교사는 학생의 성공을 위해 그리고 실패를 막기 위해 일을 한다. 교사의 접근법을 결점지향적(학생의 한계점에 초점을 맞춘)이라기보다는 발전중심적(학생의 잠재능력에 초점을 맞춘)이다. 그 초점은 최소한의 능력보다는 최상의 능력의 개발에 맞추어져 있다.　　　1 2 3 4

5. 의사소통은 개방적이다. 상ㆍ하로는 교사로부터 학생에 이를 뿐만 아니라, 학생으로부터 교사에 이르기까지 그리고 좌ㆍ우로는 학생과 학생(들) 사이에 개방적이다.　　　1 2 3 4

6. 학생들은 그들의 학습활동을 시작하고 방향 짓은 경우에, 그들이 해야 할 일을 말해 주는 교사에 의존하기보다는, 그것을 책임 짓는 것을 배우고 있다.   1 2 3 4

7. 생산적인 학습에 관한 사회적인 동기는 개인의 자율성과 함께 발전하고 있다. 연구과제는 학생들이 독립적으로 일하는 방법을 배울 뿐 아니라 공동의 이익을 위해 협동하는 방법을 배울 수 있도록 하기 위해 집단의 계획과 개인의 계획을 포함하고 있다.   1 2 3 4

8. 학습활동은 학생을 고립시키지 않고 개인의 차이점들을 만족시킬 수 있도록 적절히 변화를 주어야 한다. 하위집단의 과제는 전 학급에 의해 분배된다. 그러한 과제는 기계적인 연습으로 한계를 짓게 되어서는 안 되며, 협동적인 연구를 유도해야 한다.   1 2 3 4

9. 교사는 순수하게 교실활동에 대해서 열의가 있으며 학생들은 그러한 열의를 나누어 가지며, 순수한 흥미를 보이면서 학습활동을 한다.   1 2 3 4

10. 교사는 학생들에게 그의 결정이나 학생에 대해 설명이나 이유를 말해 준다. 교사의 결정이나 행동은 설명과 이유가 제시되며, 가능한 한 그들에게 직접적으로 영향을 미치는 결정을 내리는 데 관계되므로, 학생들은 그러한 결정이나 행동을 임의적인 것으로 보지 않는다.   1 2 3 4

11. 학습활동은 정의적·사회적 성장과 관련하며 인지적 성장을 육성하도록 고안된다. 학습에 바람직한 태도는 인지적 성장과 발전에 기본적임을 인식하고 그러한 태도를 육성하므로 노력하고 있다.   1 2 3 4

12. 교수학습과정은 오류 중심적이라기보다는 이상 중심적이다. 사실과 기술은 목적이 아니라 학습자의 생활에서 고도의 사고능력의 개발과 지력의 적용을 위한 수단과 방책으로 취급되어야 한다.   1 2 3 4

13. 학급토의는 교사뿐만 아니라 학생에 의해 제시된 사고와 질문에 의해 촉진되어야 한다.   1 2 3 4

14. 전 학급이 참여하고 있다. 학생들은 그들이
    지식이나 이해력 부족을 드러내는 것을 두려
    위하여 참가하는 것을 꺼리고 있지는 않다.
    교실은 교사의 "말하기" 또는 설교적인 강의
    에 의해 지배되어지지 않는다.   1 2 3 4

15. 교사가 설명을 하거나 교실작업과 관련하여 학
    생으로부터 설명을 유도한다. 교사는 단순히 학
    생으로부터 정답을 유도하려고 하지는 않으며,
    학생들이 대답을 도출해 낸 방법을 설명하도록
    노력한다. 오류가 발생했을 경우, 교사는 오류
    의 원인을 규명하기 위해 학생들을 공개질문에
    의하여 끌어들인다. 학생들은 그러한 상황에서
    도움이 필요함을 나타내는 것을 꺼려하지 않으
    며, 그러한 필요를 나타내는 것에 대해 당황해
    하거나 불리한 처지에 빠지지 않는다. 그들이
    설명이나 도움을 필요로 한다고 알리는 데 있어
    그들의 자발성과 능력은 교사에 의해 부정적으
    로 받아들여지기보다는 긍정적으로 고려된다.   1 2 3 4

16. 부정적인 비판보다는 발전적이고 교육적인 제
    안이 교사에 의해 학생들에게 제공되며, 학생
    들에 의해 동료학생들에게 제공된다. 그러한
    제안들은 학생이 그들의 작업을 성공적으로
    수행하는 것을 고무하여 도와준다.   1 2 3 4

17. 교실에서의 개인변이는 주어진 개인의 학습
    활동을 완성하는 데 충분한 시간을 제공함으
    로써 인식되나 개인들을 고립시키지 않고 개
    인적 차이점을 인정하여 활동을 선택하거나
    할당함으로써 인식된다.   1 2 3 4

18. 교사는 보충학습기회를 인식하고 교실에서 요구
    되는 것 이상으로 학습자를 동기유발 시키기
    위해서 그러한 기회를 이용한다(예를 들어, 질
    병과 건강에 대해 학습할 때, 교사는 그 과학
    자의 전기를 학생이 찾아내는 것을 도와준다).   1 2 3 4

19. 교실활동에 할당되는 시간은 조정할 수 있으
며 그 결과 학생들이 예기치 않던 급작스런
학습상황에 생산적으로 참가할 때에 교사는
약간 덜 생산적이 될지도 모르는 또 다른 학
습활동으로 옮기기 위해 그 상태를 종결시키
지 않을 것이다.   1 2 3 4

20. 학생들은 그들의 생각을 정돈하고 그것을 소
리 내어 발표하거나 글을 써 발표하는 데 필
요한 시간을 충분히 허용 받고 있다.   1 2 3 4

21. 규율은 교사에 의해 외적으로 부과된 것이나
권위주의적 통제라기보다는 사회적 책임이라
는 상황에서 각 학생이 의도적으로 자기통제
와 자기관리를 하는 능력의 성장으로서의 교
육적 과정의 총체로서 간주된다. 동기유발은
규율상의 문제들이 발생하는 것을 막는 데 필
수요소로 간주되며, 학습상의 학생의 진실한
동기유발을 자극하도록 협력되고 계속적인
노력이 이루지고 있다.   1 2 3 4

22. 학생의 동기유발과 훈련의 문제가 뚜렷하면,
그것들은 단독적으로 취급되기보다는 교육과
정의 문제로 다루어져야 한다. 자기훈련(자
기수양)이 고도화되는 것은 훈련을 외적이며
권위적인 부과물로 보는 것에 대조적으로 훈
련을 교육적 기능으로서 본 결과이다.   1 2 3 4

23. 학생들은 정확한 획일성을 위해 교실에 집단
화되는 것이 아니라 보편집단의 강력한 교육
적 의미를 이용하기 위한 것이다. 교실학습활
동은 학생들이 서로서로에게 배울 수 있도록
고안되어 있다. 개인차이는 집단의 성장과 활
력을 불어넣는 데 부적요소로서가 아닌 필수
요소로 간주된다.   1 2 3 4

24. 교실의 물리적 환경은 학습상의 생산적인 사
회심리적 풍토를 조성하는 데 유인요소를 갖
고 있으며 유리하다.   1 2 3 4

Ⅶ. 교육과정 개발

1. 학교는 학교 외에서 성공적인 프로그램과 실천을 한 것에 대해 인정을 받으며 학교개선에 관한 새로운 아이디어를 얻고자 하는 인접지역의 교육자들에게 매력적이다.   1 2 3 4

2. 교육과정개발은 학교의 전 교수진과 학교구역을 수반하는 문제해결과정으로서 다루어지고 있다.   1 2 3 4

3. 교육과정자료의 선택과 그 사용을 포함한 교육과정에 대한 책임도 외적인 요소 혹은 특정 이익집단이 아니라 교수진에 있다.   1 2 3 4

4. 교육과정 관리자의 지도하에 교사와 장학관은 학교 내뿐만 아니라 전 학교구역을 통해 교육과정을 명확히 주장하기 위해 계속적이고 체계적인 교육과정 개발에 참여한다.   1 2 3 4

5. 교육과정은 분리된 부분들의 단순한 접합이라기보다는 생태학적 체계로서 다루어진다. 주어진 주제에 관한 교수법을 개선하고자 교육과정 내의 모든 주제들과 그리고 일반교육의 기능과같은 보다 확장된 교육과정(거시교육과정)의 기능들과의 상호의존도와 관련되어 노력이 경주된다. 교수진은 학교교육과정의 "거대한 고안"에 협력된 주의를 기울인다.   1 2 3 4

6. 교육과정은 상관관계와 종합을 통해서 다양한 학문들과 상호의존적인 것으로 전반적으로 고안되고 개발된다. 학문영역을 초월한 접근법은 학생이 개인문제연구와 사회적 중요성을 갖는 연구에 참여하는 것을 가능하게 해준다 (예를 들면, 사회학·문학·작문은 상호관련지어 다루어진다. 수학은 과학과 사회학에 관련되어 있다. 과학과 사회와의 관련성 그리고 예술과 사회와의 관련성이 노출 된다 등).   1 2 3 4

7. 교사와 장학관을 주제영역 내에서뿐만 아니라 전 교육과정을 거쳐서 계속적이고 체계적인 교육과정개발에 종사한다. 장학관들은 그들의 전문화분야에만 고립되어 일하지 않는다.   1 2 3 4

8. 학생들은 교육과정개발에 관해 교수진과 협력한다.   1 2 3 4

9. 교육과정은 학습자의 본질에 맞추어지며(예를
들면, 발달단계와 동기유발의 욕구) 민주시민
정신에 기여하는 자질에 조화를 이루도록 맞
추어진다(예를 들면, 사회적 책무라는 맥락에
서 개인의 자율성 등).   1 2 3 4

10. 교육의 개선은 교육과정개선과 학습개선에 필
수적인 것으로 간주된다. 장학관의 프로그램
은 교육과정, 교수 그리고 학습을 상호의존적
인 것으로 취급한다.   1 2 3 4

11. 교육적 목표를 진술함으로써, 목표 자체가 종
점으로 다루어진다기보다는 사실과 기술들을
유의미하게 사용할 수 있는 고도의 사고능력
개발을 강조한다.   1 2 3 4

12. 연구의 항목들은 제목에 따라 조직된다기보다
는 개념, 아이디어, 주제 문제점 그리고 개인의
계획-조사를 유발시키는 사회적인 중요성을
갖는 데에 따라 조직된다.   1 2 3 4

13. 학습기술은 기계적으로 다루어지거나 그것들
자체가 고립된 목표들로서 보다는 경험에
보다 풍부한 의미를 부여해 주는 개념, 사상,
이해를 사용함으로써 성장함에 따라 개발된
다. 기술을 별개의 주제로서 다루기보다는 교
육과정을 통해 개발한다(비록 일반교육이 기
초교육과 그 밖의 여러 가지를 다루고 있지만
기초교육이 일반교육과의 대치물이 아니라는
것은 인정되고 있다).   1 2 3 4

14. 교실활동과 과제물은 학생들이 지식간의 상
호의존성을 나타내 주는 광범위한 주제들과
자원들로부터 적절한 지식을 찾아내고 해석
해 내도록 자극할 목적으로 고안된다.   1 2 3 4

15. 교육과정의 균형과 응집성은 학교에 대해 가
해질지도 모르는 어떤 특정 우선권에 대해서
도 유지되고 있다(예를 들면, 과학과 수학에
주어지는 우선권을 예술과 인문과학을 희생
시키지 않는다).   1 2 3 4

16. 교육과정의 실제고안과 개발에 대한 책임은 학
    교구역과 학교에 있는 교수진에 있다. 주정부
    의 교육과정위임은 이러한 책임을 피할 구실이
    될 수가 없다(예를 들면, 주정부는 고등학교
    졸업에 대한 특정한 과목을 위임할 수 있으나,
    과목들이 교육과정 내에서 조직화하는 방법과
    다루어지는 방법까지 위임하지는 않는다).   1 2 3 4
17. 개별화된 학습은 학생들에게 자기관리와 책
    임감을 갖도록 해주며 체계적인 교사에게는
    학생계획을 하도록 한다. 프로그램화된 교수
    나 복사물은 동의어로 간주되지 않는다.   1 2 3 4
18. 중등학교 교육과정은 대학을 준비하기 위한 기
    능에 의해 지배되지 않으며, 직업·대학입시준
    비·교양강화 그리고 탐구학습을 통한 보편적
    인 학생의 다양화된 욕구를 만족시키는 포괄
    적인 것이다.   1 2 3 4
19. 학생들은 고등학교에서 프로그램에 의하여 분
    리되어지지 않는다.   1 2 3 4
20. 중등학교에서는 부류에 따라 선별되어 요구
    되는 것이 아닌 일반교육 내에서 일관성 있는
    교육과정을 적용한다.   1 2 3 4
21. 일반교육의 일관성 있는 프로그램은 개인
    적·사회적 중요성을 갖는 문제와 이슈를 검
    토해 볼 기회와 함께 자유로운 사회의 모든
    시민들에게 그러한 학습내용을 제공해 준다.   1 2 3 4
22. 교사들은 교육과정이나 교육과정자료의 검열
    이 될 가능성 또는 교사 자신의 검열이 될 가
    능성을 갖는 외적인 제약과 압력으로부터 자
    유롭다.   1 2 3 4
23. 중등학교 수준에서 일반교육의 교육과정을 이
    질적인 학생들의 욕구를 만족시키고 보편적인
    교실집단의 긍정적 특성을 이용하는 방향으로
    고안된다. 탐구·교양강화·특정관심을 갖는
    연구를 선택할 수 있음으로써 학생들을 다연령
    다학년으로 구성된 집단화를 가능하게 한다.   1 2 3 4

24. 전 시간 자유분할 사용(block-time) 학급은
중학교에서 학생들이 중학교사와 같은 입장
이 되어(특히 영어와 사회학 분야에서) 교육
과정의 상관관계와 통합을 조장하려는 목적
으로 제공된다. 팀 교수를 할 수도 있다. 사
회적 관심과 문제들은 문학작품이나 역사적
사실을 읽거나 주제에 관해 작문을 하거나 토
의에 참가하거나 다양한 개인이나 집단계획
에 참가함으로써 검토될 수 있다.   1 2 3 4
25. 각 부서가 연계된 협동과 계획을 수평적 교육
과정을 명확하게 만들고 일반교육의 일관성
있는 프로그램을 만드는 데 있어 중학교와 고
등학교에서 두드러진다.   1 2 3 4
26. 표준화된 검사를 적절히 사용하며 균형 잡히
고 풍부한 교육과정을 손상시키지 않는다(예
를 들면, 학생들은 교육과정을 가로질러서 작
문을 하거나, 순수예술과 산업예술상의 계획
에 따라 공부를 할 수 있으며 이는 그러한 활
동으로부터 얻어지는 지식을 표준화된 검사
로 평가될 수 없다).   1 2 3 4
27. 표준화 검사는 학생들의 등급을 결정하거나
학생들을 다른 학급으로 분리시킬 목적으로
사용되는 것이 아니라 진단목적으로 사용된
다(표준화 적성검사는 학생성취도를 타당성
있게 예측하지 않으며, 개별학급으로 집단화
하는 것은 그 자체로는 고도의 성취도를 낳지
않는다는 것이 인정된다).   1 2 3 4
28. 교사가 만든 시험은 이해분석 적용 문제해결
을 거쳐 고도의 사고력 신장에 초점이 맞추어
져 있다.   1 2 3 4
29. 교사가 만든 시험은 학생들의 성취도를 효과
적으로 높이는 데 기여한 교사의 성공도를 평
가하는 데 사용된다.   1 2 3 4
30. 학생성취도의 평가는 시험결과에만 의존하기
보다는 광범위한 영역에 기초하고 있다.   1 2 3 4

31. 학교시간표는 교육 프로그램을 제약하기보다는 그것을 활성화시키도록 고안된다(예를 들면, 체육 여가선용시간은 매일 한 시간씩 하는 것보다는 일주일에 빈 시간으로 이틀 하는 것이 탈의실과 준비운동에 드는 시간에 비교해 볼 때 생산적인 활동에 배당되는 시간이 훨씬 많게 된다).   1 2 3 4

32. 시간표에 대한 고려는 중등학교에서 학생들의 강화를 다루는 것이 아니다. 시간표는 학생들에게 학문에 관한 충실하고 다양한 프로그램을 추구할 기회와 학생활동에 참여할 기회를 제공할 수 있도록 고안되어 있다.   1 2 3 4

33. 교육과정은 단편적인 학과목들의 시간표로서 취급되지 않는다.   1 2 3 4

34. 가장 충실한 기회는 교육과정을 통해서 남녀공학의 학습활동에 제공된다.   1 2 3 4

35. 교사들은 전반적인 학교교육과정의 범위와 순서에 적절한 것인지를 고려하면서 교과서와 다른 교육과정자료를 선택하는데 결정적인 역할을 한다.   1 2 3 4

36. 교과서는 학문의 과정을 결정하지는 않으며 생산적인 학습을 위한 활동을 다양하게 변화시키면서 이러한 것들과 함께 사용된다.   1 2 3 4

37. 학생들은 그들에게 편한 책과 다른 교육과정 자료들을 선택하는 데 자유롭다.   1 2 3 4

38. 교과서들과 다른 교육과정 자료들은 풍부하며 최신의 것이다.   1 2 3 4

39. 중등학교에서의 학급활동은 출석하고 발표하는 식의 매일 반복되는 식으로서가 아닌 이질적인 집단이며 중요한 사회적 단위로서 기능을 갖는다.   1 2 3 4

40. 담임교사는 성취도가 능력에 못 미치는 학생들에게 특별한 도움을 주고 지도적 역할을 한다.   1 2 3 4

41. 숙제는 교과목에 대한 학생의 흥미를 자극하고 학업성취를 높일 수 있는 과제부과를 통해 유의미하게 관리된다. 그것은 기계적인 고역이 아니다.   1 2 3 4

42. 교사는 잘못한 것보다는 잘한 것에 집중하여 모든 숙제를 읽고 논평한다.   1 2 3 4

43. 진보된 강좌가 고등학교에서 충분한 영역에 걸쳐 제공된다. 교사는 대학교수의 강의방법을 모방하는 것이 아니라 진보된 학문에 관한 청소년 학생들의 흥미를 자극하는 데 적절한 방법을 여러 가지로 변화해 가면서 사용한다.   1 2 3 4

44. 교실외부활동의 포괄적인 프로그램은 자기관리학습을 통해 학생들이 책임감을 갖도록 제공된다. 모든 학생들이 다양한 참여를 할 기회를 갖는다. 전인적이고, 평생에 걸친 여가활용을 위한 흥미를 개발하는 것이 강조된다. 그러한 활동은 전체 학교교육과정과 유리된 것이 아닌 총체로서 받아들여진다. 이러한 활동을 다연령 다학년의 학생집단화를 하게 만든다.   1 2 3 4

45. 학생회는 학교전반의 학생들의 관심과 문제를 식별 발표하는 일에 능동적으로 참여하며, 학교개선을 위해 교직원과 행정부와 협조적으로 일한다. 학생들의 관심이나 문제점의 범위와 본질은 행정부와 교직원에 의해 제재를 받지 않는다.   1 2 3 4

46. 학생들은 교육적인 성격을 갖는 집단봉사활동에 광범위하게 참여하며, 이러한 활동은 교육과정으로부터 파생되며, 교육과정으로 피드백 된다(예를 들면, 초등학교 수준의 아이들은 학교 운동장을 미화할 목적으로 꽃씨를 심고 있을 수 있다. 청소년들은 맹인을 위한 낭독계획에 참여할 수도 있다 등).   1 2 3 4

47. 전일제 유아원은 초등학교의 통합교육과정의 필수 부분이다.   1 2 3 4

48. 하기학교는 치료적 또는 보충적인 학습에만 주
　　로 한정되기보다는 강좌를 총괄적으로 제공하
　　고 교양을 풍부하게 하고, 이수시간을 단축하
　　고, 여가활용을 위한 활동을 모두 포괄한다.　　　1 2 3 4

49. 정기적인 학생 연구활동은 교육과정의 개선
　　을 위한 제안을 도출해 내도록 이루어져야 한
　　다. 학생들은 확인된 점을 알게 되며 교육과
　　정을 개선하는데 교수진과 함께 협력할 것이
　　요구된다.　　　1 2 3 4

50. 교육구에서는 성인을 위한 다양한 프로그램
　　과 지역사회의 요구에 부응하는 활동을 제공
　　한다.　　　1 2 3 4

Ⅷ. 현직교육 / 직원개발

1. 교사의 개발은 개별학교의 교장과 교직원의
　책임일 뿐만 아니라 학교교육 전체의 책임
　이다.　　　1 2 3 4

2. 학교와 교육구의 전 교수진은 계속적인 전문
　성의 성장을 고양하기 위해 체계적인 현직교
　육에 참여한다. 프로그램은 협조적으로 계획
　되고 실행되며 평가된다.　　　1 2 3 4

3. 교장, 교육과정 과장, 장학사는 현직교육 프
　로그램을 배열하는 데 있어 교직원과 충분한
　협조를 유지하면서 지도력을 발휘해야 하며,
　적절한 자원은 교사들이 직업적으로 성장하도
　록 도움을 제공해야 한다는 것을 확실하게 해
　야 한다.　　　1 2 3 4

4. 현직교육은 잘 이해되고 합의된 목표에 의해
　지도된 학교개선을 위한 계속적인 프로그램이
　다. 프로그램은 결손지향적이라기 보다는 발
　전지향적이다.　　　1 2 3 4

5. 현직교육은 교육과정 개발의 전반적인 프로그
　램에 필수적이다.　　　1 2 3 4

6. 학교·교사 그리고 학생들의 요구는 상호의존
　적인 것으로 이루어진다.　　　1 2 3 4

7. 현직교육은 교육개선을 위한 심화된 통찰력과
   더 넓은 관점을 자극하여 문제해결을 위한 교
   사의 동기유발과 능력을 고양시키기 위해 고
   안된다. 프로그램은 미리 짜여지고 개별적인
   강좌 프로그램의 채택과 이행 같은 좁은 수렴
   성의 훈련에 초점이 맞추어져 있지 않다.   1 2 3 4

8. 교사들은 현직 교육계획과 요구와 문제점들을
   식별하고 원인을 규명해 내는 데 주요한 결정
   자이다.   1 2 3 4

9. 현직교육 프로그램은 교사들에게 그들의 일을
   숙고할 충분한 시간과 방법의 극대효과를 얻기
   위해 방법상의 개발을 할 시간을 제공한다.   1 2 3 4

10. 현직교육 프로그램은 ① 교장과 장학사가 각
    교사들에게 교실방문의 정기적 시간표를 제
    공하며, ② 방문이 있은 후에는 교사와 함께
    협동적인 평가와 계획을 위해 토의를 할 수
    있게 되며, ③ 다양한 교수학습 상황을 관찰
    하기에 충분한 정도의 방문을 해야 한다.   1 2 3 4

11. 현직 프로그램의 목적과 역할은 학교의 교육
    프로그램의 목표와 조화를 이룬다.   1 2 3 4

12. 교사에게 가장 의미 있는 문제와 관심거리에
    현직연수가 집중하도록 밑에서부터의 출발이
    되도록 충분한 기회를 제공해 준다.   1 2 3 4

13. 교사의 평가와 현직교육의 역할은 갈등을 일
    으킨다기보다는 상호 고무적이다. 왜냐하면
    교사들은 문제를 의식한 정도, 문제를 드러내
    고자 하는 자발성, 문제해결을 위한 도움을
    구하는 노력에 의해 평가되기 때문이다.   1 2 3 4

14. 장학사와 교사들이 문제해결을 하는 데 강한
    자극을 받는다.   1 2 3 4

15. 보상체계는 문제를 은닉하는 것보다는 드러
    내는 것을 선호한다.   1 2 3 4

16. 교사는 교실문제를 자신의 통제와 해결능력
    내에서 해결하고자 한다.   1 2 3 4

17. 교사의 능력 밖에 있는 문제를 외적인 원인에 탓을 돌리기보다는 교사는 장학관이나 행정관 그리고 다른 동료교사로부터 필요한 도움을 구하고 그것을 받게 된다.　　　　　1 2 3 4

18. 교수의 효과를 평가하는 것은 가장 쉽게 양적으로 측정될 수 있는 교실활동과 학생들의 성적에만 좁게 초점을 맞추기보다는 전반적인 범위에 기초를 하고 있다. 교수란 복잡한 과정으로 이해되며, 효과적인 학습방법이 여러 가지 있듯이 효과적으로 가르치는 방법도 여러 가지 있다는 것이 인식된다.　　　　1 2 3 4

19. 교직원의 사기는 교직원의 개발과 교육적 개선을 위한 행정부로부터의 충분한 지지가 제공되는 민주적 참여체계 내에서는 높다.　　　1 2 3 4

20. 교사는 준비된 비결을 찾기보다는 현실적인 교육문제를 해결하는 시점에서 장학관의 도움을 필요로 한다.　　　　　1 2 3 4

21. 교직원은 계속적인 토대 위에서 교육적 개선을 현실적으로 추구할 수 있으며, 노력은 명백한 결과를 낳게 된다.　　　　　1 2 3 4

22. 교사들은 그들의 성공적인 아이디어와 자료들을 교직원회의 현직교육계획, 교사센터, 예정된 교실간의 방문, 관찰, 그리고 비형식적인 접촉 등을 통해서 활발히 나누고 있다.　　1 2 3 4

23. 교육 프로그램을 개선함에 있어 개별적인 그리고 연합적인 교사의 업적에 주목을 하며, 성공적인 실습은 학교구역·인접구역의 학교들에게 광범위하게 보급된다.　　　1 2 3 4

24. 월등한 교사들은 다른 교사들을 돕는 데 참가한다.　　　　　1 2 3 4

25. 교직원모임은 주로 교육 프로그램을 개선하는 것을 위해 열리고 있다. 교사·장학관 그리고 행정가들이 협조하여 의사일정을 계획한다. 모임은 교장에 의해 지배되지 않는다.　　　　　1 2 3 4

26. 현직 프로그램은 지원을 잘 받는다. 교사를
    위한 자유시간, 외부지식, 그리고 자료원들이
    충분히 공급된다.   1 2 3 4

27. 현직 워크숍은 교직원과 함께 협조적으로 계
    획되며 문제해결에 초점을 맞추고 있다. 워크
    숍은 문제해결과정의 관점에서 평가된다. 전
    교수진은 평가과정에 참여한다.   1 2 3 4

28. 현직 워크숍은 교사들이 교육과정 내에서 목
    표된 개선책들을 실현시키는 데 필요한 지원
    봉사와 자료원이 뒤따른다.   1 2 3 4

29. 학교와 학교구역의 후원을 받은 토론회, 학회
    그리고 다른 현직 교육기관은 진보된 대학연
    구의 대치로서 다루어지지 않는다.   1 2 3 4

30. 교사들은 진보된 대학 연구활동에 여러 다른 학
    교와 교육위원회로부터 광범위하게 참여하는데
    이는 그들의 전문적 능력을 신장시키고 교사와
    대학 간의 관계를 발전시키기 위한 것이다.   1 2 3 4

31. 모든 교사들은 충분한 면허를 소지하고 있으
    며 대부분이 석사학위를 갖고 있거나 석사학
    위과정에 능동적으로 참여한다.   1 2 3 4

32. 학교간의 방문 프로그램은 다른 구역, 지역,
    주의 다른 학교에서 행해지는 기대할 수 있는
    프로그램과 실습을 관찰하는 데 교직원들을
    다양하게 참가시키고 있다.   1 2 3 4

33. 새로운 교사들에 대한 지향성은 현직교육 프
    로그램의 필수적인 역할을 담당한다. 지향성
    은 다른 체계를 갖는 학교뿐만 아니라 같은
    체계의 다른 학교 출신의 신임교사들 간의 그
    리고 경력교사들 간의 차이점들을 주의 깊게
    알아차린다. 학교의 인종차별폐지 지침이나   1 2 3 4
    입회유형상의 변화에 부응하기 위해 전근된
    교사들에게는 특별한 지원이 제공된다.

34. 1년간의 현직교육 프로그램은 문제점과 관심
    이 공개적으로 분담된 초임교사들에게 실시
    되며, 그것을 통해 자료원 공급을 포함한 적   1 2 3 4
    절한 지원이 제공된다.

35. 특별 장학관의 자원이 초임교사들의 학부과정
    교육에서부터 전문교수들의 성공적인 이행과
    그들의 전문성의 신장을 돕기 위해 제공된다
    (적절한 업무할당, 충분한 자료원, 적절한 설
    비 그리고 교사의 고립을 막기 위한 조치 등).   1 2 3 4
36. 초임교사들은 노련한 교사들에 의해 "배척된"
    강좌나 학생들을 배당받거나 노련한 교사들
    에 의해 바람직하지 못하다고 간주되는 설비
    를 배당받지 않는다.   1 2 3 4
37. 신임교사를 위한 지원체제는 그들이 문제를
    해결할 때 도움이 구하는 것을 장려하며, 필
    요한 도움이 즉각적으로 제공된다.   1 2 3 4
38. 신임교사들은 그들이 수업 시 사용할 교육과
    정자료를 선택하는 데 참여한다.   1 2 3 4
39. 근무분위기는 신참교사들과 새로 전근 온 교
    사들이 교육 프로그램을 향상시키기 위해 그
    들의 생각을 표현할 기회를 제공함은 물론 아
    이디어는 전체 전문직 요원들에 의해 평가되
    고 개방적으로 요구된다.   1 2 3 4
40. 학교에 새로운 경험 있는 교사들은 아이디어
    와 암시의 잠재력 자원들로 보여 지고 그들의
    새로운 동료와 함께 현재 있는 문제해결에 협
    력한다. 교장은 전체 학교생활에 즉각적으로
    모든 신규교사들을 참여시키려고 한다.   1 2 3 4
41. 문제해결에 관해서 보면, 계속적인 보수교육
    프로그램은 판에 박히려 하기보다는 전문적
    으로 성장하도록 교사들을 자극한다.   1 2 3 4
42. 자문은 전문직 요원이 장·단기 문제해결에
    함께 일 할 일반조건에 관여한다. 자문은 그들
    자신의 업무에 대한 추후 관리의무를 가진다.   1 2 3 4
43. 전문요원은 학교와 교육구의 문제해결을 추
    구하는데 대학과 함께 일한다. 협조적이고 계
    속적인 학교-해학 프로그램은 이러한 목적
    에 의해 실시된다.   1 2 3 4
44. 준비된 교사 수는 많지 않지만 교사들은 적어
    도 동료들과의 개인협의, 다른 수업관찰, 우연
    한 방문 준비를 위해 매일 1시간이 제공된다.   1 2 3 4

45. 요원준비의 다른 형태가 교육 프로그램을 향상시키
고 교사부담을 감소시키기 위해 시도되고 수행된다.   1 2 3 4

46. 만일 학교가 단과대학이나 종합대학과 적당
한 근접지에 위치해 있다면, 학교는 학생을
가르치고 그것을 시행해 보는 센터로서 제공
된다. 교사들은 협력하도록 하는 핵심은 협력
교사들의 중심은 프로그램을 평가하고 고안하는
데 대학 장학지도교사와 함께 공동으로 일한다.   1 2 3 4

47. 문제해결 접근 경험이 적응과 이해이라기보
다는 전문적 성장을 의미한다는 것을 보증하
기 위해 협력교사와 교생에 의해 이루어진다.   1 2 3 4

48. 협력교사는 자신들이 했던 것을 요구하지 않
고 유용한 자료자원 모두를 교생과 함께 공유
한다. 학생과 수습교사는 그들의 지원과 레퍼
토리를 발전시키도록 권장된다.   1 2 3 4

49. 장학요원과 지도교사들 대부분은 교육과정발
전을 위해 유지되는 전문직 교직단체 중에 하
나 또는 그 이상에 가입해 있다.   1 2 3 4

50. 장학사와 교사들은 연구의 효과적인 사용자
들이며, 학교와 교실에서의 교수수행 향상에
가장 유용한 증거를 협동적이고 계속적으로
적용하는 데 종사한다. 증거가 불충분한 경우
수업수행은 더 검사해야 할 가설로 간주된다.   1 2 3 4

51. 상당수의 교수들이 다음과 같은 질문에 긍정
적으로 답변한다. "당신이 다시 직업을 선택
하게 된다면 교사가 되겠습니까?"   1 2 3 4

Ⅸ. 교수-학습 자원, 설비, 서비스

1. 학교시설은 지역사회의 발전형태의 요구와 조
화를 이루고 기능적이며 물리적으로도 관심을
끌 만하고 지역사회 여가선용 자원으로서도 사
용할 수 있는 위치에 있다(이상적으로, 학교부
지는 공원과 인접해 있다). 부지는 나중에 건물
과 설비의 확정/개조가 가능하다. 교외 여가
선용 설비물들은 학생들이 사용하는 것뿐만 아
니라 지역사회가 사용하기에도 충분한 것이다.   1 2 3 4

2. 학교위치와 물리적인 시설물들은 학습활동이 외
   부 소음이나 체육관·매점·음악실 등의 내부 소
   음에 의해서도 방해받지 않도록 배치되어 있다.　　　1 2 3 4
3. 학교는 전 세계 학생인구의 요구를 충족시키는
   데 충분한 교과과정에 요구되는 전문직 요원,
   설비, 자원들이 제공되는 데 충분한 크기이다.　　　1 2 3 4
4. 다양한 교과과정을 위해 특별한 설비와 자원
   들이 요구되는 투자를 정당화하기 위해 많은
   등록이 요구되는 고등학교의 경우 학교는 학
   생들이 "집"과 관계가 있는 주요 전문직 요원
   들을 확인할 수 있기 때문에 "주택계획"하에
   조성된다.　　　1 2 3 4
5. 설비·장비·자원들-교육과정의 모든 영역
   에서-은 적당한 전문직 조직에 의해 기준이
   설정된다(실험실, 작업장, 스튜디오, 자원센
   터, 체육관, 운동장, 강당).　　　1 2 3 4
6. 조정이 잘 되고 직원이 잘 갖추어지고 재정지
   원을 잘 받는 지역 메디아 프로그램이 있다.　　　1 2 3 4
7. 학교는 교육과정발전에 참여하는 메디아 전문
   인의 지시하에 메디아 프로그램을 유지한다.
   메디아 프로그램은 교육과정을 통합하는 것이
   지 단순한 보조봉사가 아니다.　　　1 2 3 4
8. 학교 자료센터의 설비, 직원구성, 자원들은 학
   교 도서관협회의 지침에 맞는다.　　　1 2 3 4
9. 학교 자료센터는 관심을 끌고, 기능적이며 의
   무적이며 자율적이고 학습활동을 위한 진정한
   센터로서 제공된다.　　　1 2 3 4
10. 학교 자료센터는 점심시간과 정규학교시간 전
    후를 포함하여 수업일 전체를 통해 사용하는
    개인이나 집단을 위해 학생들에게 개방되어
    있다.　　　1 2 3 4
11. 학생들이 여가선용 독서와 서점을 찾는 데 자
    료센터를 이용하고 시청각 자료를 사용하도록
    권장한다.　　　1 2 3 4

12. 학생들이 여가선용 독서와 서점을 찾는데 메디
    아 센터를 이용하고 보고 듣는 장비를 사용하
    도록 권장한다.   1 2 3 4

13. 자료센터가 독서실이나 원래 목적 이외의 것
    으로는 사용되지 않는다.   1 2 3 4

14. 교사들은 다중 메디아 학습자료를 준비하는
    데 도움을 주고, 도움을 주기 위해 메디아 센
    터의 요원을 배치하도록 권장한다.   1 2 3 4

15. 전체 전문직 요원은 학습자원들을 예산 배당
    에 전적으로 협력한다. 교장과 교사는 교육과
    정을 향상시키는 데 필요한 특별한 학습자료
    들의 구입에 자유재량의 자금을 제공받는다.   1 2 3 4

16. 학생들은 설비, 자원, 서비스를 향상시키기 위
    해 그들의 제안을 이끌어 내고, 학습자원들에
    대한 그들의 요구를 확인하기 위해 주기적으
    로 조사받는다.   1 2 3 4

17. 중등학교에서 학생과 교사들은 타이핑, 워드
    프로세서, 다른 장비들을 사용할 준비가 되어
    있다.   1 2 3 4

18. 교사를 위한 교수자원 단위와 학생들을 위한
    학습자원 단위들에 대한 풍부한 선택은 학교
    메디아 센터에서 입수 가능하고 학생이나 교
    사들에 의해 광범위하게 사용된다.   1 2 3 4

19. 교사들은 그들의 수업 대부분을 실시할 수 있
    는 지정된 방이 있고, 그들의 책상과 파일이
    있는데 강의 물품들을 보관할 수 있고, 교실
    도서관에 선반 공간이 주어진다.   1 2 3 4

20. 학생들은 적당한 수업공간이 제공되었다. 교실
    가구는 다양한 교수-학습활동들에 따라 움직임
    이 가능하고 기능적이다. 교실보유 공간은 강의
    요구에 맞는다. 학생들은 그들의 책들과 개인소
    지품을 위한 적당한 사물함 공간이 제공된다.   1 2 3 4

21. 교사들은 학교 자료센터를 통해 교육과정 자
    료준비를 위해 사무적이고 기술적인 도움과
    자원이 제공되었다.   1 2 3 4

22. 그 지역에는 전문 인력들에게 널리 사용되는
    광범위한 전문 도서관이 있다.   1 2 3 4
23. 학생에 대한 전문인력 비율은 1 : 20이 안 된
    다. 학급크기는 학습활동의 성격과 연령 / 학
    년수준에 적당히 맞는다. 과밀학급이 없다.   1 2 3 4
24. 중등학교에서, 각 교사들은 매일을 기준으로
    할 때 모든 수업에서 대상학생이 140명 미만
    이다.   1 2 3 4
25. 상담과 지도 프로그램은 초등학교에서 고등학
    교에 이르는 지역구가 잘 연접되어 있다. 각
    상담자는 중등학교에서 250~300명의 학생
    이 배당된다. 그 설비들은 관심을 끄는 것이
    고 사생활은 보장된다.   1 2 3 4
26. 중등학교 학생들은 대인, 사회적·학문적 문
    제들을 도와줄 그들의 상담자들과의 접촉을
    시작하는 데 자유롭다고 느낀다. 진행 중인
    프로그램은 부직을 가지고 있는 학생을 도와
    주고 직업상담을 제공하는 데 적절하다.   1 2 3 4
27. 지도요원은 교실에서 지도인으로서 교사와 업
    무를 향상시키기 위해 부모들과 교직원들과
    친밀하게 일한다.   1 2 3 4
28. 효과적인 낙제예방프로그램은 고등학교에서
    유지된다.   1 2 3 4
29. 고등학교는 학생들이 정시제로 그들의 졸업증
    서를 얻도록 연속 프로그램을 실시한다.   1 2 3 4
30. 매년 추후공부는 졸업생들, 전임자, 낙제자들
    에게 제공된다. 결과는 지도와 상담 프로그램
    의 향상과 교육과정 향상을 위해 전문요원들
    에 의해 광범위하게 분배된다.   1 2 3 4
31. 전 학생은 학문적으로, 심리적으로, 사회적으로
    성공적인 적응을 하도록 특별한 도움을 받는다.   1 2 3 4
32. 중등학교에서는 물리적 설비들과 일정표(시간
    표)조직을 스튜디오, 실험실, 작업실, 자원센
    터, 학교 도서관에서 독립적으로 공부하는 데   1 2 3 4
    각 학생들에게 자유시간을 준다.

33. 코스의 일정표는 학생들이 일정표의 숙박 때
   문에 강요된 선택을 하지 않도록 충분하게 여
   유를 준다.　　　　　　　　　　　　　　　　　1 2 3 4

34. 개선 프로그램은 고립되고 낙인찍힌 학생들
   없이 제공된다. 그 프로그램은 요구된 개개인
   의 개선이 제공되는 것과 마찬가지로 학교의
   진행되는 강의 프로그램에서의 어떠한 부적절
   함도 교정하도록 고안되었다.　　　　　　　　1 2 3 4

35. 건강설비와 서비스는 아주 적당하다. 규정은
   추후 계속관리, 정기의료검진, 조회를 위해서
   만들어졌다.　　　　　　　　　　　　　　　　1 2 3 4

36. 학교는 지역사회활동을 위한 센터로 제공된다.　1 2 3 4

〈예시 19〉 Duke 수업개선 체크리스트*

Duke는 다음의 진단 체크리스트에 의하여 책 한권을 쓰고 있다. 각 질문은 학교 효과성과 교수 효과성에 근거를 두고 있다. 이 질문은 수업개선과 관련하여 논의를 불러일으키려는 의도로 제작된 것이므로 점수화하여 학교를 등급을 매기거나 평정하는 것은 위험하다.

Duke는 진단의 영역을 우선 ① 장학과 평가, ② 직원개발, ③ 수업관리와 지원, ④ 자원관리, ⑤ 질 통제, ⑥ 조정과 문제해결의 여섯으로 나누고 있다.

Ⅰ. 장학과 평가

   1. 장학과 평가체제가 책무성은 물론 개선목적에 도움을 주고 있는가?

   2. 교사장학과 평가체제가 건전한 교수의 비전에 바탕을 두고 있는가?

   3. 효과적인 교수의 직무수행의 표준을 설정하고 정기적으로 검토하
      는 데에 교사가 핵심 역할을 하고 있는가?

   4. 교수수행에 관한 자료가 다양한 출처로부터 추출되었는가?

---

* Daniel L. Duke, School Leadership and Instructional Improvement(N. Y.: Random House, 1987),
  pp.297~299.

5. 교수수행에 관한 자료를 자주 수집할 수 있도록 되어 있는가?

6. 교수수행에 관하여 수집된 자료의 질을 정기적으로 확인할 수 있도록 되어 있는가?

7. 교수수행에 관한 자료를 시기에 맞게 나누어 갖고 분석하며 해석하고 있는가?

8. 관찰자보다 교사가 먼저 관찰자료를 분석해 볼 수 있도록 허용하는가?

9. 교수수행에 관한 자료를 효과적인 교수에 관한 최근의 연구의 관점에서 분석하는가?

10. 개별교사와 교사의 집단으로 하여금 전문적 직무수행을 개선할 수 있도록 마련되어 있는가?

11. 교사의 성장과 발전을 위하여 다양한 종류의 도움이 이용 가능한가?

12. 심각한 결점을 가지고 있는 교사를 위하여 공식적인 도움을 주기 위한 계획이 서 있는가?

13. 학교 지도자들이 적극적인 경험, 적절한 비언어적 의사소통, 공동 언어의 사용과 같은 개인 간 의사소통 기술을 보여 주는가?

14. 교사들은 학교 지도자를 수업개선에 관한 믿을 만한 지식의 근원으로 인지하고 있는가?

15. 학교 지도자가 협의회를 하고, 목표설정을 하고, 수업진단을 하고, 수업관찰을 할 때 전문적 기술(technical skill)을 갖고 있는가?

16. 교사와 학교 지도자 간의 관계가 신뢰감 있고 정직한 관계라고 특징지을 수 있는가?

17. 학교 지도자가 인내심을 갖고 장학과 평가에 접근할 수 있는가?

Ⅱ. 직원개발

1. 계속적인 체계적 직원개발을 위한 서면계획서가 있는가?

① 교사의 지식, 행동, 이해, 태도상의 변화를 기대하는 분명한 진술문을 포함하는 직원개발 계획이 있는가?

　② 직원개발 계획에는 교사의 직무수행 변화를 제안하는 이론적 근거(rationale)를 포함하고 있는가?

　③ 직원개발 계획에는 학습활동 스케줄이 포함되어 있는가?

　④ 직원개발 계획에는 직무수행 목표를 달성하는 데 필요한 자원 조사목록이 포함되어 있는가?

　⑤ 직원개발 계획에 청취확인(monitoring)체제가 포함되어 있는가?

　2. 최초의 직원개발 활동에 단지 참여하고자 하는 교사만 참여하도록 배려되었는가?

　3. 직원개발 프로그램에 참여한 교사들이 과외의 시간과 노력을 들이지 않도록 배려하였는가?

　4. 모든 교사들로 하여금 직원개발 활동에 대하여 정보를 가질 수 있도록 배려하고 있는가?

Ⅲ. 수업관리와 지원

　1. 학생의 학업성취의 표준, 성적평가, 통지, 진급결정에 관한 방침이 있는가?

　2. 수업에 활용 가능한 시간의 양과 질에 관한 방침이 있는가?

　3. 학생의 수업 집단구성에 관한 방침이 있는가?

　4. 숙제의 목적과 절차에 관한 방침이 서 있는가?

　5. 학생의 결석의 정의와 증명, 무단결석의 결과에 관한 방침이 있는가?

　6. 학교와 학급의 규칙을 개발하고 강화시키는 것과 관련된 방침이 있는가?

　7. 학생과 교사의 성취에 대한 인정, 학교의 의사결정에 학생과 교사의 참여, 그리고 학생에게 의미 있는 책임을 수행할 수 있는 기회부여 등을 통해서 생산적인 학교풍토를 지원하는 노력을 하고 있는가?

Ⅳ. 자원관리

　1. 우수한 수업담당 인사를 보충, 선발하기 위한 절차가 있는가?

2. 수업담당 인사를 그들이 가지고 있는 재능의 이점을 살리고, 또 학교 전체의 수업 목표 달성에 기여할 수 있도록 배정하는가?

3. 학교의 목표와 형평을 증진시키는 방법으로 수업시간을 교육과정 내용과 개별학생에게 배분하는가?

4. 각각 다른 능력수준을 가지고 있는 학생들에게 알맞은 교과서와 다른 학습자료를 선정하기 위한 절차가 있는가?

5. 교사로 하여금 필요한 때에 수업자료를 공급받을 수 있는 체제가 되어 있는가?

V. 질 통제

1. 수업과 수업관련 활동의 질을 청취하기 위한 준비가 되어 있는가?

2. 수업의 질과 관련하여 자료에 근거한 결정을 하고, 또 결정을 실행으로 옮기기 위한 준비가 되어 있는가?

3. 학교 지도자는 질 통제 노력을 계획하고 그 결과를 해석하는 데 참여하는가?

4. 명백하고, 이성적이며, 이해하기 쉽고, 발간된 학교목표와 수업목표를 설정하기 위하여 세심한 배려를 했나?

5. 외부에서 의무적으로 요구하는 검사의 결과를 교사들과 정기적으로 살펴보고, 또 그 검사결과를 수업개선 계획에 반영시키는지 알아보기 위한 준비가 있는가?

6. 교사들이 좋은 업적평가의 실제에 대하여 알고 있으며, 또 이런 지식을 정기적으로 학생업적평가에 활용하고 있는가?

7. 교사평가는 광범한 학생능력을 청취한다는 것을 보장하기 위하여 검토되는가?

8. 교사들에게서 과도한 양의 사무적인 일과 수업과 관련 없는 잡무활동을 요구하지 않도록 배려되었는가?

9. 학생의 진보에 관한 자료를 나누어 보기 위한 건설적이고 의미 깊

은 방법이 개발되었는가?

10. 교육과정과 수업자료, 특별 프로그램에 대한 정기적 평가를 하도
록 마련되어 있는가?

11. 교육과정 내용과 검사내용을 일치시키려는 정규적인 노력을 하고
있는가?

12. 적합성과 청취 반복성을 결정하기 위하여 코스의 시퀀스와 학년
수준에 걸친 수업목적의 연속성을 검토하고 있는가?

13. 학교효과성을 정기적으로 평가하고, 자료에 근거한 학교개선 목표
를 설정하기 위한 기제가 마련되어 있는가?

14. 학교개선과 직원발전 프로젝트의 질을 조사하기 위한 준비가 되어
있는가?

VI. 조정과 문제해결

1. 계획이 학교전반에 관한 이해와 협조를 북돋기 위한 계기로 활용
되는가?

2. 학교생활을 방해하는 가능한 원인을 처리하기 위한 장치가 마련되
어 있는가?

3. 학교 회합의 목적을 명백히 하고 회합의 효과성을 보장하기 위한
기초규칙을 제정하고 있는가?

4. 학교 의사결정 과정을 검토하고 결정의 질을 평가하기 위한 단계를
밟고 있는가?

5. 학교 의사결정에 참여하기로 된 직원들이 학급생활을 개선하는 데
실질적인 영향을 준다는 확신을 갖고 있는가?

6. 직원과 학생, 지역사회 간에 공동목표의식을 갖도록 노력하고 있는가?

7. 문제와 문제가 될 가능성이 있는 문제에 관한 정보를 서로 공유하
도록 촉진하게 되는 조건이 존재하는가?

8. 학생문제를 해결하기 위한 공식적인 기재가 성립되어 있는가?

9. 문제가 될 근원에 관한 정보를 수집하기 위하여 비공식적인 방법을 정규적으로 활용하는가?

4. 장학자체평가

우리가 다른 사람을 평가하는 데 많은 시간을 보내는 것이 중요한 것은 아니다. 정말 필요한 것은 우리가 우리 자신을 평가하기 위해서 시간을 보내고, 학생들이 자신들을 스스로 평가할 수 있도록 하는 것이다. 장학에 있어서도 다른 사람과 다른 사람이 하는 일을 평가하는 것도 중요하지만 장학 자체와 장학자 자신에 대하여 평가하는 일은 더 중요할지도 모른다. 장학도 평가를 통해서 더 발전할 수 있기 때문이다. 학생들의 성장을 보다 정확한 측정방법으로 평가함으로써 교사와 학생에게 도움을 주듯이 장학 지도자와 장학 프로그램도 보다 좋은 평가방법을 도입함으로써 많은 도움을 받을 수 있다. 장학담당자들은 일반적으로 자신들의 일이 효과적이라는 생각을 갖기 쉬우나 반드시 그런 것만은 아니다. 문제는 장학평가를 어떻게 보다 더 타당하고 신뢰감 있으며 객관적으로 하느냐에 있다. 장학방법을 더욱 향상시키려면 보다 더 장학한 장학효과성 평가도구를 개발해야 한다.

그리고 장학평가로 보다 나은 장학 프로그램을 개발하기 위한 것이라면 계획－평가－개선의 절차를 밟아야 할 것이다.

1) 효과적인 장학 프로그램 개발절차

수업개선을 위한 장학을 하고 또 이에 적극 참여하기 위해서는 〈그림

18-10〉의 수업개선주기의 과정을 밟을 것을 권고한다. 여기에는 ① 계획단계,
② 평가단계(assessment), ③ 개선단계라는 세 개의 운영단계가 포함된다.

이 주기는 장학사와 교사집단, 장학사와 개별교사 간의 의사소통과 공동의
사결정에 근거를 두고 있다. 그리고 이 주기의 핵심은 자기평가, 자기장학,
동료와 학생의 관찰과 평가, 교장과 장학사의 관찰과 평가와 같은 방법으로부
터 나온 결과를 피드백 하는 데 있다. 그러면 각 단계별로 살펴보기로 한다.

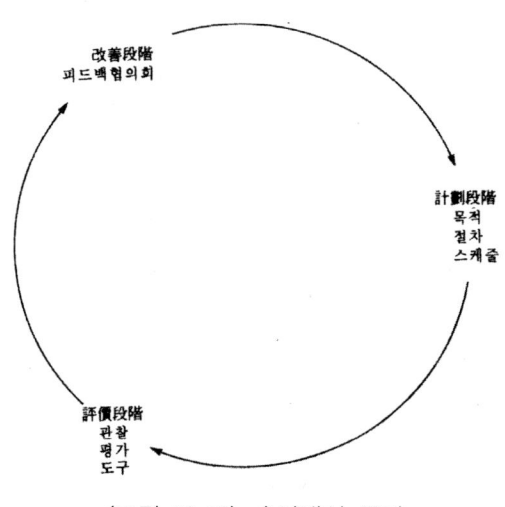

〈그림 18-10〉 수업개선 주기

(1) 계획단계

학교에서 장학 프로그램을 실천하기 위한 계획을 세우기 위해서는 학년
초 교사집단과 개별교사와 반드시 만나야 한다. 실제로 오리엔테이션을 실
시하는 주기에 교과에 관한 직원회의를 개최하는 것이 좋다. 직원회는 다음
주제에 초점을 맞추는 것이 좋다.

- 교사평가와 장학에 관한 교육청의 방침과 절차.
- 장학사가 사용하기로 결정한 수업개선주기에 관한 설명.
- 교육청의 방침과 수업개선주기에 관한 토의.

이를 토의하는 과정에서 다음 사항을 강조해야 한다.

① 초점은 교사의 인성에 두지 말고 직무수행에 두어야 할 것이다.
② 수업장학은 협동적 작업이다.
③ 계획은 교사의 경험에 따라 달라질 것이다. 초임교사나 경험이 적은 교사는 경험 있는 교사보다 더 종합적인 노력을 받아야 할 것이다.
④ 계획은 피드백과 양방통행 의사소통을 강조해야 할 것이다.
⑤ 계획에서는 반드시 어떤 직무수행요인을 평가할 것인지 계획해야 한다. 예를 들면 교사가 학생의 성과와 관련하여 자신의 직무수행을 평가할 것인가 아니면 학생의 성취도와 태도, 행동과 관련지어 평가하기를 원하는가?

(2) 평가단계

이 단계는 구체적 목적에 의하여 평가하는 단계이다. 즉 이들 측면에 대하여는 교사집단과 개별교사와 합의를 보아야 한다. 이 단계의 핵심은 수업개선에 필요한 정보를 제공해 줄 수 있는 평가도구를 사용하는 것이다. 예를 들면, 자기장학기법, 자기평가척도와 체크리스트, 교수업적에 대한 동료와 학생의 평정척도 등을 포함하여 다양한 도구를 사용할 수 있고 또 사용해야 한다.

(3) 개선단계

이 단계에서는 평가단계에서 수집한 자료를 장학사와 교사가 검토한다. 이 단계의 기반은 협의회에 있다. 한 번 이상의 협의회를 교사와 가질 필요가 있다. 협의회의 목적은 평가단계에서 수집된 자료로부터 검토, 분석, 계획을 세우는 데 있다. 이 단계의 핵심은 협의회인데 장학사와 교사의 관계성이 제일 중요하다.

여기서 장학사와 교사의 한계성을 알아보기 위해서 장학사와 교사의 상호작용 척도를 사용하면 좋을 것이다.

〈예시 19〉 장학사와 교사의 상호작용 척도

장학사와 교사 사이의 현재의 상호관계성을 어떻게 평정하고 싶습니까?

장학사와 교사

	5	4	3	2	1	
개방적	_____	_____	_____	_____	_____	폐쇄적
정 직	_____	_____	_____	_____	_____	부정직
존경적	_____	_____	_____	_____	_____	존경적이지 않음
온화함	_____	_____	_____	_____	_____	냉담
우호적	_____	_____	_____	_____	_____	비우호적
전문적	_____	_____	_____	_____	_____	비전문적
보살핌	_____	_____	_____	_____	_____	무관심
수용적	_____	_____	_____	_____	_____	거부적
민주적	_____	_____	_____	_____	_____	독재적
합리적	_____	_____	_____	_____	_____	비합리적
사교적	_____	_____	_____	_____	_____	비사교적
협동적	_____	_____	_____	_____	_____	비협동적

나의 장학사는 나의 다음 사항을 존경, 격려한다.

	항상 4	자주 3	가끔 2	전혀 안함 1
아이디어	_____	_____	_____	_____
일의 취미	_____	_____	_____	_____
창의성	_____	_____	_____	_____
전문적 재능	_____	_____	_____	_____
자기지향	_____	_____	_____	_____
주도성	_____	_____	_____	_____

수업개선을 위한 위의 새 단계를 수업관찰 시나 임상장학사에도 응용하여 활용할 수 있다. 수업관찰이나 임상장학에 대하여는 별도로 다루고자 한다. 그러면 이제 평가를 좀더 자세히 다루기로 한다.

2) 장학자체평가의 적용

장학평가는 주로 ① 장학의 최종산물, ② 장학과정의 질, ③ 장학 지도자의 기여도에 관심을 갖는다. 그중에서도 첫 번째의 최종산물에 대한 평가가 가장 중요한 요소이겠지만, 최선의 최종산물을 성취하기 위해서는 두 번째의 장학과정의 효과성에 대한 평가를 해야 할 것이며, 세 번째의 장학 지도자의 노력과 기여도에 대하여 철저히 평가해야만 한다.

장학 프로그램의 질을 평가하기 위해서는 이에 영향을 주는 요인이 무엇인가를 밝혀야 할 것이다. 예를 들면 ① 장학 프로그램의 조직, ② 수업개선에 참여하는 장학지도자와 시민, 교사, 학생간의 상호관계성, ③ 장학 인사의 절차, ④ 교사와 장학지도자의 질, ⑤ 수업과 장학 프로그램을 좌우하는 많은 기타 요소들을 생각할 수 있다.

1951년에 미국장학·교육과정개발연구회가 장학 프로그램 평가에서의 원리로 제시한 것을 보면 다음과 같다.

① 교육과정개선 프로그램의 구체적 목적의 측면에서 평가를 계획하고 실천해야 한다.
② 평가활동은 프로그램의 통합적이고 계속적인 부분이어야 한다.
③ 평가의 목적은 바람직한 행동변화에 의하여 정의되어야 한다.
④ 평가절차와 달성해야 할 평가목적에 관한 결정을 할 때에는 그 평가 프로그램에 의하여 영향을 받는 모든 인사의 합의에 의하여 이루어져야 한다.
⑤ 평가목적은 신축적이어야 한다. 즉 평가활동에서 필요할 때에는 언제나 검토

하고 재진술하고 재방향 조정해야 한다.

⑥ 평가는 여러 방법으로 획득된 풍부한 기술적 증거에 근거해야 한다.

⑦ 변화에 관한 신뢰감 있는 증거를 제공해 주는 어떤 절차도 적절하다. 평가절차를 지필검사도구의 활용으로 제한해서는 안 된다.

⑧ 평가의 핵심적 본질은 사실적 자료에다 가치판단을 적용하는 데서 찾아볼 수 있다.

⑨ 교육과정 개선 프로그램이 목적을 달성하기 위하여 사용되는 수단은 목적추구에서와 똑같이 중요하다. 평가는 수단과 목적 양쪽과 모두 관련되어 있다.

⑩ 평가활동의 의미 있는 목적은 자체평가를 달성하는 것이다. 평가계획을 세우고, 또 자체평가의 효과적인 활용을 증대시키도록 평가계획을 실천해야 한다.

　장학의 효과성은 장학 프로그램의 즉각적인 산출과 보다 더 장기적인 산출을 통해서 결정되기도 하지만, 장학 지도자가 수행하는 활동의 가치를 판단하기 위하여 설계된 기준을 적용함으로써 알 수도 있다.

　평가에 활용하는 가장 좋은 방법의 하나는 전 직원과 학급진단, 개별교사와 학생에 의한 "자체평가"이다. 평가의 초점을 개인에게 맞추기보다는 평가과정에 두어야 한다. 평가 상황에 가입되는 모든 사람이 평가에 사용할 기준(criteria)의 결정에 참여하도록 배려하는 것이 좋다. 평가의 대상으로는 ① 교수와 함께, ② 학교의 목표, ③ 행정절차, ④ 장학방법(techniques), ⑤ 교육 서비스, ⑥ 기타 교육 프로그램에 영향을 주는 조건 등을 생각할 수 있다.

　장학 프로그램을 평가함에 있어서 장학 지도자는 다양한 많은 평가기법을 사용하는 것이 좋다. 물론 실험과 검사방법으로 달성할 수 있는 객관적 증거가 중요하기는 하지만 산출에 대한 주관적 평가도 중요하다. 특히 실험이나 검사방법을 적용하기 어렵거나 불가능할 때는 더욱 그렇다.

3) 장학자체평가의 방법

장학을 평가하는 방법으로는 여러 가지가 있겠으나 우선 다음 다섯 가지를 생각해 볼 수 있다.

① 학생의 성취도를 통해서 장학의 효과를 알아보는 방법.
② 교사의 교수를 통해서 장학의 효과를 알아보는 방법.
③ 장학에서 교사가 가장 가치 있다고 하는 것을 찾아내는 방법.
④ 장학의 실제를 조사하는 방법.
⑤ 장학 프로그램이 어느 정도 평가기준에 도달하였는지 알아보는 방법.

(1) 학습자에 대한 장학효과

학교장학의 주목적인 어린이와 학생에게 보다 나은 학습상황을 제공해 주는 것이기 때문에 장학을 평가하는 가장 효과적인 방법은 학습자에 대한 장학의 효과에 대하여 연구하는 것이다. 그러나 이 방법은 또한 가장 어려운 접근일 것이다. 학생에게 동시에 영향을 주는 요인들이 너무 많기 때문에 학생발달의 변화가 장학에 의하여 일어난 것이라고 확신할 수 있는 방법이 없기 때문이다.

하나의 연구가 있었는데 미국 조지아 주에서 프란세스(Franseth)가 장학 받은 학교 학생과 장학 받지 않은 학교 학생의 성취도를 비교한 연구이다.* 이 연구에서 장학 받은 학교라 함은 교장과 교육장이 제공하는 서비스와 함께 일반장학사(general supervisors)가 장학적 봉사를 제공해 준 학교들이다. 여기서 이들 장학사의 주기능은 진술된 목적에 따라 보다 나은 학교 프로그램을 제공해 주도록 교육장과 교장, 교사, 후원자들을 도와주는

---

* Jane Franseth, "Learning to Supervise Schools, An Appraisal of the Georgia Program", Office of Education Circular No.289(Washington, D. C.: US Department of Health, Education, and Welfare, Office of Education).

것이었다. 이 연구 결과에 의하면 미국 조지아 주 장학사들은 평가와 모든
기능면에서 학생들의 성취도를 향상시켰다는 것이다. 이 연구에 의하면 교
장과 교육장이 제공하는 바로 그런 종류, 그 이상의 부가적인 장학 서비스
가 학생의 성장을 증대시켰다고 보고하였다.

(2) 교수에 대한 장학효과

장학평가에 활용될 가능한 두 번째 방법은 교수에 대한 장학의 효과를 찾
아내는 것이다. 장학이 효과적일 때 교사들은 보다 더 일을 잘 할 수 있을
것이다. 그리고 교수효과는 개선되고, 학생들의 학습경험의 폭과 깊이는 확
대되어야 한다. 이와 관련해서는 장학의 효과를 측정하기는 곤란하지만 이
와 관련하여 약간의 연구가 있다.

미국 오하이오 주 교육청 장학사 연합회에서 모든 오하이오 주 내의 교육
청 장학사에게 질문지에 응답하게 하여 조사연구를 실시하였다. 이들 장학
사들에게 그들의 장학적 지도력으로 교육청에 수업개선에 대하여 보고해 주
도록 요구하였다. 그 결과 〈예시 20〉과 같은 개선이 있었다고 하였다.[*]

〈예시 20〉 미국 오하이오 주 교육청 장학효과성 평가

A. 교육과정 교수

1. 성적평가, 보고, 진전에 있어서의 향상.
2. 교사와 학생관계 계획의 향상.
3. 안전교육 프로그램의 향상.
4. 더 많은 단원을 가르침.
5. 학습계획을 더 잘함.
6. 교육에 지역사회 자원활동을 잘함.
7. 보다 다양한 교수기술을 활용함.

---

[*] Ohio Association of County Supervisors, "Significant Improvements in Instruction", mimeographed bulletin(Columbus, Oh.: Ohio Department of Education, 1968).

8. 보다 더 학생요구에 맞는 준비를 함.

9. 보다 확대된 교육과정을 제공함.

B. 수업자료

1. 수업자료를 보다 더 제공, 배부 활용함.

2. 시청각 자료활용이 개선됨.

3. 교과서 선정 방법을 개선함.

4. 교육과정 자료센터를 설립하게 됨.

5. 교사들이 전문자료를 더 많이 제공해 주고 또 활용함.

6. 도서관 시설의 활용이 개선됨

C. 학교와 지역사회의 관계

1. 학교에 대한 지역사회의 참여가 향상됨.

2. 지역사회의 전시회와 박람회 등에 학교의 참여가 높아짐.

3. 학교의 라디오, TV 방송 프로그램이 향상됨.

4. 지역사회에 대한 학교를 설명해 주려는 노력이 증가됨.

5. 교사들의 지역사회 활동 참여가 증가됨.

D. 학생에 대한 서비스

1. 학생에 대한 검사 프로그램이 향상됨.

2. 학생에 대한 생활지도 프로그램이 향상됨.

E. 자원활용

1. 외부의 자문 활용이 증가됨.

2. 수업 목적의 지역 시각자료실의 설립.

(3) 교사에 대한 장학효과

장학평가에 대한 세 번째 가능한 접근은 교사가 가르치는데 가장 도움이 된 것이 무엇이냐고 질문하는 방법이다. 물론 가설을 검증하기 위해서는 보다 많은 연구를 해야 하겠지만 일반적으로 자신의 장학방법을 개선하고자 하는 장학사는 교사의 의견을 들음으로써 많은 것을 알게 된다. 여러 연구가 있었는데 교사가 장학에서 가장 가치 있다고 지적한 것에 관한 보고가 있다. 그중의 하나는 무선표집한 900명 교사에게 질문지를 적용한 미국 앨라배마 주 수업장학사와 수업과정 부서에서 실시한 연구이다.[*]

앨라배마 주 연구에 의하면, ① 장학사와의 협의회를 포함한 교실방문, ② 시범수업, ③ 지진아 등 문제사례에 대한 도움, ④ 여러 다양한 수업자료의 선택, 확보, 활용과 관련된 도움, 일반적인 교수절차의 향상을 위한 도움, ⑤ 음악·미술 대단원계획, 일과계획과 같은 구체적인 문제에 대한 도움, ⑥ 워크숍과 집단작업에 대한 도움을 늘려달라고 교사들은 가장 빈번하게 언급하고 있다.

그리고 앨라배마 주 교사들은 ① 개별교사나 소집단교사와의 협의회, ② 교실방문, ③ 집단이 지적한 문제를 해결하기 위하여 교사집단과 함께 노력하기, ④ 학교 간에 아이디어를 교환하고 학교방문과 시범수업 자원인사 확보 계획세우기, ⑤ 학급수업의 조직을 돕기, ⑥ 수업자료의 선전, 확보, 활용을 돕기 위한 개별학교 프로그램에서 장학사가 수업개선을 위해서 가장 효과적으로 장학할 수 있는 길이라고 언급하고 있다.

교사와 효과적으로 일할 수 있는 장학사의 자질에 대하여 교사들은 ① 교사로 하여금 학생들을 보다 잘 이해할 수 있도록 도와주는 능력, ② 가치 있는 학교 프로그램을 계획하는 방법에 대한 지식, ③ 비판을 가하는 기술, ⑤ 타인의 감정에 대한 세심한 주의력, ⑤ 교사로 하여금 스스로 해결할 수 있도록 도와주는 능력, ⑥ 교사가 하는 일에 대한 이해와 감사하는 태도, ⑦ 어떤 경향성에 대한 포착능력을 자주 언급하고 있다.

미국 앨라배마 주 교사들은 장학사들이 교육청 내 프로그램을 개선하도록 효과적으로 도와주는 방법으로 ① 수업 프로그램의 조직과 개선, ② 좋은 현직연수 프로그램을 개발하도록 돕기, ③ 수업 자료의 준비와 활용, ④ 수업 프로그램의 여러 단계를 계획하고 평가하기, ⑤ 학교 방침을 설정하도록 돕

---

[*] Alabama Department of Supervisors and Directors of Instruction, "A Look at Supervision in Alabama"(Montgomery, Ala: Alabama Department of Education, 1955).

기, ⑥ 교사와 전문적 관계를 개선하도록 돕기의 여섯 가지를 지적하였다.

교사가 장학사로부터 어떤 서비스를 받고자 원하는지를 장학사가 알게 되면 대단히 유용하다. 교사와의 면접과 질문지를 통하여 장학사가 교사로부터 얻을 수 있는 평가 정보는 다음과 같다.

① 선생님 학교의 교육 프로그램에 도움이 되는 가장 귀중한 장학 서비스는 무엇이라고 생각하십니까?

② 장학 프로그램의 결과로 선생님은 다른 서비스를 더 광범하게 활용하게 된 적이 있습니까?

    a. 학교 내 다른 서비스

    b. 학교 외 서비스나 다른 기관

③ 선생님은 금년에 어떤 교수 상의 변화를 가져오는 데 도움이 되었습니까?

④ 장학 서비스로부터 선생님은 어떤 도움을 보다 더 받고자 합니까?

⑤ 교사와 장학사의 어떤 협동적인 활동으로 선생님 학교의 수업을 강화하도록 도와줄 수 있다고 생각하십니까?

⑥ 교사와 학생이 함께 일하도록 교사를 도와주는 장학 서비스의 방법을 제안하여 주십시오.

⑦ 교사와 학부모가 협동하여 함께 일하도록 도와주는 장학 서비스의 방법을 제시하여 주십시오.

⑧ 지역사회 자원을 가지고 선생님을 도와줄 수 있는 장학 서비스의 방법을 제시하여 주십시오.

⑨ 교수전략과 기술의 측면에서 선생님을 도와줄 수 있는 장학 서비스의 방법을 제안하여 주십시오.

⑩ 다음에 제시된 어떤 활동을 통하여 선생님의 교수를 도와줄 수 있는지 그 장학 서비스의 방법을 제시하여 주십시오.

    a. 집단 협의회와 토의

    b. 개별 협의회

    c. 교사의 방문

      d. 방문자 초청

      e. 전문서적과 잡지의 독서

      f. 교수자료의 준비

      g. 자문자의 방법

      h. 다른 방법의 일

    ⑪ 선생님이 중요하다고 느끼는 장학 서비스의 강점이나 약점에 대하여 논의하여 주십시오.

(4) 장학의 실제조사를 통한 장학평가

  장학을 평가하는 가능한 네 번째 방법은 장학사들이 좋은 장학의 원리를 어느 정도 따르고 있는지 알아내기 위하여 장학사의 실제를 조사하여 검토하는 것이다. 이에 대하여도 미국의 Louisiana주에서 보다 더 정교한 장학평가 방법으로 실시하였다.*

  이 연구수행의 첫 단계로 이 연구에 관심을 나타내는 장학사와 교장으로 하여금 한 학년도 전체 중에서 지정한 시간의 활동일지를 보관하도록 요청하였다. 이 일지의 보관과 함께 매일 반나절 동안 일어났던 장학적인 일을 알 수 있도록 기술적인 설명을 기록하도록 하였다. 이 연구에 참여하는 장학사와 교장은 매일 일어난 장학적 사건(일)을 기록하는 기준으로 다음 다섯 가지를 받아들였다.

    ① 모든 사실을 포함시킨다. 그러나 질적인 말은 생략한다.

    ② 사람, 시간, 장소를 포함하여 사건의 배경을 제시한다.

    ③ 하나의 장학사건을 완전히 기술하기 위하여 무슨 말을 하고, 무엇이 이루어지고, 어떻게 되었는지 충분한 구체적인 자료를 제시한다.

    ④ 가능한 한 충분한 대화내용까지 포함시킨다.

---

* Louisiana School Supervisors Association, Louisiana Supervisors Examine Their Practices, mimeographed bulletin(Baton Rouge, La.: The Louisiana School Supervisors Association, 1958).

⑤ 장학사건이 일어난 후 가능한 한 즉시 기록을 한다.

이 루이지애나 연구의 제2단계는 연구 참여자들이 시간별 일지(time log)와 일화적 사건기록으로부터 자료를 조직하고, 반복되는 실제를 확인할 목적으로 자료를 분석하는 일이다. 이러한 연구분석의 결과 다음과 같은 반복되는 장학의 실제를 추출해 낼 수 있었다.

① 많은 장학활동에 교장과 장학사가 함께 일하고 있었다.
② 장학사의 주요활동은 교실방문이었다.
③ 장학사는 자원인사로 활동하였다.
④ 교사들이 중요한 것으로 간주하는 욕구에 근거하여 장학사는 도움을 주고 있었다.
⑤ 장학사는 비전문가 집단과 함께 일하고 있었다.
⑥ 장학사는 교사와 함께 일하는 중에 지원과 이해의 분위기를 조장하고 있었다.
⑦ 자문적 봉사자 장학활동에서 반복적으로 일어나는 형태였다.
⑧ 장학사들은 다른 사람들에게 영향을 주는 문제에 대하여 어떤 결정을 하거나 계획을 할 때에는 관련자의 의견을 나눌 기회를 주고 있었다.

(5) 평가기준에 의한 장학평가

장학 프로그램의 효과성을 평가하는 다섯 번째 가능한 방법은 평가기준을 적용하는 것이다. 물론 이런 기준은 장학을 평가하기 위하여 특별히 설정하지 않으면 안 된다. 이런 접근의 좋은 점은 장학 프로그램의 모든 측면을 평가할 수 있다는 점이다. 적절하고 필요한 기준을 사용하여 장학의 모든 부분을 포함시켜 종합적으로 평가할 수 있다.

평가의 성공 여부는 개인이나 집단이 수집하는 사실적인 증거자료와 그 증거를 근거로 평가할 수 있는 능력에 달려 있다고 볼 수 있다. 수집하는 증거의 객관성을 충분히 확보하면 할수록 그 평가는 보다 정확해질 수 있다. 또한 장학평가에 참여하는 사람들의 수가 많을수록, 그리고 이들 참여자들이 균등하게 능력을 발휘할수록 평가를 통해서 발견한 타당성은 높아질 가능성이 있다. 여러 형태의 측정도구를 사용한다고 타당성이나 신뢰성이 반드시 높아진다고는 할 수 없으므로 이를 너무 강조할 필요는 없다.

우리는 장학의 효과성 평가에 대하여 계속 관심을 기울여야 한다. 다른 나라에서는 장학의 잠재적 효과에 대하여 많은 연구를 하여 제시하고 있지만 어떤 특정 교육청의 장학이 얼마만큼의 효과가 있었다는 보장을 해주지는 못하고 있다.

장학의 각 부분을 평가한 점수를 합하여 장학의 전모를 평가하기란 극히 어려운 일이다. 장학 프로그램의 요소를 독립적으로 평가하여 그 부분을 개선하기 위한 자료로 활용하는 방안이 좋을 것이다.

이제 장학의 각 부분을 보다 여러 측면에서 평가하는 자료들을 가능한 한 많이 제시하려고 한다. 우리나라에서는 아직 이러한 노력들이 적었기 때문에 이들 자료로부터 필요한 부분을 뽑아내고 수정·보완하여 활용하기를 기대한다.

4) 장학자 평가

우선 장학자라는 사람을 중심으로 하여 장학에 대한 평가를 할 수 있다. 장학자의 태도와 행위에 대한 평가, 장학사의 업무추진에 대한 평가 등을 할 수 있다.

또 이 평가를 ① 장학자 자신이 자기평가를 할 수도 있고, ② 교사로 하여금 평가할 수도 있으며, ③ 더 간접적인 방법으로는 교사로 하여금 교사 자신에 대하여 평가하게 하여 장학자가 어떻게 장학하고 있는지를 알고자 하는 방법도 있다. 이 각각에 대하여 간단히 예시하고자 한다.

(1) 효과적인 장학의 지표

교육에 있어서 장학은 새로이 부상하는 역할이기 때문에 장학 실천가를 위한 효과성을 나타내는 절대적인 지표는 있을 수 없다. 그 대신 장학의 실제를 성공적으로 이끌게 하는 장학의 질과 이해, 기술의 일단들이 있을 뿐이다. 학교 상황 속에서 장학의 전반적인 역할은 사람들로 하여금 서로 의사소통할 수 있도록 하고, 수업개선을 위하여 노력할 수 있도록 조정하는 일이다. 여기에 효과적인 장학의 지표로 장학자의 태도와 행위에 관한 다음 목록을 제시한다.

〈예시 21〉 효과적인 장학지표

I. 개인적 자질과 태도

1. 장학자는 "교육"이라는 용어에 대한 이해를 반영하는 교육철학을 갖는다.
2. 장학자는 전문가로서의 자아개념을 갖는다.
3. 장학자는 새로운 아이디어와 실천에 대하여 개방적이다.
4. 장학자는 교육의 실제를 개선하려는 실험적 조망을 한다.
5. 장학자는 수업개선을 위하여 기여하는 모든 개인을 받아들이려고 한다.
6. 장학자는 자신의 발전을 계속적인 과정으로 생각한다.

II. 이해와 지식

7. 장학자는 출생으로부터 성인에 이르기까지의 인간발달의 기본지식을 갖는다.
8. 장학자는 문화적으로 다양한 학생에 대한 이해를 갖는다.
9. 장학자는 장학의 역할, 활동의 범위, 책임 문제에 대한 명백한 장학의 정의를 한다.
10. 장학자는 유아원으로부터 초급대까지의 교육과정에 대한 일반적인 지식을 갖는다.

11. 장학자는 사회, 수학, 과학, 언어, 체육, 미술, 독서, 작업ー기술을 포함하여 주요 학문과 연구 영역에 대한 기본지식을 갖는다.

12. 장학자는 학습의 인지적, 정의적, 심리운동적 차원에 대한 이해를 한다.

13. 장학자는 학습이론에 관한 지식을 갖고 있다.

14. 장학자는 학교계획과 관리에 영향을 주는 사회적, 정치적 세련에 관한 지식을 갖고 있다.

15. 장학자는 행정기술과 조직에 관한 지식을 갖고 있다.

16. 장학자는 교육청이 설정한 효과적인 장학실천에 관한 지식을 갖는다.

17. 장학자는 학급교사가 전문가로 발전하고자 할 때 부딪치는 문제에 대하여 이해한다.

18. 장학자는 전문교사단체와 집단협상을 통한 협상과정에 관한 지식을 갖는다.

19. 장학자는 교육의 형식과 자원의 기반을 변경시키기 위한 입법과정에 관한 지식을 갖는다.

20. 장학자는 공립학교에 있어서의 특수학생의 요구에 대한 이해를 한다.

21. 장학자는 창의성과 재능의 잠재 가능성에 관한 이해를 한다.

22. 장학자는 자아개념과 다른 학습에 관한 정의적 영향에 대한 이해를 한다.

23. 장학자는 학교 프로그램을 계획할 때 책무성에 관한 이해를 한다.

24. 장학자는 새로운 교수기술 또는 교수절차의 시범을 보일 수 있다.

25. 장학자는 완전한 학습계획을 개발할 수 있다.

26. 장학자는 학생의 학업성취 발전을 평가하여 기록 보관하는 절차를 시범으로 보일 수 있다.

27. 장학자는 기대된 학생의 학업성취에 근거한 학습환경을 설계할 수 있다.

28. 장학자는 교육계획, 수업실제, 평가의 모형을 그림으로 그릴 수 있다.

29. 장학자는 학급수업에서 인간화 수업 방법을 정의할 수 있다.

30. 장학자는 학급 수업관리 기술을 시범으로 보여줄 수 있다.

31. 장학자는 학급수업에서 개별화 수업을 정의할 수 있다.

32. 장학자는 학생을 평가하고 성적을 매기기 위한 여러 방법을 구별할 수 있다.

33. 장학자는 교사들로 하여금 교수의 숙달 정도를 평가할 수 있도록 도와줄 수 있다.

34. 장학자는 교육과정과 수업의 변화에 초점을 맞춘 연구설계를 계획하고 실천할 수 있도록 교사들을 도와줄 수 있다.

35. 장학자는 학습센터와 같은 교사제작의 학습자료 개발을 시범으로 보일 수 있다.

36. 장학자는 협동교수방법과 다른 "팀" 티칭 방법을 시범으로 보일 수 있다.

37. 장학자는 시험 기술과 그 한계에 대하여 기술할 수 있다.

38. 장학자는 재정구조, 지역사회의 기대, 인적자원의 측면에서의 학교의 제한점을 기술할 수 있다.

39. 장학자는 교수방법 또는 교수자료의 효과성을 검사하기 위한 프로그램을 개설할 수 있다.

40. 장학자는 학교프로그램의 일과를 짜는 여러 대안을 밝힐 수 있다.

41. 장학자는 영근거예산제와 같은 비용분석기술을 적용할 수 있다.

42. 장학자는 교육청 전체의 요구사정을 위한 기준을 설정할 수 있다.

43. 장학자는 교사평가 프로그램의 기준을 설정할 수 있다.

44. 장학자는 수업개선을 위한 장·단기계획을 수립 실행할 수 있다.

45. 장학자는 연구 프로젝트 또는 수업 특수프로그램을 위한 자금 신청서를 준비할 수 있다.

46. 장학자는 교육청 내 효과적인 홍보 프로그램을 개발할 수 있다.

47. 장학자는 고질적인 수업문제점을 밝힐 수 있다.

48. 장학자는 수업자료 평가를 위한 기준을 설정할 수 있다.

49. 장학자는 수업목적과 목표를 설정하는 데 교사를 참여시키는 방법을 개발할 수 있다.

50. 장학자는 신임교사나 교육청 내에 새로 부임한 교사를 위한 현직연수를 계획할 수 있다.

51. 장학자는 수업의 측면에서 학급교사에게 의미 있는 형태로 연구결과를 바꾸어 해석할 수 있다.

52. 장학자는 학교에 대한 지역사회의 태도를 진단할 수 있다.

53. 장학자는 전문적인 글을 쓰고 편집하는 기술을 시범으로 보여 줄수 있다.

54. 장학자는 학교 프로그램의 강점과 약점을 평가할 수 있다.

55. 장학자는 학급교수의 상호적인 분석을 할 수 있다.

56. 장학자는 문제해결을 위한 자료를 활용할 수 있고 또 교사를 위한 적절한 자료를 찾아낼 수 있다.

57. 장학자는 학급교사를 위한 자료를 교과별로 확인하고 분류할 수 있다.

58. 장학자는 15분 조언시간에 개별교사를 상담할 수 있다.

59. 장학자는 소집단 내 의사소통을 촉진하는 방법을 말할 수 있다.

60. 장학자는 학교 내 학습풍토를 조성할 수 있다.

61. 장학자는 수업자료 구입 청구서를 평가할 수 있다.

62. 장학자는 수업개선에 의미 있는 기여를 하는 사람들에게 효과적으로 경청할 수 있다.

63. 장학자는 수업상의 최신의 혁신방법과 발전에 관한 정보를 보급할 수 있다.

64. 장학자는 학년수준과 학문분과구조를 넘어 의사소통할 수 있는 통로를 개방할 수 있다.

65. 장학자는 장기수업개선을 위한 비전을 제시할 수 있다.

66. 장학자는 학생, 교과, 동기 또는 기타 적절한 수업상 고려할 점에 도움이 되는 연구를 구하고 보급할 수 있다.

67. 장학자는 탐색 프로그램에 교사들이 참여하도록 격려할 수 있다.

68. 장학자는 교사를 위한 전문적 발전기회를 확인할 수 있다.

69. 장학자는 현직연수 참여자의 요구를 충족시킬 수 있는 자문자를 선정할 수 있다.

장학실제에 관한 이러한 목록을 무한히 만들 수 있겠지만 시간이 지나면서 장학자가 효과적으로 기능을 발휘할 수 있다는 것을 인정해야 한다. 여러분들은 〈예시 21〉로부터 장학실천가를 위한 전문개발 5개년 프로그램을 한번 개발해 보기 바란다.

(2) 훌륭한 장학사의 표준

훌륭한 장학사인가 아닌가를 알아보기 위한 표준(standards)으로 다음 몇 가지를 생각해 볼 수 있다. 이러한 표준도 자기평가에 유용하게 사용될 수 있다.

앞에서 제시한 체크리스트보다는 상당히 주관적일 가능성이 있으나 장학사로서 갖추어야 표준으로서 스스로 평가하는 데 도움이 될 것이다. 동시에 장학사를 선발할 때 고려해 볼 표준으로 삼을 수도 있다.

표 준	설 명
1. 유용한 지식	자신의 장학업무에 관하여 상세하게 알고 있다.
2. 언어의 유창성	회화, 서신, 지시, 보고서 등에서 말하고자 하는 바를 분명하고 간략하게 전달하고 있다.
3. 탐구정신	탐구한다. 업무에 유용한 사실과 자료를 추구한다.
4. 분석능력	문제를 분석하고 실제 해결방안을 발견한다. 사물을 통찰한다.
5. 건설적인 사고	학생을 위한 교육과정과 수업을 개선하기 위한 건설적 제안을 한다.

6. 개방적 사고	다른 사람의 제안을 경청하고 항상 좋은 방법을 채택하려는 준비를 하고 있다.
7. 판 단	충분한 상식을 갖고 있다. 중요한 문제와 세부 문제를 현명하게 구별한다.
8. 인간본성에 대한 이해	훌륭한 교사를 선발하고, 정확하고 공정하게 평가하도록 돕고, 적재적소에 배치하도록 돕는다.

(3) 장학사의 업무평가

여기서 업무라고 하는 것은 장학사가 하는 일(work)을 말한다. 장학사의 장점과 단점을 분석하기 위하여 장학사가 하고 있는 일에 대하여 자주 평가할 필요가 있다. 장학사는 이미 설정되어 있는 일단의 평가기준에 비추어 보아 자신에 대하여 검사해 볼 필요가 있다. 한꺼번에 종합적으로 검토해 보기보다는 한 번에 적은 수의 기준에 집중적으로 살펴보고 나서 자신이 이상으로 생각하거나 다른 사람들이 극복해야 할 사항으로 권고하는 전문적 행동에 해당하는 태도, 습관, 활동, 행동양식을 발전시키려고 노력하는 것이 좋을 것이다. 여기서 제시되는 평가기준은 완벽한 것이라기보다는 장학사 자신의 노력과 봉사에 대하여 평가하는 데 하나의 유용한 지침으로 사용될 수 있을 것으로 본다.

이 평가기준의 목록은 장학사 자신의 평가 체크리스트로 사용될 수 있도록 제작되었지만, 교사집단으로 하여금 체크하게 하여 자신을 평가하기 위한 자료로도 활용할 수 있다.

〈예시 22〉 장학사 평가 기준

해당 척도에 V표 하시오.

0=전연 기준에 미달   1=매우 낮음   2=보통(평균) 이하
3=보통(평균)   4=보통(평균)보다 높음   5=매우 높음
(문장 앞에 "장학사는" 또는 "나는"이라는 주어를 생략함)

5 4 3 2 1 0

1. 교직원의 근무조건 개선에 도움이 된다.

2. 교사의 전문적 문제해결에 도움이 되고 개인적 문제에도 관심을 보인다.

3. 서면과 구두로 의사소통을 잘 한다.

4. 교사들까지 협력하여 일하는 방법을 제시한다.

5. 교사들에게 자신감을 불어넣어 준다.

6. 적절한 오리엔테이션 프로그램과 취임 프로그램을 실시하여 신임교사로 하여금 직무에 잘 적응하도록 도와준다.

7. 교사와 학부모로 하여금 학생의 성장과 발달에 관한 기본적 사실에 대하여 이해하도록 도와준다.

8. 교사로 하여금 교사와 학생의 협동계획을 보다 효과적으로 할 수 있도록 도와준다.

9. 교사로 하여금 수업목적을 달성하기 위하여 지역사회자원을 보다 효과적으로 활용하도록 도와준다.

10. 교사로 하여금 수업자료를 보다 효과적으로 선정하고 활용하도록 도와준다.

11. 교사로 하여금 학생의 흥미, 요구, 능력에 맞게 교육과정을 개발할 수 있도록 도와준다.

12. 교사로 하여금 학급 프로그램을 계획·집행·평가할 수 있도록 도와준다.

13. 좋은 직원개발(연수) 프로그램을 개발하여 교사의 전문적 성장을 도와준다.

14. 교사로 하여금 스스로 자신들을 평가할 수 있도록 도와준다.

15. 교사로 하여금 지도력을 발휘할 수 있는 기회를 제공해 준다.

16. 학부모와 주민으로 하여금 학교 프로그램을 이해하고 또 그 개선에 보다 효과적으로 참여하도록 돕는다.

17. 학교 프로그램 개선을 위하여 도와줄 수 있는 시·군, 시·도, 전국의 자원인사와 기관에 대하여 친숙하고 또 그들을 활용한다.

18. 전문가 단체의 운영에 관계하는 임원과 잘 알며
    또 이들의 참여를 고무한다.   ├──┼──┼──┼──┤

19. 대학, 시·도 교육위원회, 교육부, 전문가 단체
    와의 상호 관계성을 갖는다.   ├──┼──┼──┼──┤

20. 학교 프로그램에 대한 실험과 연구를 실시한다.   ├──┼──┼──┼──┤

21. 부딪치는 문제를 다루는 데 문제해결적 접근방식
    을 행사한다.   ├──┼──┼──┼──┤

22. 교사로 하여금 학교에 민주적 절차를 따르고 문
    제해결을 하도록 도와준다.   ├──┼──┼──┼──┤

23. 훌륭한 교사를 신뢰하고 인정한다.   ├──┼──┼──┼──┤

24. 시민사회와 지역사회 문제에 적극적으로 참여한
    다.   ├──┼──┼──┼──┤

25. 학생들의 취업에 도움이 되는 노동계, 산업계, 기
    업계 지도자와의 상호관계성을 유지한다.   ├──┼──┼──┼──┤

(4) 장학사에게 적용하는 자기평가

킴볼 와일즈와 존 로벨*도 한 여인이 콤팩트를 꺼내서 입술연지가 제대로 발라져 있는지 거울에 비춰 보듯이 장학사도 강점을 증대시키고 약점을 줄이기 위해 두 단계로 나누어 다음 질문을 스스로 해보아야 한다고 하였다. 첫 번째 단계는 얼마나 자기의 장학활동을 잘 관리하고 있는지에 관한 질문이며, 두 번째 단계는 자신의 장학활동의 결과는 무엇인가에 관한 질문을 해보는 것이다.

그러면 장학활동의 관리에 관한 질문을 먼저 해보기로 한다.

① 매주일 그리고 매일의 활동을 위한 스케줄을 짜서 활동하는가?

② 나의 스케줄은 방해받지 않으면서도 융통성 있게 운영하는가?

③ 나의 계획이 희망대로 되지 않을 때 화를 내는가?

④ 완성한 일에 대하여 기록하는가?

⑤ 감정을 상하게 되는가? 감정을 잘 통하는가?

---

* Kimball Wiles and John Lovell, Supervision For Better Schools 4th ed.(N. J.: Prentice-Hall, 1975), pp.279~287.

⑥ 올바른 비판을 할 수 있는가?

⑦ 다른 사람의 입장에서 보는가?

⑧ 직원들에 대하여 더 많이 알려고 진지한 노력을 하는가?

⑨ 행동으로 옮기기 전에 내 행동으로 영향을 받을 사람들과 상담을 하는가?

⑩ 약속한 대로 실천하는가?

이제 제2단계인 장학에서 성취한 것이 무엇인가에 관한 평가를 하는 질문을 해보기로 한다. 장학의 결과는 가치 있는 변화를 얼마나 가져왔느냐에 있다고 볼 수 있다.

① 얼마나 많은 교사들이 새로운 지도를 실험사용하고 있는가?

② 문제를 가지고 생각하는 데 있어서 도움의 요청이 증가하고 있는가?

③ 제기된 문제의 본질에 변화를 일으켰는가? 예를 들면 사람들이 문제를 덜 가지고 오는가?

④ 전문적 자료를 요청하는 직원들의 요구가 증가하고 있는가?

⑤ 직원들 간에 자료를 나누어 보고자 하는 사람들이 늘어나는가?

⑥ 직원들이 다가올 문제를 미리 예견하고 대처하는가?

⑦ 이슈가 되는 문제를 결정할 때 증거를 보다 많이 확보하여 활용하는가?

⑧ 직원들 간의 견해차를 더 많이 수용하고 있는가?

⑨ 얼마나 많은 학부모들이 학교 일에 참여하는가?

⑩ 얼마나 많은 교실이 더 매력적으로 꾸며지고 있는가?

⑪ 얼마나 많은 교사들이 전문가 단체에서 활동하고 있는가?

⑫ 얼마나 많은 교사들이 현직연수의 경험을 갖고 있는가?

⑬ 얼마나 많은 교사들이 다른 교사들과 함께 계획을 세우는가?

⑭ 얼마나 더 많은 학생들이 계획과 평가에 참여하고 있는가?

⑮ 보다 많은 비율의 직원들이 프로그램 개선의 책임을 지는가?

⑯ 교직원 회의가 보다 더 교사 중심으로 진행되고 있는가?

⑰ 보다 많은 교사들이 광범한 자료를 활용하고 있는가?
⑱ 학생들의 성취도 검사 점수가 어떻게 나타나고 있는가?

우리나라의 장학사들이 이러한 질문에 얼마나 호의적인 반응을 보일지 의문이다. 외국의 기준을 우리나라에 적용하는 데 무리가 있기도 하지만, 우리가 너무나 장학의 본질과 동떨어진 장학을 하고 있는 것도 사실이다. 다음은 이런 질문을 상급자, 교장, 교사, 장학사, 학부모, 지역사회 주민에게 똑같이 하여 집단으로 장학개선에 노력하는 방안을 생각할 수 있다.

그리고 위에서 여러 가지 질문을 해보았지만 장학지도자와 프로그램에 대한 판단의 기준은 결국 다음 네 가지 범주로 집약될 수 있다.

① 프로그램 개선에 학생, 교사, 지역사회인이 보다 더 책임 있게 참여하는지 여부.
② 모든 사람에게 기회와 활동을 증대시켜 줌으로써 학교 프로그램을 풍부하게 해주는지 여부.
③ 학생들의 학습상황을 개선해 주느냐 여부.
④ 지역사회 생활을 개선하는 데 학교가 많은 기여를 하는지 여부.

장학사의 평가는 보다 많은 집단이 발전할 수 있는 잠재능력을 개발할 수 있는 프로그램을 개발해 내느냐에 대한 평가라고 할 수 있다. 아마 현명한 장학사라면 이러한 자체평가의 결과를 활용하여 자기발전의 계기로 삼을 것으로 믿는다.

〈예시 23〉 장학사 자신의 자기평가 양식*
다음 질문목록에 장학사 자신이 대답해 보면 장학 프로그램을 평가하는 데 도움이 될 것이다.

---

* Isobel L. Pfeiffer and Jane B. Dunlap, Supervision of Teachers: A Guide to Improving Instruction,(Phoenix, AZ: Oryx Press, 1982), pp.172~173.

1. 나는 교사들과 정중한 관계성을 유지하고 있는가?
2. 직원들과 개별적으로 의사소통하고 있는가?
3. 교사들의 강점을 찾고 이를 발전시키려 노력하고 있는가?
4. 비록 결과가 미약하더라도 모든 직원의 기여와 공헌을 받아들이려고 하는가?
5. 교사들과 전적으로 관련된 문제를 교사들로 하여금 결정하게 하는 기회를 제공해 주고 있는가?
6. 직원들의 지도력을 개발하도록 격려하는가?
7. 모든 교과 모든 학년에 있어서 전문가인 체 하지는 않는가? 아니면 성공적인 수업을 하고자 하는 교사와 함께 협동적으로 일하는 전문가인가?
8. 충분한 교과서와 보충자료와 설비를 제공해 주고 나서 교사가 이를 획득하기 쉽게 하여 주고 있는가?
9. 교사들에게 무료의 그리고 값비싸지 않은 이용 가능한 자료에 대하여 정보를 제공해 주는가?
10. 교사와 학생으로 하여금 교육현장 견학에 참여하도록 촉진하는가?
11. 나의 장학계획은 구체적인가?
12. 나의 장학계획은 교수집단과 지역사회주민의 열망과 목표, 발달수준에 맞는가?
13. 나의 장학 계획은 연구기법과 세심한 실험을 통해서 밝혀진 상황의 실제에 근거하고 있는가?
14. 학부모로 하여금 학교가 해 주었으면 좋겠다고 생각하는 것을 발견해 내도록 격려하는가?
15. 교육의 개선에 관심을 갖는 지역사회의 모든 기구와 기관의 노력을 조정하고 통합하도록 노력하는가?
16. 교육개선에 관심을 갖는 이용 가능한 지역, 시·도, 전국, 국제기구와 적극적으로 협동하고 있는가?
17. 연간, 월간, 주간, 일일 장학활동 스케줄을 세우는가?

18. 교사로 하여금 보다 더 자기장학의 책임을 지도록 격려하는가?

19. 교직원들 간에 질적, 양적 협동적 계획을 향상시키도록 하는 데 성
    공적이었나?

20. 보다 많은 교사로 하여금 수업 프로그램과 교육과정에 관련된 실험
    과 연구를 하도록 자극을 주려는 데 성공적이었는가?

21. 변화를 일으키려는 데 융통적인가?

22. 수업개선에 대한 나의 기여도를 효과적으로 분석하는 데 나 자신의
    자기평가가 열쇠라고 생각하는가? 또 그렇게 실천하고 있는가?

〈예시 24〉 장학사의 태도

다음의 목록도 장학사가 자기평가의 목적으로 사용할 수 있는 업무태도와
습관에 관한 조사목록이다. 앞에서 제시한 표준과 합쳐서 사용해도 좋을 것
이다.

표 준	설 명
관 심	자기향상과 발전을 위하여 장학사가 갖는 직무, 조직, 기회에 대한 열중 정도.
야 망	부가적인 과외의 일과 책임에 대하여 환영하고, 이를 자기성장의 기회로 삼음.
정 력	매일의 일에서 생기는 문제와 의무에 정력적으로 노력함.
계획성	주로 면밀한 행동 계획을 세움.
주도성	행정적으로 상급자인 사람으로부터 특별지시나 명령을 받지 않고도 필요한 일을 찾아서 수행함.
지시력	같이 일하는 집단으로 하여금 하고 있는 일이 조직의 전반적 결과에 어떻게 영향을 주고 있는지 알 수 있게 함.
자기신뢰	어려운 결정에 책임을 지고 책임전가 하지 않음.
결단력	망설이거나 지체하거나 확고한 입장을 취하지 못하거나 하지 않고 적시에 결단을 내리고 행동 방향을 설정함.
인내력	일이 올바로 끝날 때까지 일이나 문제해결에 집중함.
완전무결	자신의 장학하에 있는 모든 일의 진전사항과 수행에 대하여 정기적으로 체크해 나감.
실질성	제한된 행동의 비용을 계산하고 장래의 이익과 비추어 봄.

(5) 교사에 의한 장학사 평가

우리는 자기 모습을 비추어 보기 위하여 자주 거울을 사용한다. 교사들이 학생이라는 거울에 자신들이 비치고 있는지 알기 위하여 자기 자신과 자기가 가르치는 수업에 대한 학생들의 반응을 조사한다. 물론 학생이라는 거울에 비친 허상이 교사라는 실체와는 다를 수도 있다. 그러나 어떤 연구에 의하면 학생들이 수업관찰한 결과와 성인들이 관찰할 결과의 상관관계가 상당히 높다는 것이다.

이와 마찬가지로 교사라는 거울에 장학사가 어떻게 비치고 있는지 알아보기 위하여 교사에게 질문지를 적용하는 것이다. 교사는 학생과 달라서 좀더 정확한 장학사에 대한 평가를 할 수 있으리라고 본다.

이러한 교사에 의한 장학사 평가는 장학사 자신의 발전을 위한 것이지 이를 활용하여 어떤 인사적인 결정을 하려고 해서는 안 될 것이다. 악용되거나 아니면 정확한 평가를 하지 못할 가능성이 있기 때문이다. 어디까지나 장학사 자신의 자기개선과 자기발전을 위하여 스스로 이런 노력을 하기로 권고한다.

그러면 여기에 교사에게 적용하는 장학사 평가 체크리스트의 예시 하나를 소개한다.

물론 이 체크리스트를 장학사 자신이 실시하여 교사의 것과 비교해 보아도 좋은 정보를 얻을 수 있을 것이다.

〈예시 25〉 교사에게 적용하는 장학사 평가 체크리스트*

나의 장학사는 　　　　　　　　　　　　　　　　　　　　──────
　1. 회합과 협의회를 효과적으로 개최한다. 　　　　　　──────
　2. 소집단의 의견을 존중하면서도 다수결의 원칙을
　　수용한다. 　　　　　　　　　　　　　　　　　　　──────
　3. 교직원들 간의 의사소통을 증진시킨다. 　　　　　　──────
　4. 교사들의 창의적 활동을 신뢰한다. 　　　　　　　　──────

---

* Isobel L. Pfeiffer and Jane B. Dunlap, Supervision of Teachers: A Guide Improving Instruction(Phoenix, AZ: Oryx Press, 1982), p.172.

5. 교사들로 하여금 지도자의 잠재능력을 발휘할 수
   있는 기회를 제공해 준다.   _____
6. 새로운 방법과 기술을 시도하도록 교사를 격려해
   준다.   _____
7. 교사로 하여금 일하고자 하는 방법을 스스로 선택
   하도록 허용한다.   _____
8. 교사로 하여금 전문 교육자료를 사용 가능하게 해준다.   _____
9. 성취와 성공을 다른 사람과 기꺼이 나누고자 한다.   _____
10. 항상 우호적이고 접근하기 쉽게 생각한다.   _____
11. 유머감을 유지한다.   _____
12. 비난을 고맙게 받아들인다.   _____
13. 자유토론을 격려한다.   _____
14. 행동태도와 직무수행에 있어서 항상 일관성을 유
    지하려고 한다.   _____
15. 사적인 갈등을 일으키지 않고 전문적인 다른 의견
    을 수용한다.   _____
16. 교사의 직무수행을 평가하기 위하여 의미 있는 자
    료를 수집한다.   _____
17. 추수활동을 통하여 자기의 장학 효과성을 평가한다.   _____
18. 도움을 필요로 하는 교사와 협동적으로 계획을 수
    립한다.   _____

(6) 교사에게 적용하는 자기평가 체크리스트

장학사는 자기가 장학하는 교사로부터 교사에 관한 유용한 평가정보를 얻을 수 있다. 교사들이 자기 자신에 대하여 스스로 어떻게 평가하고 있는지를 알게 되면 간접적으로 자신이 어떻게 장학하고 있으며 앞으로 어떻게 장학해야 할 것인지에 대하여 유용하게 쓰일 수 있는 정보가 될 것이다. 그리고 이것은 교사로 하여금 자신의 교수효과성에 관하여 비판적으로 생각하도록 영향을 주는 효과적인 방법이라 생각된다.

〈예시 26〉 교사에게 적용하는 자기평가 체크리스트

1. 나는 자세한 장기계획과 단위계획을 둘 다 세우고 있는가?

(이하 "나는"이라는 말을 생략함)

2. 교실은 매력적으로 꾸며졌으며 가르치는 과목에 맞게 꾸며졌는가?

3. 교실의 분위기는 교사와 학생 간의 친밀한 관계와 상호존중감이 감도는가?

4. 학급의 일상적인 세부적인 일을 혼동하지 않고 효율적으로 다루는가?

5. 학생들로 하여금 무엇을 할지 정확하게 이해하고 일을 성취하려고 동기유발을 일으킬 수 있도록 분명히 또 효과적으로 과제 부여를 하는가?

6. 학생들로 하여금 각 과제와 학급활동의 목적을 이해할 수 있도록 도와주고 있는가?

7. 각 학급활동을 학생의 경험과 흥미에 관련지어 지도하는가?

8. 학급활동을 계획하고 실행하는 데 학생들을 참여시키는 방법을 알고 있는가?

9. 학생들은 수업 중에 대부분 말을 하고 있는가?

10. 학생들은 구두보고, 드라마와 역할극, 심포지엄, 공개포럼(forums), 토론회, 패널 디스커션(panel discussion) 등의 수업에서 다양한 발표경험을 가질 수 있는 기회를 갖고 있는가?

11. 자주, 그리고 간단한 필기활동을 계획하는가?

12. 읽을 수 있도록 말끔하게 쓰는 보고서 작성을 요구하는가?

13. 학생들로 하여금 정확하게 맞춤법에 맞추도록 하는 책임감을 불러일으키는가?

14. 내가 맡은 학생 전원이 도서실을 효과적으로 사용하도록 하고 있는가?

15. 학생들로 하여금 사전과 기타 참고자료를 사용할 수 있도록 구체적인 훈련을 시키고 있는가?

16. 학생들이 이미 획득하고 있는 어휘에다 계속 의미 있는 새로운 단어를 첨가시켜 나가고 있는가?

17. 수업을 독점하지 않고 학생들이 학습할 수 있도록 촉진자로서 역할을 다하고 있는가?

18. 독서에 대한 열망적인 흥미뿐만 아니라 독서향상의 방법을 강구하고 있는가?

19. 학생으로 하여금 텔레비전 프로그램과 영화를 현명하고 분별력 있게 활용하도록 돕고 있는가? 이들 프로그램을 학급수업활동과 연결짓고 있는가?

20. 학생들의 흥미와 능력에 도전하도록 다양한 학습활동을 시키고 있는가?

21. 수업활동 계획에 현재 발생하고 있는 사건들을 활용하는가?

22. 지진아에게 개인적 또는 집단적 도움을 주고 있는가?

23. 천재아와 수재아에게 적절히 도전하고 있는가?

24. 시청각교육 자료를 유익하게 활용하고 있는가?

25. 가르치고 있는 학생 하나하나에 대하여 흥미, 재능, 건강, 가정배경, 능력, 장래 목표 등에 대하여 충분히 파악하고 있는가?

26. 나의 수업을 보다 흥미 있고 적정하게 하기 위하여 지역사회 자원을 효과적으로 활용하고 있는가?

27. 가르치고 있는 학생들을 좋아하는가?

28. 내가 하고 있는 가르치는 일 자체를 좋아하는가?

29. 학생들의 부모와 이야기를 나눈 적이 있는가?

30. 동료 전문가와 함께 협동적으로 일하고 그들로부터 배우기도 하고 또 도와주기도 하는가?

31. 학교의 일반적인 책임을 회피하지 않고 적극적으로 참여하는가?

32. 교과요목을 개선하거나 교과서 선정을 위하여 구성된 위원회에 참여하여 기꺼이 시간을 바치고자 하는가?

33. 학생들이 배우려고 노력하는 것처럼 나 자신도 배우려고 노력하는가?

34. 교육청 내 장학사나 행정가의 도움과 충고를 받고자 하는가?

35. 전문서적을 읽고, 교육적인 모임이나 대학의 상급과정에 참석하여 스스로 최근의 전문지식을 흡수하려고 노력하는가?

36. 학생들의 학습은 잠재능력에 맞는가?

5) 장학 프로그램에 대한 평가

　장학은 수업개선을 위하여 고안된 것이다. 장학의 궁극적인 질은 수업의 결과에 의하여 결정된다. 학생들의 성취도를 평가하기 위해서 재학 중의 정보에만 전적으로 의존하려고 해서는 안 된다. 신문보도, 고용주의 평가, 추수연구 조사 등에 나타난 성공이나 실패와 같은 수단을 통하여 졸업생을 추적하여 평가할 수도 있다.

　그러나 장학의 산물을 평가하기 위해서는 교육청으로서는 학생의 학습에서 보여 주는 결과에 전적으로 의존하지 않을 수 없다. 그것은 수업 프로그램의 질 결정에는 너무나 많은 요소들이 작용하기 때문이다. 평가를 통해서 결과를 향상시킬 수 있다면 평가는 그 원인을 밝혀 주어야 한다. 그러므로 평가에서는 장학 프로그램의 조직, 장학에 참여하는 사람, 인사에 적용되는 절차, 교사의 질, 지역사회의 특성 등과 같은 요인들에 관심을 기울여야 할 것이다.

　장학평가의 프로그램을 개발하기에 알맞은 조직은 교직원과 학생, 관심을 갖는 지역사회 인사의 봉사를 포함하여 협동적 절차를 강조해야 한다. 평가는 모든 교직원의 재능과 가능한 모든 기술과 자료를 인정하고 또 재능과 자원을 현명하게 활용하고 개발할 수 있다는 것을 인정해야 한다. 〈예시 27〉은 학교 직원이나 다른 사람들이 장학평가를 위하여 사용할 수 있는 기준으로 뽑아 본 것이다.

〈예시 27〉 장학평가 기준
(해당 척도에 V표 하시오)

| 0=기준에 미달 | 1=매우 낮음 | 2=보통(평균) 이하 |
| 3=보통(평균) | 4=보통(평균) | 이상 5=매우 높음 |

1. 비전문가 주민들이 좋은 학교(교육청)로 발전
   시키려고 관심을 보이고 책임을 맡고자 한다.
   5 4 3 2 1 0
   ├──┼──┼──┼──┼──┤
2. 비전문가 주민들이 학교 프로그램을 이해하고
   또 평가하기도 한다.
   ├──┼──┼──┼──┼──┤
3. 전문가 직원과 비전문가 시민들이 교육과정을 바람
   직하게 변화시키려는 데 호의적인 태도를 보여 준다.
   ├──┼──┼──┼──┼──┤
4. 수업개선을 위하여 교사, 교장, 장학사, 다른
   사람들과 아이디어와 경험을 나누고 협동적으
   로 계획한다는 증거가 있다.
   ├──┼──┼──┼──┼──┤
5. 수업의 과정의 제공이 적은 탈락률, 졸업 후 대
   학에서의 성공률, 졸업 후 좋은 직장에의 취업
   등에 의하여 증명된 것으로 보아 학생의 요구,
   흥미, 능력에 맞는다.
   ├──┼──┼──┼──┼──┤
6. 비판적 사고가 수업 중에 나타나고 있다.
   ├──┼──┼──┼──┼──┤
7. 교과목 검사와 표준화 성취도 검사로 보아 학
   생들이 향상했다는 것을 보여 주고 있다.
   ├──┼──┼──┼──┼──┤
8. 교직원과 학생들 사이에 민주적 관계가 형성되
   었다는 증거가 나타나고 있다.
   ├──┼──┼──┼──┼──┤
9. 학급과 학교 안에 좋은 기강과 규율이 유지되
   고 있다.
   ├──┼──┼──┼──┼──┤
10. 좋은 수업자료를 활용하고 있다.
    ├──┼──┼──┼──┼──┤
11. 교사들은 다양한 좋은 교수기술을 활용하고 있다.
    ├──┼──┼──┼──┼──┤
12. 학교가 지역사회의 중심으로 이용되고 있다.
    ├──┼──┼──┼──┼──┤
13. 교사와 학부모가 인간의 성장과 발달에 대하여
    이해하고 있다는 것을 알 수 있다.
    ├──┼──┼──┼──┼──┤
14. 교사의 슬기로운 실험정신과 창의성이 나타내 주
    는 증거가 있다.
    ├──┼──┼──┼──┼──┤
15. 교직원과 학부모 사이에 협동적 관계성이 나타
    나고 있다.
    ├──┼──┼──┼──┼──┤
16. 교직원들이 지역사회에서 전문가적 지도력을
    발휘하고 있다.
    ├──┼──┼──┼──┼──┤
17. 교직원들이 전문가 단체 활동에서 지도력을 발
    휘하고 있다.
    ├──┼──┼──┼──┼──┤
18. 교직원과 주민들이 학교 프로그램을 비판적으
    로 평가하는 데 적극 참여하고 있다.
    ├──┼──┼──┼──┼──┤

19. 지역사회 자원을 효과적으로 사용하고 있다. ├─┼─┼─┼─┼─┤

20. 교사들이 전문서적과 잡지를 읽고, 워크숍과 연
    수에 참여하고, 상급과정의 공부를 하고자 하고,
    전문가 단체에 가입하고 있다는 증거가 있다. ├─┼─┼─┼─┼─┤

21. 학교의 교육적 요구에 맞는 장·단기적 계획을
    협동적으로 수립하고 있다는 증거가 있다. ├─┼─┼─┼─┼─┤

22. 학교가 대학, 시·도 교육청, 전문가 단체와 협
    동하려고 노력한다는 증거가 있다. ├─┼─┼─┼─┼─┤

23. 교직원의 사기가 높다. ├─┼─┼─┼─┼─┤

24. 장학지도자로부터 도움을 받고자 하는 교사의
    요구가 많다. ├─┼─┼─┼─┼─┤

25. 학생들이 지도력 기술을 보여 주고 있는 증거가
    있다. ├─┼─┼─┼─┼─┤

26. 학생들이 최소한 그들의 능력수준에 맞는 성취
    를 하고 있다는 증거가 있다. ├─┼─┼─┼─┼─┤

27. 학생들이 좋은 학습습관을 갖고 있다는 증거가
    있다. ├─┼─┼─┼─┼─┤

28. 학생들이 다른 사람과 잘 어울리는 방법을 배우
    고 있다는 증거가 있다. ├─┼─┼─┼─┼─┤

29. 교직원들이 누가기록을 통하여 생활지도 정보를
    효과적으로 사용하고 있다. ├─┼─┼─┼─┼─┤

30. 교사들은 공통적인 문제를 쉽게 확인하고, 또
    이 문제를 해결하기 위하여 조직하는 능력을 보
    여 주고 있다. ├─┼─┼─┼─┼─┤

이 목록은 외국에서 개발된 목록을 번역한 것이기 때문에 우리나라 상황
에 딱 맞을 수는 없으나 뽑아서 쓰거나 수정·보완하여 쓸 수 있는 자료는
충분히 된다고 본다.

5. 정 리

지금까지 ① 장학을 개관해 보고 장학평가를 장학적 평가와 장학자체 평가로 나누어 보았는데 ② 장학적 평가에서 교사평가와 수업관찰, 학교평가의 예시를 주로 제시하고, ③ 장학자체평가를 몇 가지 측면으로 나누어 주로 여러 가지 평가도구를 제시하였다.

우리나라에서는 아직 많이 개발되지 못한 부분으로서 우선 외국의 자료를 가능한 한 많이 예시하려고 노력하였다. 그러나 모든 상황과 여건이 다른 나라의 평가도구를 사용하고자 할 때에는 우리의 사정에 맞게 수정·보완해야 한다는 점에 주의하여야 한다.

또 하나 중요한 점은 장학의 평가적 기능도 발전시키고 정교화해야 하겠지만 평가에 치중하다 보면 장학의 조장적 기능이 제대로 발전하기 어렵다는 것이다. 그래서 평가도 발전시키는 동시에 교사를 도와주는 데 방해나 장애 요인이 되지 않도록 유의해야 한다. 어떻게 보면 평가보다 도와주는 일이 더 중요할지 모른다.

우리는 지금까지 장학의 평가적 기능이든 조장적 기능이든 거의 연례행사처럼 상투적인 일상적 장학의 매너리즘에 빠져 있는지도 모른다. 항상 장학인력이 부족하다고는 하지만 그 장학인력이라도 제대로 기능하고 있으며 우리가 드린 만치 그 장학적 효과를 보고 있는지 확인해 보는 일에 너무 게을리 했는지 모른다. 투입한 장학인력의 시간과 정력, 금전에 상응할 만큼이라도 장학적 효과를 거두고 있는지에 관하여 평가적인 노력이 적었다. 장학의 효과성에 관한 진지한 평가가 요구된다. 이것을 장학의 평가적 기능과 구별하여 장학자체평가라고 해서 많은 비중을 두어 다루었다. 장학 자체에 대하여 지속적으로 진지한 자기평가를 실시함으로써 우리의 장학을 한 단계 높은 수준으로 발전시킬 수 있으리라 본다. 앞으로 이 방면에도 많은 연구적 노력이 있기를 기대한다.

참고문헌

Alabama Department of Supervisors and Directors of Instruction, "A Look at Supervision in Alabama", Montgomery, Ala.: Alabama Department of Education, 1955.

Castetter, William B. The Personnel Function in Educational Administration 3rd ed., N. Y.: Macmillan Publishing Co., 1981.

Duke, Daniel L. School Leadership and Instructional Improvement, N. Y.: Random House, 1987.

Franseth, Jane "Learning to Supervise Schools, An Appraisal of the Georgia Program", Office of Education Circular No.289, Washington, D. C.: US Department of Health, Education and Welfare, Office of Education.

Good, Thomas L. and Brophy, Jose E. Looking in Classrooms 4th ed., N. Y.: Harper & Row 1987.

Louisiana School Supervisors Association, "Louisiana Supervisors Examine Their Practices, Mimeographed Bulletin", Baton Rouge, La.: The Louisiana School Supervisors Association, 1958.

Ohio Association of County Supervisors, "Singnificant Improvements in Instruction", Mimeographed bulletin, Columbus, Oh.: Ohio Department of Education, 1968.

Pfeiffer, Isobel L. and Dunlap, Jane B. Supervision of Teachers: A Guide to Improving Instruction, Phoenix, AZ: Oryx Pryx Press, 1982.

Rebore, Ronald W. Personnel Administration: A Management Approach, Englewood Cliffs, N. J.: Prentice-Hall, Inc., 1982.

Tanner, Daniel and Tanner, Laurel, Supervision in Education: Problems and Practices, N. Y.: Macmillan Publishing Co., 1987.

Wiles, Kimball and Lovell, John, Supervision For Better Schools 4th ed. N. J.: Prentice-Hall, 1975.

제 19 장
장학론 핵심 요약*

1. 장학의 배경

1) 장학의 본질

세계 여러 나라들이 심각한 교육의 질 경쟁을 하다 보니 교육의 중요한 변인이라고 할 수 있는 교사, 교육과정, 학습환경을 바꿔야겠다는 것을 깨닫게 되었다. 이들 변인과 밀접하게 관련된 교육활동이 바로 "장학"이라는 것을 알고 장학을 통하여 교사, 교육과정, 교육환경에 변화를 주어 교육의 질을 향상시키려 하게 되어 최근에 세계 여러 나라에서는 장학에 대한 관심이 높아지게 되었다.

(1) 장학의 개념

장학이 무엇이냐에 대해서는 학자들 간에 의견의 일치를 보지 못하고 있는데 접근방법, 강조점에 따라 차이가 있다. 한국에서 김종철은 법규적, 기

---

* 이 원고는 한국 방송통신대학 장학론 강의를 핵심만 뽑아 지상강좌에 요약, 정리했던 내용임.

능적, 이념적 접근에 따라 세 가지로 정의하고 있는데 "장학의 핵"이라 할
수 있는 "수업개선"을 중심에 놓고 볼 수 있다.

그 외 여러 학자의 장학에 대한 접근들을 분류해 보면 ① 행정, ② 경영,
③ 인간관계, ④ 교육과정, ⑤ 수업, ⑥ 지도성의 측면에서 정의하려고 한
것으로 묶어질 수 있다. 이것도 교사들이 학생들과 상호작용하는 수업현장
을 중심에 놓고 볼 때 다섯 개의 동심원을 그릴 수 있다.

교실과 멀리 떨어진 교육부나 시·도 교육청은 행정적, 경영적 측면을 강
조하더라도 가까이 있는 학교와 교육청에서는 수업과 교육과정과 밀접한 장
학을 해야겠다는 것을 느낄 수 있을 것이다.

여기서도 장학을 한 마디로 정의하기보다는 다원적으로 접근하되 알폰소
와 휘드, 네빌의 정의처럼 수업을 강조하고자 한다. 즉 "학생의 학습을 촉진
시키고 학교조직의 목적을 달성하기 위하여 직접적으로 교사의 행위에 영향
을 주는 학교조직이 공식적으로 지정한 행위"라고 할 수 있다. 여기서 ①
공식적 행위라는 점, ② 교사의 행위에 직접적으로 영향을 준다는 점, ③
학생의 학습을 촉진시킨다는 점을 주요 요소로 삼고 있다는 점을 이해하는
것이 좋을 것이다.

(2) 장학의 발전

우리나라에서 장학이 어떻게 발전해 왔는지에 대하여 정확히 연대별로 정
리되어 있는 문헌은 없다. 다만 분명한 것은 일제시대의 독재적 시학으로부
터 8·15의 정초기, 6·25 후의 재건기, 1960년대의 개혁기, 1970년대의
발전기, 1980년대의 팽창기를 거치면서 민주장학의 방향으로 지향해 온 것
만큼은 부인할 수 없는 사실이다. 민주장학의 방향을 지향하면서 완전히 전
문적인 질 높은 장학을 하지 못함으로써 오히려 최근에 장학력이 약화되었
다는 점이 문제이다.

미국에서는 ① 시학과 강제적 장학, ② 과학적 장학, ③ 관료적 장학. ④
협동적 장학, ⑤ 교육과정개발장학, ⑥ 임상장학, ⑦ 경영으로서의 장학, ⑧

지도성으로서의 장학으로 변화·발전해 왔는데 이는 ① 과학적 관리시대, ② 인간관계 시대, ③ 행동과학 시대, ④ 상황적응론, 인간자원론 시대라는 행정이론의 발전 과정과 맥을 같이한다.

(3) 장학의 본질

우리나라에서는 장학의 본질을 잃어버리고 주변적이고 외형적인 것, 형식적이고 획일적인 것에 맴돌고 있다. 장학의 본질은 ① 장학에 의하여 교사의 교수행위에 변화를 일으켜 학생의 학습을 향상시키고, 또 ② 교육과정과 내용을 개발·수정·보완하여 학생의 성취를 높이고, ③ 교육자료와 학습환경을 개선하여 학생의 학습을 촉진하는 것으로, 궁극적으로는 "수업개선"이라고 할 수 있다. 이렇게 볼 때 현재 우리나라의 장학이 "수업개선"이라는 본질과 얼마나 동떨어진 것인가를 알 수 있다.

2) 장학조직과 담당자

앞에서 살펴본 개념과 본질에 맞는 장학을 하기 위해서는 이에 상응하는 조직과 기관 그리고 이 조직 속에서 일해야 하는 사람이 있어야 한다. 그래서 여기서는 장학의 목적을 달성하기 위한 조직과 담당자에 대하여 살펴보게 된다.

(1) 장학조직

조직이란 공통의 목표를 갖고 이 목표달성을 위해서 의사소통하고 협력하는 상호작용체제라고 할 수 있다. 장학조직은 교육조직 또 교육행정조직과 별도로 독립해서 있는 것이 아니라 중앙, 지방, 학교조직, 양성, 연수조직과 같이 결부시켜 보아야 한다.

그리고 원래는 장학을 참모조직에서 담당하지만 장·차관, 교육감, 교장으로 이어지는 계선조직에서도 장학적인 일을 한다.

또 조직에는 공식조직과 비공식조직이 있는데 장학은 공식적인 계획적이고 의도적인 활동으로 보게 되므로 공식조직에서 담당하는 것으로 보아야 할 것이다.

우리나라 중앙의 장학조직은 교육부인데 그중에서도 장학편수실이 주로 교육과정과 교과서를 편성·관장하고 또 우리나라 장학의 방침과 교육의 방향을 정하여 교육의 질을 관리하는 장학의 핵심부서이다. 그 외의 다른 부서에도 장학사와 장학관, 교육연구사와 교육연구관이 있어서 실질적인 장학적인 일을 하고 있다.

지방의 장학조직은 시·도 교육청과 시·군 교육청으로 나누어지는데 장학기능은 주로 학무국과 학무과에서 담당하게 되나 교육부에서처럼 다른 부서와도 연관된다.

학교수준이야말로 장학이 주로 이루어져야 하는 조직이다. 모든 교육활동이 학교에서 이루어지고 또 장학의 대상인 교사와 만나는 장소이기 때문이다. 그런데 지금까지 이 학교수준의 장학이 경시되었다고 해도 과언이 아니다. 앞으로 학교수준의 교내장학이 활발해져야 할 상황에 있다. 학교수준에서도 교장·교감 등 학교행정가에 의한 장학과 부장교사, 동료교사에 의한 동료장학과, 궁극적으로는 교사 스스로 교수기술 향상에 계획적으로 노력하는 자기장학으로 나누어 생각할 수 있는데 교사의 피부에 와 닿는 구체적이고 실질적인 장학으로 내려와야 된다.

교대, 사대, 교원연수원 등 교사양성·연수기관도 중요한 장학조직으로 보아야 한다. 장래 교사에 대한 장학이야말로 중요한 것인데 과거의 우리나라에서는 이 영역을 장학의 범주에 넣지 않았던 것이 문제이다. 수업기술 향상과 전문성 개발은 기정교사보다도 장래의 예비교사에게 더 필요하고 중요하기 때문이다.

이제 이런 장학조직들이 서로 기능을 분화하고 전문화하여야 한다. 교육부는 우리나라 교육의 방향을 잡는 철학적이고 정책적인 장학을 담당하고, 시·도, 시·군 교육청은 이를 각 지역에 맞게 푸는 행정적인 장학을 하고,

또 시·군 교육청과 학교는 교육과정과 유기에 밀착된 장학을 전문으로 맡아야 할 것이다. 또 교사양성기관은 다른 장학조직과 수업적인 연관 속에서 장래의 수업기술을 향상시키고, 장학이론을 개발하고 다듬고 또 계속적인 연구를 하여 장학현장을 뒷받침해 주어야 할 것으로 본다.

(2) 장학담당자

이런 장학조직 속에서 교사의 교수기술을 향상시키고 계속적인 전문적 성장을 도우며, 교육과정과 교육환경 개선을 위하여 일하는 모든 사람을 장학담당자라고 넓게 정의하고자 한다.

원래 장학전문가는 참모조직에 속하지만 계선에서 장학적인 일을 하는 사람들 모두 장학담당자라고 한다. 예를 들면 교육감은 계선에 있지만 행정과 장학을 동시에 맡고 있으며 부장교사는 가르치는 것이 주임무이지만 동료장학에서 중요한 장학을 담당한다. 그래서 교수와 장학을 나누어 동시에 맡게 된다.

이러한 장학담당자는 사물이 아닌 교사와 함께 일하여 이들의 올바른 자아개념과 태도, 행동양식을 형성해 주는 역할을 한다.

장학은 근본적으로 올바른 방향으로의 변화를 추구하기 때문에 장학담당자를 변화촉진자라고 할 수 있다.

장학담당자가 해야 할 일이 여러 가지 있겠지만 수업과 관련하여 공통적인 것은 ① 목표를 설정하고, ② 이 목표달성을 위한 교육프로그램을 개발하고, ③ 통제와 조정을 하고, ④ 동기유발과, ⑤ 문제해결, ⑥ 전문성 개발, ⑦ 교육산출에 대한 평가를 하는 일을 담당한다.

장학담당자는 올바른 철학을 갖고 있어야 한다. 장학이나 행정도 결국 철학이 겉으로 뛰쳐나온 것이다. 물론 자신의 욕망·욕구 등 인간체제를 거쳐, 근무하는 학교의 조직체제, 이해집단 사이의 갈등과 힘의 논리에 해당하는 정치체제를 뚫고 나오는 동안 약간은 굴절되어 나오기 쉬우나 근본적으로 자신의 철학이 장학행위로 나오기 때문에 철학이 중요하다.

또 효과적인 장학을 하기 위해서는 과학적 측면의 지식, 연구, 이론과 직관적 측면의 경험, 지혜 상식, 관찰 등이 필요하며 이들을 교육목적과 목표, 철학, 자아개념으로 형성된 평가적 망으로 걸러 내야 한다.

그 외에 장학담당자는 자질과 능력을 갖추어야 한다. 하는 일에 따른 자질과 능력을 기르기 위해 노력해야 한다.

또 장학담당자도 다른 행정가와 마찬가지로 전문적 기술, 인간적 기술, 통합적 기술을 갖추어야 하는데 낮은 수준의 장학사에게는 전문적 기술이 더 요구되는 반면 높은 수준의 행정가에게는 통합적 기술이 더 요구되고 인간적 기술은 모든 수준에서 고루 필요하다.

장학담당자에게 최소한으로 요구되는 것이 자격이다. 앞으로 높은 수준의 양성교육을 받고 장학사자격증을 요구하도록 해야 할 것이며 가능한 한 전직을 막고 전문화시키도록 해야 할 것이다.

2. 장학이론

1) 장학이론

장학론은 그리 성숙된 학문이라고 할 수 없다. 그래서 장학 고유의 이론으로 발전하지 못한 상태이다. 그래서 교육행정 등 여러 사회과학이론을 빌려다 쓰고 있다.

또 장학에는 과학적 측면이 있는 동시에 예술적(art) 측면이 강하고 응용성이 높다.

(1) 장학과 이론

장학에 있어서 이론은 ① 경험적 연구의 길잡이가 되고, ② 행동으로 옮기는 데 안내자가 되며, ③ 지식발전을 위한 통합적이고 보편적인 틀을 제시해 주는 기능을 한다.

이론은 혼자서 독자적으로 존재할 수 없고 연구와 실제와 밀접한 관계를 맺고 상호보완해 주고 조화를 이루어야만 한다.

장학에서는 많은 이론이 동원되겠지만 중요한 이론은 조직이론, 지도성이론, 의사소통이론, 변화이론 등이다. 이러한 이론을 갖고 학교나 교육청 조직의 목표와 교사의 필요에 의하여 장학을 하여 교사의 교수행위를 변화시켜 학생의 학습행위를 바꾸는 것이 장학의 과정이라고 할 수 있다. 이때 교육과정과 수업환경에 대하여도 세심한 주의를 기울여야 한다.

(2) 조직이론

장학은 조직 속에서 이루어지기 때문에 교과서에 제시된 여러 조직이론에 대한 이해를 해야 한다. 그런데 행정에 있어서 중요한 것이 조직이기 때문에 행정이론의 대부분이 조직이론이라고 할 수 있을 만큼 복잡하고 발달된 부분이므로 여기에 요약하기는 힘들기에 교과서와 다른 조직이론 책을 더 참고하기 바란다.

(3) 지도성이론

장학은 결국 교사를 지도해야 할 입장이기 때문에 장학론에서 지도성이론은 핵심부분이다. 1950년대에는 어떤 지도성 유형이 최선의 것이고 어떤 다른 지도성 행위는 나쁜 것으로 보아 고정된 지도성 행위로 보았으나 1970년대부터는 상황에 잘 맞는 지도성 유형이 최선의 것이라는 생각으로 바뀌었다. 예를 들면 1950년대에 무능형이라고 생각했던 지도유형도 조직구성원이 성숙해서 자율적으로 자기 일을 알아서 하는 상황에서는 무능형도 최선의 지도유형이 된다는 관점으로 1970년대에는 바뀐 것이다.

그리고 최근에는 문화지도성이라고 하여 지도력은 문화 속에서 형성되고 또 문화를 형성한다는 의미에서 문화와 관련지어 강조되고 있다. 미국 문화에서 훌륭한 지도자라도 한국문화에서는 훌륭한 지도자가 될 수 없다.

우리의 교육에서 비교적 학생들은 열심히 공부하고(향학열), 국민과 학부모의 교육열도 높고, 교사들도 열심히 가르치는(교육애) 좋은 문화를 갖고 있다. 이제 교육지도자, 장학지도자가 이들 좋은 조건과 문화를 올바른 방향으로 이끌어 주어야 할 장학적 책임을 갖고 있다. 지도성이론과 장학론을 잘 공부하고 연구하여 훌륭한 교육지도자, 장학지도자, 수업지도자가 되기를 기대한다.

(4) 의사결정론

우리가 살아가는 동안에도 수많은 결정을 하지만 장학과 행정에서도 수많은 결정을 하며 결국 장학은 이러한 수많은 결정에 의하여 이루어진다. 결정을 잘 하느냐 못 하느냐가 곧 장학의 질을 좌우한다고 할 수 있다.

장학에 있어서 모든 결정이 합리적으로만 이루어질 수는 없지만 그렇더라도 우리는 합리성을 추구하지 않을 수 없다. 합리적 사고는 곧 과학적, 반성적 사고라고 할 수 있다. 학자에 따라 표현은 약간씩 달리하고 있으나 합리적 의사결정의 과정은 대체로 ① 문제를 확인하고 정확하게 정의하고, ② 이에 따라 달성하고자 하는 목적과 목표를 설정하고, ③ 문제해결을 위하여 있을 수 있는 모든 가능한 대안을 형성하고, ④ 각 대안별로 선택했을 경우 예상되는 결과를 예측하고 이에 대한 검토를 하고, ⑤ 이들 대안에 대하여 ②에서 설정한 목적과 목표의 측면에서 평가를 하여, ⑥ 평가결과에 의하여 최선안을 선택하고, ⑦ 결정된 선택안을 실행하고 평가하는 과정을 거친다.

의사결정에 가능한 한 많은 사람을 참여시키는 것이 좋으나 모든 사람을 모든 결정에 참여시키는 것이 민주주의는 아니라고 본다. 그래서 ① 수용권과, ② 이해관계 관련성, ③ 결정하려고 하는 문제에 전문성이 있느냐의 여부를 실험하여 필요한 사람을 필요한 시기에 알맞은 방법으로 참여시켜야 한다.

의사결정은 곧 가치의 선택이라고 할 수 있는데 가치는 결국 "좋은(good)"과 "옳음(right)"의 연속선상의 어느 지점을 선택하게 되는 것이다.

좋은 의사결정으로 장학의 목적을 달성할 수 있도록 계속적인 노력을 기울여야 한다.

(5) 의사소통이론

장학은 장학자와 교사 간의 의사소통에 의하여 이루어진다. 양자 간에 의사소통이 안 되면 아무리 좋은 장학을 하려 해도 결국 허사로 끝난다. 효과적인 의사소통은 송신자와 수신자가 똑같은 정보와 생각을 갖는 데서 이루어진다. 장학이 이루어진다는 것은 장학자와 교사가 같은 생각을 가짐으로써 이루어진다.

효과적인 의사소통을 위해서는 ① 메시지와, ② 의사소통 통로, ③ 매체, ④ 소음, ⑤ 왜곡현상 등에 대하여 세심한 주의를 기울여야 한다.

(6) 권력과 권위이론

장학은 교사를 움직여서 장학의 목적을 달성시키려는 것이다. 그런데 교사를 움직이려면 장학사는 어떤 힘을 가지고 있어야 한다. 이렇게 남을 움직이는 힘을 권력 또는 권위라고 할 수 있다. 권력과 권위는 거의 동의어로 사용하고 있는데 권력은 행사하는 쪽에서 보는 것이고 권위는 상대방에서 인정하고 세워 주는 데서 생기는 것이다.

그래서 장학사는 교사인 상대방으로부터 기꺼이 받아들이는 힘을 사용할 수 있도록 그런 힘을 갖추도록 노력해야 할 것이다.

교육이나 장학이 너무나 힘의 논리에 의하여 정치적으로 움직여서는 안 된다. 교육조직은 어디까지나 교육적으로 운영되어야 한다.

장학에 있어서 어느 정도의 갈등은 필요하다. 이러한 갈등을 효과적으로 관리하여 발전의 계기로 삼을 수 있는 방안이 모색되어야 한다. 장학자와 교사 사이에 친밀한 관계를 형성하는 일은 장학의 출발이라고 할 수 있다.

(7) 동기이론

아무리 장학을 잘 하려고 해도 교사들이 피동적으로 참여하고 장학이나 장학자에 대하여 부정적 태도를 갖게 되면 효과를 거둘 수 없다. 그래서 장학에서 중요한 일은 교사들의 내적동기를 자극하는 일이다.

교사의 자아실현의 욕구에 동기유발 되고 능력동기, 성취동기에 발동을 걸어 주어야 한다. 그리고 장학담당자 자신의 장학에 대한 동기도 중요하다고 본다. 교사를 도와줌으로써 또 우리나라 교육을 올바른 방향으로 이끌어 나감으로써 장학의 보람을 느끼려는 장학동기가 필요하다고 본다.

(8) 조직풍토 · 변화 · 문화이론

사람에 따라 인성과 성격이 다르듯이 조직도 서로 다른 풍토를 갖고 있다. 개방적인 풍토냐 폐쇄적인 풍토냐에 따라 그 조직의 효과성은 달라진다. 장학담당자는 건전한 학교풍토, 장학풍토 조성을 위하여 지도력을 발휘해야 한다. 관료적 지도성을 발휘하면 폐쇄적 풍토가 되어 낮은 성취도와 낮은 직무만족을 가져오게 되고, 인간관계 지도성을 발휘하면 온정적 · 조력적 친근감을 갖는 풍토가 되어 낮은 성취도 · 높은 직무만족 · 높은 혁신성을 갖게 되고, 인간자원론적 지도성을 발휘하면 조력적 · 목표지향적 풍토가 되고 높은 성취도 · 높은 직무만족 · 높은 혁신성을 갖게 된다는 연구결과가 있다.

장학에서는 개개 교사를 변화시키는 데 관심을 쏟기도 하지만(직원발전) 조직 전체를 변화시키기 위한 조직발전을 위해서도 계획적으로 전략적으로 노력해야 한다.

최근에는 조직풍토나 조직분위기라는 차원을 넘어 조직문화에 대한 관심이 높아지고 있다. 독특한 조직문화 형성으로 조직의 생산성과 효과성을 높이도록 문화지도성을 발휘해야 한다.

2) 장학의 여러 모형

장학에는 여러 형태의 장학이 있을 수 있다. 여기서는 몇 가지 주요 장학모형에 대하여 개괄하기로 한다.

(1) 일반장학과 수업장학

일반장학이라고 하면 모든 형태의 장학을 모두 포괄하는 개념으로 쓰인다. 그러나 일반장학이라고 해도 우리나라에서는 행정적 장학에 치우쳐 있으나 외국에서는 일반적으로 수업장학이 많은 비중을 차지한다.

장학의 목적은 궁극적으로 수업개선이기 때문에 가능한 한 수업개선에 직접적으로 도전하려고 하는 장학을 수업장학이라고 할 수 있다. 수업장학 중에서도 많은 비중을 차지하는 것이 다음에 설명하려는 임상장학이다. 그래서 임상장학은 수업장학에 포함되고 수업장학은 다시 일반장학에 포함된다.

일반장학과 수업장학은 상당히 광범하고 포괄적인 의미를 포함하고 있기 때문에 구체적인 어떤 형태를 포착하기는 상당히 어렵다.

(2) 임상장학과 마이크로 티칭

임상장학은 교실 현장에서 장학자와 교사가 1 : 1의 친밀한 관계 속에서 교사의 교수기술향상과 계속적인 전문적 성장을 위하여 ① 계획협의회, ② 수업관찰, ③ 피드백협의회의 과정을 거치는 특별한 하나의 장학 대안이다.

임상장학은 교사의 필요에 의하여, 교사의 요청에 의하여 교사 중심으로 이루어지는 장학이기 때문에 교사중심장학이라고 할 수 있다.

종래의 장학과는 달리 장학의 범위를 교실로 좁히고 그중에서도 수업에 초점을 맞추고, 수업 중에서도 교사가 문제점으로 삼는 부분에만 제한하여 조금씩 개선해 나가려고 한다는 점이 특징의 하나이다.

또 과거의 장학과는 달리 수업과 장학이 시작되기 전에 사전에 장학자와 수업자가 만나서 여러 가지를 협의하고 약속을 하고, 또 이 약속에 의하여 수업관찰을 하여 객관적인 자료를 수집하고, 수집된 자료를 놓고 피드백협의회를 통하여 수업기술을 향상시키려 한다는 점이 특색이다.

마이크로 티칭도 임상장학과 비슷한 과정을 거치는데 정식수업이 아닌 축소된 연습수업이라고 할 수 있다. 학생 수도 줄이고, 수업시간도, 수업과제나 동원되는 수업기술도 모두 축소시킨 연습수업이다. 계획을 세워 수업을 하고 이를 녹화하여 되돌려 보면서 비평하고 이 비평에 따라 재계획을 세워 수업하고 다시 녹화하여 재비평하는 식으로 반복하면서 수업기술을 향상시키는 장학방법이다.

(3) 발전장학

교사를 발전 정도에 따라 다른 장학방법을 적용하고 장학에 의하여 발전 수준을 높여 나가는 장학을 발전장학이라 한다.

낮은 수준의 교사에게는 지시적 장학을 적용하고, 중간 정도의 교사에게는 협동적 장학을 적용하고, 높은 수준의 교사에게는 비지시적 장학을 적용한다. 물론 장학에의 교사참여 정도도 차차 높아진다. 이렇게 차등적인 장학으로 교사의 발전 정도, 참여 정도를 높여 나간다는 의미에서 발전장학이라는 말이 나왔다.

(4) 협동적 동료장학

전문직에서는 행정적인 상급자보다는 전문적 동료 간의 협동을 더 선호하고 또 필요로 한다. 교직도 전문직이라면 전문 동료교사끼리 장학적 기능을 할 수 있고 또 실지로 교사들은 동료장학을 좋아한다.

초등학교에서는 같은 학년 교사끼리, 중등학교에서는 같은 교과 교사끼리 수업기술 향상을 위하여 협동하게 할 수도 있고, 경험 있는 유능한 교사와 초임교사를 짝을 지어 장학의 기능을 하게 할 수도 있고, 또 비슷한 문제와 관심을 갖고 있는 3~4명의 교사끼리 팀을 구성하여 협동적으로 문제해결하게 하는 방안도 생각할 수 있다.

최근에는 동료코치라고 하여 운동코치처럼 수업기술 향상을 위하여 코치하도록 하는 방안이 외국에서 널리 퍼져 나가고 있다. 이것도 단순히 자료만 수집해서 수업자에게 제공해 주는 수준의 코치, 문제해결을 위하여 대등한 관계에서 협동적 노력을 하게 하는 코치, 전문가의 입장에서 수업자를 도와주는 입장의 전문적 코치의 세 수준으로 나누어 볼 수 있다.

이러한 동료장학도 계획적으로 해야 하며 행정적·제도적 뒷받침이 있어야 한다.

(5) 자기장학

원래 장학은 상급자가 감독한다는 데서 출발했지만 동기유발이 잘 된 유능한 교사들은 자기 혼자서도 교수기술 향상을 위해서 노력하여 장학적 기능을 발휘할 수 있다.

자기 스스로 자신의 수업을 녹화 또는 녹음하였다가 분석할 수 있고, 학생이나 학부모, 동료교사로부터 수업에 대한 피드백을 받을 수도 있고, 상급과정 대학원 과목을 수강할 수도 있고, 각종 세미나와 학회에 참석하고, 전문서적을 구독하여 전문성을 높일 수도 있다.

스스로 자신에 대한 자기평가에 의하여 반성하고 새로운 교수기술 향상에 도전하게 할 수도 있다. 어떤 의미에서 자기장학은 최선의 방안이 될지도 모른다.

(6) 전통적 장학

전통적 장학은 장학사나 교장, 교감이 잠깐 교실에 들려 수업을 관찰하고 평을 하는 형식을 취한다. 그래서 교사의 눈에는 도와주려는 의도로 비춰지기보다는 감독을 위한 것으로 이해되어 전통적 장학에 대하여 일반적으로 거부감을 가졌던 것이다.

그러나 장학진의 수적 제약과 시간적 제약 때문에 어쩔 수 없이 이런 장학을 할 수밖에 없고 현재도 대부분 이런 전통적 장학에 의존할 수밖에 없는 실정이다. 단지 전통적 장학을 하더라도 계획적으로, 또 수업에 초점을 맞춰 도와주겠다는 의도로 실시되었으면 한다. 또 잠깐 동안 교실을 방문했더라도 피드백을 제공해 주어 개선과 발전을 도모할 수 있도록 개선되기를 기대한다.

(7) 인간자원장학

인간자원장학은 구체적인 어떤 가시적인 장학형태라기보다는 어떤 장학의 관점, 철학을 의미하는 것으로 보아야 할 것이다. 인간자원장학은 교사의 효능감, 참여, 성숙 등 내적 만족을 강조하고, 매슬로우(Maslow)의 욕구계제에서 상층 욕구인 존경에의 욕구, 자율의 욕구, 자아실현의 욕구를 충족시켜 주는 장학이며, 교사의 능력을 최대한 발휘하게 하여 교사를 행복하게 하고, 목적시하자는 데 초점을 맞춘 장학이다.

(8) 선택적 장학

교사는 학생들보다도 개인차가 더 심할지도 모른다. 더 많은 인생을 살고, 교직생활을 하는 동안 학생들보다 더 차이가 벌어졌을 것으로 미루어 생각할 수 있다. 그래서 학생들에게 개별화학습이 필요하듯이 교사들이야말로 개별화장학(individualized supervision)이 요구된다.

그런데 교사 개개인에 맞는 개별화장학을 할 만한 장학인력과 시간이 없다. 그래서 실행 가능한 몇 개의 장학대안을 마련해 놓고 교사들로 하여금 자신에게 맞는 장학방법을 선택하게 하는 장학방법이 선택적 장학이다. 마치 자동판매기에 동전을 넣고 자신이 좋아하는 선택버튼을 누르게 하는 것과 마찬가지이다.

장학의 선택대안으로는 ① 임상장학, ② 협동적 동료장학, ③ 자기장학, ④ 전통적 장학 등으로 학교나 교육청의 사정과 형편에 따라 늘릴 수도 있고 줄일 수도 있다.

(9) 기타의 장학모형

기타의 장학모형으로 과학적 장학, 책임장학, 예술적 장학, 요청장학을 들 수 있다.

과학적 장학은 헌터의 과학적 학습의 과정에 따른 장학방법이고, 책임장학은 학생의 성취에 대하여 교사가 책임을 지듯이 교사의 교수행위에 장학자가 책임을 져야 한다는 논리에서 나온 장학이고, 예술적 장학은 음악감상·비평, 미술감상·비평, 문학감상·비평처럼 수업이나 교육도 감상하고 비평할 수 있다는 근거에서 나온 장학 용어이다. 지나치게 객관적이고 과학적인 숫자 놀음에 신물을 느끼고 새로이 대두되는 장학모형이라고 할 수 있다. 요청장학은 교사·교장의 요청에 의하여 이루어지는 장학형태를 말한다.

3. 장학의 과업

1) 교육과정의 질적 관리

지금까지 우리나라에서 장학이 지나치게 행정에 치우쳐 있었으나 우리가 장학의 본질에서 살펴본 것처럼 교육과정과는 떼려야 뗄 수 없는 밀접한 관계가 있다는 것을 알 수 있다.

(1) 교육과정의 철학적 배경

장학이나 행정도 철학이 겉으로 튀어나온 것이라고 앞에서 설명되었던 것처럼 교육과정도 그 당시, 그 곳에서 강조되고 번창하던 철학이 겉으로 스며나온 것이다. 그래서 그동안에 있었던 교과중심교육과정, 경험중심교육과정, 학문중심교육과정, 인간중심교육과정도 모두 당시의 거대한 철학적 흐름이 반영되어 나온 것으로 볼 수 있다. 그런데 지금까지 교육과정을 다룰 때 빙산의 일각처럼 겉에 드러나 있는 표면에 나타난 교육과정만 보고 물속에 잠겨 있는 엄청난 얼음덩이 철학적 배경을 간과했었는지도 모른다.

(2) 현행 교육과정

현행 교육과정도 지금까지 있었던 4차까지의 교육과정이라는 역사적 흐름과 현재의 시대적 사회적 요청, 현재 도도하게 흐르고 있는 철학적 물결이 반영되어 나온 산물로 이해하여야 한다.

현행 교육과정의 정신을 이해하고 특히 지금까지 중앙의 획일적 교육과정 운영으로부터 다소 지역, 학교, 교사에게 자율적 운영의 기회를 제공하였다는 것이 특색이다. 또 엄격한 교과간의 분할과 장벽 대신에 통합을 시도하였다는 점을 잘 이해하여 이에 알맞게 장학에서 질 관리를 해야 할 것이다.

(3) 대안적 교육과정

교육과정 운영과 교수전략에 다양한 여러 대안이 있을 수 있다. 그리고 장학담당자는 다양한 교육과정 대안을 이해해야 할 뿐만 아니라 교사들에게 이를 자극하고 격려해야 할 것이다.

교과서에 제시된 여러 가지 교수전략을 교과목과 다루려고 하는 내용에 맞게 적용하여 효과를 거둘 수 있도록 해야 할 것이다.

교육과정에서 중요한 것은 결국 ① 기본적 기술과 문해(fundamental skills and literacy)를 위한 기초교육(basic education)과, ② 문화유산의 보존과 전달을 위한 교양교육(liberal education), ③ 지식의 생산(knowledge production)의 전문교육(specialized education), ④ 개인과 사회의 성장을 위한 일반교육(general education)의 교육과정을 어떻게 조합·연결시키느냐의 문제라고 할 수 있다. 그리고 이와 관련하여 수평적인 폭(scope)과 깊이 또는 시퀀스(sequence)를 어떻게 결정하느냐가 교육과정의 핵심이라고 할 수 있다.

이와 관련하여 ① 예를 들면 사회과학을 인류학, 경제학, 지리학, 정치학, 심리학, 사회학을 포함하여 각 학문영역의 순수성을 찾는 학문적 교육과정, ② 각 학문영역의 정체성은 인정하면서 하나의 지층, 성층처럼 쌓아올리는 성층교육과정, ③ 예를 들면 국사와 한국문학, 물리와 수학을 상호 관련시키는 상관교육과정, ④ 예를 들면 지질학과 지리학을 융합하여 지구과학을, 식물학과 동물학을 융합하여 생물학을 형성하는 융합교육과정, ⑤ 역사, 철학, 시각예술과 건축학, 드라마, 문학과 언어학을 종합하여 인문과학을 다루는 광역교육과정, ⑥ 문제중심의 중핵교육과정, ⑦ 개방교실, 과제법(project method)과 같은 활동중심교육과정은 모두 대안적 교육과정이라고 할 수 있다.

2) 교수효과성

장학적 과업의 하나는 잘 가르치게 하여 교수의 효과성을 높이는 일이다. 그런데 과연 장학에 의하여 효과적인 교수를 하였는가를 알아보는 일은 그리 쉬운 일은 아니다.

(1) 교수효과성과 장학

교수효과성은 학생의 학습결과로 나타나는데 교사가 통제할 수 없는 외적 변인의 영향을 받기도 한다. 그리고 교사의 수행은 교실 안이나 밖에서 학생을 가르칠 때의 교사의 행동을 말한다. 그래서 교사의 수행에 따라 교수효과성이 달라진다. 교사의 능력은 교사의 교수수행을 하는데 가지고 오는 일련의 지식, 능력, 신념을 말한다. 그래서 교사의 능력에 따라 교사의 수행이 달라질 가능성이 높다. 이러한 교사의 능력은 교사가 이미 가지고 있는 특성과 훈련에 의하여 달라질 가능성이 높다.

이렇게 볼 때 장학은 교사의 능력과 수행에 영향을 주어서 교수효과성을 높이려는 외적환경의 일부로 볼 수 있다.

(2) 효과적 교수와 임상장학

장학 중에서도 임상장학은 교사수행에 초점을 맞추고 있기 때문에 교수효과성에 직접적으로 도전하는 장학대안이라고 할 수 있다. 그리고 구체적으로 수업관찰을 통하여 교사의 수업의 현 상태에 관한 객관적 피드백을 제공하고, 수업의 문제점을 진단하여 해결하고, 교사로 하여금 효과적인 교수전략을 사용할 수 있도록 도와준다.

임상장학에서 효과적인 교수인지 알아보기 위해서 ① 교사의 행동을 직접 관찰하기도 하고, ② 더 구체적으로는 학생의 행동을 관찰하고, ③ 간접적으로는 교사의 계획을 관찰하기도 하고, ④ 교사의 교실 외 활동을 관찰하기도 한다.

(3) 교수효과성의 평가

장학에서 효과적인 교수인지 평가하기 위해서는 효과적인 교수가 무엇이냐 하는 정의와 기준이 먼저 확립되어야 한다. 그러나 효과적인 교수가 무엇인지에 관하여는 아직 학자들 간에 완전한 의견일치는 보지 못하고 있다. 완벽한 평가기준은 설정하지 못하더라도 어느 정도 객관적인 합의된 기준을 먼저 설정하고 이 기준에 따라 평가해야 할 것이다. 교수효과성 평가의 접근으로는 과학적 접근과 기예적 또는 예술적 접근을 생각할 수 있다.

3) 직원발전

말할 것도 없이 교사를 발전시키는 일은 장학의 주요 과업의 하나이다. 과거 직원연수가 교사의 결손부분을 보충해 준다는 의미에서 행정적, 관료적 통제 위주로 실시되었던 데 반기를 들고 새로운 접근으로 대두된 개념이 직원 발전이다. 즉 직원 발전은 교사 개개인의 학습 스타일(교수 스타일이 아니다)과 교사 자신의 성과욕구에 기초하여 가급적 비형식적으로 자발적인 성장을 도와준다는 기초 위에서 출발한다.

(1) 직원발전의 개념

앞에서도 약간 언급된 것처럼 직원발전이라는 말은 현직연수 또는 현직교육이라는 용어에서 발전되어 나온 말이다. 그래서 양자를 비교해 봄으로써 개념이 밝혀질 수 있다.

현직연수는 학교나 기관이 교사에게 제공하는 데 비하여 직원발전은 교사가 자신을 위해서 행하는 것이며, 현직연수가 교사의 결함에 초점을 맞춘다면 직원발전은 성장지향적이며, 현직연수가 행정적, 통제적, 형식적인 데 비하여 직원발전은 성취적이고 종합적이다. 그리고 현직연수가 교사 개인을 다루는 데 비하여 직원발전은 학교의 변화를 위하여 협력적이고 체계적인 전략을 수행한다.

이러한 용어의 변화는 장학관의 변화와 일치하는 것으로 장학에 대하여 중요한 시사점을 준다.

(2) 직원발전과 성인학습이론

모든 장학활동이 그렇지만 직원발전은 성인학습이론에 기초해야 하는데 과거에는 학생에게 적용되는 아동학습이론이나 청년학습이론에 기초하여 장학이나 현직연수에 접근했다는 데 실패의 한 원인이 있다. 교사를 대상으로 하는 장학이나 직원발전은 분명 학생들과는 다른 학습이론을 적용해야 한다.

구체적으로 말하여 성인들은 오히려 연수 시에도 활동적이고 행동적이어야 더 효과적이다. 즉 작업활동, 토론, 게임, 역할극, 토의, 실험·실습 등의 효과를 거둘 수 있는 것이다. 강의는 성인보다도 오히려 학생들에게 더 효과적일 수 있는데 과거의 연수가 강의에 너무 의존했다는 것은 비효과성의 원인이라고 할 수 있다.

(3) 직원발전 참여형태

직원발전이라는 개념이 교사의 자발적 성장욕구에 기초하고 있다면 당연한 귀결은 효과적인 직원발전 계획에서 교사 개개인의 성장상태를 파악해야 할 뿐만 아니라 교사의 참여를 최대한 보장해야 한다는 데로 맺어진다.

매슬로우의 욕구계제에서 낮은 수준의 욕구에 머무르게 하지 말고 상위의 자아실현을 위해서 적극 참여하게 해야 한다.

(4) 직원발전 프로그램

직원발전 프로그램을 개발 또는 계획할 때 ① 의도, ② 내용, ③ 능력범위, ④ 기본적 접근, ⑤ 책임소재를 고려할 필요가 있다.

의도 또는 목적을 ① 지식, ② 이해, ③ 적용, ④ 가치 및 태도 중 어디에 둘 것인가? 내용을 ① 목적의식, ② 학생에 대한 지각, ③ 교과목에 대한 지식, ④ 수업기술의 숙달 중 어디에 비중을 더 둘 것인가? 교사의 능력 수준을 ① 방법, ② 실력, ③ 의지, ④ 성장의지 중 어디에 맞출 것인가? 기본적인 접근을 ① 전통적 접근, ② 중간적 접근, ③ 비공식적 접근 중 어디에 둘 것인가? 직원발전 책임을 ① 행정가, ② 장학자, ③ 교사 중 누구에게 맡길 것인가를 고려해야 한다.

(5) 직원발전 프로그램의 평가

직원발전 프로그램이 효과적으로 이루어졌는지 계속적인 평가를 실시하여 더 좋은 프로그램으로 발전시켜 나가야 한다. 평가는 상호작용성, 포괄성, 계속성, 효능성, 지원구조의 인사, 기록보관의 원칙의 측면에서 할 수도 있고, 또 직원발전의 단계와 과정에 따라 실시할 수도 있다. 즉 목표설정, 설정된 목표에 대한 회합, 평가과정, 요약평가, 평가절차의 요약에 따라 평가하는 것이다.

4) 학교개선

장학의 주요 과업의 하나는 효과적인 학교를 만드는 것이다. 어떤 의미에서는 앞에서 언급한 교수효과성과 직원발전이 모두 포함되겠으나 여기서는 효과적인 학교에 초점을 맞추었다.

(1) 효과적인 학교

효과적인 학교는 설정된 목표를 효과적으로 달성하는 학교라고 할 수 있다. 또 우선 학교조직을 유지하고, 효과성을 높이고, 성장·발전하는 학교를 효과적인 학교라고 할 수 있다.

좀 더 구체적으로는 ① 강력한 행정적 지도성, ② 학습을 조장하는 학교풍토, ③ 교실에서의 기본적 기술과 수업의 중시, ④ 학생의 능력에 대한 교사의 낙관적 기대, ⑤ 학생의 성장에 대한 지속적인 평가가 효과적인 학교의 요소로 지적되기도 하였다.

그리고 학교환경과 학교, 교실 수준으로 나누어 효과적인 학교에 영향을 주는 여러 변인을 중심으로 효과적인 학교의 모형을 그려 보았는데 궁극적으로는 장학의 목적과 마찬가지로 "학생성취"로 나타난다.

(2) 변화와 혁신, 그 전파

또 효과적인 학교는 계속적으로 변화하고 혁신을 통하여 발전하는 학교이고 또 장학도 변화와 혁신을 시도한다.

과거에는 변화와 혁신을 위해서 연구하고 개발하면 그만이라고 생각하여 R & D모델로 만족했으나 아무리 연구·개발해도 전파와 보급이 안 되면 소용없기 때문에 R. D & D까지를 친절히 고려하였으나, 최근에는 최종적으로 "채택"에까지 전략을 세워야 한다고 느껴 R. D. D & A 모형을 생각하게 되었다.

(3) 학교효과성 평가

장학을 통하여 효과적인 학교를 만들기 위해 노력했다면 어느 정도 효과적인 학교가 되었는지 평가해야 할 것이다. 최종적으로는 학생의 성취로 나타나지만 몇 가지 관점에서 평가할 수 있을 것이다. 여기서는 ① 학생행동, ② 교사행동, ③ 학교풍토, ④ 지도성, ⑤ 피드백, ⑥ 학생성취의 측면에서 학교평가를 하는 도구를 하나 예시하였다.

5) 학습환경 개선과 학생성취도 평가

장학의 본질에서 밝힌 것처럼 학습환경을 개선하여 학생의 성취도를 높이려는 것이 장학의 주요과업 중 하나이다. 그리고 모든 장학의 성과는 학생의 성취로 나타나게 된다. 아무리 교사의 교수행위를 바꾸고 교육과정과 학습환경을 좋게 만들어도 학생들이 얻는 것이 없다면 모든 일이 허사로 끝나 버린다.

(1) 학습환경 개선

학습환경은 학교학습에 지대한 영향을 준다. 그래서 장학에서도 학습환경 개선에 노력해야 한다. 만일 학습과 아무런 관련이 없다고 하더라도 많은 어린이와 청소년이 많은 시간 머무르는 학교와 학습과정은 편안하고 쾌적해야 할 것은 두말할 여지가 없다. 교육적 입장에 우선하여 인간적 입장에서라도 우리나라의 학습환경을 개선해야 할 절박한 입장에 있다. 가정환경과 주택환경이 바뀌고, 성인들이 생활하는 직장환경이 쾌적해지고, 특히 향락산업과 사치가 극에 달한 요즈음 학교환경이 상대적으로 퇴보·열악해지는 현상은 장래를 생각하여 불행이라 하지 않을 수 없다.

기왕에 인간적 입장에서 학교환경을 개선하려면 교육적, 기능적으로 가치를 발휘할 수 있도록 고려되어야 한다.

교실 내에서도 좌석배치, 각종 게시물, 기타 시설물, 학급문고 등을 교육적, 기능적으로 꾸미도록 배려해야 한다.

(2) 학생성취도 평가

우리가 지금까지 학습 평가, 학생성취도 평가에 대하여는 많이 들어왔으나 장학적 관점에서 보는 안목이 필요하다. 그리고 장학의 효과는 결국 학생의 성취도로 나타난다는 점을 생각할 필요가 있다.

그리고 평가를 위한 평가로 그치지 말고 개선과 발전을 위한 평가, 장학의 개선을 위한 성취도 평가로 활용할 것을 권고하고자 한다.

4. 임상장학 방법

1) 임상장학 개관

앞의 장학모형에서 임상장학에 대하여 간단히 소개하였는데 여기서는 좀 더 자세히 살펴보고 다음에서 구체적인 방법을 설명하기로 한다.

(1) 현행 장학의 문제

장학은 필요하기 때문에 존재하는 중요한 교육활동인데 교사들과 밀착되지 못하여 오히려 도와준다는 장학에 대하여 교사들이 부정적인 태도를 갖는 점이 문제이다. 이런 문제점은 비단 우리나라에만 있는 것이 아니라 외국에서도 비슷한 현상이다. 이런 현상은 장학 자체나 장학의 의도나 목적, 내용에 대하여 거부반응을 보이는 것이 아니라 장학의 방법에 대한 불만에서 나온 것이다. 다른 말로 하면 장학의 방법을 바꾸면 장학에 대한 부정적인 태도는 바뀔 수 있다고 생각할 수 있다.

구체적으로 교사들이 장학을 감독이나 평가와 동일시하고, 또 장학이 교사의 필요에, 의하여 실시되기보다는 장학자의 필요에 의하여 실시된다는 데 문제가 있다. 이런 문제점을 해결하려는 대안으로 나온 것이 임상장학이다.

(2) 임상장학의 의미

임상장학은 과거의 장학과는 반대로 지시적이기보다는 장학자와 교사 간 상호작용적이고, 장학자 중심적이기 보다는 교사중심적인 장학의 한 대안이다. 교사의 필요에 의하여 교사가 주체가 되어 실시되는 장학이다.

임상이라는 말 속에 병리적, 처치적 뉘앙스가 풍기는 것과는 정반대로 오히려 건전한 교사, 발전지향적, 성장지향적 교사라는 기본가정에서 출발한다. 우리가 지금까지 배워서 많이 들은 칼 로저스(Carl Rogers)의 "고객

중심 카운슬링"의 정신과 목적, 원리를 같이하고 있다.

교사의 잠재능력을 믿고 이를 개발해 주어 교수기술을 향상시키고 전문적 성장을 하게 하여 교사를 행복하게 해주자는 의도를 갖고 있다. 그런데 간접적, 우회적으로 도와주는 것이 아니라 교실활동에 실질적, 직접적으로 도움을 주자는 것이다.

(3) 임상장학의 과정

임상장학은 구체적인 과정과 단계를 제시하고 있다. 처음에 임상장학 방법을 개발한 하버드 대학 팀은 8단계를 적용했으나 그 후에 많은 사람들이 ① 관찰전협의회, ② 수업관찰, ③ 분석과 전략, ④ 관찰후협의회, ⑤ 관찰후협의회분석의 5단계로 압축하였다. 이것을 더 압축한 것이 ① 계획협의회, ② 수업관찰, ③ 피드백협의회의 3단계이다.

임상장학에서는 사전에 계획협의회를 한다는 것이 하나의 특징이다. 계획협의회에서 친밀한 관계를 형성하여 교사, 학급, 수업, 장학의 필요성 등에 대하여 상호이해를 같이하고 또 사전 계획을 세우고, 상호 약속을 하여 일종의 계약을 하는 단계라고 할 수 있다.

수업관찰은 계획협의회에서 약속한 대로 약속한 도구에 의하여 필요한 객관적인 자료를 수집하기 위하여 교실을 방문하여 실제로 수업을 관찰하는 임상장학의 핵심적인 단계이다.

피드백협의회는 수집된 자료를 놓고 협의하여 수업개선과 수업기술 향상의 전략을 모색하는 단계라고 할 수 있다.

(4) 임상장학의 목표와 필요성

임상장학에서는 우선 ① 교사에게 객관적인 피드백을 제공해 주어 교사로 하여금 이를 활용하게 하고, ② 수업상의 문제점을 진단하고 해결하며, ③ 교사로 하여금 수업전략을 세울 수 있도록 하고, ④ 평가가 필요하다면 객관적 평가를 할 수 있도록 하는데 우리나라에서는 이 항목은 적용하지 말도

록 권고한다. ⑤ 계속적인 전문적 성장에 긍정적 태도를 갖도록 하는 등 다
섯 가지를 구체적 목표로 하고 있다.

이제 장학에 대하여 계속 부정적인 태도만을 가질 수는 없다. 평생을 건
교직에서 보람을 느낄 수 있도록 임상장학을 받을 필요가 있다.

(5) 임상장학의 효과

실지로 임상장학은 효과가 있는가? 그 효과성을 알아보기 위하여 첫째,
임상장학에 대한 교사의 태도를 알아본 결과 효과가 있어서 긍정적으로 변
하였다는 것이다. 둘째, 임상장학을 받으면 과연 교사들은 잘 가르치는가?
이것도 역시 임상장학을 받은 교사는 다양한 교수행위에 있어서 의의 있는
향상이 있었다는 연구가 있다. 셋째, 임상장학을 받은 교사에게서 배운 학
생들이 학생태도와 수업행동, 학업성취에는 효과가 나타나는가? 이에 대하
여는 분명한 증거를 대기 어렵다. 학습결과에는 너무나 많은 변인이 작용하
기 때문에 임상장학 이외의 다른 변인을 통제하기 어렵기 때문이다. 다만
잘 가르치면 잘 배울 것이라고 미루어 생각할 뿐이다.

(6) 임상장학의 적용 가능성

아무리 좋은 장학방법이라도 우리나라 현실에 적용하기 어렵고 또 부작용
을 낳으면 아무 소용없다. 그래서 적용 가능한 학교부터 서서히 확신을 가
질 때 적용하기를 권고한다.

즉 교육실습생을 지도할 때, 수업연구 시, 스스로 임상장학을 받겠다고 하
는 교사에서부터 적용하면 좋으리라 본다. 교과서에 제시된 부정적인 면, 문제
점을 조심하면서, 필요하다면 수정·변경하여 학교 실정에 맞게 적용할 수 있
으리라 본다. 이미 실험 적용하여 효과가 있다는 연구보고서들도 나와 있다.

2) 장학협의회 방법

여기서는 계획협의회와 피드백협의회를 묶어 그냥 장학협의회라고 한다. 그리고 임상장학이 교사중심장학이기 때문에 가능한 한 장학협의도 비지시적인 방법으로 하는 것이 좋기 때문에 비지시적 장학협의방법에 대하여도 언급하기로 한다.

(1) 계획협의회

계획협의회에서는 ① 우선 래포를 형성하고, ② 다음 단계인 수업관찰의 목적과 기능을 설정하고, ③ 수업관찰의 측면을 결정하고, ④ 수업관찰의 도구와 절차에 합의하고, ⑤ 수업관찰 중의 장학자와 교사의 역할을 확인하고, ⑥ 피드백협의회에서 할 일에 대하여도 합의하고, ⑦ 수업관찰과 피드백협의회에서 있을 수 있는 모든 의문점을 해소한다.

계획협의회에서 필요한 중요한 일과 필요한 기술의 항목을 몇 가지 제시하면 다음과 같다.

① 교사의 수업에 대하여 교사가 문제점으로 생각하여 개선하고자 관심을 갖는 점이 무엇인가 확인해야 한다.
② 교사가 추상적으로 표현한 문제점과 관심을 구체적인 관찰 가능한 행동(다음 수업관찰을 해야 하므로)으로 바꾸어 확인해 내야 한다.
③ 교사가 수업에서 문제점으로 삼는 이상과 현실 사이의 차를 줄이는 수업개선 방법을 강구하도록 도와준다.
④ 수업개선의 가능한 목표를 교사 스스로 설정할 수 있도록 장학자는 도와준다. 교사 스스로가 개선의 목표를 정해야 목표에 대하여 소유의식과 애착을 가진다.
⑤ 문제점과 관련된 내용을 다루는 수업을 참관할 수 있는 날짜와 시간에 대하여 합의를 본다.
⑥ 수업관찰 중에 사용하고 기록할 관찰도구와 관찰할 행동을 구체적으로 정한

다. 이미 개발된 알맞은 도구가 있으면 이를 사용하고 없으면 둘이서 개발해 야 한다.

⑦ 수업관찰 중에 수집하고 기록해야 할 수업 장면을 분명히 밝힌다.

(2) 피드백협의회

피드백협의회는 말 그대로 교수개선을 위하여 수업관찰에 의한 피드백을 제공하는 데 목적이 있다. ① 수업상황에 대하여 알게 하고, ② 수업상의 문제점에 대한 가능한 해결책을 탐색하고, ③ 수업개선의 행동계획, 전략을 수립하고, ④ 교사의 수업개선의 진전 상황을 검토하는 일을 한다.

피드백협의회의 주요 흐름은 ① 우선 자료를 보여 주고, ② 분석하고, ③ 해석하고, ④ 바꿀 대안에 대하여 결정하고, ⑤ 교사의 대안과 전략, 계획 을 강화해 주는 순서로 전개된다.

이러한 흐름에 따라 좀 더 구체적으로 해야 할 일과 기술의 항목을 제시 하면 다음과 같다.

① 수집된 객관적인 수업관찰 자료를 교사에게 피드백 하여 준다.

② 자신이 실시한 수업에 대하여 교사의 추측과 의견, 느낌을 말하도록 격려한다.

③ 앞으로 바꿔야 할 대안적 수업목적과 방법, 이유를 생각해 내도록 교사를 격 려해 준다.

④ 교사에게 수업개선을 위하여 연습하고 또 전·후 비교할 수 있는 기회를 마 련해 준다.

(3) 비지시적 장학협의회 방법

임상장학은 교사중심장학의 형태이기 때문에 가능한 한 지시적, 권위적이 기보다는 비지시적 장학협의를 하는 것이 좋다. 그렇다고 비지시적 협의만이 절대적, 최선의 것, 만병통치약이라는 것도 아니다. 대체로 좋다는 의미이다.

① 가능한 한 덜 말하고 많이 교사의 말에 경청하라.

② 교사가 말하는 것을 일단 인정하고, 다른 말로 바꾸어 의역하고, 교사가 한 말을 그대로 장학자가 사용하는 것이 좋다.

③ 교사가 말한 것을 분명히 밝히기 위한 질문을 하여 그 뜻과 의도를 정확히 이해하고 오해의 소지를 없애는 것이 좋다.

④ 교사의 성과와 성장에 대하여 구체적으로 지적하여 칭찬하는 것이 좋다. 겉치레 칭찬이나 칭찬을 위한 칭찬은 오히려 역효과를 가져올 수 있다.

⑤ 우리는 알고 있는 것을 상대방에게 말하고자 하는 충동과 유혹을 갖는다. 그렇게 되면 상대방은 들은 것을 자기 것으로 생각지 않고 남의 것으로 생각하게 된다. 그래서 여기서는 교사에게 직접적인 조언을 삼가고 오히려 교사가 발견할 수 있도록 계속 문제의 해답이 있는 곳으로 안내한다.

⑥ 교사에게 말로써 분위기로써 지지적이고 지원적인 입장을 취한다.

⑦ 교사가 느끼고 있는 감정까지를 인정하고 그 감정을 장학자가 사용하도록 배려한다.

3) 수업관찰과 분석

수업관찰은 임상장학뿐만 아니라 모든 장학활동의 핵심부분이다. 그래서 수업을 정확하게 관찰할 수 있는 방법을 연구하는 일은 장학을 잘하는 지름길이라고 본다. 수업을 잘 관찰하기 위해서는 많은 훈련과 연습이 필요한데 여기서 이것을 자세히 설명할 만한 여유가 없으므로 간단히 관찰도구의 이름을 제시하는 것으로 대신한다.

(1) 부분적인 정확한 기록방법

교사가 관심을 갖고 또 문제점을 생각하는 그 부분만 정확하게 기록했다가 분석하는 방법이다. 예를 들면 교사의 발문법에 관심을 갖는다면 수업 중에 교사가 했던 질문을 대사 그대로 기록해 놓았다가 분석하여 해결방안을 찾는 것이다. 이러한 관심부분은 "교사의 피드백", "교사의 지시하는 말과 구조적으로 진술하는 말" 등이 있을 수 있다.

(2) 좌석표활용 방법

학생들의 교실 내 좌석표 위에다 여러 가지 정보를 담아 놓을 수 있다. 예를 들면 학생들이 얼마나 열심히 수업에 집중하는지, 또 말이 오고가는 언어의 흐름, 교실 내 교사와 학생의 움직임(이동양식) 등을 여러 가지 범례에 따라 기록했다가 분석하고 해석하면 수업개선에 도움이 될 것이다.

(3) 전반적 관찰 방법

원래 임상장학은 교사가 문제점으로 삼는 부분에 초점을 맞춰 수업관찰을 하고 자료를 수집하는 것이지만 필요에 따라서는 또는 수업상의 문제점 자체를 찾기 위해서는 교실 내의 모든 상황 또는 수업전반에 걸쳐 관찰할 수도 있다. 여기서는 일화기록 방법, 녹음과 녹화, 기타의 질적 기록방법 등이 있다.

일화기록 방법은 교실 내에서 관찰자의 오관을 통하여 들어오는 모든 것을 그때그때 기록할 수 있는 대로 기록하고 기술하는 방법이다. 물론 주관적일 수 있다. 다만 주관적인 판단을 기록하는 것이 아니라 객관적인 사실을 기록하도록 노력해야 한다.

녹음과 녹화는 가장 정확하고 객관적인 수업관찰 기록이다. 그러나 여기에도 주관성이 개입될 수 있다. 마이크와 카메라를 어디에 설치하느냐에 따라 기록을 받아들이는 것이 달라지기 때문이다.

그 외에 자유기술식으로 수업을 기록하고, 또 아이스너의 말대로 수업을 비평하고 감상할 수도 있다.

(4) 체크리스트와 평정법

현장에서 현재도 많이 사용하는 방법으로 몇 가지 항목과 관점을 제시하

여 해당되는 항목에 체크하게 하거나 척도상에 점수로 표시하게 하는 방법
이다.

이 체크리스트와 평정척도를 ① 성인 관찰자에게 적용할 수도 있고, 또
② 가르침을 받은 학생에 적용하도록 고안될 수도 있다.

(5) 범주별 빈도측정도구

이것은 몇 개의 범주를 마련해 놓고 그때그때 일어나는 일을 빈도수로 표시
하여 분석하는 방법이다. 이는 필연적으로 계량적인 방법이 될 수밖에 없다.

(6) 플랜더스의 언어 상호작용분석법

이 방법은 과거에 우리나라에서 한참 유행되었던 방법으로 수업 중 교사
의 행동과 학생의 행동을 지시적 행동과 비지시적 행동으로 나누어 매 3초
마다 체크하게 했다가 지시적 행위 대 비지시적 행위의 비를 내어 수업이
지시적으로 아니면 비지시적으로 흘러갔는지 분석하는 방법이다.

교사의 행동 중에서 ① 감정의 수용, ② 칭찬이나 격려, ③ 학생의 아이디
어 수용은 비지시적 행동의 범주에 들어가고, ④ 강의, ⑤ 지시, ⑥ 학생에
대한 비평과 교사의 권위의 정당화는 지시적 행동으로 분류한다. ⑦ 학생의
피동적 반응은 지시적 행동으로, ⑧ 학생의 주도적 발언은 비지시적 행동으
로 분류하고, ⑨ 교사의 질문은 중립으로, ⑩ 침묵이나 혼란은 별도로 계산
한다.

4) 기타의 장학방법

기타의 장학방법으로는 흔히 ① 학교방문, ② 수업연구, ③ 연구발표회,
연구학교지도, 연수회, 연구논문지도, ④ 실험, 실연, 시범, 실습, 실기, ⑤
상담 등이 있다.

  그리고 장학에서 필요한 ① 인간적 기술과, ② 관리적 기술, ③ 전문기술을 익혀 몸에 밸 수 있도록 해야 한다. 이것은 말이나 글, 강의로써 충분한 것이 아니라 장학자 스스로가 실제로 사용하고 익히도록 해야 할 부분이다.

5. 장학의 발전방향

1) 장학의 민주화와 전문화

  장학의 민주화와 전문화는 우리의 장학이 나아가야 할 방향이라고 본다. 언뜻 보기에 각각 다른 방향인 것 같지만 사실은 같은 방향이며 한 방향이라고 본다. 민주화와 전문화를 동시에 추구해야 한다.

(1) 장학의 민주화

  장학의 민주화를 장학의 포기나 자유방임으로 착각해서는 안 된다. 혼란스러운 때일수록 오히려 더 질서정연하고 강력한 민주적 지도력이 요구된다.
  민주라는 말은 추상적인 개념이기 때문에 여러 각도, 다양한 측면에서 민주화를 위한 노력이 있어야 하지만 필자는 우선 세 가지를 들고 싶다.
  첫째, 장학관이 민주적으로 변해야 한다. 우선 교사를 존중하고, 교사를 선하게 긍정적으로 보고, 교사를 수단시하지 말고 목적시해야 하며, 교사의 자아실현을 도와주려는 장학관의 확립이 되어야 장학의 민주화는 출발에서부터 가능성을 가진다.
  둘째, 권한의 위임과 분권이 요구된다. 장학에 있어서도 교사와 가까이 있는 교육청과 학교로, 다시 교실과 교사가 있는 곳으로 권한이 위임, 이양되어야 한다. 장학의 중심이 교육부로부터 교사와 학생이 만나는 현장인 교실로 이동해야 한다. 상부의 장학으로부터 학교장학, 동료장학, 자기장학으로, 일반장학, 행정적 장학으로부터 수업장학, 임상장학으로, 교육인적자원부로부터 시·도, 시·군 교육청, 학교, 학급으로, 거시·광의·상층·형식·표면으로부터 미시·협의·하층·실질·심층으로, 행정가로부터 장학자, 교사, 학생으로 장학의 중심이 이동해야 한다.

셋째, 장학에 있어서 가능한 한 교사를 많이 참여시켜야 한다. 교사의 참여 없이 장학의 효과를 거두기도 어렵고 민주화도 어렵다고 본다. 그러나 필요 이상의 참여나 필요 없는 참여는 오히려 민주화에 역행한다. 필요한 문제에, 필요한 사람을, 적절한 시기에, 적절한 방법으로 참여시키는 것이 장학 민주화의 방향이다.

(2) 장학의 전문화

장학을 전문화하여 질 높은 장학을 하는 것이 민주화의 방향이기도 하다. 전문적인 장학을 할 때 교사의 장학에 대한 부정적인 태도가 긍정적으로 바뀔 수 있다.

장학의 전문화를 위해서는 첫째, 장학의 조직 수준별로 기능을 분화하고 전문화시킬 필요가 있다.

둘째, 장학사가 전문성 없이 교사, 교장·교감, 장학직으로 전직하는 길을 막고, 장학직을 별도로 연수가 아닌 양성교육에 의해 양성하고, 전문자격증을 요구하여 전문화시킬 필요가 있다.

셋째, 장학의 전문화를 위한 행정적, 법적, 제도적 뒷받침이 있어야 한다. 장학직에서 안정되게 평생을 바칠 수 있도록 뒷받침이 있어야 한다.

(3) 장학자의 책임과 윤리

장학직에 종사하는 사람은 고도의 전문가로서 막중한 책임과 윤리의식을 가져야 한다. 전문직일수록 법적, 제도적, 행정적 틀에 의존하기 보다는 자율적인 책임과 윤리에 의하여 행동하게 된다.

앞으로 장학직에 대한 충분한 전문가 대우를 해주는 대신 전문적 책임과 윤리를 강조하는 방향으로 나아가야 할 것이다.

2) 장학효과성 평가

장학을 열심히 잘 하는 일도 중요하지만 과연 하고 있는 일이 효과적으로 이루어지고 있느냐에 관한 엄정한 평가를 함으로써 우리의 장학은 발전할 수 있다. 그런데 지금까지 장학을 통해서나 교사나 학교, 교수나 수업, 학습은 평가하려고 했어도 장학자체, 장학 프로그램, 장학자 자신에 대한 평가에는 게을렀던 점을 부인할 수 없다.

(1) 효과적인 장학 프로그램 개발
효과적인 장학 프로그램은 ① 계획, ② 평가, ③ 개선의 단계를 거치면서 발전된 프로그램으로 개발할 수 있다.

(2) 장학 자체평가의 적용
발전하는 자는 타인에 대하여는 너그럽고 자기 자신에 대하여는 엄격하고 인색하다. 마찬가지로 우리의 장학이 발전하려면 여러 기준에 의하여 장학 자체에 대하여 엄격한 평가를 하여 자기발전의 계기로 삼아야 한다.

(3) 장학 자체평가 방법
장학 자체평가의 방법으로는 ① 학생의 성취도를 통해서 평가하는 방법, ② 교사의 교수행위를 통해서 알아보는 방법, ③ 교사가 장학에서 가치 있었다고 진술하는 점을 조사하여 알아내는 방법, ④ 장학의 실제를 조사·관찰하여 평가하는 방법, ⑤ 일정한 기준을 정해 놓고 장학 프로그램이 그 기준에 도달했는지 알아보는 방법 등을 생각해 볼 수 있다.

(4) 장학자 평가

장학자의 자질과 능력, 기술, 업적, 효과성 등을 다각도로 평가하여 발전의 계기로 삼을 필요가 있다. 그 방법으로는 ① 효과적인 장학의 자료에 비추어 보는 방법, ② 효과적인 장학자의 표준에 도달했는지 알아보는 방법, ③ 장학자의 업무를 중심으로 평가하는 방법, ④ 장학자 자신에게 질문지를 적용하는 방법, ⑤ 교사로 하여금 장학자를 평가하게 하는 방법, ⑥ 교사로 하여금 교사 자신에 대하여 자기평가를 하게 하여 간접적으로 평가하는 방법이 제시되었다.

(5) 장학 프로그램에 대한 평가

장학 프로그램이 효과적인지 아닌지 알아보기 위하여 ① 장학 프로그램의 조직, ② 장학에 참여하는 사람, ③ 인사에 적용하는 절차, ④ 교사의 질, ⑤ 지역사회의 특성 등과 같은 요인에 관심을 갖고 평가할 수 있다.

장학론에 대하여 관심이 있어 보충하고자 하는 사람은 교과서 외에 다음 문헌을 참고하면 도움이 될 것이다.

참고문헌

주삼환, 장학의 이론과 기법, 서울: 학지사, 2003.

주삼환, 장학: 장학자와 교사의 상호관계성, 경기: 한국학술정보, 2006.

주삼환, 신익현, 인간자원장학론, 서울: 배영사, 1987.

주삼환, 장학 · 교장론: 교육의 질 관리, 서울: 성원사, 1990.

주삼환, 장학 · 교장론: 특강, 서울: 성원사, 1988.

주삼환, 장학론: 선택적 장학체제, 서울: 문음사, 1986.

주삼환, 임상장학방법, 경기: 한국학술정보, 2006.

색 인

내용색인

●저 자 소 개●

주삼환(朱三煥)

●약력●

서울교육대학 교육학과 졸업
서울대학교 교육대학원 교육행정 전공(교육학석사)
미국 미네소타 대학교 대학원 교육행정 전공(철학박사)
전 서울 시내 초등학교 교사 약 15년
　　한국교육학회 회원, 한국교육행정학회 회장(1999)
　　미국 오하이오 주립대학교 객원교수(2003~2004)
현 충남대학교 인문대학 교육학과 교수

●저서 및 역서●

『사회과학이론입문』(공역, 한국학술정보(주), 2005)
『한국교육행정강론』(한국학술정보(주), 2005)
『질의 교육과 교육행정』(한국학술정보(주), 2005)
『수업분석과 수업연구』(공저, 한국학술정보(주), 2005)
『교육행정철학』(역, 한국학술정보(주), 2005)
『미국교육행정』(역, 한국학술정보(주), 2005)
『입문 비교교육학』(역, 한국학술정보(주), 2005)
『임상장학』(역, 한국학술정보(주), 2005)
『교육행정사상의 변화』(한국학술정보(주), 2005)
『위기의 한국교육』(한국학술정보(주), 2005)
『교양 인간관계론』(공역, 한국학술정보(주), 2005)
『우리의 교육, 몸으로 가르치자』(한국학술정보(주), 2005)
『전환시대의 전환적 교육』(한국학술정보(주), 2006)

『장학: 장학자와 교사의 상호관계성』(역, 한국학술정보(주), 2006)
『허즈버그의 직무동기이론』(역, 한국학술정보(주), 2006)
『대안적 교육행정학』(공역, 한국학술정보(주), 2006)
『전환적 장학과 학교경영』(한국학술정보(주), 2006)
『교육행정 특강』(한국학술정보(주), 2006)
『올바른 교육행정을 지향하여』(한국학술정보(주), 2006)
『교장의 리더십과 장학』(한국학술정보(주), 2006)
『교장의 질 관리장학』(한국학술정보(주), 2006)
『지방 교육자치와 대학자치』(한국학술정보(주), 2006)
『장학의 이론과 기법』(한국학술정보(주), 2006)
『전환기의 교육행정과 학교경영』(한국학술정

보(주), 2006)

『고등교육연구』(한국학술정보(주), 2006)

『교육개혁과 교장의 리더십』(한국학술정보(주), 2006)

『교육조직연구』(한국학술정보(주), 2006)

『선택적 장학』(한국학술정보(주), 2006)

『리더십의 철학』(공역,한국학술정보(주), 2006)

『교육행정 및 교육경영』(공저, 학지사, 2003, 개정판)

『미국의 교장』(학지사, 2005)

『교육이 바로 서야』(원미사, 2002)

『교육행정 및 교육경영』(공저, 삼광출판사, 1995)

『장학론』(공저, 한국교육행정학회, 1995)

『장학론』(공저, 한국방송통신대학, 1991)

『인간자원장학론』(공역, 배영사, 1987)

『장학론: 선택적 장학체제』(역, 문음사, 1986)

『장학론』(공역, 학문사, 1984)

『교육정책의 새로운 방향』(역, 교육과학사, 1983)

『교육학개론』(공저, 정민사, 1983)

『장학론』(갑을출판사, 1982)

『신장학론』(역, 교육출판사, 1979)

교장의 리더십과 장학

- 초판 인쇄 | 2006년 3월 2일
- 초판 발행 | 2006년 3월 2일

- 지 은 이 | 주삼환
- 펴 낸 이 | 채종준
- 펴 낸 곳 | 한국학술정보㈜
  413-832, 경기도 파주시 교하읍 문발리 526-2
  파주출판문화정보산업단지
  전화 031) 908-3181(대표) · 팩스 031) 908-3189
  홈페이지 http://www.kstudy.com
  e-mail(e-Book사업부) ebook@kstudy.com
- 등   록 | 제일산-115호(2000. 6. 19)
- 가   격 | 31,000원

ISBN   89-534-4750-X 93370 (Paper Book)
          89-534-4751-8 98370 (e-Book)